JN452128

물권법

물권법

제1부

유치형 지음
명순구 옮김

KOREA
UNIVERSITY
PRESS
고려대학교
출판문화원

축사

고려대학교 법학전문대학원에서 '1905' 시리즈를 시작한 것은 고려대학교가 개교 110주년을 맞이한 2015년이었습니다. '1905' 시리즈는 고려대학교와 한국 근대사가 만나는 부분들을 조명하는 내용이 담길 것을 예정하고 있습니다.

제1권(《1955년 고려대학교, 법과 시와 음악》[1])은 유진오(兪鎭午) 당시 총장의 리더십 아래 개교 50주년 기념으로 시행된 여러 사업들이 고려대학교 정체성 형성의 결정적 전기가 되었음을 증명해 주었습니다. 이것은 단순히 고려대학교의 역사가 아니라 국권 침탈기와 일제강점기, 해방, 6·25전쟁 등의 격변기를 거치면서 이 나라에서 대학교가 어떻게 탄생하고 성장했는가를 보여주는 큰 시각의 역사입니다.

제2권은 20세기 초 보성전문의 교과서 번역사업으로서 제2·1권, 제2·2권… 이런 식으로 복수의 출간물이 담기는 것으로 기획되어 있습니다. 제2·1권(《民法總論》[2])이 출간된 이후 이번에 제2·2권이 출간되었습니다. 고려대학교 법학전문대학원의 이름으로 뜨거운 축하를 드립니다. 그리고 제2·1권 출간 이후 너무 늦지 않게 제2·2권이 출간된 것을

1 명순구·고형진·류경선,《1955년 고려대학교, 법과 시와 음악》, 고려대학교 법학연구원, 2015.
2 신우선 지음, 명순구 옮김,《民法總論》, 고려대학교출판문화원, 2017.

다행스럽고 기쁘게 생각합니다.

제2 · 1권에 이어 제2 · 2권이 출간된 것은 매우 특별한 의미를 가지는 사건입니다. 학문적 중요성에도 불구하고 이런 종류의 책을 출간하는 일은 매우 어려운 일입니다. 출판사에게 시장성이 떨어지는 책의 출간을 계속적으로 요청할 수는 없는 일이기 때문입니다. 학문과 문화의 발전은 학자들의 순수한 노력이 출발점이 되지만, 그에 못지않게 학자들의 학술활동에 대한 적극적인 지원도 중요한 요인입니다. 제2 · 1권은 고려대학교 법학전문대학원에 파안(坡岸)연구기금을 조성해 주신 명위진 회장님과 당시 고려대학교 법과대학교우회장으로 봉사하신 전병현 회장님의 후원의 결과였습니다. 두 분의 귀한 뜻에 오늘 다시 깊은 감사를 드립니다.

이번 제2 · 2권의 출간은 유휘성 회장님이 고려대학교에 조성해 주신 인성(仁星)기금이 결정적이었습니다. 유 회장님께서는 고려대학교에서 법학이 가지는 위상을 강조하시면서 법학 연구 진흥기금으로 사용해 달하는 당부와 함께 거액을 쾌척해 주셨습니다. 이 기금으로 인해 보성전문교과서 번역사업은 계속성을 가지고 추진될 수 있게 되었습니다. 유 회장님께 깊은 경의를 드리며, 그 귀한 뜻에 보답하는 길은 고려대학교가 법학에 대한 학문적 열정을 더욱 뜨겁게 하는 것이라고 생각합니다.

국운이 쇠퇴하던 1905년 교육구국(教育救國)의 정신으로 설립된 보성전문은 법률학(法律學)과 이재학(理財學) 교육을 시작했는데, 이는 이 나라에서 근대적 의미의 법학·경제·경영학 교육이 본격적으로 시작되었음을 뜻합니다. 그러므로 그 시대에 출간된 교과서는 학문의 역사에서 매우 중요한 의미를 가집니다. 그러고 보면 보성전문 시대의 교과서 번역은 벌써 이루어졌어야 할 사업입니다. 여기에서 교육과 학문을 선도해야 할 사람들이 감당해야 할 엄중한 사회적 책무를 새삼 느끼게 됩니다. 현재 고려대학교 도서관에는 1996년 윤서석(尹瑞石) 선생께서 기부해 주신 보성전문의 교과서 및 교재 약 30권이 희귀본으로 분류되어 보관되어 있습니다. 빠른 시일 내에 '1905' 제2·3권, 제2·4권… 이렇게 보성전문 교과서 번역사업이 완성되기를 기대합니다. 또한 '1905' 제3권, 제4권… 이렇게 후학들에게 학문적 영감을 불러일으키는 훌륭한 주제의 후속본이 활발하게 출간되기를 바랍니다.

'1905' 시리즈는 고려대학교의 역사를 일깨우고, 이를 통해 대한민국의 학문이 웅비하는 기념비가 될 것으로 믿습니다.

2018년 10월

고려대학교 법학전문대학원장 명순구

머리말

1905년 보성전문학교(普成專門學校)는 두 개의 학과(법률학전문과, 이재학전문과)로 개교했다. 1905년 즈음 위 학문을 전수하는 교육기관으로서 보성전문이 유일한 것은 아니었다. 그러나 그 당시 설립된 고등교육기관 중 지금까지 역사를 이어온 것은 보성전문이 유일하다. 대한민국의 학문사에서 보성전문과 고려대학교가 가지는 위상을 잘 보여주는 대목이다.

1905년이라는 시기는 우리 국가와 민족이 자존심을 짓밟혀가며 매우 고단하게 역사를 이어가던 시기이다. 아울러 우리나라에 자의·타의로 근대 학문이 밀물처럼 밀려든 시기이기도 하다. 그 격동의 시기에 설립된 보성전문은 이 나라의 미래를 이끌어갈 일꾼들을 길러내기 위하여 근대적 실용학문을 본격적·체계적으로 교수한 고등교육기관이다. 그러므로 보성전문에서 시행된 교육과 연구는 대한민국의 학문사(學問史)에 진한 방점을 찍어야 할 부분이다. 이와 같이 보성전문의 교과서는 우리나라 근대 학문의 초기 모습을 보여주는 매우 귀중한 자료이다. 그러나 많은 한자어, 언문일치가 되지 않은 문장 스타일, 종서 형식의 인쇄 등으로 인해 요즘 사람들이 그 내용을 이해하기가 쉽지 않다. 그러므로 보성전문 교과서 번역 사업은 학문을 하는 사람들과 자료를 공유하기 위한 작업의 일환이다. 이 사업은 우리나라에 있어서 법학·경제학·경영학의 초기 모습을 정확히 인식하는 계기를 제공한다. 보성전문 교과서 번역 사업이 성숙 단계에 이르면 저자에 관한 연구, 교과서의 계보에 관한 연구 등 심도있는 후속 작업을 수행할 수 있을 것이다. 이 사업은 대한민국 학문사의 시계바늘을 지금보다 훨씬 뒤로 돌려 학문 수준을 높이는 계기가 될 것이다.

현재 〈고려대학교 학칙〉에 해당하는 〈私立普成專門學校規則〉(1905)[1] 제5조가 "일반교과서는 각 담임강사가 편술한 것을 출판·교수하되 이를 '강의록'이라 부를 것"이라고 규정한다든가, 제24조가 "재학생은 결석 여부를 불문하고 매월 5일 이내에 학비금 1원을 본교에 납입할 것. 다만 때에 따라 강의록대금으로 바꾸어 부르되 그 금액은 수시 산정할 것"이라고 규정한 것을 보면, 각 교과목마다 교과서를 구비했거나 아니면 최소한 교과서를 준비하기 위해 노력한 것으로 보인다.

이번에 출간하는 "1905" 제2·2권은《物權法 第1部》이다. 보성전문 교과서 물권법은 제1부와 제2부의 두 책으

1 〈私立普成專門學校規則〉의 번역은 명순구·고형진·류경선,《1955년 고려대학교, 법과 시와 음악》(1905 제1권), 고려대학교 법학연구원, 2015, 37-41면 참조.

로 구성되어 있다. 제1부에서는 물권총론, 기본물권(점유권·소유권), 용익물권을 설명하며, 제2부는 담보물권을 다룬다. 대부분의 보성전문 교과서가 그러하듯 《物權法 第1部》에도 저자가 유치형(兪致衡)이라는 것 외에는 출판연도·출판사 등 다른 출판사항에 대한 기록이 붙어있지 않다.[2] 저자 유치형[3]은 보성전문 창립기의 강사[4] 14명 중 한 사람이다.[5]

이 책은 1898년부터 시행된 일본민법전을 기준으로 한 교과서이다. 그런데 현행 대한민국 〈민법〉(1958 제정, 1960 시행)[6]이 큰 틀에서는 일본민법전을 대폭 참고한 것이어서 대체적인 체계와 내용은 지금 보아도 크게 어색하지 않다. 한편, 구체적인 용어에 있어서는 당시 일본법의 용례에 따르다보니 현행 민법과 차이가 나는 경우도 적지 않다. 이러한 경우에는 대체로 우리나라 법학도들이 쉽게 이해할 수 있도록 현재 한국의 법률용어로 변경했다. 또한, 원문에는

---

2 김봉희,《한국 개화기 서적 문화연구》, 이화여자대학교 출판부, 1999, 221면은 이 책이 1907년 普成社(이용익 선생이 보성전문과 함께 설립한 출판사)에서 출판된 것으로 소개하고 있음.

3 유치형(1877-1933)은 유길준(兪吉濬) 등 집안의 개화지식인들의 영향을 받고, 1895년 3월에 관비유학생으로 뽑혀 일본으로 유학하여 게이오의숙(慶應義塾) 보통과에서 공부하고 1896년 7월에 졸업하였다. 이어 동경 주오대학(中央大學)에 입학하여 3년간 법학을 공부하고 1899년 7월 12일에 졸업하였다. 국립법관학교, 대동전문학교 및 보성전문학교 등에서 헌법·민법·해상법 등을 가르쳤다. 유치형은 고려대학교 제2·3·4대 총장을 역임한 유진오(兪鎭午)의 아버지이기도 하다.

4 '講師'(강사)라는 직명은 현재에는 교수에 해당하는 것으로 보아야 함.

5 14명의 강사 명단은 70年誌編纂室 編,《高麗大學校 70年誌》, 고려대학교, 1981, 25면 참조.

6 한국 민법전의 제정 경과에 대해서는 명순구,《실록 대한민국 민법 1》, 법문사, 2008, 1-60면 참조.

매우 긴 문장이 많다. 당시의 일반적 서술 방식에 따른 것인데, 이는 요즘 사람들의 눈에 익숙하지 않다. 그리하여 긴 문장으로서 가독성이 떨어지는 경우에는 해당 문장을 끊어 독자들의 이해를 돕고자 했다. 경우에 따라 역자주를 추가한 것도 또한 독자들의 편의를 고려한 것이다. 그리고 책의 구성은 왼쪽 면에 원문을, 오른쪽 면에는 그에 해낭하는 번역문을 배치하는 방식으로 하였다. 책 표지는 가급적 원 자료의 분위기를 살리고자 했다. 한지의 색감을 유지하면서 실로 묶는 방식으로 제본한 모습을 표현하였고, 제목의 글자도 원 자료의 글자를 그대로 재현했다.

이 번역서가 나오기까지 여러 분들이 도움을 주셨다. 우선 유휘성 회장님께서는 인성(仁星)기금으로써 고려대학교 법학전문대학원에 연구진흥기금을 조성해 주셨다. 유 회장님의 후원이 없었다면 이 사업을 시작할 수 없었다. 특히 인성기금으로 인하여 보성전문 교과서 번역사업을 완결할 수 있는 재정적 기반이 마련되었다는 점은 매우 큰 의미를 가진다. 사업성과 무관하게 이 책의 가치를 인정해 주신 고려대학교출판문화원의 윤인진 원장님, 정성스럽게 편집 작업을 수행해 주신 이무희 선생님, 원문의 활용을 위하여 기꺼이 행정적 수고를 베풀어 주신 고려대학교 도서관의 한민섭 과장님, 스캔과 번역 작업에 큰 힘이 되어 준 김한빈 법학석사와 윤해진 조교, 이 모든 분들께 감사의 마음을 드린다.

역사는 자기 정체성 인식의 출발점이다. 역사는 그것을 소중히 여기고 기억하며 가꾸는 사람들의 것이다. "1905" 제2·2권이 세상에 빛을 보게 된 것을 매우 기쁘게 생각한다. 이 책이 고려대학교의 역사를 넘어 대한민국의 학문 발전에 기여할 수 있다면 그보다 큰 영광은 없을 것이다.

2018년 10월

옮긴이 명순구

차례

제2편 점유권

제3편 소유권

物權法

第一部

物權法(第一部)

兪致衡 講述

緖言

凡物權法은民法의一部分이라然則此法을講述코져홀진ᄃᆡ民法의意義如何를先究홈이必要ᄒᆞ니라然이나此ᄂᆞᆫ擔任이各殊ᄒᆞ니民法總論의講義에至ᄒᆞ야自然解得홀지오玆에ᄂᆞᆫ其一部分된物權에關ᄒᆞᆫ法理만硏究호ᄃᆡ此法이本國旣往及現行律例中에明文或成典의可據홀바ㅣ無ᄒᆞ니形式上으로註解論評홈은不能ᄒᆞ고但本邦의自來慣習과各國의通行法規를叅考ᄒᆞ야實質上으로法理의原則만取考講說홈이其自然ᄒᆞᆫ結果오又本校의主旨라然而元來物權은其法理와規定이廣濶深遠ᄒᆞ고複雜綜密ᄒᆞ야到底히細密ᄒᆞᆫ講義ᄂᆞᆫ不能ᄒᆞᆫ바ㅣ라故로玆에ᄂᆞᆫ只其大意만講述호ᄃᆡ其編次에至ᄒᆞ야ᄂᆞᆫ各國法典을依ᄒᆞ던지法理를從ᄒᆞ던지自然二部에分ᄒᆞ니占有權所有權借地權及地役權은眞正ᄒᆞᆫ物權이오留寘權先取特權質權及抵當權은債權에附從ᄒᆞᄂᆞᆫ擔保物權이라他種의物權과其成立의原因及性質이各殊ᄒᆞ니是乃本講義에物權法을一部와二部에分ᄒᆞᆫ所以라

물권법(제1부)

강사 유치형(兪致衡)

서언

물권법은 민법의 일부분이다. 그래서 이 법을 강의하려면 민법의 의의가 무엇인지를 먼저 탐구하는 것이 필요하다. 그러나 이는 말은 바가 각기 달라 민법총론 강의에서 자연스레 이해해야 할 것이고, 여기서는 그 일부분인 물권에 관한 법리만 연구한다. 우리나라의 기존 및 현행법 중에 이 법이 근거할 명문이나 성문 법전은 없다. 따라서 형식 면에서 주석을 달아 논평할 수는 없고, 다만 우리나라의 종래 관습과 각국에서 널리 시행되는 법규를 참고하여 실질적으로 법리의 원칙만 취하여 고찰하고 강의하는 것이 자연스러운 결과이고 또 본교의 취지이다. 그러나 원래 물권은 그 법리와 규정이 매우 넓고도 깊으며 복잡하고도 치밀하여 도저히 세밀한 강의를 할 수는 없다. 그러므로 여기에서는 다만 그 대강만을 강의한다. 편제는 각국 법전에 따르든 법리를 따르든 자연스레 두 부분으로 나누어진다. 점유권 · 소유권 · 차지권(借地權)* 및 지역권은 진정한 물권이고, 유치권 · 선취특권(先取特權) · 질권 및 저당권은 채권에 부종하는 담보물권으로서 다른 종류의 물권과 그 성립 원인 및 성질이 각기 다르다. 이것이 이 강의에서 물권법을 1부와 2부로 나눈 까닭이다.

* 역자주: 지상권과 영소작권(永小作權)을 가리킴.

故로余輩ᄂᆞᆫ第一部로自ᄒᆞ야講述을先始호ᄃᆡ此ᄅᆞᆯ五編에分ᄒᆞ야第一編에物權全體에關ᄒᆞᆫ法理ᄅᆞᆯ說明ᄒᆞ고次에各種物權에及ᄒᆞ야第二編占有權第三編所有權第四編借地權第五編地役權으로逐次講究코져ᄒᆞ노라

第一編　總論

第一章　物權法의意義

第一節　總說

物權法은人의享有ᄒᆞᄂᆞᆫ權利中其一部分되ᄂᆞᆫ私權上物件에關ᄒᆞᄂᆞᆫ法이니其本을尋究ᄒᆞᆫ즉民法에溯及ᄒᆞ고民法의本源을溯究ᄒᆞᆫ즉私法中第一主要의法이니公法과相須ᄒᆞ야一國의法典을形成ᄒᆞᄂᆞᆫ者ㅣ라然則其本은法에在ᄒᆞ니此物權法을論究ᄒᆞᆷ에도法의意義ᄅᆞᆯ先究ᄒᆞ고次에民法의意義ᄅᆞᆯ講明ᄒᆞᆷ이正當ᄒᆞᆫ次序라然이나法의意義ᄂᆞᆫ法學通論에關ᄒᆞᆫ바오民法의意義ᄂᆞᆫ民法總論에關ᄒᆞᆫ바ㅣ니玆에省略ᄒᆞ고本講義에ᄂᆞᆫ物權法에關ᄒᆞᆫ바만專究호ᄃᆡ元來物權은人의私權中一部分되ᄂᆞᆫ財產權의一種이니此에關ᄒᆞᆫ法理도財產權의意義ᄅᆞᆯ先解ᄒᆞᆷ이아니면了解ᄒᆞ기難ᄒᆞ니라

그러므로 우리는 제1부부터 강의를 먼저 시작하되 이를 다섯 편으로 나누어 제1편에 물권 전체에 관한 법리를 설명하고, 다음에 각종 물권을 다루어 제2편 점유권, 제3편 소유권, 제4편 차지권, 제5편 지역권의 순서대로 강의하고자 한다.

제1편 총 론

제1장 물권법의 의의

제1절 총 설

물권법은 사람이 향유하는 권리 중 그 일부분인 사권상의 물건에 관한 법으로, 그 뿌리를 찾아 탐구하면 민법으로 거슬러 올라간다. 그리고 민법의 본원을 거슬러 올라가 탐구하면 사법 중 첫째가는 주요한 법으로, 공법과 결합하여 한 나라의 법전을 형성하는 것이다. 그래서 그 뿌리는 법에 있으니, 물권법을 탐구할 때에도 법의 의의를 먼저 탐구하고 다음에 민법의 의의를 연구하여 밝히는 것이 정당한 순서이다. 그러나 법의 의의는 법학통론에 관한 것이고 민법의 의의는 민법총론에 관한 것이므로 여기서는 생략하고 이 강의에서는 오로지 물권법에 관한 것만 탐구한다. 그런데 원래 물권은 사람의 사권 중 일부분인 재산권의 일종으로 이에 관한 법리도 재산권의 의의를 먼저 이해해야만 알 수 있다.

財産權의何物됨을說明홈에는其勢가不可不民法典體裁에波及ᄒᆞᄂᆞ니今에各國이自來取用ᄒᆞ던民法典編纂의體裁를略說ᄒᆞᆫ後財産權에論及코져ᄒᆞ노라

第一、民法典編纂의體裁

民法編制의方法에二式이有ᄒᆞ니一曰羅馬式이오一曰德逸式이라前者는其基礎를家族制度에取ᄒᆞ고後者는個人主義에依ᄒᆞ얏ᄉᆞ니家族制度가漸弛ᄒᆞ고個人主義가發達ᄒᆞᆫ今日에는羅馬式이學界上에排斥을受홈도時勢의不得已ᄒᆞᆫ結果니라

盖民法法典을編纂ᄒᆞᆯ진ᄃᆡ其編章條項을排寘ᄒᆞ야體裁가整然케ᄒᆞᆯ標準이可히無치못ᄒᆞᆯ지니其最適ᄒᆞᆫ標準은論理上分類法이라然而論理上分類法으로法典을編纂홈은此馬羅式이其弧矢니라

此法典은羅馬쥬스자니안帝의發布ᄒᆞᆫ바ㅣ니阿柔士氏敎科書의排列法을依ᄒᆞ야編成ᄒᆞᆫ바ㅣ라全體를三編에分ᄒᆞ니一人事法二物件法三訴訟法이라人事法에는家長權養子婚姻後見等人의身分에關ᄒᆞᆫ一切事를規定ᄒᆞ고物件法에는所有權及其取得方法과其他相續關係及各種契約에基ᄒᆞᄂᆞᆫ債務等直接

재산권이 무엇인지 설명하려면 민법전 체재(體裁)까지 설명할 수밖에 없다. 이제 각국이 종래 취하여 오던 민법전 편찬의 체재를 간략히 설명한 뒤 재산권에 관하여 논하고자 한다.

I. 민법전 편찬의 체재

민법의 편제 방법에는 두 가지가 있는데, 하나는 로마식이고 하나는 독일식이다. 전자는 그 기초를 가족제도에서 취했고, 후자는 개인주의에 의하였는데, 가족제도가 점차 이완되고 개인주의가 발달한 오늘날에는 시내의 흐름에 따른 어쩔 수 없는 결과로 로마식은 학계에서 배척을 받게 되었다.

일반적으로 민법전을 편찬할 때 그 편과 장과 조항을 배치하여 체재를 정연하게 하는 기준이 있어야 하는데, 가장 적합한 기준은 논리적 분류법이다. 논리적 분류법으로 법전을 편찬한 것으로는 이 로마식이 매우 유명하다.

이 법전은 로마 유스티니아누스 황제가 공포한 것으로, 유스티니아누스 교과서의 배열법에 따라 편성한 것이다. 전체를 세 편으로 나누어 1편을 인사법(人事法), 2편을 물건법(物件法), 3편을 소송법(訴訟法)으로 하였다. 인사법에는 가장권(家長權), 양자, 혼인, 후견 등 사람의 신분에 관한 일체의 사항을 규정하였고, 물건법에는 소유권 및 그 취득 방법과 기타 상속관계 및 각종 계약에 기한 채무 등 직

間接으로物件에關ᄒᆞᆫ事ᄅᆞᆯ規定ᄒᆞ고訴訟法에ᄂᆞᆫ民事訴訟에關ᄒᆞᆫ節次及不法行爲에基ᄒᆞᆫ債務에關ᄒᆞᆫ法則等을規定ᄒᆞ니라

蓋往昔家族制度가盛行ᄒᆞ야各人의權利義務ᄂᆞᆫ其身分에因ᄒᆞ야定ᄒᆞᆷ이多ᄒᆞ고契約에依ᄒᆞᆷ이反少ᄒᆞᆫ時代에ᄂᆞᆫ一國의法典을編纂ᄒᆞᆷ에도人事에關ᄒᆞᆫ法則을法典首部에寘ᄒᆞ고財産權에關ᄒᆞᆫ法則은隨宜排寘ᄒᆞᆷ도自然ᄒᆞᆫ理勢오又理論에能副ᄒᆞ니自來各國이其例ᄅᆞᆯ不襲ᄒᆞᆫ國이無ᄒᆞ니라

今에此羅馬式을繼受ᄒᆞᆫ法典의著名ᄒᆞᆫ者ᄅᆞᆯ略擧ᄒᆞ건ᄃᆡ(一)普魯西普通法이니西曆一千七百五十一年에厚禮斗益大王이發布ᄒᆞᆫ바ㅣ라全體ᄅᆞᆯ四編에分ᄒᆞ야第一總則第二人事第三財産第四義務編이오(一)法國民法典이니西曆一千八百七年에拿破崙帝가發布ᄒᆞᆫ바ㅣ라全體ᄅᆞᆯ前加編外(此ᄂᆞᆫ法國에셔加入ᄒᆞᆫ바ㅣ니其由ᄂᆞᆫ民法은國家의根本法이오且諸法中에最先發達ᄒᆞᆷ에因ᄒᆞᆷ이라ᄒᆞᄂᆞᆫ便宜上排寘) 에三編에分ᄒᆞ야第一人事第二財産第三財産取得編이오(一)俄國民法典이니西曆一千八百三十三年에發布ᄒᆞᆫ바ㅣ라全體ᄅᆞᆯ四編에分ᄒᆞ야第一家族第二財産第三財産取得第四義務編이오(一)墺國民

간접적으로 물건에 관한 사항을 규정하였다. 소송법에는 민사소송에 관한 절차 및 불법행위에 기한 채무에 관한 법칙 등을 규정하였다.

옛날 가족제도가 성행하여 각자의 권리의무가 그 신분에 따라 정해지는 경우가 많고 계약에 따르는 경우가 도리어 적던 시대에는, 한 나라의 법전을 편찬할 때에도 인사에 관한 법칙을 법전 맨 앞에 두고 재산권에 관한 법칙은 뒤에 배치하는 것도 자연스러운 이치이고 또 이론에도 알맞다. 이에 종래 각국이 그 예에 따르지 않은 나라가 없었다.

오늘날 이 로마식을 계수한 법전 가운데 저명한 것을 간략히 들면 다음과 같다.

① 프로이센 보통법[*]으로 1751년 프리드리히 대왕[**]이 공포한 것이다.[***] 전체를 네 편으로 나누어 제1편 총칙, 제2편 인사, 제3편 재산, 제4편 의무편으로 하였다.

② 프랑스 민법전으로 1807년에 나폴레옹 황제[****]가 공포한 것이다.[*****] 전체를 서편(序編) 외(이는 프랑스에서 추가한 것인데, 그 이유는 민법은 국가의 근본법이고 또 여러 법 중에 가장 먼저 발달했기 때문이라고 하는 편의상의 배치)에 세 편으로 나누어 제1편 인사, 제2편 재산, 제3편 재산취득으로 하였다.

③ 러시아 민법전[******]으로 1833년에 공포된 것이다. 전체를 네 편으로 나누어 제1편 가족, 제2편 재산, 제3편 재산취득, 제4편 의무로 하였다.

④ 오스트리아 민

---

* 역자주: 원문은 '普魯西普通法'으로 표현함. 이는 프로이센 일반란트법(Allgemeine Landrecht für die Preußischen Staaten, ALR)을 가리키는 것임.

** 역자주: 원문은 '厚禮斗益大王'으로 표현함. 이는 Friedrich der Große(Friedrich II)를 가리킴.

*** 역자주: 'Projekt des Corporis Juris Fridericiani'(프리드리히 법전 초안)이 1749~1751년에 걸쳐 구성된 바는 있으나, ALR이 제정된 것은 1794년이므로 사실과는 차이가 있음.

**** 역자주: 원문은 '拿破崙帝'로 표현함.

***** 역자주: 프랑스 민법전이 공포된 것은 1804년이고, 이 법이 '나폴레옹 법전'으로 불리게 된 것이 1807년임.

****** 역자주: 러시아 제국법전(Свод законов Российской империи) 중에서도 제10권을 가리킴.

法典이니西曆一千八百十七年에發布ᄒᆞᆫ바ㅣ라全體ᄅᆞᆯ法例外에三編에分ᄒᆞ야第一人事第二財産第三財産通則編이오(一)義國民法典이니西曆一千八百六十五年에發布ᄒᆞᆫ바ㅣ라全體ᄅᆞᆯ三編에分ᄒᆞ야第一人事第二財産第三財産取得編이오(二)比國民法草案이오(三)日本舊民法典이니西曆一千八百九十年(卽明治二十三年)에發布ᄒᆞᆫ바ㅣ라全體ᄅᆞᆯ五編에分ᄒᆞ야第一人事第二財産第三財産取得第四債權擔保第五証據編이라此法은法國民法에前加編을寘ᄒᆞᆷ과갓치五編分類法을取ᄒᆞ고兼ᄒᆞ야債權擔保編及証據編을各獨立ᄒᆞᆫ一編으로ᄒᆞ얏스나然이나其實質은法國法을模倣ᄒᆞᆫ者ㅣ니其源은羅馬式을繼受ᄒᆞᆫ者ㅣ니라以上諸國法典은皆羅馬式의第二編物件法의分類ᄅᆞᆯ從ᄒᆞ야一種財産編을寘ᄒᆞ야今日所謂物權을其一部分으로編入ᄒᆞ고物權의名稱을民法典中에不設ᄒᆞ니라

然이나時勢의變遷과文運의進步로家族制度가漸弛ᄒᆞ고個人主義가益盛ᄒᆞ야各人의權利義務는身分에依ᄒᆞ야定ᄒᆞᆷ보다契約에依ᄒᆞᆷ이反多ᄒᆞ니財産權에關ᄒᆞᆫ法則의範圍가愈廣ᄒᆞ야法典編制의排列法에도其影響이及ᄒᆞᆫ지라於

법전으로 1817년에 공포된 것이다.* 전체를 서편 외에 세 편으로 나누어 제1편 인사, 제2편 재산, 제3편 재산통칙으로 하였다.

⑤ 이탈리아 민법전으로 1865년에 공포된 것이다. 전체를 세 편으로 나누어 제1편 인사, 제2편 재산, 제3편 재산취득으로 하였다.

⑥ 벨기에 민법 초안이다.

⑦ 일본 구 민법전으로 1890년(곧 메이지(明治) 23년)에 공포된 것이다. 전체를 다섯 편으로 나누어 제1편 인사, 제2편 재산, 제3편 재산취득, 제4편 채권담보, 제5편 증거로 하였다. 이 법은 프랑스 민법에 서편을 둔 것과 같이 다섯 편으로 분류하는 방식을 취하였고, 아울러 채권담보편 및 증거편을 각 독립된 편으로 하였다. 그러나 그 실질은 프랑스 법을 모방한 것으로, 그 근원은 로마식을 계수한 것이다.

이상의 여러 나라 법전은 모두 로마식으로 제2편 물건법의 분류를 따라 일종의 재산편을 두어, 오늘날의 이른바 물권을 그 한 부분으로 편입하고 물권의 명칭을 민법전 안에 마련하지 않았다.

그러나 시대의 변천과 문명의 진보로 가족제도가 점차 이완되고 개인주의가 더욱 성행하여, 각자의 권리의무가 신분에 따라 정해지기보다 도리어 계약에 따라 정해지는 경우가 많아졌다. 이에 따라 재산권에 관한 법칙의 범위가 더욱 넓어져 법전 편제의 배열법에도 그 영향이 미치게 되었다. 이

* 역자주: 오스트리아 민법전(ABGB)은 1811년 공포, 1812년부터 시행되었음.

是乎羅馬의編制式이學界上에排斥을受ᄒᆞᆷ에至ᄒᆞ니西曆一千八百四五十年頃으로브터德國學界上에셔其不可를唱道ᄒᆞ야學者輩가民法敎科書의次序를變更ᄒᆞ야人事에關ᄒᆞᆫ部分을財產에關ᄒᆞᆫ部分後에列ᄒᆞᆯ뿐아니라債權債務에關ᄒᆞᆫ部分으로써獨立ᄒᆞᆫ一編을搆成ᄒᆞᆷ에至ᄒᆞ더니西曆一千八百六十五年에發布ᄒᆞᆫ索遜國民法典은自來諸國이取用ᄒᆞ던編制法을排斥ᄒᆞ고一個分類法을新設ᄒᆞᆫ지라即第一編總則第二編物權法第三編債權法第四가親族法第五編相續法이니此를德逸式이라云ᄒᆞᄂᆞ니라(此分類法의詳細ᄒᆞᆫ說明은以後物權法의位寘를論ᄒᆞᆯ時에更示ᄒᆞᆷ)

西曆一千八百九十八年브터施行ᄒᆞᄂᆞᆫ德國民法及同九十九年(即明治三十二年)브터施行ᄒᆞᄂᆞᆫ日本民法은其體裁를索遜民法에取ᄒᆞ고只其兩法이相異ᄒᆞᆫ바ᄂᆞᆫ德法은物權債權의編次를換寘(其由ᄂᆞᆫ後述)ᄒᆞᆯ뿐이니此編制法을自來各國이採用ᄒᆞ던바에比ᄒᆞ건ᄃᆡ近世發達ᄒᆞᆫ法理에도符合ᄒᆞ고法典體裁에도得宜ᄒᆞᆷ이實로不少ᄒᆞ니라

然則各國民法에自前傳來ᄒᆞ던財產編을廢止ᄒᆞ야物權及債權法으로分類新

즈음 로마의 편제 방식이 학계에서 배척을 받기에 이르렀다. 1840~1850년경부터 독일 학계에서 그 불가론을 주창하여 학자들이 민법 교과서의 순서를 변경하여, 인사에 관한 부분을 재산에 관한 부분 뒤에 놓았을 뿐만 아니라 채권채무에 관한 부분을 독립하여 하나의 편으로 구성하기에 이른다. 그러더니 1865년에 공포된 작센 민법전은 예로부터 여러 나라가 취하였던 편제법을 배척하고 하나의 분류법을 신설하였다. 곧 제1편 총칙, 제2편 물권법, 제3편 채권법, 제4편 친족법, 제5편 상속법으로 이를 독일식이라고 한다(이 분류법의 상세한 설명은 이후 물권법의 위치를 논할 때 다시 보임).

1898년부터 시행된 독일 민법 및 1899년(곧 메이지(明治) 32년)부터 시행된 일본 민법은 그 체재를 작센 민법에서 취하였다. 다만 그 두 법이 서로 다른 점은 독일법은 물권, 채권의 편제를 바꾸어 두었을(그 이유는 후술) 뿐으로, 이 편제법을 종래 각국이 채용하던 것과 비교하면 근세의 발달한 법리에도 부합하고 법전의 체재로서도 실로 매우 적절하다.

그렇다면 각국 민법에서 전부터 전해오던 재산편을 폐지하고 물권 및 채권법으로 분류하여 새로

編ᄒᆞᆫ理由ᄂᆞᆫ何在오其由ᄅᆞᆯ略擧ᄒᆞ건ᄃᆡ民法中에財産編을設置ᄒᆞᆯ지라도財産에屬ᄒᆞᄂᆞᆫ權利ᄅᆞᆯ無漏編入지못ᄒᆞᄂᆞᆫ境遇가不少ᄒᆞ니因ᄒᆞ야名實이不合ᄒᆞᆯᄲᅮᆫ아니라法典이混雜을未免ᄒᆞᆷ이라何者오財産權은原則上物權及債權이나然이나其實際ᄅᆞᆯ觀ᄒᆞᆫ즉物權債權以外에도財産權되ᄂᆞᆫ權利가許多ᄒᆞᄃᆡ其性質이物權債權中에ᄂᆞᆫ未入ᄒᆞ니不可不他特別法을要ᄒᆞ며又債權中에도財産權에未入ᄒᆞᄂᆞᆫ權利가不少ᄒᆞᆫ所以라然則財産編의名稱을民法中에設置ᄒᆞᆯ지라도畢竟은維持치못ᄒᆞᆷ에至ᄒᆞᆯ지니라

以上理由가有ᄒᆞᆷ에因ᄒᆞ야近世民法에ᄂᆞᆫ財産編을廢止ᄒᆞ고其代에物權及債權을編成ᄒᆞ야各種財産上權利ᄅᆞᆯ此兩權中에編入ᄒᆞ야法典을簡易明瞭케ᄒᆞᆷ과同時에物權債權은財産權의必定ᄒᆞᆫ區別이아니오其以外에도特別法에依ᄒᆞᄂᆞᆫ特別財産權이亦有ᄒᆞᆫ事와債權中에도財産에未入ᄒᆞᄂᆞᆫ債權이亦有ᄒᆞᆷ을明示ᄒᆞ야抵觸이無케ᄒᆞ니라

第二、財産權

物權債權이財産權의必定ᄒᆞᆫ區別은아니나然이나物權은財産權에悉屬ᄒᆞᆷ은

짠 이유는 무엇인가? 그 이유를 간략히 들면, 민법 안에 재산편을 마련해두더라도 재산편에 속하는 권리를 빠짐없이 편입하지 못하는 경우가 적지 않다. 이로 인해 이름과 실질이 부합하지 않을 뿐 아니라 법전이 혼잡해질 수밖에 없다. 왜냐하면 재산권은 원칙상 물권 및 채권이지만 그 실제 모습을 보면 물권, 채권 이외에도 재산권인 권리가 매우 많은데, 그 성질이 물권, 채권 중에는 포함되지 못하여 어쩔 수 없이 특별법이 필요하며, 또 채권 중에도 재산권에 포함되지 못하는 권리가 적지 않기 때문이다. 그래서 재산편의 명칭을 민법 안에 마련해 두더라도 마침내는 유지하지 못하게 될 것이다.

이상과 같은 이유로 근세 민법에는 재산편을 폐지하고 그 대신 물권 및 채권을 편성하여 여러 가지 재산상 권리를 이 두 권리 안에 편입하여 법전을 간이하고 명료하게 한다. 그리고 동시에 물권과 채권은 재산권에서 꼭 정해진 구별이 아니고 그 이외에도 특별법에 의하는 특별재산권도 있고 채권 중에도 재산에 들지 못하는 채권 또한 있음을 명시하여 저촉이 없게 한다.

II. 재산권

물권과 채권이 재산권에서 꼭 정해진 구별은 아니지만 물권이 재산권에 속하는 것은

其性質上自然ᄒᆞᆫ結果니今에物權法의本論에入ᄒᆞ기前에財産에關ᄒᆞᆫ一般觀念을槪論코져ᄒᆞ노라

夫法律上所謂財産은何오ᄒᆞᆷ에至ᄒᆞ야ᄂᆞᆫ古今學者間에論議가頗多ᄒᆞᆯᄲᅮᆫ아니라歐洲各國法典中에도義國民法外에ᄂᆞᆫ明文으로定義ᄒᆞᆫ國이無ᄒᆞ니其故ᄂᆞᆫ法典에明定ᄒᆞᆯ必要가無ᄒᆞᆷ과同時에若定寘ᄒᆞᆫ즉各種의弊害가反隨ᄒᆞᄂᆞᆫ所以니라

義國民法第四百六條에ᄂᆞᆫ云凡公私間所有權의目的되기可得ᄒᆞᆯ物은財産이라ᄒᆞ얏스니此ᄂᆞᆫ法國學者의誤論을取用ᄒᆞᆫ結果라此說을若從ᄒᆞᆯ진ᄃᆡ以下二個의駁論이生ᄒᆞᆯ지니

(一)物은卽財産이라ᄒᆞᆷ과同一ᄒᆞᆫ結果에歸ᄒᆞᆯ지라何者오宇宙間에在ᄒᆞᄂᆞᆫ物은彼日月星辰의類를除ᄒᆞᆫ外에ᄂᆞᆫ皆所有權의目的되기可得ᄒᆞᄂᆞᆫ所以라凡吾人은物을因ᄒᆞ야利益을受ᄒᆞᆷ이多ᄒᆞ나然이나物만存ᄒᆞ야ᄂᆞᆫ其所受利益을完全케ᄒᆞ기不得ᄒᆞ고此을完全케ᄒᆞᆷ은物件上에權利가有ᄒᆞᆷ에因ᄒᆞᄂᆞ니財産이라ᄒᆞᄂᆞᆫ觀念은實로玆에胚胎ᄒᆞᄂᆞ니라更論ᄒᆞᆫ즉物은卽權利의目的

그 성질상 자연스러운 결과이다. 이제 물권법의 본론에 들어가기 전에 재산에 관한 일반관념을 개괄하여 논하고자 한다.

법률상 이른바 재산이 무엇인지에 이르러서는 고금의 학자들 간에 논의가 매우 많을 뿐 아니라 유럽 각국의 법전 중에서도 이탈리아 민법 외에는 명문으로 정의한 나라가 없다. 그 이유는 법전에 명확히 정할 필요가 없는 것과 동시에 만약 규정을 둔다면 도리어 갖가지 폐해가 따르게 되기 때문이다.

이탈리아 민법 제406조는 공사(公私)간 소유권의 목적이 될 수 있는 물건은 재산이라고 하였는데,* 이는 프랑스 학자의 잘못된 논의를 취한 결과이다. 만약 이 설을 따른다면 아래의 두 가지 비판이 발생할 것이다.

① 물건은 곧 재산이라는 것과 동일한 결과가 된다. 왜냐하면 우주 안에 있는 물건은 저 해와 달과 별 같은 부류를 제외하면 모두 소유권의 목적이 될 수 있기 때문이다. 우리는 물건으로 인하여 받는 이익이 많다. 그러나 물건만 존재해서는 그 받는 이익을 완전하게 할 수 없고 이를 완전하게 하는 것은 물건 위에 권리가 있기 때문이다. 재산이라는 관념은 실로 여기서 잉태된다. 다시 말하면 물건은 곧 권리의 목적

---

* 역자주: 1865년 이탈리아 민법 제406조는 다음과 같음: "Tutte le cose che possono formare oggetto di proprietà pubblica o privata, sono beni immobili o mobili." 한편 1942년 제정된 현행 이탈리아 민법 제810조는 다음과 같다: "Sono beni le cose che possono formare oggetto di diritti."(물건이란 권리의 목적이 될 수 있는 것이다)

됨에不過ᄒᆞ고物自体ᄂᆞᆫ財產이아니라財產되ᄂᆞᆫ觀念에ᄂᆞᆫ權利의觀念이不可不隨伴ᄒᆞᄂᆞ니試見ᄒᆞ라山野에棲息ᄒᆞᄂᆞᆫ鳥獸와河海에游泳ᄒᆞᄂᆞᆫ魚類ᄅᆞᆯ誰가我의財產이라直稱ᄒᆞ리오

(二)所有權의目的되기不得ᄒᆞᆯ者ᄂᆞᆫ財產이라未云ᄒᆞᄂᆞᆫ結果가生ᄒᆞᆯ지라何者오所有權의目的되기가可得ᄒᆞᆯ物이即財產이라ᄒᆞᆯ진ᄃᆡ其目的되기不得ᄒᆞᆯ者ᄂᆞᆫ財產이아니라ᄒᆞᄂᆞᆫ結果가生ᄒᆞᄂᆞᆫ所以라如斯히論釋ᄒᆞᆯ진ᄃᆡ債權은財產이아니니假令吾人의持ᄒᆞᄂᆞᆫ會社의股劵과如ᄒᆞᆷ도財產이아니라ᄒᆞᆯ지라何故오所有權이一種物權되ᄂᆞᆫ以上은債權은其目的되기不得ᄒᆞᄂᆞᆫ所以라然이나債權으로ᄡᅥ悉皆財產이아니라未稱ᄒᆞᆷ은何人이던지不疑ᄒᆞᄂᆞᆫ바ㅣ니라

學者或云財產은所有權의目的되기가可得ᄒᆞᆯ物이아니오其目的이現成ᄒᆞᆫ物이니卽吾人이一卷書籍을所有ᄒᆞᆯ진ᄃᆡ其書籍은財產이라ᄒᆞ야此論이學者間에盛行ᄒᆞ나然이나此亦財產의意義ᄅᆞᆯ未盡ᄒᆞᆫ說이니此論을若從ᄒᆞᆯ진ᄃᆡ所有權이有ᄒᆞᆫ境遇가아니면財產의觀念을應用치못ᄒᆞᆯ지라然則債權은勿論이오所

인 데 지나지 않고 물건 자체는 재산이 아니다. 재산이라는 관념에는 권리의 관념이 수반될 수밖에 없다. 생각해 보라. 산과 들에 서식하는 동물과 강과 바다에 사는 물고기들을 누가 나의 재산이라고 바로 부를 수 있겠는가?

② 소유권의 목적이 될 수 없는 것은 재산이라고 하지 못하는 결과를 낳는다. 왜냐하면 소유권의 목적이 될 수 있는 물건이 곧 재산이라고 할 텐데, 그 목적이 될 수 없는 것은 재산이 아니라는 결과를 낳기 때문이다. 이렇게 해석하면 채권은 재산이 아니므로, 가령 우리가 갖는 회사의 주권(株券)과 같은 것도 재산이 아니라고 할 것이다. 왜냐하면 소유권이 일종의 물권인 이상 채권은 그 목적이 될 수 없기 때문이다. 그러나 채권이 재산이라고 하는 것에 대해서는 누구도 의심하지 않는다.

학자들은 더러 재산은 소유권의 목적이 될 수 있는 물건이 아니고 그 목적이 이루어진 물건이라고도 한다. 곧 우리가 책 한 권을 소유한다면 그 책은 재산이라는 것으로, 이 견해가 학자들 간에 성행하고 있다. 그러나 이 또한 재산의 의의를 다 살리지 못하는 학설이다. 이 견해를 따른다면 소유권이 있는 경우가 아니면 재산의 관념을 응용하지 못할 것이다. 그래서 채권은 물론이고 소

有權以外의各種物權은皆吾人의財産이아니라홀지니라

又一派學者는云財産은動産及不動産上에有ᄒᆞᆫ權利及利益이라ᄒᆞ니現今英美學者中에此論을主張ᄒᆞᄂᆞᆫ者가甚多ᄒᆞ고法國學者中에도賛同ᄒᆞᄂᆞᆫ者가不少ᄒᆞ야云元來財産의語ᄂᆞᆫ法語에云ᄒᆞᆫ바福祉를給ᄒᆞᄂᆞᆫ意義를包含ᄒᆞ니然則所謂福祉ᄂᆞᆫ權利만因ᄒᆞ야得홀바ㅣ아니오實物로브터生ᄒᆞᄂᆞᆫ利益의必隨를要ᄒᆞᆷ이라若不然홀진ᄃᆡ財産의本義에不合ᄒᆞ니故로債權을財産이라直稱ᄒᆞᆷ은不可ᄒᆞ다ᄒᆞ나此論을若從홀진ᄃᆡ爲先動産及不動産은皆實物을目的ᄒᆞᄂᆞᆫ原則과所謂利益은實物로브터必生이라ᄒᆞᄂᆞᆫ原則이必要ᄒᆞᆷ은勿論이오權利라ᄒᆞᄂᆞᆫ觀念에ᄂᆞᆫ利益이未入ᄒᆞᄂᆞᆫ바ㅣ라不可不斷定홀지라然이나事의實際를觀홀진ᄃᆡ諸國法典中에實物을目的지아니ᄒᆞᄂᆞᆫ動産及不動産을認定홀뿐아니라近世의學說은權利에觀念中에ᄂᆞᆫ利益의觀念이必含ᄒᆞᆫ다ᄒᆞᄂᆞ니라

要ᄒᆞ건ᄃᆡ自來學者의財産에關ᄒᆞᆫ思想은槪所有權으로써其基礎를作ᄒᆞ거나不然ᄒᆞᆫ즉實物로써其基礎를作ᄒᆞ고所有權或實物을離ᄒᆞ야ᄂᆞᆫ財産이無ᄒᆞᆷ과ᄀᆞᆺ치認做ᄒᆞ얏ᄉᆞ니社會가아즉未發達ᄒᆞᆫ時代에ᄂᆞᆫ如斯히狹隘ᄒᆞᆫ觀念으로써

유권 이외의 각종 물권은 모두 우리의 재산이 아니라고 하게 될 것이다.

또 어떤 학자들은 재산은 동산 및 부동산에 있는 권리 및 이익이라고 한다. 오늘날 영미 학자 중에 이 견해를 주장하는 사람이 매우 많고, 프랑스 학자 중에도 찬동하는 사람이 적지 않다. 이 견해는 원래 재산이라는 말은 프랑스어에서 말하는 "복지를 준다"는 뜻을 포함하는데, 그래서 이른바 복지는 권리만으로 얻는 것이 아니고 실물로부터 발생하는 이익이 반드시 수반되어야 한다는 것이다. 만약 그렇지 않다면 재산의 본래 의의에 맞지 않기 때문에 채권을 바로 재산이라고 부를 수는 없다고 한다. 그러나 이 견해를 따른다면 먼저 동산 및 부동산은 모두 실물을 목적으로 한다는 원칙과 이른바 이익은 반드시 실물로부터 발생한다는 원칙이 필요함은 물론이고, 권리라는 관념에는 이익이 포함되지 못한다고 단정할 수밖에 없을 것이다. 그러나 실제로는 여러 나라의 법전 가운데 실물을 목적으로 하지 않는 동산 및 부동산을 인정할 뿐 아니라, 근세의 학설은 권리의 관념 안에는 이익의 관념이 반드시 포함된다고 한다. 요컨대 예로부터 학자들의 재산에 관한 사상은 모두 소유권을 기초로 삼았거나 아니면 실물을 기초로 삼고 소유권 또는 실물을 떠나서는 재산이 없는 것처럼 간주하였다. 사회가 아직 발달하지 못한 시대에는 이렇게 좁은 관념으로

財產을論홈도不可홈이無홀지나然이나社會가旣已發達혼今日에ᄂᆞᆫ決斷코如斯혼觀念은認許ᄒᆞ기不能홀지니라

夫吾人이財產을持ᄒᆞ고安全히此社會에셔生活ᄒᆞᄂᆞᆫ所以ᄂᆞᆫ吾人에게權利가有홈에因홈이니更論혼즉吾人에게權利가有혼所以로他人의干涉을防禦홀이라然則法律上所謂財產에ᄂᆞᆫ權利의觀念이必隨ᄒᆞ니若不然홀진디物과財產을區別ᄒᆞ기不能홀뿐아니라吾人이安全히財產을持ᄒᆞᄂᆞᆫ所以도未解홈에至홀지니라是로由ᄒᆞ야觀홀진디財產은某種類의權利自體를指示홈이오他種物이無有홈을可知홀지니라

所謂某種의權利ᄂᆞᆫ何오此에關ᄒᆞ야ᄂᆞᆫ云資產을組成ᄒᆞᄂᆞᆫ權利라혼立法例도不無ᄒᆞ니然則資產과財產은其間에何如혼區別이有ᄒᆞ뇨此ᄂᆞᆫ用語上區別이無ᄒᆞ고同一혼意義로普通使用ᄒᆞᄂᆞᆫ바ㅣ라要ᄒᆞ건디此所謂資產이라홈은其源이羅馬法에由出혼者ㅣ니該法의所謂資產은凡相續ᄒᆞ기可得홀者를指홈이라玆에資產의組成이라홈도即相續ᄒᆞ기可得홀權利라ᄒᆞᄂᆞᆫ義니更論혼즉財產은相續ᄒᆞ기可得홀權利라홈이나然이나此意義를貫徹코저혼즉財產에

재산을 논할 수도 있었겠지만, 사회가 이미 발달한 오늘날에는 결코 이러한 관념은 인정될 수 없을 것이다.

우리가 재산을 가지고 안전하게 이 사회에서 생활하는 까닭은 우리에게 권리가 있기 때문이다. 다시 말하면 우리에게 권리가 있기 때문에 타인의 간섭을 방어하는 것이다. 그래서 법률상 이른바 재산에는 권리의 관념이 반드시 따르는데, 그렇지 않다면 물건과 재산을 구별할 수 없을 뿐 아니라 우리가 안전하게 재산을 갖는 까닭도 이해하지 못할 것이다 이로부터 본다면 재산은 어떤 종류의 권리 자체를 지시하는 것이고 다른 종류의 것이 아님을 알 수 있을 것이다.

이른바 어떤 종류의 권리는 무엇인가에 관하여는 자산(資産)을 구성하는 권리라고 한 입법례도 없지 않은데, 그래서 자산과 재산 사이에는 어떠한 구별이 있는가? 이는 용어상 구별이 없고 동일한 의미로 보통 사용된다. 요컨대 이른바 자산이란 그 근원이 로마법으로부터 나온 것이다. 로마법에서 이른바 자산은 보통 상속할 수 있는 것을 가리킨다. 여기서 자산의 구성이라는 것도 곧 상속할 수 있는 권리라는 뜻으로, 다시 말하면 재산은 상속할 수 있는 권리라고 한다. 그러나 이 의미를 관철하고자 하면 재산에

可入ᄒᆞᆯ權利라도相續ᄒᆞ기不能ᄒᆞᆫ權利가更有ᄒᆞ니假令一身에專屬ᄒᆞᄂᆞᆫ權利와如ᄒᆞᆷ은財産이아니라ᄒᆞᄂᆞᆫ結果가生ᄒᆞᆯ지라然則此說도正當ᄒᆞᆫ論이라未稱ᄒᆞᆯ지니라

今夫近世의法理를依ᄒᆞᆫ건ᄃᆡ凡權利義務의價値를計ᄒᆞᆷ에ᄂᆞᆫ金錢으로其標準을作ᄒᆞᆷ이多ᄒᆞ니盖金錢은事物의價値를定ᄒᆞᆷ에最便易ᄒᆞ고且適實ᄒᆞᆫ所以라但權利中에ᄂᆞᆫ金錢으로其價를未定ᄒᆞᆯ者도有ᄒᆞ니即人身權(人身權은權利者의身分上位置로부터生ᄒᆞᄂᆞᆫ私權이니此를人格權及親族權에二分ᄒᆞᆷ이라人格權은人의固有ᄒᆞᆫ性質로브터生ᄒᆞᄂᆞᆫ私權이니一個人된直接結果로保有ᄒᆞᄂᆞᆫ바權利라即生命身体名譽自由姓名尊稱等이오親族權은人의親族上關係로브터生ᄒᆞᄂᆞᆫ私權이니夫가妻에對ᄒᆞᄂᆞᆫ權親이子에對ᄒᆞᄂᆞᆫ權後見人이被後見人에對ᄒᆞᄂᆞᆫ權利等이라)과如ᄒᆞᆷ이是라然이나其以外의權利ᄂᆞᆫ皆金錢으로其價値를定得ᄒᆞ고又法律上所謂財産에ᄂᆞᆫ金錢上價値의相伴을要ᄒᆞᆷ은其觀念上可히避치못ᄒᆞᄂᆞᆫ事實이라然則法律上所謂財産은金錢上價値가有ᄒᆞᆫ權利라ᄒᆞᆷ이普通觀念에能符ᄒᆞ고法律思想에도亦合ᄒᆞᆯ지니라

第三、財産의分類

自來歐洲諸國의學者ᄂᆞᆫ物權債權의區別로써財産의分類를作ᄒᆞ고又法典中

포함시킬 수 있는 권리라도 상속할 수 없는 권리가 또 있는데, 가령 일신에 전속하는 권리와 같은 것은 재산이 아니라는 결과를 낳을 것이다. 그래서 이 학설도 정당한 견해라고 할 수 없다.

오늘날 근세의 법리에 따르면 권리의무의 가치를 헤아릴 때에는 금전을 그 기준으로 삼는 경우가 많은데, 금전은 사물의 가치를 정할 때 가장 편리하고 또 적절하기 때문이다. 다만 권리 가운데에는 금전으로 그 가치를 정할 수 없는 것도 있는데, 곧 인신권(인신권은 권리자의 신분상 위치로부터 발생하는 사권으로, 이를 인격권 및 친족권의 둘로 나눈다. 인격권은 사람의 고유한 성질로부터 발생하는 사권으로 한 개인이 된 직접적 결과로 보유하는 권리이다. 곧 생명, 신체, 명예, 자유, 성명, 존칭 등이다. 친족권은 사람의 친족상 관계로부터 발생하는 사권으로, 남편의 아내에 대한 권리, 부모의 자녀에 대한 권리, 후견인의 피후견인에 대한 권리 등이다)과 같은 것이 그것이다. 그러나 그 이외의 권리는 모두 금전으로 그 가치를 정할 수 있고 또 법률상 이른바 재산이 금전적 가치와 서로 함께하여야 한다는 것은 그 관념상 피할 수 없는 사실이다. 그래서 법률상 이른바 재산은 금전적 가치가 있는 권리라고 하는 것이 보통의 관념에 부합하고 법적 사고에도 부합할 것이다.

III. 재산의 분류

종래 유럽 여러 나라의 학자는 물권과 채권의 구별로 재산을 분류하고 또 법전 중에도其例가亦有ᄒᆞ나然이나凡財産되ᄂᆞᆫ權利ᄂᆞᆫ此兩權以外에도有ᄒᆞᆯ뿐아니라債權中에도財産이아닌權利가亦有ᄒᆞ니假令人身權中智能에因ᄒᆞ야得ᄒᆞᄂᆞᆫ權利即發明特許版權意匠專用權과如ᄒᆞᆷ은其性質이物權도아니오債權도아니로ᄃᆡ財産權되ᄂᆞᆫ性質은不失ᄒᆞᄂᆞ니라

盖特許ᄂᆞᆫ新規로社會에有益ᄒᆞᆫ機械工術又製造品或藥材를發明ᄒᆞ거나其効能利用及方法等을改良ᄒᆞ야一定ᄒᆞᆫ法律年限間其發明者로ᄒᆞ야곰專造專用或專賣케ᄒᆞᄂᆞᆫ特權이오版權은書畵의著作者를限ᄒᆞ야法定年限間其著作物을出版케ᄒᆞᄂᆞᆫ特權이오意匠專用權은工業上物品에應用ᄒᆞᆯ形狀模樣或彩色等을新規로考案ᄒᆞᆫ者에限ᄒᆞ야法定年限間此를專用케ᄒᆞᄂᆞᆫ特權이니此等權利ᄂᆞᆫ普通法律을依ᄒᆞ야生ᄒᆞᆷ이아니오主權者의特許를由ᄒᆞ야付與ᄒᆞᄂᆞᆫ者ㅣ라其成立上으로觀ᄒᆞᆫ즉一種特別ᄒᆞᆫ者ㅣ나然이나其財産되ᄂᆞᆫ權利에至ᄒᆞ야ᄂᆞᆫ他種財産과갓치普通法律下에셔保護를受ᄒᆞᄂᆞᆫ者ㅣ니라

又債權中에도財産이아닌權利가有ᄒᆞ다ᄒᆞᆷ은凡償權은金錢으로算定ᄒᆞ기不得ᄒᆞᆯ者ㅣ라도目的ᄒᆞ기得ᄒᆞᆷ에因ᄒᆞᆷ이니盖此問題ᄂᆞᆫ學理上及立法上에一大

에서도 그 예가 있다. 그러나 일반적으로 재산이 되는 권리는 이 양 권리 외에도 있을 뿐 아니라 채권 중에서도 재산이 아닌 권리가 있다. 가령 인신권 중 지능으로 인하여 취득하는 권리, 곧 발명권 · 특허권 · 저작권 · 의장전용권(意匠專用權)과 같은 것은 그 성질이 물권도 아니고 채권도 아니지만 재산권이라는 성질은 잃지 않는다.

일반적으로 특허는 사회에 유익한 기계, 기술 또는 제조품이나 약재를 새로이 발명하거나 그 효능과 이용 및 방법 등을 개량하여 일정한 법률상 연한까지 그 발명자로 하여금 독점적으로 제조, 사용 또는 판매하게 하는 특권이다 저작권은 글과 그림의 저작자에 한하여 법정 연한까지 그 저작물을 출판하게 하는 특권이다. 의장전용권은 공업적 물품에 응용할 형상, 모양 또는 색채 등을 새로이 고안한 자에 한하여 법정 연한까지 이를 독점적으로 사용하게 하는 특권이다. 이들 권리는 일반법에 따라 발생하는 것이 아니고, 주권자의 특허를 거쳐 부여되는 것이다. 그 성립 면에서 보면 일종의 특별한 것이나, 그 재산이 되는 권리로서는 다른 종류의 재산과 같이 일반법 하에서 보호를 받는 것이다.

또 채권 중에서도 재산이 아닌 권리가 있다는 것은, 채권은 금전으로 산정할 수 없는 것이라도 목적으로 할 수 있기 때문이다. 일반적으로 이 문제는 학리적으로나 입법적으로 크게

疑問된바를近世에至ᄒᆞ야始乃確定ᄒᆞ야債權의目的은財產上利益卽金錢으로算定ᄒᆞ기得ᄒᆞᆯ者됨을不要ᄒᆞᆷ에至ᄒᆞ니라

蓋自來學者ᄂᆞᆫ概債權에依ᄒᆞ야要求ᄒᆞᆯ行爲ᄂᆞᆫ金錢上價値가有ᄒᆞᆫ者ㅣ라ᄒᆞ고諸國法制에도此規則을採用ᄒᆞᆫ者ㅣ甚多ᄒᆞ나然이나此主義ᄂᆞᆫ法理上根據가無ᄒᆞᆫ바ㅣ니何者오

(一)此主義ᄂᆞᆫ羅馬의遺物됨에不過ᄒᆞ고現時法律上에ᄂᆞᆫ理由가全無ᄒᆞ니其起源은羅馬法의法文에實在ᄒᆞᆫ者ㅣ라該法에云債務에關ᄒᆞᆫ行爲ᄂᆞᆫ財產을供與ᄒᆞᆷ에成ᄒᆞ다ᄒᆞ얏스니是卽後世學者가債權의目的되ᄂᆞᆫ行爲ᄂᆞᆫ金錢으로評價ᄒᆞᆯ者ㅣ라ᄒᆞᄂᆞᆫ規則을設定ᄒᆞᆫ根源이라然이나該法을按ᄒᆞ건ᄃᆡ此規則은訴訟形式에全出ᄒᆞᆫ者ㅣ니債務의本質이必然ᄒᆞᆷ을斷言ᄒᆞᆷ이아니라本來羅馬法에ᄂᆞᆫ訴訟을物上訴訟及對人訴訟에二分ᄒᆞ얏스니前者ᄂᆞᆫ有体物을返還코져ᄒᆞᄂᆞᆫ訴訟이오後者ᄂᆞᆫ損害賠償을請求ᄒᆞᄂᆞᆫ訴訟이라詳論ᄒᆞᆫ즉羅馬古代法에ᄂᆞᆫ義務의直接履行을不認ᄒᆞ고義務違反의境遇에ᄂᆞᆫ皆損害賠償으로歸着ᄒᆞᆫ다ᄒᆞ야其結果가金錢으로評價ᄒᆞᆯ者ㅣ아니면訴訟上請求

의문이 제기된 바를 근세에 이르러 비로소 확정하여 채권의 목적은 재산상 이익, 곧 금전으로 산정할 수 있어야 한다는 것을 요구하지 않게 되었다.

종래 학자들은 대개 채권에 따라 요구되는 행위는 금전적 가치가 있는 것이라고 하고, 여러 나라 법제에도 이 규칙을 채용한 경우가 매우 많다. 그러나 이 이론은 근거가 없다. 왜냐하면,

① 이 이론은 로마의 유물에 지나지 않고 오늘날 법률상으로는 이유가 전혀 없다. 이 이론의 기원은 로마법의 법문에 있는데, 그 법에는 채무에 관한 행위는 재신을 공여함으로써 이루어진다고 하였다. 이는 곧 후세 학자가 채권의 목적이 되는 행위는 금전으로 평가되는 것이라는 규칙을 설정한 근원이다. 그러나 로마법을 따른다면 이 규칙은 온전히 소송의 형식에서 나온 것으로, 채무의 본질이 반드시 그렇다고 단언한 것이 아니다. 본래 로마법에서는 소송을 물상소송 및 대인소송의 둘로 나누었는데, 전자는 유체물을 반환하고자 하는 소송이고 후자는 손해배상을 청구하는 소송이다. 자세히 논하면 로마 고대법은 의무의 직접 이행을 인정하지 않고 의무 위반의 경우에는 모두 손해배상으로 귀착되어, 그 결과가 금전으로 평가되는 것이 아니면 소송상 청구

의原因이不成ᄒᆞᆫ다ᄒᆞᄂᆞᆫ規則을設ᄒᆞᆷ에至ᄒᆞ얏스니此ᄂᆞᆫ訴訟制度上實로不得已ᄒᆞᆫ바ㅣ라該法에ᄂᆞᆫ理由가有ᄒᆞᆫ法則이되얏스나後世에至ᄒᆞ야舊法이一變ᄒᆞ야義務의直接履行을認許ᄒᆞᆫ즉該規則은理由를旣失ᄒᆞ야舊慣을未襲ᄒᆞᆷ에至ᄒᆞ니라

(二)又此主義ᄂᆞᆫ法律上債權되ᄂᆞᆫ觀念에不可缺ᄒᆞᆯ者ㅣ아니라或云該規則을採用ᄒᆞᆷ이아니면結局에法律上義務와道德上義務를區別ᄒᆞᆯ標準이無ᄒᆞᆯ지라ᄒᆞ나然이나此金錢으로算定ᄒᆞ기得否뿐으로ᄂᆞᆫ道德上과法律上義務의區別을標準ᄒᆞ기不得ᄒᆞᆯ지라蓋法律上義務라도其性質이金錢上價値가必有ᄒᆞᆷ이아니니彼親族關係에基ᄒᆞᄂᆞᆫ權利義務와如ᄒᆞᆷ은金錢으로算定ᄒᆞ기必得ᄒᆞᆯ者ㅣ아니니라

又云民法은元來財産法이니債權의目的은不可不金錢으로評議ᄒᆞᆯ者ㅣ라ᄒᆞ나然이나此ᄂᆞᆫ民法과債權의性質을誤解ᄒᆞᆫ者ㅣ니取ᄒᆞᆷ에不足ᄒᆞᆫ바ㅣ라故로近世에至ᄒᆞ야ᄂᆞᆫ此規則을不認ᄒᆞᄂᆞᆫ學者가續出ᄒᆞ야云法律은諸般人이金錢을得코저欲望ᄒᆞᄂᆞᆫ者로看作ᄒᆞ야金錢上價値가有ᄒᆞᆫ者ㅣ라야保護

의 원인이 되지 못한다는 규칙을 마련하기에 이르렀다. 이는 소송제도상 실로 부득이한 것으로 로마법에서는 이유가 있는 법칙이었다. 그러나 후세에 이르러 구법이 크게 달라져 의무의 직접 이행을 인정하고 있다. 따라서 이 규칙은 이유를 이미 잃어 옛 관습을 답습하지 못하게 되었다.

② 이 이론은 법률상 채권의 관념에 불가결한 것이 아니다. 더러는 그 규칙을 채용하지 않으면 결국에는 법률상 의무와 도덕상 의무를 구별할 기준이 없어진다고 한다. 그러나 이 금전으로 산정할 수 있는지 여부만으로는 도덕상 의무와 법률상 의무의 구별 기준을 세울 수는 없을 것이다. 일반적으로 법률상 의무라도 그 성질이 반드시 금전적 가치가 있어야 하는 것이 아닌데, 가령 친족관계에 기한 권리의무와 같은 것은 반드시 금전으로 산정할 수 있어야 하는 것은 아니다.

또 민법은 원래 재산법이어서 채권의 목적은 금전으로 평가될 수밖에 없다고도 한다. 그러나 이는 민법과 채권의 성질을 오해한 것이어서 취하기에는 부족하다. 그러므로 근세에 이르러서는 이 규칙을 인정하지 않는 학자가 속출한다. 그들은 법률은 모든 사람이 금전을 얻고자 의욕하는 것으로 간주하여 금전적 가치가 있는 것이라야 보호

ᄒᆞᆫ다ᄒᆞᄂᆞᆫ卑劣ᄒᆞᆫ主義를採用ᄒᆞᆯ바ㅣ아니라ᄒᆞᆷ에至ᄒᆞ니라

如斯히此規則은學理에違反ᄒᆞᆯ뿐아니라實際에徵ᄒᆞᆯ지라도近世社會의進步와同時에人事의關係가愈益複雜ᄒᆞ야物質上利益外에도精神上利益으로써去來關係의目的을作ᄒᆞᆷ이多ᄒᆞ고又法律도不可不此를認定ᄒᆞᆯ必要가生ᄒᆞᆫ今日에ᄂᆞᆫ如斯ᄒᆞᆫ限定은去來의不便을徒致ᄒᆞᆷ에不過ᄒᆞᆷ이라故로德國民法을爲始ᄒᆞ야近世民法의多數ᄂᆞᆫ此限定을斷然廢止ᄒᆞ고債權의目的은金錢으로算定ᄒᆞ기不得ᄒᆞᆯ行爲라도無妨ᄒᆞᆷ을明示ᄒᆞ니라

要ᄒᆞ건ᄃᆡ債權의目的될行爲ᄂᆞᆫ金錢上價値가無ᄒᆞ야도可ᄒᆞ니更論ᄒᆞᆫ즉債權者ᄂᆞᆫ債權의效果로金錢上利益을必受ᄒᆞᆷ이아니라因ᄒᆞ야第三者를爲ᄒᆞ야ᄒᆞᄂᆞᆫ契約이라도無效에不歸ᄒᆞᄂᆞ니라

以上所論을由ᄒᆞ야見ᄒᆞᆯ진ᄃᆡ一般財産되ᄂᆞᆫ權利ᄂᆞᆫ左開三種으로區別ᄒᆞᆷ이正當ᄒᆞ니라

一　物權

二　金錢上價値가有ᄒᆞᆫ債權

된다는 뒤떨어지는 이론은 채용할 것이 아니라고 말하기에 이르렀다.

이렇게 이 규식은 학리에 위반된다. 그뿐 아니라 실제로 따져보더라도 근세 사회의 진보와 동시에 사람 사이의 관계가 더욱 복잡해져 물질적 이익 외에도 정신적 이익을 거래관계의 목적으로 삼는 경우가 많고, 또 법률도 어쩔 수 없이 이를 인정할 필요가 발생한 오늘날에는 이러한 제한은 거래의 불편만을 가져올 뿐이다. 그러므로 독일 민법을 비롯하여 다수 근세 민법은 이 제한을 단연히 폐지하고 채권의 목적은 금전으로 산정할 수 없는 행위라도 무방하나고 명시하였다.

요컨대 채권의 목적이 될 수 있는 행위는 금전적 가치가 없어도 된다. 다시 말하면 채권자는 채권의 효과로 금전적 이익을 받아야만 하는 것이 아니다. 따라서 제3자를 위하여 하는 계약이라도 무효가 되지 않는다.

이상의 논의로부터 보면 일반 재산인 권리는 아래의 세 가지로 구별하는 것이 옳다.

① 물권

② 금전적 가치가 있는 채권

三　金錢上價値가有ᄒᆞᆫ特別權

第二節　物權法의範圍

物權法은物權에關ᄒᆞᆫ諸種法規를指稱ᄒᆞᄂᆞᆫ名稱이니其講義中에ᄂᆞᆫ一般物權의性質과効力을說明ᄒᆞ며兼ᄒᆞ야各種物權을網羅無遺홈이其本質이니라然이나權利의本體로브터其種類를定홈은性質上不能ᄒᆞᆯ뿐아니라諸國法制를取見ᄒᆞᆯ지라도亦然ᄒᆞ니蓋主義如何에依ᄒᆞ야一國法制에物權으로創設ᄒᆞᆯ지라도他國法制에ᄂᆞᆫ此를不許홈이有ᄒᆞ야彼此一轍에不出ᄒᆞᄂᆞᆫ所以니라彼日本舊民法으로論ᄒᆞ야도法國民法을依據홈에不拘ᄒᆞ고法法에債權으로編入ᄒᆞᆫ貰借權을普國民法에倣則ᄒᆞ야物權으로創設ᄒᆞ며又法法에ᄂᆞᆫ明文中에不認ᄒᆞᆫ永借權占有權及地上權을物權으로明認ᄒᆞ며荷蘭義國西班牙德國民法及比國民法草案等에ᄂᆞᆫ不動産質權先取特權及留寘權을債權으로編入홈에不拘ᄒᆞ고墺普民法及日本新舊民法에ᄂᆞᆫ物權으로認做홈과如홈이其適例라故로權利의本體로論ᄒᆞᆫ즉物權에屬ᄒᆞᆯ者ㅣ라도法律은不許홈이有ᄒᆞ며又是와反對로其本質로ᄂᆞᆫ債權에屬ᄒᆞᆯ者ㅣ라도法律은物權으로制定홈이有ᄒᆞ야其標準이甚히模糊홈을未

③ 금전적 가치가 있는 특별권(特別權)

제2절 물권법의 범위

물권법은 물권에 관한 모든 종류의 법규를 가리키는 명칭으로, 그 강의 안에는 일반물권의 성질과 효력을 설명하고 아울러 각종 물권을 빠짐없이 망라하는 것이 그 본질이다. 그러나 권리의 본질로부터 그 종류를 정하는 것은 성질상 불가능하다. 뿐만 아니라 여러 나라의 법제를 취하여 보더라도 또한 그러한데, 입법태도가 어떠한지에 따라 한 나라의 법제에서 물권으로 창설된 것도 다른 나라 법제에서는 허용되지 않는 것이 있어 이 나라와 저 나라가 똑같지 않기 때문이다. 일본 민법으로 논하더라도, 프랑스 민법을 따랐음에도 불구하고 프랑스 법에서 채권으로 편입된 임차권을 프로이센 민법을 본받아 물권으로 창설하였고, 또 프랑스 법에서는 명문으로 인정하지 않은 영차권(永借權), 점유권 및 지상권을 물권으로 명문으로 인정하였다. 그리고 네덜란드, 이탈리아, 스페인, 독일 민법 및 벨기에 민법 초안 등에서는 부동산질권, 선취특권 및 유치특권을 채권으로 편입하였음에도 불구하고 오스트리아, 프로이센 민법 및 일본 신구 민법에서는 물권으로 인정한 것 등이 그 적절한 예이다. 그러므로 권리의 본질로 논하면 물권에 속하는 것이라도 법률이 허용하지 않기도 하고, 또 이와 반대로 그 본질로는 채권에 속하는 것이라도 법률이 물권으로 제정하기도 한다. 따라서 그 기준이 매우 모호할 수

免ᄒᆞᄂᆞ니라

要ᄒᆞ건ᄃᆡ其故ᄂᆞᆫ本來의性質은物權이라도法律에此ᄅᆞᆯ許ᄒᆞᆯ時ᄂᆞᆫ社會經濟上에不利益이生ᄒᆞ며一般與受上에不安全을致ᄒᆞᄂᆞᆫ等種類가有ᄒᆞ고又其本性은債權이라도物權으로創設ᄒᆞᆷ이아니면其權利의効力을完全케ᄒᆞ기不能ᄒᆞᆫ等種類가不無ᄒᆞᆷ에基因ᄒᆞᆷ이라然則物權法의範圍ᄂᆞᆫ學理上으로分定ᄒᆞ기不能ᄒᆞ니若此ᄅᆞᆯ强定코져ᄒᆞᆯ진ᄃᆡ實際에抵觸ᄒᆞ고實際ᄅᆞᆯ期從코져ᄒᆞᆯ진ᄃᆡ學理와矛盾ᄒᆞᄂᆞᆫ結果가生ᄒᆞᆷ이라於是乎某學者ᄂᆞᆫ立論ᄒᆞ야云物權及債權의區別은今日思想으로推考ᄒᆞᆫ즉實質上區別이아니오立法의便宜上區別이라ᄒᆞ니此論도近理ᄒᆞ다可謂ᄒᆞᆯ지니라

夫近世立法의進步ᄂᆞᆫ法學의發達과社會의變遷을隨ᄒᆞ야自來와ᄀᆞᆺ치羅馬法에一依ᄒᆞᄂᆞᆫ弊가消滅에漸歸ᄒᆞ니物權의種類도社會의必要上不可不創設ᄒᆞᆯ件만定ᄒᆞ고羅馬法學者의所論에不依ᄒᆞᆷ을期ᄒᆞᆷ에至ᄒᆞ니라故로近世諸國의新制ᄒᆞᄂᆞᆫ法典과改正ᄒᆞᄂᆞᆫ草案을見ᄒᆞᆯ지라도法律上物權으로創設ᄒᆞᄂᆞᆫ種類가自然一致ᄒᆞ야自來와ᄀᆞᆺ치社會의必要如何ᄅᆞᆯ不顧ᄒᆞ고羅馬法에認存ᄒᆞ얏던一事만理

밖에 없다.

요컨대, 그 까닭은 본래의 성질은 물권이라도 법률이 이를 허용하면 사회경제적으로 불이익이 발생하여 일반 거래에 불안을 가져오는 경우가 있고, 또 그 본성은 채권이라도 물권으로 창설하지 않으면 그 권리의 효력을 완전하게 할 수 없는 등의 종류가 없지 않는 데 기인한다. 그래서 물권법의 범위는 학리적으로 나누어 정할 수 없고, 만약 이를 억지로 정하고자 하면 실제에 저촉되고 실제를 따르고자 하면 학리와 모순되는 결과를 낳는다. 여기서 어떤 학자는 물권 및 채권의 구별은 오늘날 사상으로 미루어 생각하면 실실적인 구별이 아니고 입법의 편의상 구별이라는 견해를 주장하는데, 이 견해도 이치에 가깝다고 할 수 있다.

근세 입법의 진보는 법학의 발달과 사회의 변천에 따라 종래와 같이 로마법에만 의존하는 폐단을 점차 사라지게 하고 있으며, 물권의 종류도 사회의 필요상 창설하여야 할 것만 정하고 로마법학자의 견해에 따르지 않으려 하기에 이르렀다. 그러므로 근세 여러 나라가 새로 만드는 법전과 개정하는 초안을 보더라도 법률상 물권으로 창설하는 종류가 자연스레 일치하여, 종래와 같이 사회에서 필요한지를 돌아보지 않고 로마법에 존재했다는 한 가지만을 이

由ᄒᆞ야法典中에不必要ᄒᆞᆫ物權의創設을不許ᄒᆞᆷ에至ᄒᆞ니라
然이나同一ᄒᆞᆫ性質의權利로ᄃᆡ其設定期間의長短을由ᄒᆞ야一은物權이오一은債權으로作ᄒᆞᄂᆞᆫ類가全無ᄒᆞᆷ은아니니畢竟物權은直接으로物을目的ᄒᆞᄂᆞᆫ權利라ᄒᆞᆯ지라도該權利ᄂᆞᆫ悉皆物權이아니라ᄒᆞᄂᆞᆫ論結이生ᄒᆞᆷ은今日이라도前日과無異ᄒᆞᆷ이間有ᄒᆞ니라
要ᄒᆞ건ᄃᆡ物權의意義로ᄒᆞ야곰法律實際에抵觸이無케ᄒᆞ기期ᄒᆞᆯ진ᄃᆡ物權은直接으로物을目的ᄒᆞᄂᆞᆫ權利니法律이物權으로認許ᄒᆞᄂᆞᆫ者ㅣ라ᄒᆞᄂᆞᆫ解釋에依ᄒᆞ야物權法의範圍를定ᄒᆞᄂᆞᆫ外에他道가無ᄒᆞᆯ바로信ᄒᆞ노라

第三節 物權法의位寘

物權法은民法의一部라ᄒᆞ니然則其法典中位寘ᄂᆞᆫ何如오蓋物權法及債權法은民法中一般法의性質이有ᄒᆞᆫ中에도物權은債權에比ᄒᆞ야其實質이鞏固强大ᄒᆞ니因ᄒᆞ야財産의價値로論ᄒᆞ야도他財産上에居ᄒᆞᆷ이當然ᄒᆞ고且吾人生存上에第一必要ᄒᆞᆫ바ᄂᆞᆫ衣食住니此衣食住ᄂᆞᆫ自然界의物體를因ᄒᆞ야供給ᄒᆞᄂᆞᆫ바ㅣ라然則自然界의物體로써其目的을作ᄒᆞᄂᆞᆫ바物權을規定ᄒᆞᄂᆞᆫ法即物權法은民法

유로 하여 법전 안에 불필요한 물권을 창설하도록 허용하지 않기에 이르렀다.

그러나 동일한 성질의 권리라도 그 설정기간의 장단으로 말미암아 하나는 물권이고 하나는 채권으로 하는 부류가 전혀 없지는 않다. 따라서 마침내는 물권은 직접 물건을 목적으로 하는 권리라고 할지라도 그 권리는 모두 물권이 아니라는 결론이 발생하기도 하는데, 이처럼 오늘날이라도 옛날과 다르지 않은 것이 간혹 있다.

요컨대, 물권의 의의가 법률의 실제에 저촉이 없도록 하려고 하면, 물권은 직접 물건을 목적으로 하는 권리로서 법률이 물권으로 인정하는 것이라는 해석에 따라 물권법의 범위를 정할 수밖에는 다른 도리가 없다고 믿는다.

제3절 물권법의 위치

물권법이 민법의 일부라고 한다면 그 법전 안에서의 위치는 어떠한가? 대개 물권법 및 채권법은 민법 중 일반법의 성질을 가진다. 그 중에서도 물권은 채권에 비하여 그 실질이 견고하고 강하다. 따라서 재산의 가치로 논하더라도 다른 재산 위에 있는 것이 당연하고, 또 우리 생존에 첫째로 필요한 것은 의식주인데 이 의식주는 자연계의 물체로 인하여 공급되는 것이다. 그래서 자연계의 물체를 그 목적으로 삼는 물권을 규정하는 법, 곧 물권법은 민법

中에在ᄒᆞ야其首部를占有ᄒᆞᆷ이自然明白ᄒᆞᆯ지니라

自來各國의法制를見ᄒᆞ건ᄃᆡ人事에關ᄒᆞᆫ法을民法首部에寘ᄒᆞᆷ으로常例를作ᄒᆞ얏스니此ᄂᆞᆫ誤解의甚者ㅣ라其故를溯究ᄒᆞ건ᄃᆡ凡人의能力에關ᄒᆞᆫ法律을包含케ᄒᆞ기爲ᄒᆞᆷ이나然이나其實因은家族制度에職由ᄒᆞᆷ이니其時代에在ᄒᆞ야ᄂᆞᆫ法律上行爲ᄂᆞᆫ人의身分에關係가皆有ᄒᆞᆫ즉其以外의法律은身分法의附屬과ᄀᆞᆺ치看作ᄒᆞᆫ지라假令契約을締結ᄒᆞ거나財產을所有ᄒᆞᄂᆞᆫ能力은家長되ᄂᆞᆫ身分이有ᄒᆞᆫ人에게專屬ᄒᆞ며又相續은家長되ᄂᆞᆫ身分을相續ᄒᆞᆷ이오財產相續이아님과如ᄒᆞᆷ이라

然而家族制度가漸弛ᄒᆞ고個人主義가發達ᄒᆞᆫ今日에在ᄒᆞ야ᄂᆞᆫ人의能力에關ᄒᆞᆫ法律은民法典全體에適用ᄒᆞᆯ性質이니民法總則에規定ᄒᆞᆯ지오親族의關係를規定ᄒᆞᄂᆞᆫ所謂人事編中에ᄂᆞᆫ記入ᄒᆞᆯ바ㅣ아니며又人의身分에關ᄒᆞᄂᆞᆫ法律即親族法은親族間의權力及財產에關ᄒᆞᄂᆞᆫ規定에不外ᄒᆞ니民法中一個特別法에不過ᄒᆞᆷ이라然則其位寘ᄂᆞᆫ一般法의性質이有ᄒᆞᆫ物權及債權法下에居ᄒᆞᆷ이當然ᄒᆞᆯ지니라

안에서 머리 부분을 차지하는 것이 자연스럽고 명백하다.

종래 각국의 법제를 보면 사람의 신분에 관한 법을 민법 머리 부분에 두는 것이 상례였는데 이는 큰 오해이다. 그 까닭을 거슬러 올라가 탐구하면 모든 사람의 능력에 관한 법률을 포함시키기 위한 것이다. 그러나 그 실제 원인은 오직 가족제도에서 비롯되었다. 그 시대에는 법률상 행위는 사람의 신분에만 관계가 있었다. 따라서 그 이외의 법률은 신분법의 부속물과 같이 간주되었다. 가령 계약을 체결하거나 재산을 소유하는 능력은 가장(家長)의 신분이 있는 사람에게 전속하였고, 또 상속은 가장의 신분을 상속하는 것이지 재산상속이 아닌 것과 같다.

그러나 가족제도가 점차 이완되고 개인주의가 발달한 오늘날에는 사람의 능력에 관한 법률은 민법전 전체에 적용될 성질로 민법총칙에 규정할 것이지, 친족의 관계를 규정하는 이른바 인사편 안에는 적어 둘 것이 아니다. 또 사람의 신분에 관한 법률, 곧 친족법은 친족 간의 권력 및 재산에 관한 규정에 지나지 않아 민법 중 하나의 특별법에 불과하다. 그래서 그 위치는 일반법의 성질을 갖는 물권 및 채권법 아래에 두는 것이 당연하다.

以上論述ᄒᆞᆫ바ᄂᆞᆫ理論上然ᄒᆞᆯᄲᅮᆫ아니라社會의情況으로論ᄒᆞ야도亦然ᄒᆞ니親族의關係보다財産의關係가煩雜을漸致ᄒᆞ야將來에도此方向으로益進ᄒᆞᆯ趣向이有ᄒᆞᆫ所以라社會上關係ᄂᆞᆫ身分의關係보다財産의關係로趨進ᄒᆞᄂᆞᆫ原則을從ᄒᆞ야二十世紀의初葉된現今에ᄂᆞᆫ財産의關係가煩雜을益加ᄒᆞ고要用을愈增ᄒᆞᆷ은社會의反響으로可見ᄒᆞᆯ지오又社會進步의最大機關이라도可稱ᄒᆞᆯ民法에至ᄒᆞ야도財産의關係에其重을寘ᄒᆞ야最先規定ᄒᆞᆷ은自然ᄒᆞᆫ理勢니라

眼光을國內現象에만止ᄒᆞᆯ지라도猶然커든況一步ᄅᆞᆯ更進ᄒᆞ야天下의形勢ᄅᆞᆯ回見ᄒᆞᆯ진ᄃᆡ萬國抱一의主義ᄂᆞᆫ國際法家의夢想에止ᄒᆞᆯᄲᅮᆫ아니라其實이事實에漸現ᄒᆞ니公私의國際關係가錯綜을益致ᄒᆞ야條約의締結과國使의往復과內外國人의交通으로始ᄒᆞ야商業去來에至ᄒᆞ기ᄭᆞ지繁雜이愈增ᄒᆞᆷ을從ᄒᆞ야一國의法律과他國에法律이相殊ᄒᆞᆫ즉不便이益生ᄒᆞᆷ으로萬國法律統一의欲望이遂生ᄒᆞ야國家가盡力을自費ᄒᆞᆷ도有ᄒᆞ고或은一私人이公共의精神으로其力을費盡ᄒᆞ야財産上關係에關ᄒᆞᄂᆞᆫ部分은某種程度ᄭᆞ지此ᄅᆞᆯ統一ᄒᆞ기可得ᄒᆞᄂᆞᆫ機運에達ᄒᆞ야少部分이라도諸國法律의規定은財産上關係點에至ᄒᆞ야ᄂᆞᆫ實際上互相類

이상에서 논의한 것은 이론상 그러할 뿐 아니라 사회의 상황으로 논하더라도 또한 그러하다. 친족의 관계보다 재산의 관계가 점차 번잡해져 장래에도 이 방향으로 더욱 나아가는 경향이 있기 때문이다. 사회상 관계가 신분의 관계보다 재산의 관계로 빠르게 나아가는 원칙에 따라, 20세기 초엽이 된 오늘날에는 재산의 관계가 더욱 번잡해져가고 유용성을 더해감은 사회의 반향으로 볼 수 있을 것이다. 또 사회 진보의 가장 큰 기관이라고도 부를 수 있는 민법에서도 재산의 관계에 무게를 두어 가장 먼저 규정하는 것은 자연스러운 이치이다.

시야를 국내 현상까지만 보더라도 그러한데, 하물며 한 걸음 더 나아가 천하의 형세를 돌아본다면 만국을 하나로 품는다는 생각은 국제법 학자의 꿈에 그치는 것이 아니고 그 열매가 점차 현실로 나타나고 있다. 공사의 국제관계가 더욱 뒤섞여 조약의 체결과 사절의 왕복과 내외국인의 교통을 비롯하여 상업거래에 이르기까지 번잡함을 더해감에 따라 한 나라의 법률과 다른 나라의 법률이 서로 다르면 더욱 불편이 발생한다. 마침내는 만국의 법률을 통일하고자 하는 욕망이 생겨나 국가가 스스로 힘을 다하기도 하고 더러는 일반 사인이 공공의 정신으로 그 힘을 다하여 재산상 관계에 관한 부분은 어느 정도까지 통일할 수 있는 기회가 무르익기에 이르렀다. 그리하여 적은 부분이라도 여러 나라 법률의 규정은 재산상 관계에서는 실제로 서로 유

似接近홈에至ᄒᆞ니라

現今文明界의法律風潮가槪如斯ᄒᆞ니因ᄒᆞ야外國과通商條約을汎締ᄒᆞᄂᆞᆫ邦國은其力을財產法編纂에專致ᄒᆞ야規定의實質을精撰ᄒᆞ야國民의利益을增進ᄒᆞ기勉勵홈과同時에外國法律과衝突을避ᄒᆞᄂᆞᆫ必要가生ᄒᆞ니故로法典編纂을當ᄒᆞ야財產法을先定ᄒᆞ고親族法에次及홈에至ᄒᆞ니라

以上理由에因ᄒᆞ야現世各國의法典은皆親族法에先ᄒᆞ야財產法을規定ᄒᆞ고只其問題되ᄂᆞᆫ바ᄂᆞᆫ均是財產法中이라도物權에關ᄒᆞᆫ法과債權에關ᄒᆞᆫ法의先後分定이是라此ᄂᆞᆫ國을隨ᄒᆞ야不同ᄒᆞᆯ지나然이나物權法을先寘홈이法典編纂의沿革에도能副ᄒᆞ고又特別ᄒᆞᆫ理由가尙存ᄒᆞ니

沿革에能副라홈은從來의民法은擧皆物權에關ᄒᆞᆫ規定을先定하고債權의次及홈을云홈이니現行各國法典中此順序ᄅᆞᆯ從ᄒᆞᆫ者ㅣ頗多ᄒᆞ며英國과갓치法典이無ᄒᆞᆫ國에在ᄒᆞ야도學者가財產法을完全히講論ᄒᆞᄂᆞᆫ者ᄂᆞᆫ物權을先述ᄒᆞᆫ後債權에論及홈이居多ᄒᆞ니라

特別ᄒᆞᆫ理由가有ᄒᆞ다홈은債權의目的을論홈에ᄂᆞᆫ所有權抵當權等物權을必然

사하고 근접해졌다.

오늘날 문명계의 법률 풍조가 대개 이러하다. 따라서 외국과 통상조약을 두루 체결하는 나라는 그 힘을 재산법 편찬에만 다하고 규정의 실질을 가지런히 만들어 국민의 이익을 증진하는 데 힘쓰는 것과 동시에 외국 법률과의 충돌을 피할 필요가 있다. 그러므로 법전을 편찬하면서 재산법을 먼저 정하고 친족법을 다음에 다루게 된다.

이상의 이유에 따라 오늘날 각국의 법전은 모두 친족법에 앞서 재산법을 규정하고, 다만 문제되는 점은 모두 재산법 안에서도 물권에 관한 법과 채권에 관한 법의 앞뒤를 나누는 것이다. 이는 나라에 따라 다르지만 물권법을 앞에 두는 것이 법전 편찬의 연혁에도 부합하고 또 특별한 이유도 있다.

연혁에 부합한다는 것은 종래 민법은 거의 모두 물권에 관한 규정을 먼저 정하고 채권을 다음에 다루었음을 말한다. 현행 각국 법전 가운데 이 순서를 따른 것이 매우 많으며, 영국과 같이 법전이 없는 나라도 학자가 재산법을 완전히 강의할 때에는 물권을 먼저 말한 뒤 채권을 언급하는 경우가 대다수이다.

특별한 이유가 있다는 것은, 채권의 목적을 논하려면 소유권, 저당권 등 물권을 반드시

引証ᄒᆞᆯ지니此際에物權의如何ᄅᆞᆯ不知ᄒᆞᆯ진ᄃᆡ債權의規定을難解ᄒᆞᆷ에殆至ᄒᆞᆯ지오又債權法上賣買에因ᄒᆞ야特定物의所有權이買主에게移轉ᄒᆞᆫ다ᄒᆞᆯ지라도此際에所有權의如何ᄅᆞᆯ不知ᄒᆞᆯ진ᄃᆡ其規定의意味ᄅᆞᆯ未解ᄒᆞᆯ지로ᄃᆡ是와相反ᄒᆞ야物權을論ᄒᆞᆷ에ᄂᆞᆫ債權의如何와賣買의如何ᄅᆞᆯ未知ᄒᆞ야도所有權의如何ᄅᆞᆯ能히解得ᄒᆞᆷ과如ᄒᆞ니卽物權編은靜이오債權編은動을規定ᄒᆞᆫ者ㅣ라故로物權編을先定ᄒᆞᆯ바ㅣ라ᄒᆞᆷ이니라

債權編의先定을主張ᄒᆞᄂᆞᆫ說은社會進化의現像으로立論ᄒᆞᆷ이니云社會의進步ᄅᆞᆯ從ᄒᆞ야各人의意思ᄅᆞᆯ容懷ᄒᆞᆷ이多ᄒᆞ니所謂契約은民事의太半을占ᄒᆞᆷ에至ᄒᆞ야契約으로債權이生ᄒᆞ고債權은財產關係中第一複雜ᄒᆞ야難解ᄒᆞᄂᆞᆫ者인즉規定의細密을要ᄒᆞᆷ이尤切ᄒᆞ거던況世界統一의法律을制成코져ᄒᆞᆷ에ᄂᆞᆫ契約으로從生ᄒᆞᄂᆞᆫ財產된債權에其重을寘ᄒᆞᆯ지오又各編首部에規定ᄒᆞᆷ이當然ᄒᆞ다ᄒᆞ나此論이一理가無ᄒᆞᆷ은아니라或將來에債權編을先置ᄒᆞᆯ必要가生ᄒᆞᆯ지未料ᄒᆞ되아즉目前에其必要가切迫ᄒᆞᆷ이아니오又此二編의前後ᄂᆞᆫ親族法及財產法의前後와갓치法典編纂의主義에도影響이波及ᄒᆞᆷ이아닌즉別規ᄅᆞᆯ不設ᄒᆞ고自來

인용하여 증명하여야 하는데 이때 물권이 무엇인지 알지 못하면 채권의 규정을 이해하기 어렵게 될 것이다. 또 채권법상 매매로 인하여 특정물의 소유권이 매수인에게 이전한다 할지라도 이때 소유권이 무엇인지 알지 못하면 그 규정의 의미를 이해하기 어렵게 될 것이다. 이와 반대로 물권을 논할 때에는 채권이 무엇인지와 매매가 무엇인지를 알지 못해도 소유권이 무엇인지를 이해할 수 있다. 곧 물권편은 정(靜)을, 채권편은 동(動)을 규정한 것이다. 그러므로 물권편을 먼저 정하여야 하는 것이다.

채권편을 앞에 정하여야 한다고 주장하는 학설은 사회 진화의 현상을 근거로 삼아 다음과 같이 말한다. 사회의 진보에 따라 각자의 의사를 받아들이고 따르는 경우가 많은데, 이른바 계약은 민사의 태반을 차지하게 되어 계약으로 채권이 발생하고 채권은 재산관계 가운데 가장 복잡하여 이해하기 어려운 것이다. 따라서 규정을 세밀하게 할 필요성이 더욱 절실한데, 하물며 세계 통일의 법률을 제정·형성하려면 계약에 따라 발생하는 재산인 채권에 그 무게를 두어야 하고, 또 각 편의 머리 부분에 규정함이 당연하다는 것이다. 이 견해에 일리가 없지는 않다. 혹시 장래에 채권편을 앞에 둘 필요가 생길지 모르겠지만 아직 지금 그 필요가 절박하지는 않고, 또 이 두 편의 앞뒤는 친족법 및 재산법의 앞뒤와 같이 법전 편찬의 이론에도 영향을 미치지 않는다. 따라서 다른 규율을 마련하지 않고 종래

의沿革과現今의多數를從홈이事理에似合홀지니라

第二章 物權의意義

第一節 總說

物權은財產權의一種이니其意를解得코져홀진딕財產權의意義如何를先究홈이必要ᄒᆞ나然이나此ᄂᆞᆫ前已略述ᄒᆞ얏스니更論홀必要가無ᄒᆞ고此外에도權利의觀念을豫知홈이亦切ᄒᆞ나然이나此ᄂᆞᆫ民法總論에至ᄒᆞ야了解홀者인즉玆에省略ᄒᆞ고今에ᄂᆞᆫ此權의起因을溯究ᄒᆞ건딕其源이羅馬法에始ᄒᆞ얏스니其法에ᄂᆞᆫ所謂物權債權의別이無ᄒᆞ고對物訴訟及對人訴訟이라單稱ᄒᆞᆫ바를後世學者가訴訟의名稱을其原因된權利에溯究ᄒᆞ야遂乃物權及債權(或稱人權)의名稱을做成ᄒᆞ니라

第二節 物權의定義

物權의定義를示ᄒᆞᆫ즉如左홈이라

物權은直接으로有體物을目的ᄒᆞᄂᆞᆫ바權利라更論ᄒᆞᆫ즉物權은直接으로有體物上에人의行爲를施得ᄒᆞᄂᆞᆫ範圍를示홈이라

의 연혁과 오늘날의 다수를 따르는 것이 사리에 부합할 것이다.

제2장 물권의 의의

제1절 총 설

물권은 재산권의 일종으로 그 의의를 이해하려면 재산권의 의의가 무엇인지를 먼저 탐구하는 것이 필요하다. 그러나 이는 앞에서 이미 간략히 서술하였으므로 다시 말할 필요가 없다. 그리고 이밖에도 권리의 관념 또한 미리 알아야만 한다. 그러나 이는 민법총론에서 알아야 할 것이므로 여기서는 생략하고, 이제는 이 권리가 어디서 기인하는지 거슬러 올라가 탐구하면 그 근원은 로마법에서 비롯한다. 로마법에서는 이른바 물권과 채권이 다르지 않고 대물소송 및 대인소송이라고만 부르던 것을 후세의 학자가 소송의 명칭을 그 원인이 된 권리로 거슬러 올라가 탐구하여 마침내 물권 및 채권(또는 입권*이라고도 함)의 명칭을 만들어냈다.

제2절 물권의 정의

물권의 정의를 보면 다음과 같다.

물권은 직접 유체물을 목적으로 하는 권리이다. 다시 말하면 물권은 사람이 직접 유체물 위에서 행위할 수 있는 범위를 보여준다.

* 역자주 :원문은 '入權'으로 표현함.

是故로此權利가有ᄒᆞᆫ人과權利의目的된物間에ᄂᆞᆫ他物의挾在가無ᄒᆞ야도權利人은直接으로其目的物을權利範圍內에셔自己意思에服從케ᄒᆞᆷ을得ᄒᆞᄂᆞ니라

學者或云物權의定義가如斯ᄒᆞᆯ진ᄃᆡ其存在及行使에ᄂᆞᆫ一個人과一個物이必要ᄒᆞ니即物權은絶對의權利가아니뇨ᄒᆞᄂᆞᆫ人도有ᄒᆞ나此論은語弊가不無ᄒᆞ니何者오物權도一種權利되ᄂᆞᆫ以上은相對人이有ᄒᆞᆫ後에始存ᄒᆞ며行使ᄒᆞ기ᄅᆞᆯ得ᄒᆞᄂᆞ니라盖私法上權利ᄂᆞᆫ法律保護에依ᄒᆞᄂᆞᆫ利益에不外ᄒᆞᆯ지라도他人이無ᄒᆞ고ᄂᆞᆫ吾人에게權利가有ᄒᆞᆯ理由도無ᄒᆞ고行使ᄒᆞᆯ必要도無ᄒᆞᄂᆞ니若不然ᄒᆞ야其存在及行使에ᄂᆞᆫ一個人과一個物을必要ᄒᆞᆷ에不過라ᄒᆞᆯ진ᄃᆡ吾人一人外에他人이更無ᄒᆞᆫ境遇라도物權이亦存ᄒᆞ다ᄒᆞᆷ에至ᄒᆞ리니엇지奇怪치아니리오然이나其意ᄅᆞᆯ深究ᄒᆞᆫ즉物權이有ᄒᆞᆫ者에對ᄒᆞ야ᄂᆞᆫ何人이던지作爲의責務ᄅᆞᆯ不負ᄒᆞ고其權利의行使ᄅᆞᆯ妨害치못ᄒᆞᄂᆞᆫ責務即不作爲의責務ᄅᆞᆯ負ᄒᆞᆷ에不過ᄒᆞᆷ으로絶對의權利라稱ᄒᆞᆷ과如ᄒᆞ도다

然而物權이有ᄒᆞᆫ者ᄂᆞᆫ其權利範圍內에셔目的된物을自己意思에服從케ᄒᆞᆷ이라ᄒᆞᆷ은假令所有權으로言ᄒᆞᆫ즉他人의妨害ᄅᆞᆯ不受ᄒᆞ고自己의自由로其所有物을

그러므로 이 권리가 있는 사람과 권리의 목적이 된 물건 사이에는 다른 물건이 끼어 있지 않아도 권리자는 직접 그 목적물을 권리의 범위 내에서 자기 의사에 복종하게 할 수 있다. 학자들은 더러, "물권의 정의가 이렇다면 그 존재 및 행사에는 한 개인과 한 물건이 필요하므로 곧 물권은 절대의 권리가 아닌가?" 하고 말하기도 한다. 그러나 이 견해는 어폐가 없지 않다. 왜냐하면 물권도 일종의 권리인 이상 상대방이 있은 다음에 비로소 존재하고 또 행사할 수 있다. 대개 사법상 권리는 법률상 보호에 따르는 이익에 지나지 않을지라도 타인이 없고서는 나에게 권리가 있을 이유도 없고 행사할 필요도 없다. 그렇지 않고 그 존재 및 행사에는 한 개인과 한 물건을 필요로 할 따름이라고 하면 나 한 사람 외에 다른 사람이 더는 없는 경우라도 물권이 또한 존재한다고 해야 한다. 이 어찌 이상하지 않겠는가? 그러나 그 뜻을 깊이 탐구하면 물권이 있는 자에 대하여는 누구든지 작위의 책무를 지지 않고 그 권리의 행사를 방해하지 못하는 책무, 곧 부작위의 책무를 지는 데 불과하다는 것으로 절대적 권리라고 부르는 것 같다.

그러나 물권이 있는 자는 그 권리의 범위 내에서 목적이 된 물건을 자기의 의사에 복종하게 한다는 것은, 가령 소유권으로 말하면 타인의 방해를 받지 않고 자기의 자유로써 그 소유물을

使用收益及處分ᄒᆞ기可得ᄒᆞᆯ지오永小作權으로言ᄒᆞᆫ즉耕作又牧畜의範圍內에在ᄒᆞ야ᄂᆞᆫ他人의土地ᄅᆞᆯ自己의意思ᄃᆡ로使用及收益ᄒᆞ기可得ᄒᆞᆷ과如ᄒᆞᆷ이라又或物權의定義ᄅᆞᆯ論ᄒᆞᆷ에當ᄒᆞ야物權은物上에行ᄒᆞᆯᄲᅮᆫ아니라一般人에게對抗ᄒᆞᄂᆞᆫ權利라ᄒᆞᄂᆞᆫ立法例及學者도有ᄒᆞ나然이나此權이一般人에게對抗ᄒᆞᆷ은其性質上當然出來ᄒᆞᄂᆞᆫ結果오一般人에게對抗ᄒᆞᆷ에因ᄒᆞ야物權됨이아니며又物權이라도一般人에게依例對抗ᄒᆞ기不能ᄒᆞᆷ도有ᄒᆞᄂᆞ니然則此一句語ᄅᆞᆯ定義中에添入ᄒᆞᆷ은未穩의嫌이不無ᄒᆞᆯ지니라

今에物權의性質을明白케ᄒᆞ기爲ᄒᆞ야債權에對ᄒᆞᆫ區別을略述코져ᄒᆞ노니夫物權은直接으로有體物을目的ᄒᆞᄂᆞᆫ權利라此權을持ᄒᆞᆫ者ᄂᆞᆫ其權利範圍內에셔自己의意思ᄃᆡ로其物을服從케ᄒᆞᆷ이其本性이니其成立에ᄂᆞᆫ權利者와目的物間에他物의挾在가無ᄒᆞᆯ지라도債權은直接으로義務의履行을目的ᄒᆞᄂᆞᆫ權利니間接으로物을目的ᄒᆞᆷ이設有ᄒᆞᆯ지라도其直接의目的은義務의履行이라故로此權의存在及行使에ᄂᆞᆫ二人以上의人即債權者及債務者의必有ᄒᆞᆷ을要ᄒᆞ고債權者만獨存ᄒᆞ기不得ᄒᆞᄂᆞ니라債務者ᄂᆞᆫ債權者와目的物間에在ᄒᆞᆫ媒介人이니債權

사용·수익 및 처분할 수 있을 것이고 영소작권으로 말하면 경작 또는 목축의 범위 내에서는 타인의 토지를 자기의 의사대로 사용 및 수익할 수 있는 것과 같다.

또 더러 물권의 정의를 논할 때 물권은 물건 위에 행사할 뿐 아니라 일반인에게 대항하는 권리라는 입법례 및 학자도 있다. 그러나 이 권리가 일반인에게 대항하는 것은 그 성질상 당연히 나오는 결과이고, 일반인에게 대항함으로 인하여 물권인 것이 아니다. 또 물권이라도 일반인에게 으레 대항할 수 없는 것도 있다. 그래서 이 한 마디 말을 정의 안에 더하는 것은 온당치 못하다는 의문이 있다.

이제 물권의 성질을 명백히 하기 위하여 채권에 대한 구별을 간략히 서술하고자 한다. 물권은 직접 유체물을 목적으로 하는 권리이다. 이 권리를 가진 자는 그 권리의 범위 내에서 자기의 의사대로 그 물건을 복종하게 하는 것이 그 본성이다. 한편 그 성립에는 권리자와 목적물 사이에 다른 물건이 끼어 있지 않더라도, 채권은 직접 의무의 이행을 목적으로 하는 권리이다. 설령 간접적으로 물건을 목적으로 할 수는 있더라도 그 직접적인 목적은 의무의 이행이다. 그러므로 이 권리의 존재 및 행사에는 두 사람 이상, 곧 채권자 및 채무자가 반드시 있어야 하고, 채권자만 홀로 있을 수는 없다. 채무자는 채권자와 목적물 사이에 있는 매개자로, 채권

者와債務者間關係는直接이라도債權者와目的物間關係는間接이며特又債權에는間接으로도目的物이無ᄒᆞᆫ境遇가往有ᄒᆞ니라

要ᄒᆞ건ᄃᆡ物權의直接目的은有體物이오債權의直接目的은人의作爲不作爲라然則此兩權의區別은目的事物의差異에依ᄒᆞᆷ이明白ᄒᆞᆯ지니라

物權債權의性質上差異가如右ᄒᆞᆯ진ᄃᆡ其効果는何如오此亦著大ᄒᆞᆫ差異가有ᄒᆞᆷ은數理의宜然ᄒᆞᆫ바ㅣ니即債權은直接으로義務의履行을目的ᄒᆞ는權利되는所以로物權과ᄀᆞᆺ치追及及優先의權利가不生ᄒᆞ고又此에對當ᄒᆞ는義務에至ᄒᆞ야도物權과ᄀᆞᆺ치恒常不作爲의義務가아니오或은作爲며或은不作爲의義務로一定ᄒᆞᆫ바ㅣ無ᄒᆞᆷ이常例라更論ᄒᆞᆫ즉債權은直接으로人의作爲或不作爲ᄅᆞᆯ目的ᄒᆞ는權利니某一定ᄒᆞᆫ人에게對抗ᄒᆞ고又其一定ᄒᆞᆫ人은此權利에對ᄒᆞ야或은可爲의義務오或은不可爲의義務ᄅᆞᆯ負ᄒᆞᆷ이라今에甲者가乙者에게若干의金錢을貸與ᄒᆞᆷ으로假定ᄒᆞᆯ진ᄃᆡ乙은甲을對ᄒᆞ야作爲의義務即其金錢의辦償義務ᄅᆞᆯ負ᄒᆞᆯ지오是와相反ᄒᆞ야甲이乙을對ᄒᆞ야某處所에在ᄒᆞ야는自己와同一ᄒᆞᆫ商業을營爲치아니ᄒᆞ기契約ᄒᆞᆯ진ᄃᆡ乙은甲을對ᄒᆞ야不作爲의義務即其國業을營爲치아

자와 채무자 사이의 관계는 직접적이라도 채권자와 목적물 사이의 관계는 간접적이며, 특히 또 채권에는 간접적으로도 목적물이 없는 경우가 자주 있다.

요컨대, 물권의 직접 목적은 유체물이고, 채권의 직접 목적은 사람의 작위나 부작위이다. 그래서 이 두 권리의 구별은 목적으로 하는 사물의 차이에 따르는 것이 명백할 것이다.

물권과 채권의 성질상 차이가 위와 같다면, 그 효과는 어떠한가? 이 또한 현저한 차이가 있음은 생각해 보면 당연한 것이다. 곧 채권은 직접 의무의 이행을 목적으로 하는 권리인 까닭에 물권과 같이 추급(追及) 및 우선(優先)의 권리가 발생하지 않는다. 또 이에 대응하는 의무도 물권과 같이 항상 부작위의 의무가 아니라 더러는 작위, 더러는 부작위의 의무로 일정하지 않은 것이 상례이다. 다시 말하면 채권은 직접 사람의 작위 또는 부작위를 목적으로 하는 권리로, 어떤 일정한 사람에게 대항하고 또 그 일정한 사람은 이 권리에 대하여 마땅히 하거나 해서는 안 될 의무를 지는 것이다. 이제 甲이 乙에게 약간의 금전을 대여한다고 가정하자. 乙은 甲에 대하여 작위의 의무, 곧 그 금전을 변제할 의무를 질 것이다. 반대로 甲이 乙에 대하여 어느 장소에서는 자기와 동일한 영업을 하지 않기로 계약한다면, 乙은 甲에 대하여 부작위의 의무, 곧 그 영업을 하지 않

니ᄒᆞᄂᆞᆫ義務를負ᄒᆞᆷ과如ᄒᆞᆷ이라

物權債權間에ᄂᆞᆫ如右ᄒᆞᆫ差異가有ᄒᆞ니即物權은其所持人과物間에直接關係가有ᄒᆞᆷ오로加害者가如有ᄒᆞᆯ진ᄃᆡ權利者ᄂᆞᆫ裁判所에訴求ᄒᆞ야權利를証明ᄒᆞᆫ즉充分ᄒᆞ고何等의擔保도不要ᄒᆞ되債權에至ᄒᆞ야ᄂᆞᆫ該權所持者ᄂᆞᆫ其義務의履行을未受ᄒᆞᄂᆞᆫ危險의地位에恒居ᄒᆞ며又設或危險이無ᄒᆞᆯ지라도其憂慮의地位에常在ᄒᆞᆷ을未免ᄒᆞᆷ이라何者오債務者ᄂᆞᆫ債權者의承諾을不受ᄒᆞ고도他에債權者를幾人이던지新設ᄒᆞ기得ᄒᆞ고又其債權者ᄂᆞᆫ平等의權을共有ᄒᆞᄂᆞ니舊債權者ᄂᆞᆫ新債權者를因ᄒᆞ야被損ᄒᆞᆯ뿐아니라債務者ᄂᆞᆫ自己의財産을自由로他人에게讓與ᄒᆞᆷ을得ᄒᆞ되債權者ᄂᆞᆫ追及權이無ᄒᆞᆫ所以며又債務者가義務를不履行ᄒᆞᆫ즉債權者ᄂᆞᆫ裁判所에訴求ᄒᆞᆯ지라도裁判所ᄂᆞᆫ權利의有無를定判ᄒᆞᆷ에不過ᄒᆞᄂᆞ니然則其權利ᄂᆞᆫ裁判所의証明을得ᄒᆞᆯ지라도恒常安固ᄒᆞ기不得ᄒᆞᆷ이라是乃債權에ᄂᆞᆫ擔保가必要ᄒᆞᆫ所以니라

世人이物權을讓與ᄒᆞᄂᆞᆫ等境遇에在ᄒᆞ야動産質或抵當을設ᄒᆞ야保証ᄒᆞᆷ을見ᄒᆞ고物權에도擔保의必要가尙有ᄒᆞ다ᄒᆞᄂᆞᆫ者가或有ᄒᆞ나然이나此ᄂᆞᆫ物權에擔保

을 의무를 지는 것과 같다.

물권과 채권 사이에는 위와 같은 차이가 있다. 곧 물권은 그 소지인과 물건 사이에 직접 관계가 있으므로 만약 가해자가 있으면 권리자는 재판소에 소를 제기하여 권리를 증명하면 충분하고 어떠한 담보도 필요하지 않다. 그렇지만 채권의 경우에는 해당 권리의 소지자가 그 의무의 이행을 받지 못할 위험이라는 지위에 항상 놓여 있으며, 또 설령 위험이 없더라도 언제나 그 우려가 있을 수밖에 없다. 왜냐하면 채무자는 채권자의 승낙을 받지 않고도 달리 채권자를 몇 사람이든 새로 둘 수 있고, 또 그 채권자는 평등한 권리를 공유한다. 따라서 구 채권자는 신 채권자로 인하여 손해를 입을 뿐 아니라 채무자는 자기의 재산을 자유로이 타인에게 양도할 수 있어 채권자는 추급권이 없기 때문이다. 또 채무자가 의무를 불이행하면 채권자가 재판소에 소를 제기할지라도 재판소는 권리의 유무를 판정할 뿐이다. 그래서 그 권리는 재판소의 증명을 얻을지라도 항상 안정될 수가 없다. 이것이 채권에는 담보가 필요한 까닭이다.

세상 사람들이 물권을 양도하는 등의 경우에 동산질권 또는 저당권을 설정하여 보증하는 경우를 보고, 물권에도 담보의 필요가 아직 있다고 하는 사람도 더러 있다. 그러나 이는 물권에 담보

가有홈이아니오其物權에對ᄒᆞᄂᆞᆫ妨碍或追奪에因ᄒᆞ야生ᄒᆞᄂᆞᆫ損害要償되ᄂᆞᆫ債權擔保에不外홀ᄲᅮᆫ이니라

次에債權擔保及其方法에關ᄒᆞ야多少附演홀바ㅣ有ᄒᆞ나然이나此ᄂᆞᆫ次章及本法第二部與債權法講義로讓ᄒᆞ고玆에省略ᄒᆞ노라

第三節　物權의要素

物權의成立에ᄂᆞᆫ三個의要素가有ᄒᆞ니

一、權利者(物權의主體)

權利者ㅣ라홈은物權을享有ᄒᆞᄂᆞᆫ者ㅣ니即物權의主体라凡權利ᄂᆞᆫ其種類의如何를不問ᄒᆞ고特定의主体가有ᄒᆞᆫ後에始存ᄒᆞᄂᆞ니主体가無ᄒᆞᆫ權利ᄂᆞᆫ權利가아니라故로權利者ᄂᆞᆫ物權成立에一要素가되ᄂᆞ니라

權物의主體ᄂᆞᆫ一人됨도有ᄒᆞ고將又數人됨도有ᄒᆞ니其數人될時ᄂᆞᆫ此를債權에ᄂᆞᆫ連帶라ᄒᆞ고物權에ᄂᆞᆫ共有라ᄒᆞ야前者의權利者를連帶債權者ㅣ라ᄒᆞ고後者의權利者를共有者ㅣ라ᄒᆞᄂᆞ니라但物權의共有에關ᄒᆞ야ᄂᆞᆫ後章에論述홀바ㅣ有코져ᄒᆞ노라

가 있는 것이 아니고 그 물권에 대한 방해 또는 추탈(追奪)로 인하여 발생하는 손해를 배상하려는 채권의 담보일 뿐이다.

다음에 채권담보 및 그 방법에 관하여 다소 부연할 것이 있으나, 이는 다음 상 및 이 법 제2부와 채권법강의로 넘기고 여기서는 생략한다.

제3절 물권의 요소

물권의 성립에는 세 개의 요소가 있다. 즉

I. 권리자(물권의 주체)

권리자란 물권을 향유하는 자로 곧 권리의 주체이다. 권리는 그 종류의 여하를 불문하고 특성한 주체가 있은 다음에 비로소 존재하며, 주체가 없는 권리는 권리가 아니다. 그러므로 권리자는 물권 성립에 있어서 한 요소가 된다.

물권의 주체는 1인일 수도 있고 또는 수인(數人)일 수도 있다. 수인일 때에는 채권에서는 연대라고 하고 물권에서는 공유라고 하여, 전자의 권리자를 연대채권자라고 하고 후자의 권리자를 공유자라고 한다. 다만 물권의 공유에 관하여는 뒷 장에서 서술하고자 한다.

第二、有體物(物權의客體)

旣已物權으로써有體物을目的ᄒᆞᄂᆞᆫ權利라ᄒᆞᆯ진ᄃᆡ其成立에ᄂᆞᆫ特定의有體物이必要ᄒᆞᆷ은勿論이니라但玆에有体物이라特稱ᄒᆞ고物이라單稱치아니ᄒᆞᄂᆞᆫ所以ᄂᆞᆫ學者가無體物의存在ᄅᆞᆯ間認ᄒᆞᆷ에因ᄒᆞᆷ이로라

第三、義務者

物權에對ᄒᆞᄂᆞᆫ義務者ᄂᆞᆫ不特定이오且不作爲의義務ᄅᆞᆯ負ᄒᆞᄂᆞᆫ者ㅣ니即物權에ᄂᆞᆫ世間一般人이義務者오又其所負義務ᄂᆞᆫ不作爲(即消極的義務ㅣ니物의利用을不害ᄒᆞᄂᆞᆫ責任)에在ᄒᆞ니라

物權은有體物에對ᄒᆞᄂᆞᆫ權利니有體物外에義務者의別有ᄒᆞᆯ理由가無ᄒᆞᆷ과如ᄒᆞ나然이나凡權利ᄂᆞᆫ義務者가有ᄒᆞᆫ後에始成ᄒᆞ고相對人이無ᄒᆞᆫ즉權利만獨存치못ᄒᆞᄂᆞ니故로此權에도義務者ᄅᆞᆯ必要ᄒᆞᆷ이라但其債權과相異ᄒᆞᆫ바ᄂᆞᆫ此權의義務者ᄂᆞᆫ不特定人이오彼權에ᄂᆞᆫ特定人이며又其義務가此權에ᄂᆞᆫ消極的뿐이오彼權에ᄂᆞᆫ消極的과積極的이並有ᄒᆞᆷ에在ᄒᆞ니라

第三章 物權의創設

II. 유체물(물권의 객체)

이미 물권을 유체물을 목적으로 하는 권리라고 했으므로 그 성립에는 특정한 유체물이 필요함은 물론이다. 다만 여기서 특별히 유체물이라고 부르고 물건이라고만 부르지 않는 까닭은 학자가 무체물의 존재를 간접적으로 인성함으로 인한 것이다.

III. 의무자

물권에 대한 의무자는 특정되지 않고, 또 부작위의 의무를 지는 것이다. 곧 물권에서는 세상의 일반인이 의무자이고 또 그가 부담하는 의무는 부작위(곧 소극적 의무로, 물건의 이용을 방해하지 않을 책임)에 있다.

물권은 유체물에 대한 권리로, 유체물 외에 의무자가 따로 있을 이유가 없을 것 같다. 그러나 권리는 의무자가 있은 다음에 비로소 이루어지고 상대방이 없으면 권리만 홀로 존재하지 못한다. 그러므로 이 권리에도 의무자를 필요로 한다. 다만, 채권과 다른 점은 물권의 의무자는 불특정한 사람이고 채권에서는 특정한 사람이며 또 그 의무가 물권에서는 소극적일 뿐이고 채권에서는 소극적인 경우와 적극적인 경우가 모두 있다는 데 있다.

제3장 물권의 창설

第一節 摠說

物權의創設에는二種이有ᄒᆞ니自由創設及限定創設이是라

第一、自由創設

自由라ᄒᆞᆷ은物權의創設을當事者의意思에一任ᄒᆞ고法律이限定치아니ᄒᆞᆷ이니即物을直接目的ᄒᆞ는權利는物權으로任意創得케ᄒᆞᆷ이라故로此主義를依ᄒᆞᆯ진ᄃᆡ法律에其種類를明定ᄒᆞᆯ必要가無ᄒᆞᆯ뿐아니라定ᄒᆞ기不得ᄒᆞᆷ이反有ᄒᆞᆯ지라何者오物權은私權의一部分인즉當事者의意思如何를依ᄒᆞ야如何ᄒᆞᆫ種類의物權을創設ᄒᆞ던지其自由에任ᄒᆞᆷ이當然ᄒᆞᆫ所以라此乃物權의本則이오法律에其種類를限定ᄒᆞᆷ이變例나然이나法律은以下에說明ᄒᆞᆯ理由에依ᄒᆞ야其本來의性質은何如ᄒᆞ던지不問ᄒᆞ고種類를限定ᄒᆞ야自由創設을禁止ᄒᆞ는니라

第二、限定創設

限定이라ᄒᆞᆷ은創設ᄒᆞᆯ物權의種類를法律에限定ᄒᆞ고其以外에는不許ᄒᆞᆷ을云ᄒᆞᆷ이라

제1절 총 설

물권의 창설에는 두 가지가 있는데, 자유창설 및 한정창설이 그것이다.

〈1〉 자유창설: 자유란 물권의 창설을 당사자의 의사에 일임하고 법률이 한정하지 않는 것이다. 곧 물건을 직접 목적으로 하는 권리는 물권으로 임의로 창설할 수 있게 하는 것이다. 그러므로 이 이론을 따르면 법률에 그 종류를 명확히 정할 필요가 없을 뿐 아니라 도리어 정할 수 없을 수도 있다. 왜냐하면 물권은 사권의 일부분이어서 당사자의 의사가 어떠한지에 따라 어떠한 종류의 물권을 창설하든 그 자유에 맡겨져 있는 것이 당연하기 때문이다. 이것이 바로 물권의 본래 원칙이고 법률에 그 종류를 한정하는 것이 예외이다. 그러나 법률은 이하에 설명하는 이유에 따라 그 본래의 성질은 어떠한지 불문하고 종류를 한정하여 자유창설을 금지한다.

〈2〉 한정창설: 한정이란 창설할 물권의 종류를 법률에 한정하고 그 이외에는 허용하지 않는 것을 말한다.

凡權利ᄂᆞᆫ其種類의如何를不問ᄒᆞ고法律의創設에皆係ᄒᆞ고其以外에ᄂᆞᆫ不許ᄒᆞᆷ은近世學者의一致ᄒᆞᄂᆞᆫ바ㅣ니然則物權도一種의權利라ᄒᆯ진ᄃᆡ其創設이法律에亦係ᄒᆞᆷ은論을不竢ᄒᆯ바ㅣ니라

特又物權은財産權의基礎라도可稱ᄒᆯ權이니其制가得宜ᄒᆯ진ᄃᆡ國富를增進ᄒᆞᆷ에幫助가大有ᄒᆯ지오其宜를不得ᄒᆯ진ᄃᆡ與受의安全을害ᄒᆞ고國家의經濟를侵ᄒᆞᄂᆞᆫ影響이往有ᄒᆯ지라故로現時文明國法律에ᄂᆞᆫ物權의種類를嚴正히限定ᄒᆞ야各人의意思로各種의物權을創設ᄒᆞ기不得케ᄒᆞᆷ으로常例를作ᄒᆞ니라

歐洲에在ᄒᆞ야ᄂᆞᆫ前世紀에至ᄒᆞ기ᄭᆞ지物權의制가甚紊ᄒᆞ야不動産의所有權이安全ᄒᆞᆫ바ㅣ殆無ᄒᆞᆷ에至ᄒᆞ야其結果가與受의不安을致ᄒᆞ야經濟上의不利를釀出ᄒᆞ얏ᄉᆞ나今世紀의立法에ᄂᆞᆫ物權의種類를大槪限定ᄒᆞ야以上弊端을矯正ᄒᆞᆷ에務勉ᄒᆞᄂᆞ니라

夫物權의種類를明文으로限定ᄒᆞᆷ이無ᄒᆯ진ᄃᆡ疑義가層生ᄒᆞ야物權의制를不確實케ᄒᆞᄂᆞᆫ嫌이不無ᄒᆞ니現今國法과如ᄒᆞᆷ이其一例라故로近世立法에ᄂᆞᆫ此

일반적으로 권리는 그 종류가 어떠한지를 불문하고 모두 법률의 창설과 관계되어 있고 그 이외에는 허용되지 않는다는 것은 근세 학자들이 일치하는 바이다. 그렇다면 물권도 일종의 권리이므로 그 창설 또한 법률과 관계되어 있음은 더 논할 필요도 없다.

특히 또 물권은 재산권의 기초라고도 부를 수 있는 권리이다. 따라서 그 제도가 적절하다면 국부를 증진하는 데 크게 도움이 될 것이고, 적절하지 않다면 거래의 안전을 해하고 국가의 경제를 침해하는 영향이 자주 있을 것이다. 그러므로 현재 문명국 법률에는 물권의 종류를 엄격히 한정하여 각자의 의사로 각종 물권을 창설할 수 없게 하는 것을 상례로 삼는다.

유럽에서는 19세기에 이르기까지 물권의 제도가 매우 어지러워 부동산 소유권이 거의 안전하지 못하게까지 되었고 그 결과로 거래의 불안을 가져오고 경제적 불이익을 빚어냈다. 그러나 20세기의 입법에서는 물권의 종류를 대개 한정하여 이상의 폐단을 교정하는 데 힘쓰고 있다.

물권의 종류를 명문으로 한정하지 않는다면 거듭 의심이 생겨나 물권의 제도를 불확실하게 한다는 의문이 없지 않으니, 오늘날 우리나라 법과 같은 것이 그 일례이다. 그러므로 근세 입법에서는 이

弊를防杜ᄒᆞ기爲ᄒᆞ야物權의種類를法律에明定ᄒᆞ고其外에可許ᄒᆞᆯ者ᄂᆞᆫ特別法으로讓ᄒᆞᄂᆞᆫ外에ᄂᆞᆫ各人의任意創設을一禁ᄒᆞ니라特別法에認ᄒᆞᄂᆞᆫ物權은假令鑛業法及砂鑛採取法等에定ᄒᆞᆷ이是니라(光武十年六月二十九日法律第三号鑛業法同年七月十一日農商工部令第四十三号鑛業法施行細則光武十年七月二十四日法律第四号砂鑛採取法同年七月十二日農商工部令第四十六号砂鑛採取法施行細則參照)

然則物權의種類를明文으로限定ᄒᆞᆷ에ᄂᆞᆫ如何ᄒᆞᆫ標準을依ᄒᆞᄂᆞ뇨此ᄂᆞᆫ各其國法制를依ᄒᆞ야相異ᄒᆞ니盖物上에行ᄒᆞᄂᆞᆫ權利ᄂᆞᆫ皆物權으로作ᄒᆞ기可得ᄒᆞᆯ지로ᄃᆡ各國의法制ᄂᆞᆫ不然ᄒᆞ야性質은物權에可屬ᄒᆞᆯ者ㅣ라도債權으로編入ᄒᆞ며又性質은債權에宜入ᄒᆞᆯ者ㅣ라도物權으로認定ᄒᆞᆷ이有ᄒᆞ니其故ᄂᆞᆫ前已說明ᄒᆞᆷ과ᄀᆞᆺ치性質은物權이라도此를債權으로編入지아니ᄒᆞᆯ진ᄃᆡ其効果가强大ᄒᆞ야社會經濟上과一般與受上에不利益이不少ᄒᆞ며又性質은債權이라도物權으로編入지아니ᄒᆞᆫ즉其權의利益을完全케ᄒᆞ기不能ᄒᆞᆷ에因ᄒᆞᆷ이니라

今에物權債權의本來性質을不問ᄒᆞ고立法上便宜로分類編入ᄒᆞᄂᆞᆫ所以를略擧

폐단을 방지하기 위하여 물권의 종류를 법률에 명확히 정하고 그 외에 허용할 것은 특별법으로 넘기는 것 외에는 각자의 임의창설을 일절 금한다. 특별법에서 인정하는 물권은 가령 광업법 및 사광(砂鑛)채취법 등에 정한 것이 그것이다(광무 10년(1906) 6월 29일 법률 제3호 광업법, 같은 해 7월 11일 농상공부령(農商工部令) 제43호 광업법 시행세칙, 광무 10년(1906) 7월 24일 법률 제4호 사광채취법, 같은 해 7월 12일 농상공부령 제46호 사광채취법 시행세칙 참조).

그렇다면 물권의 종류를 명문으로 한정하려면 어떠한 기준에 따르는가? 이는 각 나라 법제에 따라 다르다. 일반적으로 물건 위에 행사하는 권리는 모두 물권으로 할 수 있는데 각국의 법제는 그렇지 않다. 성질은 물권에 속한다고 할 수 있는 것도 채권으로 편입하고, 그 반대로 성질은 마땅히 채권에 넣어야 할 것이라도 물권으로 인정하기도 한다. 그 까닭은 앞서 이미 설명한 바와 같이 성질은 물권이라도 이를 채권으로 편입하지 않으면 그 효과가 강대하여 사회경제적으로나 일반 거래상에 불이익이 적지 않으며, 또 성질은 채권이라도 물권으로 편입하지 않으면 그 권리의 이익을 완전하게 할 수 없기 때문이다.

이제 물권과 채권의 본래 성질을 불문하고 입법상 편의로 분류하여 편입하는 까닭을 간략히 들어

ᄒᆞ노니

第一、荷義西德民法及比民草案에ᄂᆞᆫ不動産質權先取特權及留置權을債權에編入ᄒᆞᆫ바를墺普及日新舊民法에ᄂᆞᆫ物權으로編入ᄒᆞᆫ理由

夫以上諸權은債務의履行을確實케ᄒᆞᄂᆞᆫ擔保權이니即其發生存在及消滅은債權을一從ᄒᆞ고獨立ᄒᆞ기不能ᄒᆞᆫ權利라然則此諸權은債權에編入ᄒᆞᆷ이其性質上當然ᄒᆞ니라

然이나債權은既已說明ᄒᆞᆷ과ᄀᆞᆺ치某特定ᄒᆞᆫ人이特定ᄒᆞᆫ人에게對ᄒᆞ야主張ᄒᆞᄂᆞᆫ權利에止ᄒᆞ고追及權이無ᄒᆞᆫ즉債務者가其義務를履行ᄒᆞ기前에所有財産을他人에게讓與ᄒᆞᆯ진ᄃᆡ債權者ᄂᆞᆫ裁判所에訴求ᄒᆞ야權利를証明ᄒᆞᄂᆞᆫ外에ᄂᆞᆫ他道가無ᄒᆞ니然則其權利를安全히ᄒᆞ기不能ᄒᆞᆫ지라於是乎法律은債權者의利益을爲ᄒᆞ야一方法을設ᄒᆞ니所謂擔保가即是라

元來債權의擔保에ᄂᆞᆫ二種이有ᄒᆞ니一은一般擔保오一은特別擔保라一般擔保ᄂᆞᆫ債務履行에關ᄒᆞ야其設在를恒常認定ᄒᆞᄂᆞᆫ바ㅣ니合意遺言等을依ᄒᆞ야生ᄒᆞᆷ이아니라即一個債務의履行件이有ᄒᆞᆯ진ᄃᆡ法律은其債務者의財産으로

보면

〈1〉 네덜란드, 이탈리아, 스위스, 독일 민법 및 벨기에 민법 초안에서는 부동산질권, 선취특권 및 유치권을 채권에 편입한 것을 오스트리아, 프로이센 및 일본 신구 민법에서는 물권으로 편입한 이유: 이상 여러 권리는 채무의 이행을 확실하게 하는 담보권으로서 그 발생·존속 및 소멸은 채권에 부종하고 독립할 수 없는 권리이다. 그렇다면 이 여러 권리는 채권에 편입하는 것이 그 성질상 당연하다.

그러나 채권은 이미 설명한 바와 같이 어느 특정한 사람이 특정한 사람에 대하여 주장하는 권리에 그치고 추급권이 없어, 채무자가 그 의무를 이행하기 전에 소유한 재산을 타인에게 양도하면 채권자는 재판소에 소를 제기하여 권리를 증명할 수밖에는 다른 도리가 없다. 그렇다면 그 권리를 안전하게 할 수 없을 것이다. 여기서 법률은 채권자의 이익을 위하여 한 가지 방법을 마련하는데 이른바 담보가 곧 그것이다.

원래 채권의 담보에는 두 가지가 있는데, 하나는 일반담보이고 하나는 특별담보이다. 일반담보는 채무이행에 관하여 그 설정이 항상 인정되는데, 합의, 유언 등에 의하여 발생하는 것이 아니라 곧 하나의 채무 이행 건이 있으면 법률은 그 채무자의 재산을

써一般債權者의擔保(即共同擔保)를作홈이오特別擔保ᄂᆞᆫ債務履行에關ᄒᆞ야合意遺言等으로特生케홈이原則이오法律上例生케홈이變則이라

蓋一般擔保도債務履行을確保홈은無疑ᄒᆞ나然이나恒常堅固ᄒᆞᆫ擔保라ᄒᆞ기不能ᄒᆞ니何者오債務者의財産은設或債權者에對ᄒᆞᆫ擔保라홀지라도債務者ᄂᆞᆫ自由로新債權者를設ᄒᆞ거나其財産을他人에게讓與ᄒᆞ기得ᄒᆞᄂᆞ니故로舊債權者ᄂᆞᆫ此를因ᄒᆞ야其所受分配額을減殺ᄒᆞᄂᆞᆫ所以라然則債權者가自己의債權을堅固케ᄒᆞ기期望홀진ᄃᆡ一般擔保로ᄂᆞᆫ滿足치못ᄒᆞ고他方法을更要홀지니此方法은卽特別擔保니라

特別擔保ᄂᆞᆫ當事者의合意或遺言(此擔保에關ᄒᆞ야法律上例生케ᄒᆞᄂᆞᆫ件은第二部에詳論홈)을依ᄒᆞ야債務의履行을確實케ᄒᆞᄂᆞᆫ바ㅣ라此擔保에ᄂᆞᆫ二種이更有ᄒᆞ니對人擔保及對物擔保가是라前者ᄂᆞᆫ卽保証이니保証의效果ᄂᆞᆫ一般擔保와無異ᄒᆞᆫ즉玆에論究홀必要가無ᄒᆞ고後者ᄂᆞᆫ債務者가自己의所有有體物을提供ᄒᆞ야債權을擔保홈이니有體物을目的ᄒᆞᄂᆞᆫ權利ᄂᆞᆫ卽物權이라然則物權에ᄂᆞᆫ優先權과追及權이當然隨件ᄒᆞᄂᆞ니因ᄒᆞ야債權者의權利를安全홈에充分ᄒᆞ니라

일반채권자의 담보(곧 공동담보)로 삼는 것이다. 그리고 특별담보는 채무 이행에 관하여 합의, 유언 등으로 특별히 발생하게 하는 것이 원칙이고 법률상 발생되는 것이 예외이다.

대개 일반담보도 채무 이행을 확보하는 데에는 의문이 없으나 항상 견고한 담보라고 할 수 없다. 왜냐하면 채무자의 재산은 설령 채권자에 대한 담보라 할지라도 채무자는 자유로이 새로운 채권자를 두거나 그 재산을 타인에게 양도할 수 있다. 그러므로 구 채권자는 이로 인하여 분배받을 액수가 줄어들기 때문이다. 그렇다면 채권자가 자기의 채권을 견고하게 하기를 기대할 텐데, 일반담보로는 만족하지 못하고 다른 방법을 다시 필요로 한다. 이 방법이 곧 특별담보이다.

특별담보는 당사자의 합의 또는 유언(이 담보에 관하여 법률상 발생되는 것은 제2부에서 자세히 논함)에 의하여 채무의 이행을 확실하게 하는 것이다. 이 담보에는 다시 두 종류가 있는데, 인적 담보 및 물적 담보가 그것이다. 전자는 곧 보증인데, 보증의 효과는 일반담보와 차이가 없어 여기서 탐구할 필요가 없고, 후자는 채무자가 자기 소유의 유체물을 제공하여 채권을 담보하는 것인데 유체물을 목적으로 하는 권리는 곧 물권이다. 그렇다면 물권에는 우선권과 추급권이 당연히 수반되고 따라서 채권자의 권리를 안전하게 하는데 충분하다.

第二、羅法德民法에ᄂᆞᆫ用益權을物權에編入홈을日新法에ᄂᆞᆫ删去ᄒᆞ며又普民及日舊民法에ᄂᆞᆫ賃借權을物權에編入홈에不拘ᄒᆞ고法德及日新民法에ᄂᆞᆫ債權으로編入ᄒᆞᆫ理由

(一)用益權을物權中에删去ᄒᆞᄂᆞᆫ理由

用益權即人的役權은羅馬法以來諸國法典에認定홈에不拘ᄒᆞ고近世에删去ᄒᆞᄂᆞᆫ所以ᄂᆞᆫ如斯ᄒᆞᆫ物權을定置ᄒᆯ必要가無ᄒᆯ뿐아니라若定置ᄒᆞᆫ즉害多益少의弊ᄅᆞᆯ未免ᄒᆞ고又定置의必要가有ᄒᆞᆫ즉物權에不依ᄒᆞ고他方法에依ᄒᆞ야此와同一의目的을達ᄒᆞᆫ즉足홈에因홈이니라

元來人的役權으로認ᄒᆞᄂᆞᆫ바ᄂᆞᆫ用益權使用權及住居權이나使用住居兩權은用益權의變體에不外ᄒᆞ니用益權을物權으로作홈이害多益少홈을說明ᄒᆞᆫ즉爾餘兩權도亦然홈이라故로玆에人的役權中用益權에關ᄒᆞ야만主論ᄒᆞ고其他ᄂᆞᆫ詳細히論及치아니ᄒᆞ노라然而用益權을說明홈에ᄂᆞᆫ其權의意義ᄅᆞᆯ先述홈이必要ᄒᆞ니蓋其意義如何ᄅᆞᆯ不知ᄒᆯ진ᄃᆡ此ᄅᆞᆯ物權으로認做홈이害多益少홈도了解ᄒᆞ기不能ᄒᆯ지니라

〈2〉 로마법, 독일 민법에서는 용익권[*]을 물권에 편입한 것을 일본 신 민법에서는 삭제하였으며, 또 프로이센 민법 및 일본 구 민법에서는 임차권을 물권에 편입하였음에도 불구하고 프랑스, 독일 및 일본 신 민법에서는 채권으로 편입한 이유

① 용익권을 물권 중에서 삭제한 이유: 용익권, 곧 인적 역권(役權)은 로마법 이래 여러 나라 법전에서 인정하였음에도 불구하고 근세에는 삭제한 까닭은, 이러한 물권을 정해둘 필요가 없을 뿐 아니라 만약 정해 두면 손해가 많고 이익이 적은 폐단을 면할 수 없다. 또 정해둘 필요가 있다면 물권에 따르지 않고 다른 방법에 따라 이와 동일한 목적을 달성하면 족한 데에 있다.

원래 인적 역권으로 인정되는 것은 용익권, 사용권 및 주거권이다. 그러나 사용권, 주거권의 두 권리는 용익권의 변형일 뿐이어서, 용익권을 물권으로 삼는 것이 손해가 많고 이익이 적다는 점을 설명하면 나머지 두 권리도 마찬가지이다. 그러므로 여기에 인적 역권 중 용익권에 관하여만 주로 논하고 기타의 것은 상세히 언급하지 않는다. 그러나 용익권을 설명하려면 그 권리의 의의를 먼저 서술하는 것이 필요한데, 그 의의가 어떠한지를 알지 못하면 이를 물권으로 간주하는 것이 손해가 많고 이익이 적다는 점도 이해할 수 없을 것이다.

---

* 역자주: 현행법상 용익물권은 지상권과 지역권, 전세권으로서 여기서 설명하는 용익권과는 차이가 있음.

諸國이採用ᄒᆞᆫ바用益權의定義를觀ᄒᆞ건ᄃᆡ槪云用益權은所有權이他人에게屬ᄒᆞᆫ物에關ᄒᆞ야其用法을從ᄒᆞ야其原質本體를變홈이無ᄒᆞ고用益者의終身을不超ᄒᆞᄂᆞᆫ期限으로使用及收益ᄒᆞᄂᆞᆫ權이라ᄒᆞ얏스니要ᄒᆞ건ᄃᆡ用益權은第一地上權即他人의物上에存ᄒᆞᄂᆞᆫ權利오第二其目的은使用及收益에只在ᄒᆞᆫ事第三其物의原質本體를不變ᄒᆞᄂᆞᆫ事第四終身을不超ᄒᆞᄂᆞᆫ期限의權利되ᄂᆞᆫ事의四條件으로成立ᄒᆞᆫ者ㅣ라

最初羅馬法에ᄂᆞᆫ此權의物体를土地家屋奴隷及家畜의四種物에限ᄒᆞ얏더니爾來時勢의變遷을從ᄒᆞ야其範圍를擴張ᄒᆞ야一切融通物로써其物体를作홈에至ᄒᆞ니라

然而此權利를認定홈에至ᄒᆞᆫ由來를尋究ᄒᆞ건ᄃᆡ所有權을移轉치아니ᄒᆞ고用益者로ᄒᆞ야곰終身을不超ᄒᆞᄂᆞᆫ期限間鞏固ᄒᆞᆫ利益을收得케ᄒᆞ기期홈에全基홈과如ᄒᆞ니假令余가年來使用ᄒᆞ던忠勤ᄒᆞᆫ老僕이有ᄒᆞ야其老僕으로ᄒᆞ야곰終身間을安逸히居生케ᄒᆞ고져ᄒᆞᆯ진대余의所有土地幾分을劃給ᄒᆞ야其目的을達ᄒᆞᆫ즉可ᄒᆞᆯ지나余의所有土地ᄂᆞᆫ祖先傳來의土地니可히他人

여러 나라가 채용한 용익권의 정의를 보면, 대개 용익권은 소유권이 타인에게 속한 물건에 관하여 그 용법에 따라 그 본래의 성질과 형체를 변경시키지 않고 용익자의 종신을 넘지 않는 기한으로 사용 및 수익할 수 있는 권리라고 하였다. 요컨대 용익권은 첫째 지상권, 곧 타인의 물건 위에 존재하는 권리이고, 둘째 그 목적은 사용 및 수익에만 있을 것, 셋째 그 물건 본래의 성질과 형체를 변경시키지 않을 것, 넷째 종신을 넘지 않는 기한의 권리일 것이라는 네 가지 조건으로 성립하는 것이다.

맨 처음 로마법에서는 이 권리의 객체를 토지, 가옥, 노예 및 가축의 네 가지 물건으로 한정하였는데 이후 시대의 변천에 따라 그 범위를 확장하여 일체의 융통물을 그 객체로 삼기에 이르렀다.

그런데 이 권리를 인정하게 된 유래를 찾아 탐구하면, 소유권을 이전하지 않고 용익자로 하여금 종신을 넘지 않는 기간 동안 견고한 이익을 얻을 수 있게 하려는 데에 전적으로 기인하는 것 같다. 가령 내가 여러 해 사용하던 충실한 종이 있어 그 종이 죽을 때까지 편안하게 살게 하고자 하려면 내 소유 토지 몇 푼을 나누어 그 목적을 달성할 수도 있다. 그러나 내 소유 토지는 조상 대대로 전해오던 토지라 다른 사람의게割給지못홀지라於是乎余ᄂᆞᆫ用益權을設定ᄒᆞ야老僕에게給ᄒᆞᆫ즉所有權은移轉치아니ᄒᆞ야依然히余에게存ᄒᆞ고도其老僕은終身間安逸히居生ᄒᆞ기得홈과如ᄒᆞ며又人이有ᄒᆞ야女子를他家로出嫁홈에當ᄒᆞ야財產의幾分을與코져ᄒᆞ나金錢或其他動產을與ᄒᆞᆫ즉即時消費홀虞慮가有ᄒᆞ고且土地家屋等不動產을與코져ᄒᆞ나此ᄂᆞᆫ祖先傳來의物인즉他家로出嫁ᄒᆞᄂᆞᆫ女子에게給ᄒᆞ기不得홀지라因ᄒᆞ야其不動產上에用益權을設定ᄒᆞ야給ᄒᆞᆫ즉其人은所有權을不失ᄒᆞ고其女ᄂᆞᆫ該不動產에셔生ᄒᆞᄂᆞᆫ利益을收得홈과如홈이라然而此權을物權으로作홈은其物體가何人의手에移ᄒᆞ던지用益者ᄂᆞᆫ其利益을損홈이毫無ᄒᆞ야權利를鞏固케ᄒᆞ기可得홀뿐아니라設定者의意思도貫徹ᄒᆞ기可得이라ᄒᆞᄂᆞᆫ理由에基因홈이니라

然이나如右ᄒᆞᆫ些小理由를爲ᄒᆞ야用益權이라ᄒᆞᄂᆞᆫ物權을不可不認定홀必要가有ᄒᆞᆫ뇨若此와同一ᄒᆞᆫ目的을達홈에別方法은無ᄒᆞ고生ᄒᆞᄂᆞᆫ弊害ᄂᆞᆫ少홀진대認定홈이可홈은勿論이나然이나此를認定홈에因ᄒᆞ야生ᄒᆞᄂᆞᆫ弊害ᄂᆞᆫ生ᄒᆞᄂᆞᆫ利益보다多ᄒᆞ고其外에도他方法을因ᄒᆞ야此權을創設홈과同一

에게 나누어 주지 못할 것이다. 여기서 나는 용익권을 설정하여 종에게 주면 소유권은 이전하지 않아 여전히 나에게 존재하고도 그 종은 죽을 때까지 편안히 살 수 있는 것과 같다. 또 어떤 사람이 딸을 다른 가문으로 출가시킬 때 재산에서 몇 푼을 주려고 하나, 금전 또는 기타 동산을 주면 즉시 소비할 우려가 있고, 또한 토지, 가옥 등 부동산을 주려고 하나 이는 조상 대대로 전해오는 물건이어서 다른 가문으로 출가하는 딸에게 줄 수 없을 것이다. 따라서 그 부동산 위에 용익권을 설정하여 주면 그 사람은 소유권을 잃지 않고 그 딸은 그 부동산에서 발생하는 이익을 얻을 수 있는 것과 같다. 그런데 용익권을 물권으로 삼는 것은 그 객체가 누군가의 손에 옮겨가든지 용익자는 그 이익에 손해가 전혀 없어 권리를 견고하게 할 수 있을 뿐 아니라 설정자의 의사도 관철시킬 수 있다는 이유에 기인한다.

그러나 위와 같은 사소한 이유를 위하여 용익권이라는 물권을 인정하여야만 할 필요가 있는가? 만약 이와 동일한 목적을 이룰 다른 방법은 없고 발생하는 폐해가 적다면 인정하는 것이 마땅함은 물론이다. 그러나 이를 인정함으로 인하여 발생하는 폐해는 발생하는 이익보다 많고 그밖에도 다른 방법으로 이 권리를 창설하는 것과 동일

의目的을可히得達ᄒᆞᆯ진ᄃᆡ如斯ᄒᆞᆫ物權의創設은不許ᄒᆞᆷ이立法主義에適當ᄒᆞᆯ지니라

然則如何ᄒᆞᆫ弊害가此에伴隨ᄒᆞᄂᆞ뇨無他라用益權도一種他物上權即他人의物上에存ᄒᆞᄂᆞᆫ權利니一般他物上權의創設에伴隨ᄒᆞᄂᆞᆫ弊害ᄂᆞᆫ此에도悉伴ᄒᆞᆷ이라然이나一般他物上權即地上權永小作權及質權等은其創設에因ᄒᆞᆷ야生ᄒᆞᄂᆞᆫ利益이生ᄒᆞᄂᆞᆫ弊害ᄅᆞᆯ相殺ᄒᆞ고도剩餘가尙有호ᄃᆡ用益權에至ᄒᆞ야ᄂᆞᆫ前述ᄒᆞᆫ利益이有ᄒᆞᆯ뿐이오其外에ᄂᆞᆫ經濟上便益을幇助ᄒᆞᆷ도無ᄒᆞ며公益을增進ᄒᆞᆷ도無ᄒᆞᄂᆞ니然則其利ᄂᆞᆫ其害ᄅᆞᆯ相償ᄒᆞ기不能ᄒᆞᆯ지니라

特又用益權을不許ᄒᆞ야도此ᄅᆞᆯ許ᄒᆞᆷ과同一ᄒᆞᆫ目的은債權의創設을依ᄒᆞ야도亦達ᄒᆞᆯ지니前示ᄒᆞᆫ例에余가老僕으로ᄒᆞ야곰終身間安逸히居生케ᄒᆞ기期ᄒᆞᆯ진ᄃᆡ其老僕을對ᄒᆞ야終身間年年若干의金을給ᄒᆞ기契約ᄒᆞ고此ᄅᆞᆯ擔保호ᄃᆡ質或抵當으로以ᄒᆞᆫ즉其老僕은物權되ᄂᆞᆫ用益權을得ᄒᆞᆷ과ᄀᆞᆺ치鞏固ᄒᆞᆫ權利ᄅᆞᆯ享有ᄒᆞ기得ᄒᆞᆷ과如ᄒᆞᆷ이라故로日本新民法과如ᄒᆞᆷ에ᄂᆞᆫ此ᄅᆞᆯ斷然廢止ᄒᆞ얏고法典에遺寘ᄒᆞᆫ歐洲諸國에在ᄒᆞ야도現今은此ᄅᆞᆯ無用의物權이

한 목적을 달성할 수 있다면 이러한 물권의 창설은 허용하지 않는 것이 입법주의에 적당할 것이다.

그렇다면 어떠한 폐해가 이에 수반되는가? 다른 것이 아니라 용익권도 일종의 타물권,* 곧 타인의 물건 위에 존재하는 권리로 일반적인 타물권의 창설에 수반되는 폐해는 여기에도 모두 따른다. 그러나 일반적인 타물권, 곧 지상권, 영소작권 및 질권 등은 그 창설로 인하여 발생하는 이익이 발생하는 폐해를 오히려 상쇄하고도 남는데, 용익권에는 전술한 이익이 있을 뿐이고 그밖에는 경제적 편익에 도움이 되지 않으며 공익을 증진하지도 않는다. 그렇다면 그 이익은 폐해를 벌충하지 못할 것이다.

또한 특별히 용익권을 허용하지 않아도 이를 허용하는 것과 동일한 목적은 채권의 창설에 따라서도 달성할 수 있을 것이다. 앞서 보인 예에서 내가 종으로 하여금 죽을 때까지 편안히 살게 하려고 하는데 그 종에 대하여 죽을 때까지 해마다 약간의 금전을 지급하기로 계약하고 이를 질권이나 저당권으로 담보하면, 그 종은 물권인 용익권을 얻은 것처럼 견고한 권리를 향유할 수 있는 것과 같다. 그러므로 일본 신 민법과 같은 것은 이를 단연 폐지하였고 법전에 남겨둔 유럽 여러 나라에서도 이제는 이를 쓸모없는 물권이

* 역자주: 원문은 '他物上權'으로 표현함.

라主張ᄒᆞᄂᆞᆫ者ㅣ續出ᄒᆞ야立法上에도廢止코져ᄒᆞᄂᆞᆫ傾向이生홈에至ᄒᆞ니라

用益權이既已如右ᄒᆞᆫ運命에達ᄒᆞᆯ진ᄃᆡ其變體되ᄂᆞᆫ使用權及住居權도同一ᄒᆞᆫ運命에至홈은當然ᄒᆞ니라蓋使用權은使用者及其家族의需用에限ᄒᆞᄂᆞᆫ用益權이오住居權은建物의使用權을謂홈이나玆에細論치아니ᄒᆞ노라

(二)貰借權을債權中에編入ᄒᆞᄂᆞᆫ理由

貰借權이物權되고債權되ᄂᆞᆫ可否에關ᄒᆞ야ᄂᆞᆫ人을隨ᄒᆞ고法을依ᄒᆞ야所見이各殊ᄒᆞ니卽日本舊民法及普國民法에ᄂᆞᆫ物權이라ᄒᆞ고墺國民法에ᄂᆞᆫ登記ᄒᆞᆫ즉物權이라ᄒᆞ얏스나此ᄂᆞᆫ本權本來의性質과立法上理由及沿革與比較的研究에依據ᄒᆞᆫ즉債權이라홈이可ᄒᆞ니라何者오蓋貰借權은物을目的ᄒᆞᄂᆞᆫ權利라도貰借人은借貰支撥의義務를負ᄒᆞ고貰貸人은貰借人이其物을使用收益케ᄒᆞᄂᆞᆫ義務를負홈과同時에又其義務를履行홈에ᄂᆞᆫ妨害를排除ᄒᆞ고修繕을隨行ᄒᆞᄂᆞ니當事者間에義務가互生ᄒᆞ고又其義務ᄂᆞᆫ各自獨立홈이라此點으로由觀ᄒᆞᆯ진ᄃᆡ貰借權은一般債權과差異가毫無ᄒᆞ니其差

라고 주장하는 사람이 속출하여 입법적으로도 폐지하고자 하는 경향이 발생하기에 이르렀다.

용익권이 이미 위와 같은 운명에 다다랐는데, 그 변형인 사용권 및 주거권도 동일한 운명에 이른 것은 당연하다. 대개 사용권은 사용자 및 그 가족의 수요에 한정되는 용익권이고, 주거권은 건물의 사용권을 말하는 것이나 여기서는 자세히 논하지 않는다.

② 임차권을 채권 중에 편입한 이유: 임차권이 물권인지 채권인지에 관하여는 사람에 따라, 법에 따라 견해가 각기 다른데, 곧 일본 구 민법 및 프로이센 민법에서는 물권이라고 하고 오스트리아 민법에서는 등기하면 물권이라고 하였다. 그러나 이는 임차권 본래의 성질과 입법상 이유 및 연혁과 비교적 연구에 따르면 채권이라고 하는 것이 마땅하다. 왜냐하면 대개 임차권은 물건을 목적으로 하는 권리라도 임차인은 차임 지급의 의무를 지고 임대인은 임차인이 그 물건을 사용, 수익하게 하는 의무를 짐과 동시에 또 그 의무를 이행하는 데에는 방해를 배제하고 수선을 수행한다. 따라서 당사자 사이에 의무가 상호 발생하고 또 그 의무는 각자 독립적이다. 이 점으로부터 보면 임차권은 일반 채권과 차이가 전혀 없는데, 그 차

異가果無ᄒᆞ고特別ᄒᆞᆫ理由가更無ᄒᆯ以上은債權으로ᄒᆞᆷ이其本質과沿革에適合ᄒᆯ지니라

凡債權은當事者의自由로創設ᄒᆞᆷ이原則이오法律上制限을受ᄒᆞᆷ은公共ᄒᆞᆫ秩序와善良ᄒᆞᆫ風俗에違反ᄒᆞᄂᆞᆫ境遇뿐이로ᄃᆡ是와相反ᄒᆞ야物權은有力鞏固ᄒᆞᆫ權利니物上에直接行使ᄒᆞ야物이何處에在ᄒᆞ던지追求ᄒᆞᄂᆞᆫ權利인즉其創設을濫許치아니ᄒᆞ고法律에必依케ᄒᆞ며法律에規定ᄒᆞᆷ에ᄂᆞᆫ特別ᄒᆞᆫ理由ᄅᆞᆯ更要ᄒᆞᆷ이라然則貰借權은一般物權으로可作ᄒᆯ理由가別有ᄒᆞ뇨云若物權으로不作ᄒᆯ진ᄃᆡ貰借人의權利가變更移動ᄒᆞ기易ᄒᆞ다ᄒᆞ나然이나此ᄂᆞᆫ決斷코不然ᄒᆞ니設或物權으로不作ᄒᆯ지라도此等虞慮ᄂᆞᆫ毫無ᄒᆞᆷ이라何者오貰借物이所有者ᄅᆞᆯ移ᄒᆞ야賣買或讓與되ᄂᆞᆫ境遇라도貰借人은新所有者에게目的物의返還을直地强要됨이决無ᄒᆞ고某時期間은依然히其地ᄅᆞᆯ耕ᄒᆞ며其家에住ᄒᆞ기可得ᄒᆞ고又此權은債權됨에不拘ᄒᆞ고登記ᄅᆞᆯ特許ᄒᆞ야第三者에게對抗케ᄒᆞᄂᆞ니然則貰借人의權利ᄅᆞᆯ保護ᄒᆞᆷ이充分ᄒᆞ야物權으로强作ᄒᆯ必要가無ᄒᆞ니라

이가 과연 없고 더는 특별한 이유가 없는 이상 채권으로 함이 그 본질과 연혁에 적합할 것이다.

일반적으로 채권은 당사자의 자유로 창설하는 것이 원칙이고 법률상 제한을 받는 것은 공공의 질서와 선량한 풍속에 위반하는 경우뿐이다. 그런데 이와 반대로 물권은 힘 있고 견고한 권리로 물건 위에 직접 행사하여 물건이 어디에 있든지 추구하는 권리여서, 그 창설이 함부로 허용되지 않고 반드시 법률에 따르게 하며, 법률에 규정하려면 다시 특별한 이유가 필요하다. 그렇다면 임차권은 일반 물권으로 삼을 이유가 달리 있는가? 만약 물권으로 삼지 않으면 임차인의 권리가 변동하고 움직이기 쉽다고도 말한다. 그러나 이는 결코 그렇지 않은데, 설령 물권으로 삼지 않을지라도 이와 같은 우려는 전혀 없다. 왜냐하면 임차물이 소유자를 떠나 매매 또는 양도되는 경우라도 임차인은 새로운 소유자에게 목적물의 반환을 결코 직접 강요받지 않고 어느 시기 동안에는 여전히 그 토지를 경작하고 그 집에 거주할 수 있고, 또 이 권리는 채권임에도 불구하고 등기를 특별히 허락하여 제3자에게 대항할 수 있게 한다. 그래서 임차인의 권리를 충분히 보호하므로 억지로 물권으로 삼을 필요가 없다.

若又貰借權中이라도某種類에限ᄒᆞ야物權으로編入ᄒᆞᆯ必要가有ᄒᆞᆯ진ᄃᆡ其權利만物權으로特作홈이可ᄒᆞ니假令幾十年(日本則二十年以上)以上他人의土地를貰借ᄒᆞ야耕作或牧畜ᄒᆞ거가建物或樹木等을築植ᄒᆞᄂᆞᆫ權利에至ᄒᆞ야ᄂᆞᆫ貰借物의性質과其物의使用目的及使用期間의長短을因ᄒᆞ야物權으로保護ᄒᆞᆯ지니如斯ᄒᆞᆫ權利ᄂᆞᆫ物權으로作ᄒᆞ야地上權及永小作權等의名稱을附ᄒᆞᄂᆞ니라(地上權永小作權及貰借權의各其性質上及効力上區別은以後借地權에至ᄒᆞ야更示홈)

第二節 取得

物權의取得은物權에屬ᄒᆞᄂᆞᆫ權利를一定ᄒᆞᆫ主体에連結케ᄒᆞᄂᆞᆫ事實이니此權의取得이他權의取得과相異ᄒᆞᆫ바ᄂᆞᆫ主体에連結케ᄒᆞᄂᆞᆫ權利가物体됨에在ᄒᆞᆯᄲᅮᆫ이니라假令吾人이某原因을依ᄒᆞ야一種書籍의所有權을取得ᄒᆞᆯ진ᄃᆡ其書籍에關ᄒᆞᆫ所有權이라ᄒᆞᄂᆞᆫ物權이主体되ᄂᆞᆫ吾人에게連結ᄒᆞᄂᆞᆫ事實을表示홈과如홈이라然이나權利의取得과設定은其間에判然ᄒᆞᆫ區別이有ᄒᆞ야可히混同치못ᄒᆞᄂᆞ니盖權利의設定은權利를實際에發生케ᄒᆞ야一定ᄒᆞᆫ主体에連結케ᄒᆞᄂᆞᆫ事實인

또 만약 임차권 중에서도 어느 종류에 한하여 물권으로 편입할 필요가 있다면 그 권리만 물권으로 특별히 삼는 것이 마땅하다. 가령 몇 십 년(일본의 경우 20년 이상) 이상 타인의 토지를 임차하여 경작 또는 목축하거나 건물 또는 수목 등을 축조하거나 식재할 권리는 임차물의 성질과 그 물건의 사용 목적 및 사용 기간의 장단으로 인하여 물권으로 보호하여야 것이므로, 이러한 권리는 물권으로 삼아 지상권 및 영소작권 등의 명칭을 붙인다(지상권, 영소작권 및 임차권의 각기 성질상 및 효력상 구별은 이후 차지권에서 다시 보임).

제2절 취 득

물권의 취득은 물권에 속한 권리를 일정한 주체로 연결되게 하는 사실이다. 이 권리의 취득이 다른 권리의 취득과 다른 점은 주체로 연결되게 하는 권리가 물건이라는 데 있을 뿐이다. 가령 우리가 어떤 원인에 따라 책 한 권의 소유권을 취득한다면 그 책에 관한 소유권이라는 물권이 주체인 우리에게 연결되는 사실을 표시하는 것과 같다. 그러나 권리의 취득과 설정은 그 사이에 확연한 구별이 있어 혼동될 수가 없다. 대개 권리의 설정은 권리를 실제로 발생하게 하여 일정한 주체로 연결하는 사실인

즉此亦取得의一原因이나權利取得中에는既存ᄒᆞᆫ權利를取得ᄒᆞ는事實도包含ᄒᆞ는所以니라

假令吾人이山野에棲息ᄒᆞ는禽獸를獲得ᄒᆞᆯ진ᄃᆡ所有權이라ᄒᆞ는物權이實際에發生ᄒᆞ야吾人이라ᄒᆞ는主体에連結ᄒᆞᆯ지니此境遇는權利의設定이라ᄒᆞᆯ지오是와相反ᄒᆞ야其禽獸를他人이獲得ᄒᆞ야所有權이既生ᄒᆞᆫ바를吾人이買受ᄒᆞᆯ진ᄃᆡ其禽獸에對ᄒᆞᆫ所有權은買受를因ᄒᆞ야新生ᄒᆞᆷ이아니오既存ᄒᆞᆫ바를繼受ᄒᆞ야吾人에게連結케ᄒᆞᆷ과如ᄒᆞᆷ이라故로學者ㅣ此權利의取得을區別ᄒᆞ야設定에因ᄒᆞ는取得及繼受에因ᄒᆞ는取得이라ᄒᆞ니余輩도此區別에基因ᄒᆞ야講述호ᄃᆡ便宜上前者를原始取得이라ᄒᆞ고後者를繼受取得이라命名코져ᄒᆞ노라

第一、原始取得

此는他人의權利에無關ᄒᆞ고全然新得ᄒᆞ는事實이니假令無主物의所有權을先占에因ᄒᆞ야取得ᄒᆞ거나有主物의所有權을添付에因ᄒᆞ야取得ᄒᆞᆷ과如ᄒᆞᆷ이라又契約을因ᄒᆞ야債權이新生ᄒᆞ거나私犯을因ᄒᆞ야損害請求權이發生ᄒᆞᆷ은債權의原始取得이나然이나債權의事는說明의必要가無ᄒᆞ고玆에는物權에

데, 이 또한 취득의 한 가지 원인이나 권리 취득 안에는 이미 존재한 권리를 취득하는 사실도 포함하기 때문이다.

가령 우리가 산과 들에 서식하는 동물을 잡으면 소유권이라는 물권이 실제로 발생하여 우리라는 주체에게 연결될 것이고 이 경우는 권리의 설정이다. 이와 반대로 그 동물을 타인이 잡아서 소유권이 이미 발생한 것을 우리가 매수한다면 그 동물에 대한 소유권은 매수로 인하여 새로 발생하는 것이 아니고 이미 존재한 것을 승계하여 우리에게 연결시키는 것과 같다. 그러므로 학자가 이 권리의 취득을 구별하여 설정으로 인한 취득 및 승계로 인한 취득이라고 한다. 따라서 우리도 이 구별에 따라 강의하되 편의상 전자를 원시취득이라고 하고 후자를 승계취득이라고 명명하고자 한다.

I. 원시취득

이는 타인의 권리와 무관하고 완전히 새로 취득하는 사실이다. 가령 무주물의 소유권을 선점으로 인하여 취득하거나, 소유자 있는 물건의 소유권을 첨부로 인하여 취득하는 것과 같다. 또 계약으로 인하여 채권이 새로 발생하거나 불법행위로 인하여 손해배상청구권이 발생하는 것은 채권의 원시취득이다. 그러나 채권에 대한 사항은 설명할 필요가 없고 여기서는 물권에

關ᄒᆞᆫ原始取得만論究ᄒᆞᆯ지로ᄃᆡ此亦權利의種類ᄅᆞᆯ隨ᄒᆞ야取得原因이各殊ᄒᆞ고各種物權에共通ᄒᆞᄂᆞᆫ原素가無ᄒᆞ니此ᄂᆞᆫ各種物權의講義로讓ᄒᆞ노라

第二、繼受取得

此ᄂᆞᆫ他人의旣有ᄒᆞᆫ權利ᄅᆞᆯ繼承ᄒᆞᄂᆞᆫ事實이니假令他人의旣有ᄒᆞᆫ所有權을買受ᄒᆞᆷ과如ᄒᆞᆷ이라又他人의旣有ᄒᆞᆫ債權을讓受에因ᄒᆞ야取得ᄒᆞᆷ은債權의繼受取得이니라

本取得은此ᄅᆞᆯ包括權原及特定權原의取得으로更分ᄒᆞᄂᆞ니前者ᄂᆞᆫ權利義務ᄅᆞᆯ包括ᄒᆞ야取得ᄒᆞᆷ이오後者ᄂᆞᆫ特定ᄒᆞᆫ法律行爲에出ᄒᆞᄂᆞᆫ權利의取得이라卽相續을因ᄒᆞ야總財産을取得ᄒᆞᆷ은前者오賣買贈與等을因ᄒᆞ야權利ᄅᆞᆯ取得ᄒᆞᆷ은後者ㅣ나然이나前者에關ᄒᆞ야ᄂᆞᆫ相續法이別有ᄒᆞ고後者에至ᄒᆞ야ᄂᆞᆫ債權法이特存ᄒᆞᆷ으로玆에詳論치아니ᄒᆞ노라

玆에一個注意ᄒᆞᆯ要點은學者가往往他人의物上에存ᄒᆞᄂᆞᆫ物權의取得에ᄂᆞᆫ原始가無ᄒᆞ고繼受가常例라主張ᄒᆞᆷ이是라是蓋他人의物上에存ᄒᆞᄂᆞᆫ物權은所有權의支分權이니此ᄅᆞᆯ他人에게分與ᄒᆞᆷ은所有者가自來所有ᄒᆞᆫ바權利ᄅᆞᆯ他人이繼

관한 원시취득만 탐구할 것인데, 이 또한 권리의 종류에 따라 취득 원인이 각기 다르고 각종 물권에 공통되는 요소가 없으므로 이는 각종 물권의 강의로 넘긴다.

II. 승계취득

이는 타인이 이미 가진 권리를 승계하는 사실이다. 가령 타인이 이미 가진 소유권을 매수하는 것과 같다. 또 타인이 이미 가진 채권을 양수로 인하여 취득하는 것은 채권의 승계취득이다.

이 취득은 다시 포괄권원 및 특정권원의 취득으로 나뉘는데, 전자는 권리의무를 포괄하여 취득하는 것이고 후자는 특정한 법률행위에서 나오는 권리의 취득이다. 곧 상속으로 인하여 모든 재산을 취득하는 것은 전자이고, 매매, 증여 등으로 인하여 권리를 취득하는 것은 후자이다. 그러나 전자에 관하여는 상속법이 따로 있고 후자에 이르러서는 채권법이 특별히 존재하므로 여기에 자세히 논하지 않는다.

여기서 한 가지 주의할 요점은, 바로 학자들이 종종 타인의 물건 위에 존재하는 물권의 취득에는 원시취득이 없고 승계취득이 상례라고 주장한다는 것이다. 이는 대개 타인의 물건 위에 존재하는 물권은 소유권의 한 권능, 즉 지분권(支分權)인데, 이를 타인에게 분할하여 주는 것은 소유자가 종래 소유하던 권리를 타인이 승

承캐홈에不過ᄒᆞ다ᄒᆞᄂᆞᆫ理由에基因홈이나然이나此ᄂᆞᆫ物의所有者ᄂᆞᆫ其物件上에所有權이有ᄒᆞᆯᄲᅮᆫ이오其支分權되ᄂᆞᆫ各種物權을各有홈이아니라更論ᄒᆞᆫ즉物의所有者ᄂᆞᆫ其所有權을支分ᄒᆞ야各種의物權을設定ᄒᆞ야他人의게分給ᄒᆞᆯᄲᅮᆫ이오所有權과此等支分權을幷有홈이아니니라

故로他人의物上에存ᄒᆞᄂᆞᆫ物權이라도本來의設定이아니오新設에係ᄒᆞᆯ진ᄃᆡ可히原始取得이라謂ᄒᆞᆯᄲᅮᆫ아니라況近世에至ᄒᆞ야ᄂᆞᆫ學者가所有權의支分權을不認ᄒᆞᄂᆞ니若繼受取得의主義ᄅᆞᆯ固守코져ᄒᆞᆯ진ᄃᆡ設定과移轉을區別ᄒᆞᆯ必要가無ᄒᆞ야設定은卽移轉이라홈에至ᄒᆞᆯ지니라然則民法上物權의設定은原始取得의原因이오移轉은繼受取得의原因을意味ᄒᆞᄂᆞᆫ主義니라

然而物權의設定은法律規定에因홈도有ᄒᆞ고人意에因홈도有ᄒᆞ야其原因이不一ᄒᆞ니卽留置權及先取特權ᄋᆞᆫ法律規定을全依ᄒᆞ야設定ᄒᆞᄂᆞᆫ者오又前代法律에ᄂᆞᆫ用益權地役權及抵當權은人意와法律에俱依홈을認定ᄒᆞᆫ例도不無ᄒᆞ얏스나然이나近代法律에ᄂᆞᆫ此ᄅᆞᆯ不認ᄒᆞ야留置權及先取特權外에ᄂᆞᆫ人意에據依홈으로原則을作ᄒᆞᄂᆞ니라

계하게 하는 데 불과하다는 이유에서 기인한다. 그러나 이는 물건의 소유자는 그 물건 위에 소유권을 가질 뿐이고 소유권의 한 권능인 갖가지 물권을 각각 가지는 것이 아니다. 다시 말하면 물건의 소유자는 그 소유권을 잘게 나누어 갖가지 물권을 설정하여 타인에게 나누어줄 뿐이고 소유권과 이들 권능을 모두 가지는 것이 아니다.

그러므로 타인의 물건 위에 존재하는 물권이라도 본래의 설정이 아니고 신설과 이어져 있어 원시취득이라고 말할 수 있을 뿐 아니라, 하물며 근세에 이르러서는 학자들이 소유권을 잘게 나눈 권능이라는 지분권 관념을 인정하지 않는다. 만약 승계취득의 이론을 고수하고자 한다면 설정과 이전을 구별할 필요가 없어, 설정은 곧 이전이라는 데 이를 것이다. 그래서 민법상 물권의 설정은 원시취득의 원인이고 이전은 승계취득의 원인을 의미하는 이론이다.

그러나 물권의 설정은 법률의 규정으로 인한 경우도 있고 사람의 의사로 인한 경우도 있어 그 원인이 하나가 아니다. 곧 유치권 및 선취특권은 오로지 법률의 규정에 따라 설정되는 것이다. 또 앞 시대의 법률에서는 용익권, 지역권 및 저당권은 사람의 의사와 법률 모두에 따를 수 있음을 인정하던 예도 없지 않았다. 그러나 근대 법률에서는 이를 인정하지 않고 유치권 및 선취특권 외에는 사람의 의사에 따라서만 설정되도록 원칙을 삼았다.

又移轉에關ᄒᆞ야도二原因이亦有ᄒᆞ니卽相續婚姻等原因에依ᄒᆞᄂᆞᆫ移轉은法律規定에概依ᄒᆞᆷ이오賣買交換等原因에依ᄒᆞᄂᆞᆫ移轉은人意에依ᄒᆞᄂᆞᆫ者ㅣ니라然則物權의設定及移轉은當事者의意思表示에만不依ᄒᆞᆷ이分明ᄒᆞ거놀近世의立法思想은原則上當事者의意思表示로만効力이生케ᄒᆞ고外見上法律規定에不依코져ᄒᆞ니其故ᄂᆞᆫ何오此ᄂᆞᆫ無他라現今이라도法律規定에依ᄒᆞᄂᆞᆫ主義ᄅᆞᆯ廢止코져ᄒᆞᆷ이아니오他에特別ᄒᆞᆫ理由가有ᄒᆞᆷ에因ᄒᆞ야人意에因ᄒᆞᆷ을法律에因ᄒᆞᆷ보다奬勵코져ᄒᆞᄂᆞᆫ主旨에出ᄒᆞᆷ이니라

蓋物權의設定及移轉에關ᄒᆞ야ᄂᆞᆫ自來로二主義가有ᄒᆞ니要式主義及無要式主義가是라

要式主義ᄂᆞᆫ証書ᄅᆞᆯ作成ᄒᆞ거나目的物을傳致ᄒᆞᄂᆞᆫ等方式으로其設定及移轉의要素ᄅᆞᆯ作ᄒᆞᆷ이니羅馬法을爲始ᄒᆞ야古代의法律은此主義ᄅᆞᆯ概取ᄒᆞ얏고近代에도此主義ᄅᆞᆯ取ᄒᆞᄂᆞᆫ邦國이不少ᄒᆞ니假令德逸聯邦의法律은此主義ᄅᆞᆯ多數因襲ᄒᆞ고德逸民法에도其第九百二十九條에云動産에對ᄒᆞᄂᆞᆫ所有權을讓與ᄒᆞᆷ에ᄂᆞᆫ所有者가取得者에게物을傳致ᄒᆞ고且兩隻이所有權의移轉을合意ᄒᆞ기要ᄒᆞᆷ이

또 이전에 관하여도 두 원인이 있는데, 곧 상속, 혼인 등에 의한 이전은 모두 법률 규정에 따른 것이고, 매매, 교환 등의 원인에 따른 이전은 사람의 의사에 따른 것이다.

그래서 물권의 설정 및 이전은 당사자의 의사표시에만 따르지 않는 것이 분명한데, 근세의 입법사상은 원칙상 당사자의 의사표시로만 효력이 발생하게 하고 외견상 법률 규정에 따르지 않으려고 한다. 그 까닭은 무엇인가? 이는 다른 것이 아니라, 이제라도 법률 규정에 의하는 이론을 폐지하고지 하는 것이 아니고, 다른 특별한 이유가 있기 때문에 사람의 의사로 인한 것을 법률로 인한 것보다 장려하고자 하는 취지에서 나왔다.

대개 물권의 설정 및 이전에 관하여는 종래 두 가지 견해가 있는데, 형식주의와 의사주의가 그것이다.

형식주의는 증서를 작성하거나 목적물을 인도하여 주는 방식을 그 설정 및 이전의 요소로 삼는 것이다. 로마법을 비롯하여 고대의 법률은 모두 이 견해를 취하였고 근대에도 이 견해를 취하는 나라가 적지 않다. 가령 독일 연방의 법률은 이 태도를 다수 그대로 따랐고 독일 민법에도 제929조에서 "동산에 대한 소유권을 양도하려면 소유자가 취득자에게 물건을 인도하고, 또한 양 당사자가 소유권의 이전에 합의하여야 한다"

라ᄒᆞ니라
無要式主義ᄂᆞᆫ物權의設定及移轉에關ᄒᆞ야何等의方式도不要ᄒᆞ고當事者의意思表示에만依ᄒᆞ야効力이生케ᄒᆞᆷ이니假令日本民法其第一百七十六條에ᄂᆞᆫ云物權의設定及移轉은當事者의意思表示에만因ᄒᆞ야効力이生ᄒᆞᆷ이라ᄒᆞ니라
夫法律行爲에方式을要케ᄒᆞᆷ은証據ᄅᆞᆯ保存코ᄌᆞᄒᆞᄂᆞᆫ主義에專出ᄒᆞᆷ이니此ᄂᆞᆫ証據方法이아즉未備ᄒᆞ고兼ᄒᆞ야去來가不頻ᄒᆞᆫ時代에ᄂᆞᆫ其必要ᄒᆞᆷ이亦切ᄒᆞᆯ지로ᄃᆡ証據方法이既備ᄒᆞ고去來가亦煩ᄒᆞᆫ時代에ᄂᆞᆫ方式에必依케ᄒᆞᆯ必要가無ᄒᆞᆯ뿐아니라此方式이有ᄒᆞᆷ에因ᄒᆞ야去來의敏活을反害ᄒᆞ고良民의利益을徒損ᄒᆞ야奸細輩의利用手段됨을未免ᄒᆞᆯ지니라
以上理由에因ᄒᆞ야近世民法에ᄂᆞᆫ原則上無要式主義ᄅᆞᆯ取ᄒᆞ야物權의設定及移轉은當事者의意思表示에만依케ᄒᆞᆷ과同時에社會公益上法律規定에依ᄒᆞᆷ도無妨ᄒᆞᆷ을明示ᄒᆞ니라
次에意思表示의意義如何ᄅᆞᆯ說明ᄒᆞᆯ必要가有ᄒᆞ나然이나此ᄂᆞᆫ民法總論의講義로讓ᄒᆞ고玆에省略ᄒᆞ노라

고 한다.

의사주의는 물권의 설정 및 이전에 관하여 어떠한 방식도 요구하지 않고 당사자의 의사표시만에 따라 효력이 발생하게 하는 것이다. 가령 일본 민법 제176조는 "물권의 설정 및 이전은 당사자의 의사표시만으로 인하여 효력이 발생한다"고 한다.

법률행위에 방식을 요구하는 까닭은 오로지 증거를 보존하고자 하는 견해에서 나왔다. 이는 증거방법이 아직 미비하고 아울러 거래가 빈번하지 않던 시대에는 그 필요가 긴절하였으나, 증거방법이 이미 갖추어지고 거래 또한 빈번한 시대에는 방식에 반드시 따르게 할 필요가 없을 뿐 아니라 이 방식이 있음으로 인하여 도리어 신속하고 활발한 거래실서를 해하고 서민의 이익을 손상시키기만 하여, 간사한 자들의 이용수단만 될 것이다.

이상의 이유로 인하여 근세 민법에서는 원칙상 의사주의를 취하여 물권의 설정 및 이전은 당사자의 의사표시에만 따르게 함과 동시에 사회 공익상 법률의 규정에 따라도 무방함을 명시한다.

다음에 의사표시의 의의가 어떠한지를 설명할 필요가 있으나, 이는 민법총론의 강의로 넘기고 여기서는 생략한다.

第四章 物權의公示

第一節 總說

公示라홈은物權의設定移轉及變更에關ᄒᆞᆫ事實을公衆에게知케홈이니其要ᄂᆞᆫ物權에關ᄒᆞᆫ去來上詐欺錯誤를防杜ᄒᆞ기期홈에在ᄒᆞ니라

然而其方法은目的物이不動產될時ᄂᆞᆫ登記오動產될時ᄂᆞᆫ傳授니然則其目的物의動不動產을隨ᄒᆞ야公示의方法을相異케홈은何由오此ᄂᆞᆫ其性質上不獲已ᄒᆞᄂᆞᆫ結果라即不動產을目的ᄒᆞᄂᆞᆫ權利ᄂᆞᆫ其權利가何人에게移轉ᄒᆞ던지又其不動產이如何ᄒᆞᆫ負擔에歸ᄒᆞ던지目的物에至ᄒᆞ야ᄂᆞᆫ所在處의移動이無ᄒᆞ고體樣의變更이亦無홀ᄲᅮᆫ아니라其去來로論ᄒᆞ야도動產과ᄀᆞᆺ치頻煩치아니ᄒᆞᄂᆞ니其得喪變更을登記로公示ᄒᆞ야도無妨ᄒᆞ되是와相反ᄒᆞ야動產에至ᄒᆞ야ᄂᆞᆫ其所在處를容易히移動ᄒᆞ며又其體樣도易變홈이本質일ᄲᅮᆫ아니라去來가隨頻ᄒᆞᄂᆞ니其得喪變更을登記로公示케홀진ᄃᆡ不便이不少ᄒᆞ야去來의敏活을妨害ᄒᆞ고兼ᄒᆞ야詐欺錯誤에陷홈을難免홈이反有ᄒᆞ니라

又不動產에關ᄒᆞᆫ權利의得喪變更은外部로브터知得ᄒᆞ기甚難ᄒᆞᄂᆞ니登記의制

제4장 물권의 공시

제1절 총 설

공시란 물권의 설정·이전 및 변경에 관한 사실을 일반인에게 알리는 것으로, 그 필요성은 물권에 관한 거래상 사기, 착오를 방지하려는 데 있다.

그런데 그 방법은 목적물이 부동산일 때에는 등기이고, 동산일 때에는 인도*이다. 그 목적물이 동산인지 부동산인지에 따라 공시의 방법을 달리하는 것은 무슨 까닭인가? 이는 그 성질상 부득이한 결과이다. 곧 부동산을 목적으로 하는 권리는 그 권리가 누구에게 이전하든지 또 그 부동산이 어떠한 부담을 지든지 목적물 소재의 이동이 없고 모습의 변경 또한 없다. 뿐만 아니라 그 거래로 논하더라도 동산과 같이 빈번하지 않아 그 득실변경을 등기로 공시하여도 무방하다. 이와 반대로 동산은 그 소재를 용이하게 이동시킬 수 있으며 또 그 모습도 쉽게 변하는 것이 본질이다. 뿐만 아니라 거래가 매우 빈번하여 그 득실변경을 등기로 공시하게 하면 불편이 적지 않아 신속하고 활발한 거래를 방해하고 아울러 도리어 사기, 착오에 빠지고 마는 경우도 있다.

또 부동산에 관한 권리의 득실변경은 외부로부터 알기가 매우 곤란하여, 만약 등기의 제도

* 역자주: 원문은 '傳授'로 표현함

가若無ᄒᆞᆯ진ᄃᆡ第三者로ᄒᆞ야곰詐欺錯誤에陷케ᄒᆞᆷ이不無ᄒᆞᆯ지로ᄃᆡ動産에關ᄒᆞ야ᄂᆞᆫ即時取得의制가別有ᄒᆞ야登記가無ᄒᆞ야도善意第三者를十分保護ᄒᆞ기得ᄒᆞ고又其得喪變更의情況을知得ᄒᆞᆷ도甚히容易ᄒᆞ니라但目的物의動不動産을不問ᄒᆞ고其得喪變更의公示를登記에一依케ᄒᆞᄂᆞᆫ法制도不無ᄒᆞ얏스나然이나現今法制에至ᄒᆞ야ᄂᆞᆫ兩者의公示方法을必異케ᄒᆞᆷ으로써常則을作ᄒᆞᆷ에至ᄒᆞ니라

第二節 登記

第一款 登記의必要

不動産上物權의得喪及變更으로써第三者에게對抗ᄒᆞ기可得ᄒᆞᆷ에ᄂᆞᆫ登記가必要條件이니盖此等事項을登記簿에記載ᄒᆞᆯ진ᄃᆡ第三者가有ᄒᆞ야同一不動産에關ᄒᆞ야物權을取得코져ᄒᆞ거나其他利害關係가有ᄒᆞᆯ진ᄃᆡ何時던지登記簿를一覽ᄒᆞ면其不動産上에關ᄒᆞᆫ權利의一切實況을詳細知得ᄒᆞ리니故로近世各國의法律은不動産에關ᄒᆞ야登記의制를不設ᄒᆞᆷ이無ᄒᆞ니라我國現行法規에ᄂᆞᆫ此制度가아즉未備ᄒᆞ야完全ᄒᆞᆫ바ㅣ無ᄒᆞ나年來不動産調査會에서此件에關ᄒᆞ야勤

가 없다면 제3자로 하여금 사기, 착오에 빠지게 하기도 한다. 그런데 동산에 관하여는 선의취득*의 제도가 따로 있어 등기가 없어도 선의의 제3자를 충분히 보호할 수 있고, 또 그 득실변경의 정황을 알기도 매우 쉽다. 다만 목적물이 동산인지 부동산인지를 불문하고 그 득실변경의 공시를 등기에만 따르게 하는 제도도 없지 않았다. 그러나 오늘날 법제에서는 양자의 공시방법을 반드시 달리 함을 정해진 원칙으로 삼기에 이르렀다.

제2절 등 기

제1관 등기의 필요성

부동산물권의 득실 및 변경을 제3자에게 대항할 수 있으려면 등기가 필요조건이다. 대개 이들 사항을 등기부에 기재하면 어떤 제3자가 동일한 부동산에 관하여 물권을 취득하고자 하거나 기타 이해관계가 있으면 언제든지 등기부를 열람하면 그 부동산에 관한 권리의 실황 일체를 상세히 알 수 있을 것이다. 그러므로 근세 각국의 법률은 부동산에 관하여 등기의 제도를 마련하지 않은 것이 없다. 우리나라 현행 법규에는 이 제도가 아직 미비하고 완전하지 않으나, 몇 해 전부터 부동산조사회(不動産調査會)에서 이 건에 관하여 부지

* 역자주: 원문은 '即時取得'으로 표현함.

勤調查ᄒᆞ얏고今則法典調查局이設置되얏슨즉不遠間에完全ᄒᆞᆫ制度를可見ᄒᆞᆯ지오又現行法規中에도此와類似ᄒᆞᆫ制度가有ᄒᆞ니光武十年十月二十六日勅令第六十五號土地家屋証明規則第一條乃至第四條와同年十一月二日法部令第四號土地家屋証明規則施行細則第一條乃至第八條를參照ᄒᆞ면其大概를略知ᄒᆞᆯ지니라

夫登記의性質에關ᄒᆞ야ᄂᆞᆫ各國의立法例及學說이아즉歸一치아니ᄒᆞ야或은登記로써權利得喪變更의絕對的條件을作ᄒᆞ야當事者間이라도登記가有ᄒᆞ기ᄭᆞ지ᄂᆞᆫ權利의得喪變更이無ᄒᆞ다ᄒᆞ고或은登記로써一公示方法에不過ᄒᆞ다ᄒᆞ야登記가有ᄒᆞᆫ즉第三者가此를知得ᄒᆞᆫ者로推定ᄒᆞ고無ᄒᆞᆫ즉未知ᄒᆞᆫ者로推定ᄒᆞᆯ뿐아니라反証을尙許ᄒᆞᄃᆡ此ᄂᆞᆫ善意第三者에만對ᄒᆞᄂᆞᆫ條件이라ᄒᆞ고或은第二說과ᄀᆞᆺ치公示方法으로認定ᄒᆞᄃᆡ第三者의善意惡意를不問ᄒᆞ고登記가有ᄒᆞᆫ즉何人이던지不知라ᄒᆞ기不得ᄒᆞ고無ᄒᆞᆫ즉何人이던지不知ᄒᆞᆫ者로看作ᄒᆞ야畢竟第三者에對ᄒᆞ야ᄂᆞᆫ登記의有無를因ᄒᆞ야權利가確定ᄒᆞᆯ바ㅣ라ᄒᆞ니此第二及第三主義ᄂᆞᆫ皆登記ᄂᆞᆫ第三者에만對ᄒᆞ야必要ᄒᆞ고當事者間에ᄂᆞᆫ其有無에不關ᄒᆞ고

런히 조사하였고 지금은 법전조사국(法典調査局)이 설치되었으므로 머지않아 완전한 제도를 볼 수 있을 것이다. 또 현행법규 중에도 이와 유사한 제도가 있는데 광무 10년(1906) 10월 26일 칙령 제65호 토지가옥증명규칙(土地家屋證明規則) 제1조~제4조와 같은 해 11월 2일 법부령(法部令) 제4호 토지가옥증명규칙 시행세칙 제1조~제8조를 참조하면 그 대강을 간략히 알 수 있을 것이다.

등기의 성질에 관하여는 각국의 입법례 및 학설이 아직 하나로 되어 있지 않다. 더러는 등기를 권리의 득실변경의 절대적 조건으로 삼아 당사자 간이라도 등기가 있기까지는 권리의 득실변경이 없다고 한다. 그리고 더러는 등기를 하나의 공시방법에 불과하다고 하여 등기가 있으면 제3자가 이를 알 수 있는 것으로 추정하고 없으면 알지 못한 것으로 추정할 뿐 아니라 반증을 여전히 허용하되, 이는 선의의 제3자만에 대한 조건이라 한다. 또 더러는 제2설과 같이 공시방법으로 인정하되 제3자의 선의, 악의를 불문하고 등기가 있으면 누구든지 알지 못하였다고 할 수 없고 없으면 누구든지 알지 못한 것으로 간주하여 마침내 제3자에 대하여는 등기의 유무에 따라 권리가 확정되는 것이라고 한다. 이 제2설 및 제3설은 모두 등기는 제3자에 대하여만 필요하고 당사자 간에는 그 유무에 관계없이

意思表示로만權利가得喪變更ᄒᆞᆷ이라ᄒᆞᄂᆞᆫ바ㅣ니라

然而現今普通採用ᄒᆞᄂᆞᆫ바ᄂᆞᆫ此第三主義니登記로써物權得喪變更의絶對的條件即一個要素를不作ᄒᆞ고第三者에게對ᄒᆞᄂᆞᆫ條件으로만ᄒᆞᆷ이라假令甲이乙을對ᄒᆞ야一個不動產의所有權을移轉ᄒᆞ기契約ᄒᆞᆫ後一個月을經ᄒᆞ야登記ᄒᆞ얏다ᄒᆞᆯ진ᄃᆡ甲乙間에ᄂᆞᆫ其契約當時로브터所有權이既移ᄒᆞᆷ으로認定ᄒᆞ고第三者에게對ᄒᆞ야만一個月後에所有權이移轉ᄒᆞᆷ으로始認ᄒᆞᆷ과如ᄒᆞᆷ이라但其第三者의善意惡意ᄂᆞᆫ不問ᄒᆞᄂᆞ니라

第一의主義ᄂᆞᆫ物權의性質上甚히穩當ᄒᆞᆫ主義오且便利ᄒᆞᆷ과如ᄒᆞ니何者오物權은何人에게對ᄒᆞ던지可히得行ᄒᆞᄂᆞᆫ權利니甲을對ᄒᆞ야ᄂᆞᆫ得行ᄒᆞ고乙을對ᄒᆞ야ᄂᆞᆫ不得行이라ᄒᆞᆷ은其性質에違反ᄒᆞᄂᆞᆫ嫌이不無ᄒᆞ며又同一ᄒᆞᆫ權利로對抗ᄒᆞ기得ᄒᆞᄂᆞᆫ者와不得ᄒᆞᄂᆞᆫ者가有ᄒᆞᆯ진ᄃᆡ其間의法律關係가甚히錯雜ᄒᆞ야法律의適用上不便을大感ᄒᆞᆯ所以니라然이나前章에도略述ᄒᆞᆷ과ᄀᆞᆺ치實際에無弊ᄒᆞᆯ以限은當事者의意思로ᄒᆞ야곰能히貫徹케ᄒᆞᆷ이法律의進步라고可謂ᄒᆞᆯ지니苟其當事者間에意思가確定ᄒᆞ야物權을設定ᄒᆞ거나移轉ᄒᆞ거나消滅케ᄒᆞ거나變更코

의사표시만으로 권리의 득실변경이 이루어진다고 한다.

그러나 오늘날 보통 채용되는 것은 제3설인데, 등기를 물권의 득실변경의 조건, 곧 하나의 요소로 삼지 않고 제3자에 대한 조건으로만 하는 것이다. 가령 甲이 乙에 대하여 어느 부동산의 소유권을 이전하기로 계약한 뒤 1개월이 지나 등기하였다면, 甲과 乙 사이에서는 그 계약 당시부터 소유권이 이미 이전된 것으로 인정되고, 제3자에 대하여만 1개월 뒤에 소유권이 이전된 것으로 비로소 인정되는 것과 같다. 다만 그 제3자의 선의, 악의는 불문한다.

제1설은 물권의 성질상 매우 온당한 견해이고 또 편리한 것 같다. 왜냐하면 물권은 누구에게든 행사할 수 있는 권리이므로 甲에 대하여는 행사할 수 있고 乙에 대하여는 행사할 수 없다는 것은 그 성질에 위반된다는 의문이 없지 않다. 또 동일한 권리로 대항할 수 있는 자와 없는 자가 있을 텐데 그 사이의 법률관계가 매우 복잡해져 법률의 적용상 큰 불편을 느낄 것이기 때문이다. 그러나 앞 장에서도 간략히 서술한 것처럼 실제로 폐해가 없는 한 당사자의 의사를 관철시킬 수 있게 하는 것이 법률의 진보라고 말할 수 있다. 진실로 그 당사자 간의 의사가 확정되어 물권을 설정하거나 이전하거나 소멸하게 하거나 변경시키고

저ᄒᆞᆯ진ᄃᆡ法律의力으로此에干涉ᄒᆞ야妨害ᄒᆞᆯ必要가無ᄒᆞ고但其第三者를保護ᄒᆞᆷ에關ᄒᆞ야만登記前에ᄂᆞᆫ其設定移轉으로對抗ᄒᆞ기不得케ᄒᆞ야도法律上과實際上에不可ᄒᆞᆷ이無ᄒᆞᆯ지라何者오一個의行爲로써甲에對ᄒᆞ야ᄂᆞᆫ有効ᄒᆞ되乙에對ᄒᆞ야ᄂᆞᆫ無効ᄒᆞᄂᆞᆫ等事ᄂᆞᆫ法律上恒常得免치못ᄒᆞᄂᆞᆫ事實이니假令無能力者의行ᄒᆞᆫ法律行爲ᄂᆞᆫ無能力者의便으로ᄂᆞᆫ繳消ᄒᆞ기可得ᄒᆞ되相對者의便으로ᄂᆞᆫ繳消ᄒᆞ기不得ᄒᆞᆷ과如ᄒᆞ며又裁判의結果로甲에對ᄒᆞ야ᄂᆞᆫ有効ᄒᆞ되乙에對ᄒᆞ야ᄂᆞᆫ無効ᄒᆞᆷ도其例가不少ᄒᆞ니라

然則法律關係로ᄂᆞᆫ錯雜이設有ᄒᆞᆯ지라도實際에ᄂᆞᆫ煩雜이決無ᄒᆞ니權利의設定移轉이當事者間關係에만止ᄒᆞ고第三者의利害에無關ᄒᆞᆯ時에ᄂᆞᆫ認許ᄒᆞ고第三者의利害에有關ᄒᆞᆯ時에ᄂᆞᆫ否認ᄒᆞᆷ이無妨ᄒᆞᆯ지니라

第二의主義ᄂᆞᆫ權利가當事者의意思를因ᄒᆞ야一次設定移轉ᄒᆞᆯ者로定ᄒᆞᆫ以上은第一穩當ᄒᆞᆫ主義와如ᄒᆞ니何者오權利ᄂᆞᆫ何人에게對ᄒᆞ던지設定移轉ᄒᆞᆯ지로ᄃᆡ但其善意第三者를保護ᄒᆞ기爲ᄒᆞ야其設定移轉으로此에對抗ᄒᆞ기不得케ᄒᆞᆷ에止ᄒᆞᄂᆞᆫ所以라然이나實際에善意惡意를分辨ᄒᆞᆷ은難事에須屬ᄒᆞᆯ뿐아니라同一

자 할 때 법률의 힘으로 이에 간섭하여 방해할 필요가 없고, 다만 그 제3자를 보호하는 데에 관하여만 등기 전에는 그 설정, 이전으로 대항할 수 없게 하여도 법률상으로나 실세로 안 될 것이 없다. 왜냐하면 하나의 행위로 甲에 대하여는 유효하지만 乙에 대하여는 무효인 등의 일은 법률상 언제나 있을 수 있는 사실이다. 가령 무능력자*가 행한 법률행위는 무능력자 쪽에서는 취소할 수 있지만 상대방 쪽에서는 취소할 수 없는 것과 같으며, 또 재판의 결과로 甲에 대하여는 유효하지만 乙에 대하여는 무효인 것도 그 예가 적지 않다.

그래서 설령 법률관계로는 복잡하게 되더라도 실제로는 번잡함이 결코 없으므로, 권리의 설정, 이전이 당사자 간 관계에만 그치고 제3자의 이해관계와는 무관할 때에는 인정하고 제3자의 이해관계와 관련될 때에는 부인해도 무방할 것이다.

제2설은 권리가 당사자의 의사로 인하여 일단 설정되고 이전되는 것으로 정한 이상 가장 온당한 견해인 것 같다. 왜냐하면 권리는 누구에게든 설정, 이전될 수 있는 것인데 다만 그 선의의 제3자를 보호하기 위하여 그 설정, 이전으로 제3자에 대항할 수 없게 하는 데 그치기 때문이다. 그러나 실제로 선의, 악의를 분별하는 것은 틀림없이 어려운 일일 뿐 아니라 동일

* 역자주: 현행 민법상 제한능력자에 해당함.

ᄒᆞᆫ第三者로甲은權利의發生移轉을不認ᄒᆞ고 乙은承認ᄒᆞᆷ은法律關係를錯雜케ᄒᆞᆷ과同時에實際에不便이不少ᄒᆞᆫ지라故로此主義ᄂᆞᆫ普通採用치아니ᄒᆞᄂᆞ니라第三의主義ᄂᆞᆫ法理上原則으로當事者의意思効力을充分히認定ᄒᆞ야何人에게對ᄒᆞ던지權利가設定移轉케ᄒᆞᆷ에不拘ᄒᆞ고第三者를保護ᄒᆞ기爲ᄒᆞ야此에對ᄒᆞ야ᄂᆞᆫ一切其權利의設定移轉을援用ᄒᆞ기不得케ᄒᆞᆯ뿐이라故로不可의點이毫無ᄒᆞ고又實際上에도前二個主義의欽點을能補ᄒᆞ야便益이大有ᄒᆞ니是乃近世에一般採用ᄒᆞᄂᆞᆫ所以니라

要ᄒᆞ건ᄃᆡ登記의必要ᄂᆞᆫ物權의得喪變更을公示ᄒᆞ야써第三者로ᄒᆞ야곰不測의損害를不蒙케ᄒᆞ기期ᄒᆞᆷ에在ᄒᆞ니假令乙이有ᄒᆞ야自己의所有土地를某債務에因ᄒᆞ야甲에게抵當ᄒᆞ고又他債務를因ᄒᆞ야該土地를丙에게抵當ᄒᆞ얏다ᄒᆞᆯ진ᄃᆡ甲은第一抵當權者ㅣ니第二抵當權者丙에게優先ᄒᆞᄂᆞᆫ權利가有ᄒᆞ니라然而登記의方法이若無ᄒᆞᆯ진ᄃᆡ丙이抵當權을取得ᄒᆞᆷ에當ᄒᆞ야其目的土地上에第一抵當權者가有ᄒᆞᆷ을知ᄒᆞᆷ에無由ᄒᆞ야自已가第一抵當權者로誤信ᄒᆞ얏다가不慮의損害를受ᄒᆞ리니登記ᄂᆞᆫ此等弊害를防杜코져ᄒᆞᆷ이니라

한 제3자인 甲에게는 권리의 발생, 이전을 인정하지 않고 乙에게는 승인한다면 법률관계를 복잡하게 함과 동시에 실제로 불편이 적지 않을 것이다. 그러므로 이 견해는 보통 채용하지 않는다.

제3설은 법리상 원칙으로 당사자 의사의 효력을 충분히 인정하여 누구에게든 권리가 설정, 이전될 수 있게 함에도 불구하고 제3자를 보호하기 위하여 이에 대하여는 일절 그 권리의 설정, 이전을 원용할 수 없게 할 뿐이다. 그러므로 옳지 않은 점이 전혀 없고 또 실제로도 앞 두 견해의 결점을 능히 보완하여 편익이 큰데, 이것이 마침내 근세에 일반적으로 채용되는 까닭이다.

요컨대, 등기의 필요성은 물권의 득실변경을 공시함으로써 제3자로 하여금 불측의 손해를 입지 않게 하려는 데 있다. 가령 乙이 어느 채무로 인하여 甲에 대하여 자기 소유 토지에 저당권을 설정하고 또 다른 채무로 인하여 丙에 대하여 그 토지에 저당권을 설정하였다면, 甲은 제1순위 저당권자로서 제2순위 저당권자 丙에 우선할 권리가 있다. 그러나 만약 등기의 방법이 없다면 丙이 저당권을 취득할 때 그 목적 토지 위에 제1순위 저당권자가 있음을 알 방법이 없어 자기가 제1순위 저당권자로 오신하였다가 생각지 못한 손해를 받을 것이다. 따라서 등기는 이들 폐해를 방지하고자 하는 것이다.

第二款 登記의事項

夫如何ᄒᆞᆫ事項은登記ᄒᆞᆯ고ᄒᆞᆷ도民法의問題라然이나此ᄂᆞᆫ登記의節次와密接의關係가有ᄒᆞᄂᆞ니玆에省略ᄒᆞ고其大要ᄅᆞᆯ略擧ᄒᆞ건ᄃᆡ土地建物의相續賣買讓與及入質의廣義質(土地家屋証明規則第一條賣買贈與交換或典當)等에關ᄒᆞ야ᄂᆞᆫ登記ᄅᆞᆯ皆要ᄒᆞ고若缺如ᄒᆞᆫ즉第三者에게對ᄒᆞᄂᆞᆫ效力이不生ᄒᆞᆷ이라

占有權及留置權은物權이라도登記ᄅᆞᆯ不要ᄒᆞᄂᆞ니盖此二權은占有라ᄒᆞᄂᆞᆫ表見의事實을因ᄒᆞ야登記보다一層完全ᄒᆞᆫ公示가될ᄲᅮᆫ아니라其權利의性質됨이占有ᄅᆞᆯ一失ᄒᆞᆫ즉其權을即失ᄒᆞᄂᆞ니登記에因ᄒᆞ야第三者ᄅᆞᆯ警戒케ᄒᆞᆯ必要가無ᄒᆞᆷ이라故로何國法制에던지此二權은登記케ᄒᆞᆫ例가曾無ᄒᆞ니라夫占有權의取得이他物權의取得에附隨치아니ᄒᆞ고獨立ᄒᆞᆯ時에ᄂᆞᆫ登記의必要가有ᄒᆞᆷ과如ᄒᆞ나然이나此亦不許ᄒᆞᄂᆞ니盖此權은正權原에不依ᄒᆞ고도成立ᄒᆞᆷ이多有ᄒᆞᆫ所以니라

又法律은物權의種類ᄅᆞᆯ依ᄒᆞ야登記ᄅᆞᆯ不要ᄒᆞ고도第三者에게對抗ᄒᆞᄂᆞᆫ效力이特生케ᄒᆞᆷ도不無ᄒᆞ니即法國民法에法律上抵當權의登記ᄅᆞᆯ不要ᄒᆞ며日本民法

제2관 등기의 사항

어떠한 사항을 등기하여야 하는가 하는 것도 민법의 문제이다. 그러나 이는 등기의 절차와 밀접한 관계가 있는데, 여기서는 생략하고 그 대강을 간략히 들면, 토지, 건물의 상속, 매매, 양도 및 입질(광의의 질(質))(토지가옥증명규칙 제1조 매매, 증여, 교환 또는 담보설정) 등에 관하여는 모두 등기가 필요하고 만약 빠뜨리면 제3자에 대한 효력이 발생하지 않는다.

섬유권 및 유치권은 물권이라도 등기가 필요하지 않은데, 대개 이 두 권리는 점유라는 겉으로 나타나는 사실로 인하여 등기보다 한층 완전한 공시가 될 뿐 아니라 그 권리의 성질이 점유를 일단 상실하면 그 권리를 곧 잃게 되어 제3자를 경계하게 할 필요가 없다. 그러므로 어느 나라 법제든 이 두 권리는 등기하게 한 예가 일찍이 없었다. 점유권의 취득이 다른 물권의 취득에 수반되지 않고 독립된 때에는 등기할 필요가 있을 것 같으나 이 또한 허용되지 않는다. 대개 이 권리는 정당한 권원에 의하지 않고도 성립하는 경우가 많기 때문이다.

또한 법률은 물권의 종류에 따라 등기를 필요로 하지 않고도 제3자에게 대항하는 효력이 특별히 발생하게 하는 경우도 없지 않은데, 곧 프랑스 민법에서 법률상 저당권의 등기가 요구되지 않으며, 일본 민법에一般先取特權은登記가無ᄒᆞ야도特別擔保가無ᄒᆞᆫ債權者에게對抗ᄒᆞᆷ이라ᄒᆞᆷ이卽其一例니라(但此等事의詳細ᄂᆞᆫ第二部에至ᄒᆞ야更示ᄒᆞᆷ)

登記ᄂᆞᆫ不動產에關ᄒᆞᆫ物權의得喪變更을表示ᄒᆞᆯᄲᅮᆫ이오債權에ᄂᆞᆫ不許ᄒᆞᆷ이本則이니盖債權은當事者의關係가甚히煩雜ᄒᆞᆯᄲᅮᆫ아니라其種類도物權에比ᄒᆞ야法律上一定치못ᄒᆞᆷ에因ᄒᆞᆷ이니라但債權이라도不動產에關ᄒᆞ야保護의必要가物權에不下ᄒᆞᆯ時ᄂᆞᆫ法律上特例를設ᄒᆞᆷ도不無ᄒᆞ니卽不動產에關ᄒᆞᆫ貰借權과如ᄒᆞᆷ이是니라

登記의方法과其他節次에關ᄒᆞ야ᄂᆞᆫ民法中에其綱領을記示ᄒᆞᆫ例도不無ᄒᆞ나然이나今日에ᄂᆞᆫ此等事를皆登記法으로讓ᄒᆞ고主法에不揭ᄒᆞᄂᆞ니其故ᄂᆞᆫ此等事ᄂᆞᆫ一節次法에不過ᄒᆞᆫ즉主法에規定ᄒᆞᆯ性質이아님과同時에若主法에規定ᄒᆞᆫ즉法典의體裁를汚損ᄒᆞ고規定의錯雜을徒致ᄒᆞᆷ에因ᄒᆞᆷ이니라(土地家屋証明規則第一條第三條同施行細則第一條乃至第九條第十一條乃至第十四條參照)

第三欵 登記의主體及管轄

第一、主體

에서 일반선취특권은 등기가 없어도 특별담보가 없는 채권자에게 대항할 수 있다는 것이 곧 그 일례이다(다만 이들의 상세한 사항은 제2부에서 다시 보임).

등기는 부동산에 관한 물권의 득실변경을 표시할 뿐이고 채권에는 허용되지 않는 것이 본래 원칙인데, 대개 채권은 당사자의 관계가 매우 번잡할 뿐 아니라 그 종류도 물권에 비하여 법률상 일정하지 않기 때문이다. 다만 채권이라도 부동산에 관하여 보호할 필요가 물권보다 못하지 않을 때에는 법률상 특례를 마련하는 경우도 없지 않은데, 곧 부동산에 관한 임차권과 같은 것이 그것이다.

등기의 방법과 기타 절차에 관하여는 민법 안에 그 강령을 적어 보인 예도 없지 않으나, 오늘날에는 이들 사항을 모두 등기법으로 넘기고 실체법*에 규정하지 않는다. 그 까닭은 이들 사항은 하나의 절차법에 불과하고 실체법에 규정할 성질이 아닌 동시에, 만약 실체법에 규정하면 법전의 체재를 훼손하고 규정의 복잡만을 가져올 뿐이기 때문이다(토지가옥증명규칙 제1조, 제3조, 동 시행세칙 제1조~제9조, 제11조~제14조 참조).

제3관 등기의 주체 및 관할

I. 주 체

---

* 역자주: 원문은 '主法'으로 표현함.

物權의登記는此를因ᄒᆞ야利益을受ᄒᆯ者卽其物權을取得ᄒᆫ者가ᄒᆷ이라故로所有權에는其讓受人이오擔保權에는債權者오其他他人의物上에設定ᄒᆫ物權에는其設定을受ᄒᆫ者가主體가됨이니라

又法定代理人及委任代理人이ᄒᆞ야도無妨ᄒᆞ며事務管理에는何人이던지得爲ᄒᆷ이라元來物權의登記는其權의保存行爲니財産의管理權이無ᄒᆫ者는得行치못ᄒᆷ은定論이나若本人에게管理權이無ᄒᆫ時假令權利者가未成年或破産者되는時면其後見人或管理人이行ᄒᆷ은法律의當然ᄒᆫ結果오又本人에게管理權이有ᄒᆯ지라도代理人으로ᄒᆞ야곰行케ᄒᆷ이無妨ᄒᆞ니何故오代理人은本人을爲ᄒᆞ는權利와義務가有ᄒᆫ所以며其他事務管理는他人을專爲ᄒᆞ는行爲인즉何人이던지行ᄒᆞ기可得ᄒᆯ뿐아니라其行爲는法律上有効ᄒᆞ니라

第二、管轄

物權의登記는其目的物의所在地登記所에서行ᄒᆞ고若其目的物이數個登記所管轄에跨在ᄒᆯ時는主되는部分所在地에서行ᄒᆞ고關係登記所에서는其登記의事實及日子만記載ᄒᆞ며若主從을難分ᄒᆯ時에는各登記所를合倂管轄ᄒᆞ

물권의 등기는 이로 인하여 이익을 받을 자, 곧 그 물권을 취득한 자가 한다. 그러므로 소유권에서는 그 양수인이고 담보권에서는 채권자이고 기타 타인의 물건 위에 설정된 물권에서는 그 설정을 받은 자가 주체가 되는 것이다.

또 법정대리인 및 임의대리인*이 하여도 무방하며, 사무관리에서는 누구든지 할 수 있다. 원래 물권의 등기는 그 권리의 보존행위이므로 재산의 관리권이 없는 자는 할 수 없다는 것이 정설이다. 그러나 만약 본인에게 관리권이 없는 때, 가령 권리자가 미성년자 또는 파산자인 때라면 그 후견인 또는 파산관재인이 하는 것은 법률상 당연한 결과이다. 또 본인에게 관리권이 있을지라도 대리인이 행하게 할 수 있는데, 왜냐하면 대리인은 본인을 위하여 권리와 의무를 가지기 때문이다. 그밖에 사무관리는 오로지 타인을 위하는 행위이므로 누구든지 행할 수 있을 뿐 아니라 그 행위는 법률상 유효하다.

II. 관할

물권의 등기는 그 목적물 소재지 등기소에서 행하고, 만약 목적물이 여러 등기소의 관할에 걸쳐 있을 때에는 주된 부분의 소재지에서 행하고 관계 등기소에서는 그 등기 사실 및 일자만 기재하며, 만약 주종을 나눌 수 없을 때에는 각 등기소를 함께 관할하

* 역자주: 원문은 '委任代理人'으로 표현함.

ᄂᆞᆫ直近上級裁判所에서指定ᄒᆞ고又登記에關ᄒᆞ야爭議가有ᄒᆞᆫ즉目的物所在地裁判所에訴求케ᄒᆞᆷ이라（玆에登記所라ᄒᆞᆷ은外國法에ᄂᆞᆫ各區裁判所로此에充ᄒᆞ고我現行法에ᄂᆞᆫ各郡或府廳으로此에擬ᄒᆞᆷ이라）

盖法律上에登記所를豫定ᄒᆞᄂᆞᆫ必要ᄂᆞᆫ此法이若無ᄒᆞᆯ진ᄃᆡ第三者로ᄒᆞ야곰其得喪變更을知케ᄒᆞᆷ이困難ᄒᆞ고又目的物이數個登記所에跨在ᄒᆞᆯ時에主되ᄂᆞᆫ部分所在地에서主管ᄒᆞ고關係登記所에서ᄂᆞᆫ其登記의有ᄒᆞᆫ事及日字만記載케ᄒᆞᆷ은煩累와時日을省略ᄒᆞᆷ에在ᄒᆞ니라

第四款　登記의效果

第一、順位

登記의效果ᄂᆞᆫ登記時로브터發生ᄒᆞᄂᆞ니同一ᄒᆞᆫ目的物에關ᄒᆞ야其權利의得喪或變更ᄒᆞᆫ事由로二個以上의登記가有ᄒᆞᆯ진ᄃᆡ其日子의先ᄒᆞᆫ者가第一位에居ᄒᆞ야日子의後ᄒᆞᆫ者보다優先權을取得ᄒᆞᆷ이라何者오登記를先行ᄒᆞᆫ者ᄂᆞᆫ其登記를因ᄒᆞ야物權을完全히取得ᄒᆞ며又既得ᄒᆞᆫ權이면此에因ᄒᆞ야第三者에게對抗ᄒᆞ기始得ᄒᆞᄂᆞᆫ所以니라

는 직근 상급 재판소에서 지정한다. 또 등기에 관하여 다툼이 있으면 목적물 소재지 재판소에 소를 제기하게 한다(여기서 등기소란 외국법에서는 각 구역 재판소가 담당하고 우리 현행법에서는 각 군(郡) 또는 부(府)청에서 관장한다).

법률상 등기소를 미리 정할 필요성은, 이 법이 없으면 제3자가 그 득실변경을 알기 곤란하다는 데 있다. 또 목적물이 여러 등기소에 걸쳐 있을 때에 주된 부분의 소재지에서 주관하고 관계된 등기소에서는 그 등기가 있었던 사실 및 일자만 기재하게 하는 것은 번거로움과 시간을 줄이려는 데 그 필요성이 있다.

제4관 등기의 효과

I. 순 위

등기의 효과는 등기시로부터 발생하는데, 동일한 목적물에 관하여 그 권리가 득실변경했다는 사유로 두 개 이상의 등기가 있으면 그 일자가 먼저인 것이 제1순위가 되어, 일자가 나중인 것보다 우선권을 취득한다. 왜냐하면 등기를 먼저 행한 자는 그 등기로 인하여 물권을 완전히 취득하며 또 이미 취득한 권리라면 이로 인하여 비로소 제3자에게 대항할 수 있기 때문이다.

若又日子가同一ᄒᆞᆫ즉登記簿에記載順位를從ᄒᆞ야優劣을定홈이通例니라然이나此亦公平이라必定ᄒᆞ기難ᄒᆞ니何者오此法을若從홀진ᄃᆡ日子ᄂᆞᆫ同ᄒᆞ고도僥倖히帳簿에先記ᄒᆞᆫ者ᄂᆞᆫ何等理由도無ᄒᆞ고優先權을取得ᄒᆞᄂᆞᆫ結果가生홀所以라因ᄒᆞ야法國民法에ᄂᆞᆫ云同日에登記ᄒᆞᆫ者ᄂᆞᆫ共分權을給홈이라ᄒᆞ얏ᄉᆞ나然이나此亦不公을未免ᄒᆞ니何故오此方法을若從홀진ᄃᆡ何等의登記도姑無ᄒᆞᆫ時에登記ᄒᆞᆫ者ㅣ라도優先權을不得ᄒᆞ고後來ᄒᆞᆫ一人或數人으로不可不共分ᄒᆞᄂᆞᆫ結果가生홀所以니라

要ᄒᆞ건ᄃᆡ如此히論究홀時ᄂᆞᆫ滿足ᄒᆞᆫ方法이終無ᄒᆞ리니最後의方法은彼此를折衷ᄒᆞ야同時에到來ᄒᆞᄂᆞᆫ者間에ᄂᆞᆫ登記의前後를不問ᄒᆞ고共分權을認給ᄒᆞ야同一順位에置홈이妥合홀듯ᄒᆞ니라

第二、期間

登記의効果로ᄒᆞ야곰永久存續케홀진ᄃᆡ自然文簿가錯雜ᄒᆞ고搜索이困難ᄒᆞ리니因ᄒᆞ야法律은其存續期間을定홈으로通則을作ᄒᆞᄂᆞ니라

右期間의長短에至ᄒᆞ야ᄂᆞᆫ各其國慣習上不同홀지로ᄃᆡ日本의舊民法을見ᄒᆞᆫ

또 만약 일자가 동일하다면 등기부에 기재된 순위에 따라 우열을 정하는 것이 통례이다. 그러나 이 또한 반드시 공평하다고 하기 어렵다. 왜냐하면 만약 이 법을 따르면 일자는 같은데도 요행히 장부에 먼저 적은 자는 아무 이유도 없이 우선권을 취득하는 결과를 낳기 때문이다. 따라서 프랑스 민법에서는 같은 날에 등기한 자는 공유지분권*을 준다고 하였으나 이 또한 불공평할 수밖에 없다. 왜냐하면 만약 이 방법을 따른다면 어떤 등기도 없었던 때에 등기한 자라도 우선권을 얻지 못하고 나중에 등기한 1인 또는 수인과 공유할 수밖에 없는 결과를 낳기 때문이다.

요컨대, 이와 같이 탐구할 때에는 끝내 만족할 만한 방법이 없을 것이고, 최후의 방법은 이들을 절충하여 동시에 도래하는 자 사이에는 등기의 선후를 불문하고 공유지분권을 인정해 주어 동일한 순위에 두는 것이 타당할 듯하다.

II. 기간

등기의 효과를 영구적으로 존속하게 하면 자연히 장부가 복잡해지고 검색이 어려워질 것이다. 따라서 법률은 그 존속기간을 정하는 것을 통칙으로 삼는다.

위 기간의 장단은 각국의 관습상 다르겠지만, 일본의 구 민법을 보

* 역자주: 원문은 '共分權'으로 표현함.

즉本期間을三十個年으로定ᄒᆞ얏고其新民法에ᄂᆞᆫ此ᄅᆞᆯ不動産登記法으로讓ᄒᆞ얏스니該法을取見ᄒᆞᆯ진ᄃᆡ登記簿ᄅᆞᆯ土地登記簿及建物登記簿로二分ᄒᆞ고各登記簿에見出帳을更設ᄒᆞ야登記簿見出帳共同人名簿及圖面은永久保存ᄒᆞ고申請書와其他附屬書類ᄂᆞᆫ其接受日로起算ᄒᆞ야十個年間만保存케ᄒᆞ얏고我現行土地家屋証明規則을見ᄒᆞᆫ즉証明에關ᄒᆞᆫ帳簿ᄅᆞᆯ認証簿及証明簿에二分ᄒᆞ야前者ᄂᆞᆫ統首或洞長이保存ᄒᆞ고後者ᄂᆞᆫ郡守或府尹이保存케ᄒᆞᄃᆡ認証及証明簿ᄅᆞᆯ皆土地에關ᄒᆞᄂᆞᆫ件과家屋에關ᄒᆞᄂᆞᆫ件으로更分ᄒᆞ고其存續期間에至ᄒᆞ야ᄂᆞᆫ別規定이無ᄒᆞ나然이나光武十一年一月九日法部訓令中左開事項第四ᄅᆞᆯ依ᄒᆞ야其無期限即永久의主義ᄅᆞᆯ暗示ᄒᆞ니라

第三、抹消減少及正誤

抹消ᄂᆞᆫ既存ᄒᆞᆫ權利ᄅᆞᆯ登記簿에拔去ᄒᆞᄂᆞᆫ事實이니盖登記ᄅᆞᆯ要ᄒᆞᆫ바物權이消滅에歸ᄒᆞᆯ진ᄃᆡ該權에關ᄒᆞᆫ登記ᄂᆞᆫ毋論删去ᄒᆞᆷ이當然ᄒᆞ고又擔保權을設定ᄒᆞᆫ境遇에主되ᄂᆞᆫ債權이消滅ᄒᆞᆫ즉從되ᄂᆞᆫ擔保權도消滅에亦歸ᄒᆞᄂᆞ니此亦登記簿中에删去ᄒᆞᆯ지며主되ᄂᆞᆫ債權은存續ᄒᆞᆯ지라도擔保權設定에瑕疵가有ᄒᆞ야

면 이 기간을 30년으로 정하였다. 일본 신 민법에서는 이를 부동산등기법으로 넘겼으므로 그 법을 보면, 등기부를 토지등기부 및 건물등기부의 둘로 나누고 각 등기부에 다시 견출장(見出帳)*을 마련하여 등기부, 견출장, 공동인명부 및 도면은 영구보존하고 신청서와 기타 부속서류는 그 접수일부터 기산(起算)하여 10년간만 보존하게 하였다. 우리 현행 토지가옥증명규칙을 보면 증명에 관한 장부를 인증부 및 증명부의 둘로 나누어 전자는 통수(統首)** 또는 동장(洞長)이 보존하고 후자는 군수 또는 부윤(府尹)이 보존하게 하되, 인증부 및 증명부를 모두 다시 토지에 관한 것과 가옥에 관한 것으로 나누었다. 그 존속기간은 달리 규정이 없으나 광무 11년(1907) 1월 9일 법부훈령 중 제4호에 따라 무기한, 곧 영구임을 암시한다.

III. 말소·감소 및 정정

말소는 이미 존재하는 권리를 등기부에서 빼내는 사실이다. 등기가 필요한 물권이 소멸되면 그 권리에 관한 등기는 물론 삭제하는 것이 당연하다. 또 담보권도 설정한 경우에 주된 채권이 소멸하면 종된 담보권 또한 소멸하므로 이 또한 등기부에서 삭제할 것이며, 주된 채권은 존속할지라도 담보권 설정에 하자가 있어

* 역자주: 등기부가 지번순이 아니었기 때문에 붙인 색인으로 1951년 폐지됨.
** 역자주: 조선의 오가작통(五家作統) 제도 하에서 통의 우두머리.

其設定이無効에歸ᄒᆞᆫ즉其登記ᄂᆞᆫ抹消ᄒᆞᄂᆞ니라但其主体ᄂᆞᆫ登記權利者의申請에限ᄒᆞᆷ이原則이오方法은原字形을保存ᄒᆞ야朱筆로雙劃ᄒᆞᆷ이原則이라減少ᄂᆞᆫ實際의債權額보다夥多ᄒᆞᆫ擔保物을登記ᄒᆞ거나現在의所負額보다超過ᄒᆞᆫ債權額을登記ᄒᆞᆫ境遇에其不必要ᄒᆞᆫ部分을裁判上請求에因ᄒᆞ야減下ᄒᆞᄂᆞᆫ事實이라其請求ᄒᆞ기可得ᄒᆞᄂᆞᆫ境遇ᄂᆞᆫ彼一般抵當權及先取特權과ᄀᆞᆺ치目的物을某特定不動産에不限ᄒᆞᄂᆞᆫ時에限ᄒᆞᄂᆞ니盖合意에因ᄒᆞᄂᆞᆫ時ᄂᆞᆫ其債權額과擔保物의均迪與否ᄂᆞᆫ當事者의意思에一任ᄒᆞᆯ지오法律의干涉ᄒᆞᆯ바ㅣ아닌所以라

凡擔保權은法律規定을因ᄒᆞ야不可分됨이原則이니其債務의幾分辨償을理由ᄒᆞ야減少를請求ᄒᆞ기不得ᄒᆞᆷ은勿論이라然이나單其金額의減少ᄂᆞᆫ決斷코不可分의條件을妨害ᄒᆞᆷ이아니며又其請求를得爲ᄒᆞᆷ은債務가半額以上消滅ᄒᆞᆫ境遇에限ᄒᆞ고只其一部辨償에關ᄒᆞ야ᄂᆞᆫ登記에附記ᄒᆞᆷ에止ᄒᆞᆷ이通則이니然則債權者의權利를妨害ᄒᆞᆷ이毫無ᄒᆞ며債務者의便으로論ᄒᆞᆫ즉此制가甚히必要ᄒᆞ니此制가若無ᄒᆞᆯ진ᄃᆡ債務者의財産上信用은擔保가解除에至ᄒᆞ기ᄭᆞ

그 설정이 무효가 되면 그 등기는 말소한다. 다만 그 주체는 등기권리자의 신청에 한하는 것이 원칙이고 방법은 원래 글자를 보존하고 붉은 색으로 두 줄을 긋는 것이 원칙이다.

감소는 실제의 채권액보다 많은 담보물을 등기하거나 현재 부담하는 액수를 초과한 채권액을 등기한 경우에 그 불필요한 부분을 재판상 청구에 따라 감축하는 사실이다. 그 청구를 할 수 있는 경우는 일반저당권 및 선취특권과 같이 목적물을 어느 특정 부동산에 한하지 않는 때에 한한다. 이는 합의로 인한 때에는 그 채권액과 담보물이 적정한지 여부는 당사자의 의사에 일임하여야 하고 법률이 간섭할 바 아니기 때문이다.

담보권은 법률의 규정에 따라 불가분임이 원칙인데, 그 채무를 몇 푼 변제하였다는 이유로 감소를 청구할 수 없음은 물론이다. 그러나 단순히 그 금액의 감소는 결코 불가분의 조건을 방해하는 것이 아니다. 또 그 청구를 할 수 있는 것은 채무가 반액 이상 소멸한 경우에 한하고 다만 그 일부 변제에 관하여는 등기에 부기하는 데 그치는 것이 통칙이어서 채권자의 권리를 전혀 방해하지 않는다. 채무자 쪽에서 논하면 이 제도가 매우 필요한데, 만약 이 제도가 없다면 채무자의 재산상 신용은 담보가 해제될 때까

지不完全ᄒᆞᆷ을未免ᄒᆞᆯ지니라

抹消或減少ᄂᆞᆫ其合意에因ᄒᆞᆷ과判決에基ᄒᆞᆷ을不問ᄒᆞ고其旨ᄅᆞᆯ登記에附記ᄒᆞᄂᆞ니其故ᄂᆞᆫ抹消或減少ᄒᆞᆫ登記라도其効力을回復ᄒᆞᆷ이往有ᄒᆞᆷ으로前登記의保存必要가有ᄒᆞᆫ所以니라

回復의原因은判決에基ᄒᆞᆫ者ᄂᆞᆫ訴訟의再審에因ᄒᆞ고合意에因ᄒᆞᆫ者ᄂᆞᆫ承諾者의無能力或意思表示의瑕疵ᄅᆞᆯ由ᄒᆞ야繳消ᄒᆞᆷ이라然則其抹消或減少ᄅᆞᆯ繳消ᄒᆞᆷ에當ᄒᆞ야前登記의効力은何如오此ᄂᆞᆫ其繳消의事實을登記ᄒᆞ거나前登記에附記ᄒᆞᆷ에因ᄒᆞ야抹消或減少의事實이曾無ᄒᆞᆷ과同一히回復繼續ᄒᆞᄂᆞ니라

然則玆에一個疑問이更有ᄒᆞ니即抹消或減少의時로브터繳消에至ᄒᆞᆯ其間에擔保權을新得ᄒᆞ야登記ᄒᆞᆫ第三者가有ᄒᆞ면此新得者에對ᄒᆞ야ᄂᆞᆫ前登記의繼續効力이何如오此ᄂᆞᆫ其抹消或減少ᄒᆞᆫ部分에對ᄒᆞ야ᄂᆞᆫ未及ᄒᆞᆷ이原則이오若不然ᄒᆞᆯ진ᄃᆡ當事者의協議或裁判所의判決로訂正ᄒᆞᆷ도可ᄒᆞ니라

第三節　傳授

動産上物權의讓與로ᄡᅥ第三者에게對抗ᄒᆞ기可得ᄒᆞᆷ에ᄂᆞᆫ傳授가必要條件이라

지 불완전할 수밖에 없을 것이다.

말소 또는 감소는 합의로 인하든지 판결에 기하든지를 불문하고 그 취지를 등기에 부기하는데, 그 까닭은 말소 또는 감소된 등기라도 그 효력을 회복하는 경우가 자주 있으므로 앞의 등기를 보존할 필요가 있기 때문이다.

회복의 원인은 판결에 기한 것은 소송의 재심 때문이고, 합의로 인한 것은 승낙자의 무능력 또는 의사표시의 하자로 말미암은 취소 때문이다. 그러면 그 말소 또는 감소를 취소할 때 앞의 등기의 효력은 어떠한가? 이는 그 취소의 사실을 등기하거나 앞의 등기에 부기함으로 인하여 말소 또는 감소의 사실이 일찍이 없었던 것과 동일하게 회복, 계속된다. 그러면 여기서 다시 하나의 의문이 있는데, 곧 말소 또는 감소된 때로부터 취소에 이르는 기간에 담보권을 새로 취득하여 등기한 제3자가 있으면 이 신 취득자에 대하여는 앞 등기의 계속적 효력은 어떻게 되는가? 이는 그 말소 또는 감소된 부분에 대하여는 미치지 않는 것이 원칙이고, 만약 그렇지 않다면 당사자의 협의 또는 재판소의 판결로 정정할 수도 있다.

제3절 인 도

동산 위의 물권의 양도로 제3자에게 대항할 수 있으려면 인도가 필요조건이다.

蓋動産은其所在가不確定ᄒᆞᆫ物이니不動産과ᄀᆞᆺ치登記에依ᄒᆞ야此에關ᄒᆞᆫ權利를分明케ᄒᆞ기不得ᄒᆞᄂᆞ니라

若其權利의讓與를當事者의意思로만得行ᄒᆞ고도第三者에게對抗ᄒᆞ기可得케ᄒᆞᆯ진ᄃᆡ第三者ᄂᆞᆫ彼狡猾者流에게見欺ᄒᆞ야意外의損失을當ᄒᆞ리니假令甲이乙에게一個動産의所有權을移轉ᄒᆞᆫ後에其所有權을丙에게更移코져ᄒᆞᆯ진ᄃᆡ丙은此境遇를當ᄒᆞ야何에因ᄒᆞ야其所有權이乙에게旣移ᄒᆞᆷ을知得ᄒᆞᆯ고若甲의言만信ᄒᆞ고契約ᄒᆞᆯ진ᄃᆡ其後에至ᄒᆞ야其所有權이果然乙에게旣移ᄒᆞᆷ을覺知ᄒᆞᆫ즉損失을必受ᄒᆞᆷ과如ᄒᆞᆷ이라故로多少의遠慮가有ᄒᆞᆫ者ᄂᆞᆫ動産에關ᄒᆞᆫ權利를容易히取得ᄒᆞ기躕躇ᄒᆞ리니因ᄒᆞ야法律은此點에關ᄒᆞᆫ規定을特定ᄒᆞᆷ이라

其特別規定은傳授니動産에關ᄒᆞᆫ物權의讓與ᄂᆞᆫ其動産을傳授ᄒᆞᆷ이아니면第三者에게對抗ᄒᆞ기不得케ᄒᆞᆷ이라此規定이有ᄒᆞᆫ즉何人이던지動産에關ᄒᆞ야去來코져ᄒᆞᆷ에ᄂᆞᆫ物의傳授를直求ᄒᆞ고若其讓與人이不肯ᄒᆞᆯ진ᄃᆡ其物에ᄂᆞᆫ第三者의權利가附着ᄒᆞᆷ으로疑惑ᄒᆞ야讓與人의言을容易히不信ᄒᆞᆯ지오是와相反ᄒᆞ야傳授ᄒᆞᆫ즉第三者가設有ᄒᆞ야其物上에如何ᄒᆞᆫ權利를保有ᄒᆞ얏슬지라도取得者ᄂᆞᆫ

대개 동산은 그 소재가 불확정적인 물건이어서 부동산과 같이 등기에 의하여 이에 관한 권리를 분명하게 할 수 없다. 만약 그 권리의 양도를 당사자의 의사로만 행할 수 있게 하고도 제3자에게 대항할 수 있게 한다면 제3자는 교활한 자들에게 사기를 당하여 의외의 손실을 당할 것이다. 가령 甲이 乙에게 어느 동산의 소유권을 이전한 뒤에 그 소유권을 丙에게 다시 이전하고자 할 때, 丙은 무슨 수로 그 소유권이 乙에게 이미 이전되었음을 알 수 있겠는가? 만약 甲의 말만 믿고 계약한다면 그 뒤에 이르러서야 그 소유권이 과연 乙에게 이미 이전되었음을 깨닫게 되어 반드시 손실을 받는 것과 같다. 그러므로 다소 생각이 깊은 자는 동산에 관한 권리를 용이하게 취득하기를 주저할 것이다. 따라서 법률은 이 점에 관한 규정을 특별히 정하였다.

그 특별한 규정은 인도로, 동산에 관한 물권의 양도는 그 동산을 인도하지 않으면 제3자에게 대항할 수 없게 하는 것이다. 이 규정이 있어 누구든지 동산에 관하여 거래하고자 할 때에는 물건의 인도를 곧바로 청구하고, 만약 그 양도인이 응하지 않으면 그 물건에는 제3자의 권리가 부착되었다고 의심하여 양도인의 말을 쉽게 믿지 않을 것이다. 이와 반대로 인도를 하면 설령 제3자가 있어 그 물건 위에 어떠한 권리를 보유하였을지라도 취득자는

此에對抗ᄒᆞ기得홈이라然則其取得者ᄂᆞᆫ損失의慮가毫無ᄒᆞᆯ지니於是乎何人이던지安心ᄒᆞ야動産에關ᄒᆞᆫ去來ᄅᆞᆯ行得ᄒᆞ야商業과其他一切의去來가圓滿을始得ᄒᆞᄂᆞ니라

此傳授에關ᄒᆞ야도登記에關홈과ᄀᆞᆺ치三主義가亦有ᄒᆞ니第一은此로써動産讓與의絶對的條件을作ᄒᆞ야當事者間이라도傳授가無ᄒᆞᆫ즉權利의移轉이無케홈이오第二ᄂᆞᆫ第三者의善意惡意ᄅᆞᆯ區別ᄒᆞ야善意第三者에게ᄂᆞᆫ傳授가無ᄒᆞᆫ즉對抗ᄒᆞ기不得호ᄃᆡ惡意第三者即其讓與行爲의既有ᄅᆞᆯ知ᄒᆞᆫ第三者에게ᄂᆞᆫ設或物의傳授가無ᄒᆞ야도對抗ᄒᆞ기可得케홈이오第三은第三者의善意惡意ᄅᆞᆯ不問ᄒᆞ고傳授가有ᄒᆞ기ᄶᅡ지ᄂᆞᆫ對抗ᄒᆞ기不得케홈이라此傳授에도登記와ᄀᆞᆺ치第三主義ᄅᆞᆯ採用ᄒᆞᄂᆞ니라

然則如何ᄒᆞᆫ境遇라야傳授가果有홈으로認做ᄒᆞᆯ고此ᄂᆞᆫ事實問題니民法에規定ᄒᆞᆯ바ㅣ아니라法官이各境遇ᄅᆞᆯ當ᄒᆞ야實際의事情을斟酌ᄒᆞ야定ᄒᆞᆯ지니假令倉庫中에在ᄒᆞᆫ動産을傳授홈에ᄂᆞᆫ必其各個의物을讓受人의手에交付ᄒᆞ기不要ᄒᆞ고其倉庫ᄅᆞᆯ封鎖ᄒᆞᆫ後其鑰을讓受人에게交付ᄒᆞᆫ즉倉庫中動産의全體ᄅᆞᆯ傳授홈

이에 대항할 수 있어서 그 취득자는 손실의 우려가 전혀 없을 것이다. 이렇게 하여 누구든지 안심하고 동산에 관한 거래를 행할 수 있어 상업과 기타 일체의 거래가 비로소 원만히 이루어질 수 있다.

이 인도에 관하여도 또한 등기와 같이 세 가지 견해가 있다. 첫째는 인도를 동산 양도의 절대적 조건으로 삼아 당사자 간이라도 인도가 없으면 권리의 이전이 없게 하는 것이다. 둘째는 제3자의 선의, 악의를 구별하여 선의의 제3자에게는 인도가 없으면 대항할 수 없으나, 악의의 제3자, 곧 그 양도행위가 이미 있었음을 안 제3자에게는 설령 물건의 인도가 없더라도 대항할 수 있게 하는 것이다. 셋째는 제3자의 선의, 악의를 불문하고 인도가 있기까지는 대항할 수 없게 하는 것이다. 이 인도에도 등기와 같이 세 번째 견해를 채용한다.

그렇다면 어떠한 경우라야 과연 인도가 있다고 간주되는가? 이는 사실의 문제로 민법에 규정할 바가 아니라 법관이 각 경우에 실제의 사정을 참작하여 정하여야 한다. 가령 창고 안에 있는 동산을 인도하려면 반드시 그 각각의 물건을 양수인의 손에 교부할 필요가 없고, 그 창고를 봉쇄한 후 그 자물쇠를 양수인에게 교부하면 창고 안의 동산 전체를 인도한 것

으로看作홈과如홈이라

但玆에一個疑問은傳授홀動産을隔地者間에發送ᄒᆞᄂᆞᆫ境遇에其傳授의成立問題가是라即其傳授ᄂᆞᆫ發送時에旣成홈으로認做홀가將又到達時에始成홈으로看作홀가此問題ᄂᆞᆫ自來學者間에論議가大有ᄒᆞᆫ바ㅣ나吾人의所見으로以ᄒᆞᆫ즉元來運送에從事ᄒᆞᄂᆞᆫ者ᄂᆞᆫ發送人의委任을因ᄒᆞ야運送홈으로看作홈인즉其物을領收人에게交付ᄒᆞ기ᄭᆞ지ᄂᆞᆫ아즉傳授로未認홀바와如ᄒᆞ니라

第五章 物權의効果

物權의効果ᄂᆞᆫ此를實質上으로論ᄒᆞᆫ즉追及權及優先權의兩種에不過ᄒᆞ나理論上으로言ᄒᆞᆫ즉其外에도對抗에關ᄒᆞᆫ一權을添付홈이此法硏究上에便利ᄒᆞ기로玆에ᄂᆞᆫ此順序를從ᄒᆞ야講論코져ᄒᆞ노라

第一、對抗에關ᄒᆞᄂᆞᆫ効果

凡物權은其實質上直接으로物에關係ᄒᆞᄂᆞᆫ權利니此權이有ᄒᆞᆫ者ᄂᆞᆫ世間何人을對ᄒᆞ던지可히主張ᄒᆞ기得홈이라然이나本來權利ᄂᆞᆫ其種類의如何를不問ᄒᆞ고人의意思에依ᄒᆞ야主張ᄒᆞᄂᆞᆫ利益에不過ᄒᆞᄂᆞ니一便에其主張을可受홀

으로 간주되는 것과 같다.

다만 여기서 하나의 의문은, 바로 인도할 동산을 격지자(隔地者) 간에 발송하는 경우에 그 인도의 성립 문제이다. 발송시에 이미 성립하였다고 인정할 것인가, 또는 도달시에 비로소 성립하였다고 간주할 것인가? 이 문제는 종래 학자 간에 논의가 크게 있었던 바이다. 그러나 나의 견해는, 원래 운송에 종사하는 자는 발송인의 위임에 따라 운송하였다고 간주하므로 그 물건을 수령인에게 교부할 때까지는 아직 인도로 인정하지 못할 것 같다.

제5장 물권의 효과

물권의 효과는 실실적으로 논하면 추급권 및 우선권의 두 가지에 불과하나, 이론적으로 말하면 그밖에도 대항에 관한 한 가지 권능을 덧붙이는 것이 이 법 연구에 편리하므로 여기서는 이 순서에 따라 강의하고자 한다.

I. 대항에 관한 효과

물권은 그 실질상 직접적으로 물건에 관계되는 권리이다. 이 권리가 있는 자는 세상의 누구에 대해서든 주장할 수 있다. 그러나 본래 권리는 그 종류가 어떠한지를 불문하고 사람의 의사에 의하여 주장되는 이익에 불과하므로 다른 한 쪽에 그 주장을 받을 수 있는

者가無치못ᄒᆞᆷ이라然則其者ᄂᆞᆫ誰오義務者가是라然而其義務者ᄂᆞᆫ債權과異ᄒᆞ야特定ᄒᆞᆫ바ㅣ無ᄒᆞᄂᆞ니即世間一般人이其主張을受ᄒᆞᄂᆞ니라假令吾人이一個動産에對ᄒᆞ야所有權이有ᄒᆞᆯ진ᄃᆡ其動産이何處에轉在ᄒᆞ던지吾人은可히所有權을主張ᄒᆞᆯ지오又何人이던지此所有權을妨害ᄒᆞ기不得ᄒᆞᆷ과如ᄒᆞᆷ이라

物權은直接으로物을目的ᄒᆞᄂᆞᆫ所以로一般人에게對抗ᄒᆞᄂᆞᆫ効果가生ᄒᆞᆷ이오一般人에게對抗ᄒᆞᄂᆞᆫ所以로物權됨이아니니假令人身權은一般人의게對抗ᄒᆞᆯ지라도物權되기不得ᄒᆞᆷ과如ᄒᆞ며又一般人에게對抗ᄒᆞᄂᆞᆫ効果에ᄂᆞᆫ多少의例外가有ᄒᆞᆯᄲᅮᆫ아니라法律도此에關ᄒᆞᆫ他特別의條件을設ᄒᆞᆷ이有ᄒᆞ니라

然則例外라ᄒᆞᆷ은何오玆에人이有ᄒᆞ야一坪土地ᄅᆞᆯ甲乙丙三人에게對ᄒᆞ야順次로抵當權을設定ᄒᆞᆷ으로假定ᄒᆞᆯ진ᄃᆡ甲乙丙三人은皆抵當權이라ᄒᆞᄂᆞᆫ物權이各有ᄒᆞ니何人에게對ᄒᆞ던지各其權利ᄅᆞᆯ主張ᄒᆞᆯ지로ᄃᆡ乙은甲을對ᄒᆞ고丙은甲乙을對ᄒᆞ야其抵當權을主張ᄒᆞ기不得ᄒᆞᆷ과如ᄒᆞ며又條件이라ᄒᆞᆷ은不動産에關ᄒᆞᆫ物權에ᄂᆞᆫ登記ᄅᆞᆯ必要ᄒᆞ고動産에ᄂᆞᆫ傳授ᄅᆞᆯ必要ᄒᆞᆷ과如ᄒᆞᆷ이是니라

자가 없을 수 없다. 그렇다면 그 자는 누구인가? 바로 의무자이다. 그러나 그 의무자는 채권과 달리 특정된 바가 없어, 곧 세상 일반인이 그 주장을 받는다. 가령 우리가 어떤 동산에 대하여 소유권이 있다면 그 동산이 어디에서 돌아다니든지 우리는 소유권을 주장할 수 있고 또 누구든지 이 소유권을 방해할 수 없는 것과 같다.

물권은 직접적으로 물건을 목적으로 하는 까닭에 일반인에게 대항하는 효과가 발생하는 것이고 일반인에게 대항하는 까닭에 물권인 것이 아닌데, 가령 인신권(人身權)은 일반인에게 대항할 수 있을지라도 물권이 될 수 없는 것과 같다. 또 일반인에게 대항하는 효과에는 다소의 예외가 있을 뿐 아니라 법률도 이에 관한 다른 특별한 조건을 마련하기도 한다.

그렇다면 예외란 무엇인가? 여기서 어떤 사람이 한 평의 토지를 甲, 乙, 丙 세 사람에 대하여 순차로 저당권을 설정한다고 가정하자. 甲, 乙, 丙 세 사람은 모두 각기 저당권이라는 물권이 있으므로 누구에 대해서든 각자 그 권리를 주장할 수 있으나, 乙은 甲에 대해서, 丙은 甲과 乙에 대해서는 그 저당권을 주장할 수 없는 것과 같다. 또 조건이란 바로 부동산에 관한 물권에는 반드시 등기가 있어야 하고 동산에는 인도가 필요함과 같은 것이다.

以上은一般普通의說을從ᄒᆞ야說明홈에不過ᄒᆞ나然이나學者中에ᄂᆞᆫ一般人에게對抗ᄒᆞᄂᆞᆫ効果가生홈은物權ᄲᅮᆫ아니라債權에도亦然ᄒᆞ다ᄒᆞᄂᆞᆫ人이不無ᄒᆞ니即英國學者忽蘭斗氏가是라其說에云凡一個權利로써一般人에게對抗홈이라홈은其裏面으로論ᄒᆞᆫ즉世間何人이던지此를妨害치못ᄒᆞᄂᆞᆫ義務를負홈이라ᄒᆞᄂᆞᆫ意義에不外ᄒᆞ니然則債權에至ᄒᆞ야도世間何人이던지此를妨害치못ᄒᆞᄂᆞᆫ義務를負홈은勿論이라即吾人이他人과契約홈에因ᄒᆞ야債權이生ᄒᆞᆯ진ᄃᆡ債務者ᄂᆞᆫ吾人에게對ᄒᆞ야作爲或不作爲의義務를負홈과同時에世間一般人도吾人의債權을妨害치못ᄒᆞᄂᆞᆫ義務를負ᄒᆞᆯ지니假令吾人이契約을依ᄒᆞ야某職工을雇傭ᄒᆞ야其人을使用ᄒᆞᄂᆞᆫ債權이有ᄒᆞᆯ진ᄃᆡ世間一般人은其職工을誘引ᄒᆞ야吾人의權利를妨害치못ᄒᆞᄂᆞᆫ義務를負홈과如ᄒᆞ다홈이라

此說도理由가全無홈은아니로ᄃᆡ吾人의所見으로論ᄒᆞᆫ즉正確ᄒᆞᆫ論이라斷定ᄒᆞ기難ᄒᆞ니原來世間一般人이吾人의債權을妨害치못홈은定論이나然이나其所謂一般人中에ᄂᆞᆫ債務者ᄂᆞᆫ未入홈이確然ᄒᆞ니何오債權者를對ᄒᆞ야債務者의所負義務와其以外人의所負義務ᄂᆞᆫ其性質與種類가相殊ᄒᆞᆫ所以라然則

이상은 일반 보통의 학설에 따라 설명한 데 불과하다. 그러나 학자 중에는 일반인에게 대항하는 효과가 발생하는 것은 물권뿐 아니라 채권에서도 그러하나고 하는 사람이 없지 않은데, 곧 영국 학자 홀란드*가 그이다. 그 학설에서는 하나의 권리로 일반인에게 대항한다는 것은 그 이면으로 논하면 세상의 누구든지 이를 방해하지 못하는 의무를 진다는 의미일 뿐으로, 그렇다면 채권에서도 세상 누구든지 이를 방해하지 못하는 의무를 짐은 물론이라고 말한다. 곧 우리가 타인과 계약함으로 인하여 채권이 발생하는데, 채무자는 우리에 대하여 작위 또는 부작위의 의무를 짐과 동시에 세상 일반인도 우리의 채권을 방해하지 못하는 의무를 지는 것이다. 가령 우리가 계약에 따라 어떤 직공(職工)을 고용하여 그 사람을 사용하는 채권이 있다면 세상 일반인은 그 직공을 유인하여 우리의 권리를 방해하지 못하는 의무를 지는 것과 같다고 한다.

이 학설도 이유가 전혀 없지는 않지만 나의 소견으로 논하면 정확한 이론이라고 단정하기 어렵다. 원래 세상 일반인이 우리의 채권을 방해하지 못함은 정설이다. 그러나 그 이른바 일반인 안에 채무자는 들어가지 못하는 것이 확실하다. 왜냐하면 채권자에 대하여 채무자가 부담하는 의무와 그 이외의 사람이 부담하는 의무는 그 성질과 종류가 서로 다르기 때문이다. 그렇다면

* 역자주: T. E. Holland(1835~1926)

債權은特定人에게對ᄒᆞ야某義務의履行을目的ᄒᆞᆷ이原則이오兼ᄒᆞ야第三者에게도對抗ᄒᆞ기可得ᄒᆞᆯ지로ᄃᆡ一般人에게ᄂᆞᆫ對抗ᄒᆞ기不得ᄒᆞᆫ다ᄒᆞᆷ이可ᄒᆞᆯ자니라

第二、追及에關ᄒᆞᄂᆞᆫ効果

物權은其實質上物에對ᄒᆞᄂᆞᆫ直接關係니其物体에固着ᄒᆞᆫ바ㅣ라ᄒᆞ야도可ᄒᆞᆷ이라故로此權이有ᄒᆞᆫ者ᄂᆞᆫ正當ᄒᆞᆫ原因이有ᄒᆞ야自己가自拋ᄒᆞᆫ즉已어니와不然ᄒᆞᆯ以上은其權의客体된物이何人의手에在ᄒᆞ던지其所持者ᄅᆞᆯ對ᄒᆞ야權利ᄅᆞᆯ可히主張ᄒᆞᄂᆞ니此權이即追及權이니라

假令甲이自己所有의一坪土地ᄅᆞᆯ乙에게抵當ᄒᆞ고債務ᄅᆞᆯ負ᄒᆞ얏스면乙은抵當權이라ᄒᆞᄂᆞᆫ物權이生ᄒᆞᄂᆞ니此境遇ᄅᆞᆯ當ᄒᆞ야若甲이乙의債務ᄅᆞᆯ不報ᄒᆞ고其目的物된土地ᄅᆞᆯ丙에게讓與ᄒᆞᆯ진ᄃᆡ乙은當然히丙에게追及權을主張ᄒᆞ야丙으로ᄒᆞ야곰其債務ᄅᆞᆯ辦償케ᄒᆞ거나不然ᄒᆞᆫ즉其物을公賣ᄒᆞ야其代價로自已債權에充ᄒᆞᆯ지며又吾人이所有財産을他人에게見奪ᄒᆞᆯ진ᄃᆡ吾人은何處에던지追及ᄒᆞ야其所失物을取還ᄒᆞᆷ과如ᄒᆞᆷ이니라

채권은 특정인에 대하여 어떤 의무의 이행을 목적으로 하는 것이 원칙이고 아울러 제3자에게도 대항할 수 있으나 일반인에게는 대항할 수 없다고 하는 것이 옳다.

II. 추급에 관한 효과

물권은 그 실질상 물건에 대해 직접 관계가 있으므로 그 물건에 고착된 것이라고 해도 된다. 그러므로 이 권리가 있는 자는 정당한 원인이 있어 자기가 스스로 포기하면 그만이지만 그렇지 않은 이상 그 권리의 객체인 물건이 누구의 손에 있든지 그 소지자에 대하여 권리를 주장할 수 있다. 이 권능이 곧 추급권이다.

가령 甲이 자기 소유의 토지 한 평에 대하여 乙에게 저당권을 설정해 주고 채무를 부담하였다면 乙은 저당권이라는 물권이 발생한다. 이 경우에 만약 甲이 乙에 대한 채무를 갚지 않고 그 목적물인 토지를 丙에게 양도한다면 乙은 당연히 丙에게 추급권을 주장하여 丙으로 하여금 그 채무를 변제하게 하거나 아니면 그 물건을 공매(公賣)에 부쳐 그 대가로 스스로 채권에 충당할 것이다. 또 우리가 소유한 재산을 타인에게 빼앗겼다면 우리는 어디서든 추급하여 그 잃어버린 물건을 탈환해내는 것과 같다.

此効果에도對抗에關ᄒᆞᆷ과ᄀᆞᆺ치多少의例外條件이不無ᄒᆞ니即不動産의登記와動産의傳授가是라若此條件이不備ᄒᆞᆯ진ᄃᆡ對抗의効果가未生ᄒᆞ리니對抗이無ᄒᆞᆫ즉追及의効果도不生ᄒᆞᄂᆞ니라

但登記ᄒᆞᆫ先取特權이抵當權에優先ᄒᆞ며第三取得者가抵當權을滌除ᄒᆞᆷ은追及權에關ᄒᆞᆫ法律上一特別ᄒᆞᆫ例外에不過ᄒᆞᄂᆞ니라

第三、優先에關ᄒᆞᆫ効果

同一ᄒᆞᆫ目的物에關ᄒᆞ야同種或異種으로物權을取得ᄒᆞᆫ者가有ᄒᆞ면其先得者ᄂᆞᆫ後得者에게對ᄒᆞ야自己의權利ᄅᆞᆯ主張ᄒᆞᄂᆞ니此權이即優先權이라盖後得者ᄂᆞᆫ其物에關ᄒᆞ야權利의先得者가有ᄒᆞᆷ을既知ᄒᆞᆫ者인즉先得者의權利ᄅᆞᆯ除滅ᄒᆞᆫ餘分을取得ᄒᆞᆷ은當然ᄒᆞᆫ結果니라

假令甲이乙丙丁三人에게各幾百圓의金錢을借用ᄒᆞ고乙에게ᄂᆞᆫ自己의所有不動産으로抵當權을設定ᄒᆞ야擔保ᄒᆞ고丙에게도亦其不動産으로第二의抵當權을更設ᄒᆞ야擔保ᄒᆞ고丁에게ᄂᆞᆫ何等의擔保도不設ᄒᆞᆫ境遇에甲이其總債權을辨償ᄒᆞ기不能ᄒᆞᆯ진ᄃᆡ甲의不動産은乙丙丁三人의債權을因ᄒᆞ야執行公

이 효과에도 대항에 관한 것과 같이 다소의 예외조건이 없지 않은데, 곧 부동산의 등기와 동산의 인도가 그것이다. 만약 이 조건이 갖추어지지 않으면 대항의 효과가 발생하지 못할 것이며 대항이 없으면 추급의 효과도 발생하지 않는다.

다만 등기한 선취특권이 저당권에 우선하고, 제3취득자가 저당권을 척제(滌除)*하는 것은 추급권에 관한 법률상 특별한 예외에 불과하다.

III. 우선에 관한 효과

동일한 목적물에 관하여 동종 또는 이종(異種)의 물권을 취득한 자가 있으면 물권을 먼저 취득한 자가 나중에 취득한 자에 대하여 자기의 권리를 주장할 수 있는데, 이 권능이 곧 우선권이다. 대개 나중에 취득한 자는 그 물건에 관하여 권리를 먼저 취득한 자가 있음을 이미 안 자이다. 따라서 먼저 취득한 자의 권리를 빼고 남은 몫을 취득하는 것은 당연한 결과이다.

가령 甲이 乙, 丙, 丁 세 사람에게 각 수백 원**의 금전을 차용하고 乙에게 자기 소유 부동산에 대하여 저당권을 설정하여 담보하고, 丙에게도 그 부동산으로 제2순위 저당권을 다시 설정하여 담보하고, 丁에게는 어떠한 담보도 설정하지 않은 경우에, 甲이 그 모든 채권을 변제할 수 없게 되면 甲의 부동산은 乙, 丙, 丁 세 사람의 채권으로 인하여 집행공

* 역자주: 저당부동산의 소유권 또는 지상권, 영소작권을 취득한 제3자가 부동산 평가액에 해당하는 금액을 지급하거나 이를 공탁하고 저당권을 소멸시키는 구 민법상 제도.
** 역자주: 대한제국 당시 '圜'은 '원'으로 읽었음.

賣홈에至ᄒᆞ리니此境遇를當ᄒᆞ야各債權者의所受比例ᄂᆞᆫ乙은其目的物의代價로他債權者即丙丁兩人에게優先ᄒᆞ야自己의債權額을准數充得홀지오丙은剩餘가有ᄒᆞᆫ즉丁에게優先홀지오丁은剩餘가更有ᄒᆞᆫ즉幾何라도取得홀지오無ᄒᆞᆫ즉一分도取得ᄒᆞ기不能홈과如ᄒᆞ니라

此効果에도追及에關홈과ᄀᆞᆺ치例外의條件이亦有ᄒᆞ니追及의効果가不生ᄒᆞᆫ즉優先의効果도不生ᄒᆞᄂᆞ니라

第六章　物權의喪失

物權의喪失은自來一定ᄒᆞᆫ主体에連結케ᄒᆞᆫ物權이其主体와分離ᄒᆞᄂᆞᆫ事實이니此權의喪失이他權의喪失과相異ᄒᆞᆫ바ᄂᆞᆫ主体와分離ᄒᆞᄂᆞᆫ權利가物權됨에在홀뿐이니라夫權利喪失에ᄂᆞᆫ二種이有ᄒᆞ니云權利消滅에因ᄒᆞᄂᆞᆫ喪失及主体變更에因ᄒᆞᄂᆞᆫ喪失이是라假令吾人의一個所有物이燒盡홀진ᄃᆡ此ᄂᆞᆫ消滅에因ᄒᆞᄂᆞᆫ喪失이오又其所有物을他人에게讓與홀진ᄃᆡ此ᄂᆞᆫ變更에因ᄒᆞᄂᆞᆫ喪失이라更論ᄒᆞᆫ즉前者ᄂᆞᆫ物權自体의消滅이오後者ᄂᆞᆫ物權自体ᄂᆞᆫ依前ᄒᆞ야도主体의變更을因ᄒᆞ야前主体即前主人은其權을喪失홈이니吾人은便宜上此를物格喪失及主

매되기에 이를 것이다. 이 경우에 각 채권자가 받을 비율은, 乙은 그 목적물의 대가로 다른 채권자, 곧 丙, 丁 두 사람에 우선하여 자기의 채권액에 맞게 충당할 수 있을 것이고, 丙은 나머지가 있으면 丁에게 우선할 것이고, 丁은 다시 나머지가 있으면 얼마라도 취득할 것이고 없으면 한 푼도 취득할 수 없는 것과 같다.

이 효과에도 또한 추급에 관한 것과 같이 예외의 조건이 있는데, 추급의 효과가 발생하지 않으면 우선의 효과도 발생하지 않는다.

제6장 물권의 상실

물권의 상실은 종래 일정한 주체와 연결된 물권이 그 주체와 분리되는 사실이다. 물권의 상실이 다른 권리의 상실과 다른 점은 주체와 분리된 권리가 물권인 데 있을 뿐이다. 권리의 상실에는 두 가지가 있는데, 권리 소멸로 인한 상실 및 주체 변경으로 인한 상실이 그것이다. 가령 우리의 어떤 소유물이 불타버리면 이는 소멸로 인한 상실이고, 또 그 소유물을 타인에게 양도한다면 이는 변경으로 인한 상실이다. 다시 말하면 전자는 물권 자체의 소멸이고 후자는 물권 자체는 여전히 전과 같지만 주체의 변경으로 인하여 전 주체, 곧 전 소유자는 그 권리를 상실하는 것이다. 나는 편의상 이를 물격(物格)의 상실 및 주

格喪失이라命名코져ᄒᆞ노라

第一、物格喪失

此喪失의重要ᄒᆞᆫ原因을擧ᄒᆞᆫ즉

(一)物權의拋棄　拋棄ᄂᆞᆫ自來享有ᄒᆞᆫ바權利를永久消滅케ᄒᆞᄂᆞᆫ事實이니該權利가所有權이면其物体가無主物이되게ᄒᆞ며又他人의物上에存ᄒᆞ던權利即他物權이면其物体가原權利者에게歸케ᄒᆞ야他日該物体上에物權取得者가更有ᄒᆞᆯ지라도其取得이原始오繼受가不成케ᄒᆞᄂᆞᆫ方法이라

凡物權은法律을因ᄒᆞ거나共有를依ᄒᆞ야拋棄를特禁ᄒᆞᄂᆞᆫ外에ᄂᆞᆫ其何種의權利던지權利者가自由로拋棄ᄒᆞᆷ이原則이니라

(二)物体의滅失　滅失은自來某物權의物体된物이其物体되로ᄂᆞᆫ目的을未達ᄒᆞᆯ程度로變体或變質ᄒᆞᆫ事實이니假令貰借ᄒᆞᆫ宅地가砂地를成ᄒᆞ거나永借ᄒᆞᆫ耕地가泥地를成ᄒᆞ거나所有ᄒᆞᆫ机案이木片을成ᄒᆞ얏스면此ᄂᆞᆫ其上에存ᄒᆞᆫ바權利의物体로ᄂᆞᆫ其目的을未達ᄒᆞᆯ程度에至ᄒᆞᆫ變体오又所有의家屋이燒失을因ᄒᆞ야灰燼으로化ᄒᆞ거나樹木이焚火를依ᄒᆞ야木炭으로變ᄒᆞ얏

격(主格)의 상실이라고 명명하고자 한다.

I. 물격의 상실

이 상실의 중요한 원인을 들면

〈1〉 물권의 포기: 포기는 종래 향유하던 권리를 영구히 소멸시키는 사실이다. 그 권리가 소유권이면 그 물건이 무주물이 되게 하고 또 타인의 물건 위에 존재하던 권리, 곧 타물권이면 그 물건이 원래의 권리자에게 돌아가도록 하여, 다음에 그 물건 위에 다시 물권 취득자가 있을지라도 그 취득이 원시취득이고 승계취득이 성립하지 않게 하는 방법이다.

〈2〉 물건의 멸실: 멸실은 종래 어떤 물권의 객체인 물건이 그 상태대로는 목적을 달성하지 못할 정도로 변형되었거나 변질된 사실이다. 가령 임차한 택지가 모래땅이 되거나 영차(永借)한 경작지가 진흙땅이 되었거나 소유한 책상이 나무조각이 되었다면 이는 그 위에 존재한 권리의 객체로서는 그 목적을 달성하지 못할 정도에 이른 변형이다. 또 소유하던 가옥이 소실되어 잿더미가 되었거나, 수목이 불타서 숯으로 변했

스면此ᄂᆞᆫ物体의目的을未達ᄒᆞᆯ程度에至ᄒᆞᆫ變質이니라

如斯히物이變体或變質ᄒᆞᆯ진ᄃᆡ其上에自來所存ᄒᆞᆫ바權利ᄂᆞᆫ物格的으로消滅ᄒᆞ야設或其變体或變質ᄒᆞᆫ物上에前權利者가權利를更有ᄒᆞᆯ지라도其取得은新權利오前權利를繼續ᄒᆞᆷ이아니니라

物格喪失에ᄂᆞᆫ以上二個原因外에混同을因ᄒᆞᄂᆞᆫ喪失이更有ᄒᆞ니即同一ᄒᆞᆫ物에對ᄒᆞ야所有權及他物權이同一ᄒᆞᆫ人에게歸ᄒᆞᆫ즉其物權은消滅ᄒᆞ고又所有權以外의物權及此를目的ᄒᆞᄂᆞᆫ他權利가同一ᄒᆞᆫ人에게歸ᄒᆞᆫ즉其權利ᄂᆞᆫ消滅ᄒᆞᆷ이라

此混同에因ᄒᆞᄂᆞᆫ消滅은所有權에關ᄒᆞᄂᆞᆫ境遇와所有權以外의權에關ᄒᆞᄂᆞᆫ境遇로分說ᄒᆞᆷ이便宜ᄒᆞ니

(一)所有權에關ᄒᆞᄂᆞᆫ混同　凡並立ᄒᆞ기不得ᄒᆞᆯ二資格이同一ᄒᆞᆫ人에게集合ᄒᆞᆯ진ᄃᆡ其一資格을必失ᄒᆞᆷ은法律上原則이니此를物權에適用ᄒᆞᆫ즉所有權과他物權이同一ᄒᆞᆫ人에게集合ᄒᆞ면所有權은元來完全ᄒᆞᆫ物權이니他物權이其中에包含ᄒᆞ야所有權만獨存ᄒᆞ고他物權은消滅에歸ᄒᆞᄂᆞ니라

다면 이는 객체의 목적을 달성하지 못할 정도로 변질된 것이다.

이렇게 물건이 변형 또는 변질되면 물건 위에 종래 존재하던 권리는 물격적으로 소멸하여, 설령 그 변형 또는 변질된 물건 위에 전 권리자가 권리를 다시 가질지라도 그 취득은 새로운 권리이고 앞의 권리가 계속되는 것이 아니다.

물격의 상실에는 이상의 두 가지 원인 외에 다시 혼동으로 인한 상실이 있는데, 곧 동일한 물건에 대하여 소유권 및 다른 물권이 동일한 사람에게 귀속하면 그 물권은 소멸하고 또 소유권 이외의 물권 및 이를 목적으로 하는 다른 권리가 동일한 사람에게 귀속하면 그 권리는 소멸한다.

이 혼동으로 인한 소멸은 소유권에 관한 경우와 소유권 이외의 권리에 관한 경우로 분설하는 것이 편리한데,

〈1〉 소유권에 관한 혼동: 양립할 수 없는 두 가지 자격이 동일한 사람에게 모인다면 그 가운데 하나의 자격을 상실하는 것은 법률상 원칙이다. 이를 물권에 적용하면 소유권과 다른 물권이 동일한 사람에게 모이면 소유권은 원래 완전한 물권이므로 다른 물권이 그 안에 포함되어 소유권만 홀로 존재하고 다른 물권은 소멸하게 된다.

假令吾人이所有의土地를他人에게入質ᄒᆞ고金錢을借用ᄒᆞᆯ진ᄃᆡ其土地所有權은吾人에게存ᄒᆞ고金錢貸主即債權者ᄂᆞᆫ其土地上에抵當權되ᄂᆞᆫ他物權을取得ᄒᆞ리니此境遇를當ᄒᆞ야債權者가吾人의資力을信用ᄒᆞ고其目的物을返還ᄒᆞ거나其他原因으로其物의所有權을取得ᄒᆞᆯ진ᄃᆡ土地의所有權과抵當權이同一ᄒᆞᆫ人에게集合ᄒᆞ얏스니抵當權은玆에消滅ᄒᆞᄂᆞ니라

此ᄂᆞᆫ理論上當然ᄒᆞᆫ結果오法律規定을別要ᄒᆞᆯ必要가無ᄒᆞᆯ바와如ᄒᆞ나然이나決斷코不然ᄒᆞ니法律上此規定이若無ᄒᆞᆯ진ᄃᆡ同一人의所有同一物에關ᄒᆞ야所有權과抵當權이並存ᄒᆞᄂᆞᆫ結果가生ᄒᆞ야實際適用上과解釋上에不少ᄒᆞᆫ困難과影響이及ᄒᆞᆯ지라即何人이던지他物權을取得ᄒᆞᆫ즉此를消滅코져ᄒᆞᆷ은人의常情이로ᄃᆡ此ᄂᆞᆫ他人을對ᄒᆞ야消滅케ᄒᆞᆷ이아니오自己를對ᄒᆞ야消滅케ᄒᆞᆷ인즉他人에게表見ᄒᆞᄂᆞᆫ行爲가無ᄒᆞᆷ이라因ᄒᆞ야他人은其權이何時에消滅與否를知得ᄒᆞᆷ에無由ᄒᆞ리니若如斯ᄒᆞᆯ진ᄃᆡ所有者ᄂᆞᆫ自己의便益을從ᄒᆞ야或은消滅이라ᄒᆞ고或은不消滅이라ᄒᆞ야他人에게損害를釀及ᄒᆞᆯ지라故로法律은此弊를防杜ᄒᆞ기爲ᄒᆞ야所有權者가他物權을取得ᄒᆞ거

가령 우리가 소유한 토지를 타인에게 입질(入質)하고 금전을 차용한다면 그 토지소유권은 우리에게 있고 금전의 대주(貸主), 곧 채권자는 그 토지상에 지당권이라는 다른 물권을 취득할 것이다. 이 경우에 채권자가 우리의 자력을 신용하고 그 목적물을 반환하거나 기타 원인으로 그 물건의 소유권을 취득한다면 토지의 소유권과 저당권이 동일한 사람에게 모였으므로 저당권은 소멸한다.

이는 이론상 당연한 결과이고 법률 규정이 달리 있어야 할 필요가 없을 것 같으나 결코 그렇지 않다. 만약 법률상 이 규정이 없다면 동일인 소유의 동일한 물건에 관하여 소유권과 저당권이 병존하는 결과를 낳음으로써 실제 적용상, 해석상 적지 않은 곤란과 영향이 미칠 것이다. 곧 누구든지 다른 물권을 취득하면 이를 소멸시키고자 하는 것은 사람이라면 누구나 가질 수 있는 마음인데, 이는 타인에 대하여 소멸시키는 것이 아니고 자기에 대하여 소멸시키는 것이어서 타인에게 나타나는 행위가 없다. 따라서 타인은 그 권리가 언제 소멸하는지를 알 리가 없는데, 만약 이렇게 하면 소유자는 자기의 편익을 따라 더러는 소멸되었다고 하고 더러는 소멸되지 않았다고 하여 타인에게 손해를 빚어낼 것이다. 그러므로 법률은 이 폐단을 방지하기 위하여 소유자가 다른 물권을 취득하거

나他物權者가所有權을取得ᄒᆞᆯ時ᄂᆞᆫ其取得과同時에他物權은消滅ᄒᆞᆷ으로看作ᄒᆞᄂᆞ니라

然이나其消滅ᄒᆞᄂᆞᆫ權利가第三者의權利目的되ᄂᆞᆫ時ᄂᆞᆫ混同을因ᄒᆞ야消滅에未歸케ᄒᆞᄂᆞ니라

凡此例外ᄅᆞᆯ設ᄒᆞᄂᆞᆫ所以ᄂᆞᆫ混同을因ᄒᆞ야權利가消滅ᄒᆞᆯ지라도此로因ᄒᆞ야第三者의權利ᄅᆞᆯ侵害ᄒᆞᆷ도不可ᄒᆞ며又擴張ᄒᆞᆷ도不可ᄒᆞᆷ에因ᄒᆞᆷ이니라

爲先侵害로論ᄒᆞ건ᄃᆡ假令永小作權이有ᄒᆞᆫ者가該權을入質ᄒᆞ고金錢을借用ᄒᆞᆫ境遇에某原因으로永小作權이土地所有者에게歸復ᄒᆞ야消滅ᄒᆞᆯ진ᄃᆡ其上에設定ᄒᆞᆫ抵當權도消滅ᄒᆞ리니然則抵當權者ᄂᆞᆫ擔保ᄅᆞᆯ失ᄒᆞ야損害가不少ᄒᆞᆯ지라故로如斯ᄒᆞᆫ境遇에ᄂᆞᆫ設或永小作權은消滅ᄒᆞ야도抵當權은未滅케ᄒᆞᆷ이라

次에擴張으로論ᄒᆞ건ᄃᆡ假令所有權者가其所有物에對ᄒᆞ야抵當權을設定ᄒᆞ고又第三者ᄅᆞᆯ爲ᄒᆞ야第二抵當權을設定ᄒᆞᆫ境遇에某原因으로第一抵當權을取得ᄒᆞᆯ진ᄃᆡ理論上當然히第一抵當權은混同을因ᄒᆞ야消滅ᄒᆞᆯ지나然

나 다른 물권자가 소유권을 취득할 때에는 그 취득과 동시에 다른 물권은 소멸한 것으로 간주한다.

그러나 그 소멸되는 권리가 제3자의 권리의 목적이 되는 때에는 혼동으로 인하여 소멸되지 못하게 한다.

이 예외를 마련한 까닭은, 혼동으로 인하여 권리가 소멸될지라도 이로 인하여 제3자의 권리를 침해할 수도 없으며 또 확장시킬 수도 없기 때문이다.

먼저 침해로 논하면, 가령 영소작권이 있는 자가 그 권리를 입질하고 금전을 차용한 경우에 어떤 원인으로 영소작권이 토지소유권자에게 복귀하여 소멸한다면 그 위에 설정한 저당권도 소멸할 것이다. 그렇다면 저당권자는 담보를 잃어 손해가 적지 않을 것이다. 그러므로 이러한 경우에는 설령 영소작권은 소멸하더라도 저당권은 소멸하지 못하게 한다.

다음으로 확장으로 논하면, 가령 소유권자가 그 소유물에 대하여 저당권을 설정하고 또 제3자를 위하여 제2순위 저당권을 설정한 경우에, 어떤 원인으로 제1순위 저당권을 취득한다면 이론상 당연히 제1순위 저당권은 혼동으로 인하여 소멸할 것이다. 그러나 이나法律은此境遇로써消滅이라不作ᄒᆞᄂᆞ니何者오若第一抵當權이消滅케ᄒᆞᆯ진ᄃᆡ第二抵當權者가第一抵當權者로變ᄒᆞ야辨償을受ᄒᆞᆯ지라然則第一抵當權者卽所有者ᄂᆞᆫ混同을因ᄒᆞ야意外의損失을受ᄒᆞ고第二抵當權者ᄂᆞᆫ意外의權利를擴張ᄒᆞ야不當ᄒᆞᆫ利益을取ᄒᆞ리니故로如斯ᄒᆞᆫ境遇에ᄂᆞᆫ設或混同이有ᄒᆞ야도第一抵當權을依然存續케ᄒᆞ야後日辨償을受ᄒᆞᄂᆞᆫ時에其目的物의代價로自己의所受部分을優先取得ᄒᆞ고第二抵當權者ᄂᆞᆫ其剩餘部分으로取得케ᄒᆞᄂᆞ니라

(二)所有權以外의權에關ᄒᆞᄂᆞᆫ混同　假令地上權永小作權等權利와此를目的ᄒᆞᄂᆞᆫ權利卽質權抵當權等權利가混同ᄒᆞᆯ진ᄃᆡ原則上所有權에關ᄒᆞᆷ과ᄀᆞᆺ치質權及抵當權은消滅에歸ᄒᆞᄂᆞ니라

然이나此亦所有權에關ᄒᆞᆷ과ᄀᆞᆺ치例外가有ᄒᆞ니質權에關ᄒᆞ야轉質을設定ᄒᆞ거나地上權及永小作權에關ᄒᆞ야第二質權或抵當權을設定ᄒᆞ얏스면第一質權及抵當權은混同을因ᄒᆞ야消滅에不歸ᄒᆞᄂᆞ니라

以上說明ᄒᆞᆫ混同의原則은占有權에ᄂᆞᆫ適用이無ᄒᆞᄂᆞ니蓋占有權은他物權과

법률은 이 경우를 소멸로 삼지 않는다. 왜냐하면 만약 제1순위 저당권이 소멸되게 한다면 제2순위 저당권자가 제1순위 저당권자로 변하여 변제를 받을 것이나. 그렇다면 제1순위 저당권자, 곧 소유자는 혼동으로 인하여 뜻밖의 손실을 받고 제2순위 저당권자는 뜻밖에 권리가 확장되어 부당한 이익을 얻을 것이다. 그러므로 이러한 경우에는 설령 혼동이 있더라도 제1순위 저당권을 여전히 존속하게 하여 뒷날 변제를 받는 때에 그 목적물의 대가로 자기가 받을 부분을 우선 취득하고 제2순위 저당권자는 그 나머지 부분으로 취득하게 한다.

〈2〉 소유권 이외의 권리에 관한 혼동: 가령 지상권, 영소작권 등의 권리와 이를 목적으로 하는 권리, 곧 질권, 저당권 등의 권리가 혼동하면 원칙상 소유권에 관한 것과 같이 질권 및 저당권은 소멸하게 된다.

그러나 이 또한 소유권에 관한 것과 같이 예외가 있는데, 질권에 관하여 전질(轉質)을 하거나 지상권 및 영소작권에 관하여 제2순위 질권 또는 저당권을 설정하였다면 제1순위 질권 및 저당권은 혼동으로 인하여 소멸하지 않게 된다.

이상에서 설명한 혼동의 원칙은 점유권에는 적용이 없다. 대개 점유권은 다른 물권과

併有홈이原則이니若併有를禁홀진뒤正當훈占有權은保護를未受ᄒ고不當훈占有權만保護를獨受ᄒ는結果가生홀지라故로此權에는混同이無ᄒ니라

混同은各種의原因으로生호뒤相續에因홈이概多ᄒ니라

第二、主格喪失

此喪失의重要훈原因을據ᄒ건뒤

(一)物權의讓與　讓與는有償無償間에自來享有훈權利를他人에게移傳ᄒ는事實이니其讓受人의便으로觀훈즉取得原因이되讓與人의便으로見훈즉喪失原因이라更論훈즉此는權利의主体가變更홀뿐이오權利의自体는消滅홈이아니니라

(二)物權의公用徵收　公用徵收는公益을爲ᄒ야法律의處分으로一私人의所有物을收取ᄒ는事實이니其目的物上에存훈바物權은徵收와同時에消滅에歸홈이라然而其喪失훈物權이所有權이면主格이오他物權이면物格이니라

今에吾人이所有權의徵收로主格喪失의原因을作ᄒ고他物權의徵收로써

함께 가짐이 원칙인데, 만약 함께 가지는 것을 금지하면 정당한 점유권은 보호를 받지 못하고 부당한 점유권만 홀로 보호를 받는 결과를 낳을 것이다. 그러므로 이 권리에는 혼동이 없다. 혼동은 갖가지 원인으로 발생하지만 대개 상속으로 인한 경우가 많다.

II. 주격의 상실

이 상실의 중요한 원인을 들면

〈1〉 물권의 양도: 양도는 유상이든 무상이든 종래 향유하던 권리를 타인에게 이전하는 사실이다. 그 양수인 쪽에서 보면 취득원인이고 양도인 쪽에서 보면 상실원인이다. 다시 말하면 이는 권리의 주체가 변경될 뿐이고 권리 자체는 소멸하는 것이 아니다.

〈2〉 물권의 공용징수: 공용징수는 공익을 위하여 법률의 처분으로 한 사인(私人)의 소유물을 수취하는 사실이다. 그 목적물상에 존재하던 물권은 징수와 동시에 소멸하게 된다. 그러나 그 상실된 물권이 소유권이면 주격이고 다른 물권이면 물격이다.

여기에서 소유권의 징수를 주격 상실의 원인으로 삼고 다른 물권의 징수를

物格喪失의原因을作ᄒᆞᄂᆞᆫ所以ᄂᆞᆫ其徵收가權利者에對ᄒᆞᄂᆞᆫ直接處分이아니오間接結果됨에專因홈이니假令吾人이一區域의所有土地에永小作權을設定ᄒᆞ야他人에게讓與ᄒᆞᆫ後法律의處分으로該土地의徵收ᄅᆞᆯ當ᄒᆞᆯ진ᄃᆡ其設定ᄒᆞᆫ永小作權은消滅에全歸홈과如홈이라更論ᄒᆞᆫ즉公用徵收ᄂᆞᆫ所有者에對ᄒᆞᄂᆞᆫ處分이오所有權의支分權者에게對ᄒᆞᄂᆞᆫ處分이아니니라

(三)權利者의死亡或退去　此亦物權主格喪失의一原因이니原權利者의享有ᄒᆞᆫ바權利ᄂᆞᆫ皆相續人이承繼홈이라

然而此境遇ᄅᆞᆯ當ᄒᆞ야相續人이若無ᄒᆞᆯ진ᄃᆡ此ᄂᆞᆫ物格喪失로變ᄒᆞᄂᆞ니即其物權이所有權이면目的物은無主物이라何人이던지先占에依ᄒᆞ야所有權을取得(但近世의法制ᄂᆞᆫ其目的物이不動產이면國이라ᄒᆞᄂᆞᆫ法人에게優先權을給ᄒᆞ야其所有權이國에屬케홈)ᄒᆞᆯ지오又他人의物上에存ᄒᆞᆫ境遇면其物體ᄂᆞᆫ所有者에게歸復ᄒᆞᄂᆞ니라

第七章　准物權

准物權은眞正ᄒᆞᆫ物權이아닌權利에對ᄒᆞ야法律上特別ᄒᆞᆫ理由로物權과同一히管理ᄒᆞ야同一ᄒᆞᆫ効果가生케ᄒᆞᄂᆞᆫ者ㅣ니即前日財產權의分類ᄅᆞᆯ論ᄒᆞᆯ時에一言

물격 상실의 원인으로 삼는 까닭은, 오로지 그 징수가 권리자에 대한 직접 처분이 아니고 간접적인 결과이기 때문이다. 가령 내가 어느 구역에 소유한 토지에 영소작권을 설정하여 타인에게 양도한 뒤에 법률의 처분으로 그 토지의 징수를 당한다면, 그 설정된 영소작권은 완전히 소멸하게 되는 것과 같다. 다시 말하면 공용징수는 소유자에 대한 처분이고 소유권의 일부 권능을 가진 자에 대한 처분이 아니다.

〈3〉 권리자의 사망 또는 퇴거: 이 또한 물권 주격 상실의 한 원인으로, 원권리자가 향유하던 권리는 모두 상속인이 승계한다.

그러나 이 경우 만약 상속인이 없다면 이는 물격의 상실로 변하는데, 곧 그 물권이 소유권이면 목적물은 무주물이므로 누구든지 선점에 의하여 소유권을 취득(다만 근세의 법제는 그 목적물이 부동산이면 국가라고 하는 법인에게 우선권을 주어 그 소유권이 국가에 귀속하게 함)할 것이고 또 타인의 물건 위에 존재한 경우라면 그 물건은 소유권자에게 복귀한다.

제7장 준물권

준물권은 진정한 물권이 아닌 권리에 대하여 법률상 특별한 이유로 물권과 동일하게 관리하여 동일한 효과가 발생하게 하는 것으로, 곧 전날 재산권의 분류를 논할 때에 한 번 말

ᄒᆞᆫ바金錢上價値가有ᄒᆞᆫ特別權이是니라

夫物權及債權의區別은決斷코學術上理由에出ᄒᆞᆫ바ㅣ아니라ᄒᆞᆯ지라도物權은直接으로物을目的ᄒᆞ고債權은義務의履行을目的ᄒᆞᆷ으로各其本體를作ᄒᆞᆷ은諸國法制及學者의公認ᄒᆞᄂᆞᆫ바ㅣ며又權利ᄂᆞᆫ即權利오物이아니라物은吾人人類를除ᄒᆞᆫ外에某一定ᄒᆞᆫ處所를占在ᄒᆞᆷ을指示ᄒᆞᆷ도亦然ᄒᆞ니物權에各種의効果가附隨ᄒᆞᆷ도物을直接目的ᄒᆞᆷ에實因ᄒᆞᆷ이니라

然則權利ᄂᆞᆫ物權의物体되기不得ᄒᆞᆷ이當然ᄒᆞᆯ뿐아니라若可得ᄒᆞᆫ다ᄒᆞᆯ진ᄃᆡ權利上에權利가存在ᄒᆞ고又其權利上에權利가更存ᄒᆞᄂᆞᆫ結果가生ᄒᆞ야循環無際ᄒᆞᆯ뿐아니라其末에ᄂᆞᆫ物權의本體가遂滅ᄒᆞ야物權債權의區別을失ᄒᆞᆷ에至ᄒᆞᆯ지니라故로學者가物에ᄂᆞᆫ有體物과無體物을普通으로認定ᄒᆞ나然이나此ᄂᆞᆫ學理를誤解ᄒᆞᆷ에出ᄒᆞᆫ謬見에不過ᄒᆞᄂᆞ니라

然이나法律은文化의進步와同時에本來物權도아니오債權도아닌財產權을認定ᄒᆞ고此에付與ᄒᆞ되物權과同一ᄒᆞᆫ効果로以ᄒᆞ야財產의融通을自由케ᄒᆞᄂᆞᆫ必要가生ᄒᆞ니此權이即准物權이라然則其種類ᄂᆞᆫ何오此權은本來民法의所關이

한 금전상 가치가 있는 특별권이 그것이다.

물권 및 채권의 구별은 결코 학술상 이유에서 나온 것이 아니라고 할지라도 물권은 직접적으로 물건을 목적으로 하고 채권은 의무의 이행을 목적으로 하는 것이 각 그 본질이라는 점은 여러 나라 법제 및 학자들이 공인하는 바이다. 또 권리는 곧 권리이고 물건이 아닌데, 물건은 우리 인류를 제외하고 어느 일정한 장소를 차지하고 있는 것을 가리키는 점에서도 또한 그러하다. 따라서 물권에 갖가지 효과가 부수되는 것도 물건을 직접 목적으로 하는 데 실제 원인이 있다.

그렇다면 권리는 물권의 객체가 될 수 없음이 당연할 뿐 아니라, 만약 될 수 있다고 하면 권리 위에 권리가 존재하고 또 그 권리 위에 권리가 다시 존재하는 결과를 낳음으로써 순환이 끊이지 않을 것이다. 그뿐 아니라 그 끝에는 물권의 본질이 마침내 소멸하여 물권과 채권의 구별을 잃게 될 것이다. 그러므로 학자가 물건으로는 유체물과 무체물을 보통 인정하나, 이는 학리를 오해하는 데서 나온 잘못된 견해에 불과하다.

그러나 법률은 문화의 진보와 동시에 본래 물권도 아니고 채권도 아닌 재산권을 인정하고 여기에 물권과 동일한 효과를 부여함으로써 재산의 융통을 자유롭게 할 필요가 발생하는데 이 권리가 곧 준물권이다. 그렇다면 그 종류는 무엇인가? 이 권리는 본래 민법의 소관이

아니오特別法의所關인즉其詳細ᄂᆞᆫ毋論特別法에就ᄒᆞ야知得ᄒᆞᆯ바ㅣ나今에其種을略擧ᄒᆞ건ᄃᆡ版權發明特許權商標專用權意匠專用權及商號專用權의類가是라此等權利ᄂᆞᆫ債權이아님은勿論이오又物을直接目的지아니ᄒᆞ니物權도아님은分明ᄒᆞᄃᆡ法律은准物權이라ᄒᆞ야物權과同一ᄒᆞᆫ効力을付與ᄒᆞᄂᆞ니라

第二編　占有權

第一章　占有權의意義

第一節　總說

占有權의意義에關ᄒᆞ야ᄂᆞᆫ自來로議論이頗有ᄒᆞ니或은此로써事實이라ᄒᆞ며或은權利라ᄒᆞᆷ이라然이나此兩說은皆正當ᄒᆞᆫ論이아니니蓋占有自体ᄂᆞᆫ一個事實이라ᄒᆞᆯ지라도法律은此事實을保護ᄒᆞ기爲ᄒᆞ야各種의權利ᄅᆞᆯ付與ᄒᆞᄂᆞ니然則占有로써一個事實이라單稱ᄒᆞᆷ은不可ᄒᆞ며又占有로써權利라直稱ᄒᆞᆷ도亦誤ᄒᆞ니何者오占有者가占有ᄅᆞᆯ行ᄒᆞᄂᆞᆫ事實과法律이保護ᄒᆞ기爲ᄒᆞ야與ᄒᆞᄂᆞᆫ權利ᄂᆞᆫ各自別件物인所以라然而本編에占有權이라稱ᄒᆞᆷ은法律이占有ᄅᆞᆯ保護ᄒᆞ기爲ᄒᆞ야付與ᄒᆞᄂᆞᆫ바一切權利ᄅᆞᆯ摠稱ᄒᆞᆷ이니此ᄅᆞᆯ物權으로作ᄒᆞᄂᆞᆫ所以ᄂᆞᆫ有體物上

아니고 특별법의 소관이어서 상세한 것은 물론 특별법에서 알아둘 바이다. 그러나 이제 그 종류를 간략히 들면 저작권, 발명특허권, 상표전용권, 의장전용권 및 상호전용권의 부류가 그것이다. 이들 권리는 채권이 아님은 물론이고 또 물건을 직접 목적으로 하지 않으므로 물권도 아님은 분명한데, 법률은 준물권이라고 하여 물권과 동일한 효력을 부여한다.

제2편 점유권

제1장 점유권의 의의

제1절 총 설

점유권의 의의에 관하여는 종래 논의가 자못 많았는데, 더러는 이를 사실이라고 하고 더러는 권리라고 한다. 그러나 이 두 학설은 모두 정당한 이론이 아니다. 대개 점유 자체는 하나의 사실이라고 할지라도 법률은 이 사실을 보호하기 위하여 갖가지 권리를 부여한다. 그래서 점유를 단순히 하나의 사실이라고 부르는 것은 옳지 않으며, 또 점유를 곧바로 권리라고 부르는 것 또한 잘못되었다. 왜냐하면 점유자가 점유를 행하는 사실과 법률이 보호하기 위하여 주는 권리는 각자 별개의 것이기 때문이다. 그러나 이 편에서 점유권이라고 부르는 것은 법률이 점유를 보호하기 위하여 부여하는 일체의 권리를 총칭하는 것으로, 이를 물권으로 삼는 까닭은 유체물 위

에直接行使ᄒᆞᄂᆞᆫ權利됨에因ᄒᆞᆷ이니라

吾人의所信으로論ᄒᆞᆫ즉占有ᄂᆞᆫ原來權利行使에不過ᄒᆞ니一切의財產權을占有ᄒᆞ기皆得ᄒᆞᆯ지오又世人이占有라通稱ᄒᆞᆷ은物의所持를必要로ᄒᆞᄂᆞᆫ權利의行使를云ᄒᆞᆷ이니即所有權地上權永小作權及擔保權等의行使가是라本編에ᄂᆞᆫ普通의學說을採用ᄒᆞ야占有의範圍를有體物의所持에限ᄒᆞ고其他ᄂᆞᆫ準占有로讓ᄒᆞᄃᆡ自來歐洲學說에ᄂᆞᆫ純然ᄒᆞᆫ占有ᄂᆞᆫ所有權의行使에만限ᄒᆞ고其他ᄂᆞᆫ皆準占有라ᄒᆞ얏스나此ᄂᆞᆫ其名稱이相殊ᄒᆞᆯᄲᅮᆫ이오他意가別無ᄒᆞᆷ으로玆에深究치아니ᄒᆞ노라

占有에關ᄒᆞᆫ意義ᄂᆞᆫ以上과ᄀᆞᆺ치學說이多岐ᄒᆞ야아즉一定ᄒᆞᆫ法理가姑無ᄒᆞ다ᄒᆞ야도可ᄒᆞ니然則詳密ᄒᆞᆫ評論은試ᄒᆞ기不能ᄒᆞ나近世學說及法律은一種權利라ᄒᆞᄂᆞᆫ思想으로概歸ᄒᆞᆷ과如ᄒᆞ니玆에ᄂᆞᆫ羅馬法以來本權에關ᄒᆞᆫ一般法律上思想을略陳코져ᄒᆞ노라

夫占有가所有權과密接의關係가有ᄒᆞᆷ은羅馬法以來諸國法制에共認ᄒᆞᄂᆞᆫ바ㅣ니是乃中古以來一派의學者가占有로ᄡᅥ假定或暫時所有權이라唱道ᄒᆞᆫ說에基

에 직접 행사하는 권리이기 때문이다.

나의 소신으로 논하면 점유는 원래 권리의 행사에 불과하여 일체의 재산권을 모두 점유할 수 있고, 또 세상 사람이 점유라고 통칭하는 것은 물건의 소지를 필요로 하는 권리의 행사를 말하는 것으로 곧 소유권, 지상권, 영소작권 및 담보권 등의 행사가 그것이다. 이 편에서는 보통의 학설을 채용하여 점유의 범위를 유체물의 소지에 한정하고 기타의 것은 준점유로 넘긴다. 종래 유럽 학설에서는 순수한 점유는 소유권의 행사로만 한정하고 그밖에는 모두 준점유라고 하였으나 이는 그 명칭이 서로 다를 뿐이고 다른 뜻이 없으므로 여기에서 깊이 탐구하지 않는다.

점유에 관한 의의는 이상과 같이 학설이 많이 갈려 아직 하나로 정해진 법리가 없다고 해도 좋다. 그래서 상세하고 치밀한 논평은 시도할 수 없으나 근세 학설 및 법률은 일종의 권리라는 사상으로 대개 일치하는 것 같은데, 여기서는 로마법 이래 이 권리에 관한 일반 법률상의 사상을 간략히 서술하고자 한다.

점유가 소유권과 밀접한 관계가 있음은 로마법 이래 여러 나라 법제에서 모두 인정되는 바이다. 이는 바로 중세 시대 어떤 학자들이 점유를 가정적 또는 잠정적인 소유권이라고 주창하는 학설에 기

因ᄒᆞᆷ은아니로ᄃᆡ諸國法制에實跡을見ᄒᆞᆯ진ᄃᆡ其關係의密接ᄒᆞᆷ이吾人으로ᄒᆞ야곰占有가假定所有權과恰如ᄒᆞᆫ思想이發生케ᄒᆞᆷ이不無ᄒᆞ니此思想이生ᄒᆞᆷ에最適ᄒᆞᆫ事ᄂᆞᆫ取得時效에關ᄒᆞᆫ規定이是라即所有의意思로ᄡᅥ平穩且公然히占有ᄅᆞᆯ開始ᄒᆞᆫ者가善意且無過失이면動産에ᄂᆞᆫ其所有權을即時取得ᄒᆞ고不動産에ᄂᆞᆫ法定期間間繼續ᄒᆞᆷ에因ᄒᆞ야所有權을取得케ᄒᆞᆷ이라此境遇ᄅᆞᆯ當ᄒᆞ야所有權取得의直接原因은時效에在ᄒᆞᆯ지라도其時效ᄂᆞᆫ占有에不可不依據ᄒᆞ니然則一便으로觀察ᄒᆞᆫ즉某條件의付帶ᄒᆞᆫ占有로ᄡᅥ所有權取得의一個原因을作ᄒᆞ야도不可치아니ᄒᆞᆷ을可知ᄒᆞᆯ지니라

又諸國의法制ᄂᆞᆫ占有者가其占有物上에行使ᄒᆞᄂᆞᆫ權利ᄂᆞᆫ反對의證據가無ᄒᆞᆯ진ᄃᆡ適法ᄒᆞᆫ者로推定ᄒᆞᄂᆞ니假令人이有ᄒᆞ야某不動産을占有ᄒᆞ고所有權을行使ᄒᆞᆯ진ᄃᆡ其人은果然適法케所有權을取得與否ᄅᆞᆯ未知ᄒᆞᆯ지라도法律은反對의証據가無ᄒᆞᆯ진ᄃᆡ所有權을適法케持ᄒᆞᆫ者로推定ᄒᆞ야所有權有無에關ᄒᆞ야爭議가如有ᄒᆞᆯ진ᄃᆡ其人으로ᄒᆞ야곰原告되게ᄒᆞ며其他無主物에關ᄒᆞᆫ所有權은先占에因ᄒᆞ야取得ᄒᆞ며又英美의法律에ᄂᆞᆫ占有ᄂᆞᆫ所有權의一應証據라ᄒᆞᆷ과如ᄒᆞᆷ은皆

인하지는 않는다. 그렇지만 여러 나라 법제에 실제 나타난 행적을 보면 그 관계가 밀접하여 우리가 점유를 가정적인 소유권과 흡사하다고 여기는 사상이 발생하게 한 면이 없지 않은데, 이 사상이 발생하는 데 가장 적합한 것은 바로 취득시효에 관한 규정이다. 곧 소유의 의사로 평온하고 또 공연히 점유를 개시한 자가 선의이고 또 무과실이면 동산에서는 그 소유권을 즉시 취득하고 부동산에서는 법정기간 동안 계속함으로 인하여 소유권을 취득하게 하는 것이다. 이 경우 소유권 취득의 직접 원인은 시효에 있을지라도 그 시효는 점유에 의거할 수밖에 없다. 그래서 한편으로 관찰하면 어떤 조건에 딸려 있는 점유를 소유권 취득의 한 가지 원인으로 삼는 것도 불가능하지 않음을 알 수 있다.

또 여러 나라의 법제는 점유자가 그 점유물 위에 행사하는 권리는 반대의 증거가 없으면 적법한 것으로 추정한다. 가령 어떤 사람이 어느 부동산을 점유하고 소유권을 행사할 때, 그 사람은 과연 적법하게 소유권을 취득했는지 여부를 알지 못할지라도 법률은 반대의 증거가 없으면 소유권을 적법하게 가진 것으로 추정하여, 만일 소유권 유무에 관하여 다툼이 있으면 그 사람으로 하여금 원고가 되게 한다. 그밖에 무주물에 관한 소유권은 선점으로 인하여 취득되며, 또 영미의 법률에서는 점유는 소유권의 일응의 증거라고 하는 것과 같은 것은 모두

占有가所有權과密接의關係가有ᄒᆞᆷ을証明ᄒᆞᆷ에足ᄒᆞᆯ지니라

如斯히占有가所有權과密接의關係가有ᄒᆞ다ᄒᆞᆯ진ᄃᆡ占有로써一種權利라ᄒᆞ야도其關係의密接点에至ᄒᆞ야ᄂᆞᆫ異論이別無ᄒᆞᆯ지며又本講義에占有權을所有權에先ᄒᆞ고且各種物權의首部에置ᄒᆞᆫ所以도一은前述ᄒᆞᆷ과ᄀᆞᆺ치兩者의關係上으로見ᄒᆞᆫ즉占有의事實이有ᄒᆞᆫ後에所有權의取得或存在를認定ᄒᆞᆷ이常例며一은占有의事實됨이他各種物權에直接或間接으로多少의關係가不及ᄒᆞᆷ이無ᄒᆞᆷ에基因ᄒᆞᆷ이니라

第二節　占有權의定義

占有權의定義를示ᄒᆞᆫ즉如左ᄒᆞᆷ이라

占有權은自己를爲ᄒᆞ야ᄒᆞᄂᆞᆫ意思로物의所持를行ᄒᆞᄂᆞᆫ權利라

所持라ᄒᆞᆷ은自己를爲ᄒᆞ야ᄒᆞᄂᆞᆫ意思의實行이니更論ᄒᆞᆫ즉有体物을自己의管轄下에置ᄒᆞ야他人이其物에加ᄒᆞᄂᆞᆫ妨害를排斥ᄒᆞᄂᆞᆫ地位에在ᄒᆞᆷ을云ᄒᆞᆷ이라其實行은每時每分에存在ᄒᆞᆷ을不要ᄒᆞ고苟其自己의所望을依ᄒᆞ야何時던지現出ᄒᆞ기可得ᄒᆞ면足ᄒᆞ니라故로假令某職業을爲ᄒᆞ야自家를去ᄒᆞ고附近市府에往ᄒᆞ

점유가 소유권과 밀접한 관계가 있음을 족히 증명한다.

이렇게 점유가 소유권과 밀접한 관계가 있다고 할 수 있는데, 점유를 하나의 권리라고 하여도 그 관계가 밀접하다는 점에서는 달리 이견이 없을 것이다. 그리고 이 강의에서 점유권을 소유권에 앞서서 또 각종 물권의 머리 부분에 둔 까닭도, 하나는 전술한 것과 같이 양자의 관계로 보면 점유의 사실이 있은 뒤에 소유권의 취득 또는 존재를 인정하는 것이 상례이고, 하나는 점유의 사실이 다른 각종 물권에 직접 또는 간접적으로 다소의 관계가 미치지 않은 것이 없는데 기인한다.

제2절 점유권의 정의

점유권의 정의를 보이면 다음과 같다.

점유권은 자기를 위하여 할 의사로 물건을 소지할 권리이다.

소지란 자기를 위하여 할 의사의 실행으로, 다시 말하면 유체물을 자기의 관할 하에 두어 타인이 그 물건에 가하는 방해를 배척하는 지위에 있는 것을 말한다. 그 실행은 매 순간 존재할 필요는 없고 다만 자기의 소망에 따라 언제든지 나타날 수 있으면 족하다. 그러므로 가령 어떤 직업을 위하여 자기 집을 떠나 부근의 도시에 가는는者와如ᄒᆞᆷ도其所有家屋及財産에關ᄒᆞᆫ占有를保全ᄒᆞᄂᆞ니라（本定義에關ᄒᆞᆫ說明은次節要素에關ᄒᆞᆫ說明과對照ᄒᆞᆫ後에詳解ᄒᆞᆷ）

第三節　占有權의要素

法律上占有에는無形原素와有形原素가有ᄒᆞ니前者는卽如何ᄒᆞᆫ意思(或稱心素)오後者는如何ᄒᆞᆫ實力(或稱体素)이라然而此意思及實力의性質과種類如何에關ᄒᆞ야는自來로論議가甚多ᄒᆞ야後世學者로ᄒᆞ야곰所謂法律上占有의何物됨을解得ᄒᆞ기不能케ᄒᆞᆫ實例가不無ᄒᆞᆫ지라然則今에占有權의意義를明釋코져ᄒᆞᆯ진ᄃᆡ此에要ᄒᆞ는바意思及實力의性質과種類如何를說明ᄒᆞᆷ이第一必要ᄒᆞᆯ지니라

第一、意思

占有에要ᄒᆞ는意思는其占有物件으로브터他人을排斥ᄒᆞ는意思라更論ᄒᆞᆫ즉自己를爲ᄒᆞ야權利를行使ᄒᆞ는意思卽物을占領ᄒᆞᄂᆞᆫ意思니라

然而羅馬法에는此意思를占有의意思라單稱ᄒᆞ고其所謂占有의意思는如何ᄒᆞᆫ意思의指稱을明示치아니ᄒᆞᆷ으로學者의解釋이不一ᄒᆞ얏스나然이나其多數는此를所有의意思라解釋ᄒᆞᆫ結果로羅馬法을繼受ᄒᆞᆫ諸國은其弊를槪襲ᄒᆞ

자라도 그 소유의 가옥 및 재산에 관한 점유를 보전하고 있는 것이다(이 정의에 관한 설명은 다음 절의 요소에 관한 설명과 대조한 뒤에 상세히 풀이함).

제3절 점유권의 요소

법률상 점유에는 무형의 원소(原素)와 유형의 원소가 있는데 전자는 곧 어떠한 의사(또는 심소라고도 부름)이고 후자는 어떠한 실력(또는 체소라고도 부름)이다.* 그러나 의사 및 실력의 성질과 종류가 어떠한지에 관하여는 종래부터 논의가 매우 많아 후세 학자들이 이른바 법률상 점유가 어떠한지를 이해할 수 없게 한 실례가 없지 않다. 그래서 이제 점유권의 의의를 명확히 풀어내고자 하려면 점유에 필요한 의사 및 실력의 성질과 종류가 어떠한지를 설명하는 것이 가장 필요하다.

I. 의사

점유에 필요한 의사는 그 점유물로부터 타인을 배척할 의사이다. 다시 말하면 자기를 위하여 권리를 행사할 의사, 곧 물건을 점령할 의사이다.

그런데 로마법에서는 이 의사를 단순히 점유의 의사라고 부르고 이른바 점유의 의사는 어떠한 의사를 가리키는지 명시하지 않아 학자의 해석이 하나같지 않았으나 그 다수는 이를 소유의 의사라고 해석하였다. 그 결과 로마법을 계수한 여러 나라는 그 폐단을 모두 답습하

* 역자주: 심소(心素)와 체소(體素)는 각각 animus와 corpus를 가리킴.

야法律上各種의占有를認定ᄒᆞ야所謂自己를爲ᄒᆞᄂᆞᆫ占有(法定占有)와自己의權利를主張ᄒᆞᄂᆞᆫ意思가無ᄒᆞᆫ占有(自然占有)와他人을爲ᄒᆞ야他人의名으로ᄒᆞᄂᆞᆫ占有(容假占有)로區別ᄒᆞ고又其目的物에至ᄒᆞ야도有体物을直接目的ᄒᆞᄂᆞᆫ占有와間接目的ᄒᆞᄂᆞᆫ占有로區別ᄒᆞ야各個境遇에適應코져ᄒᆞ얏스ᄂᆞ然이ᄂᆞ占有를各種으로區別ᄒᆞᆫ즉此에共通ᄒᆞᄂᆞᆫ元素가無ᄒᆞᆯ뿐아니라元來占有ᄂᆞᆫ唯一이오二種이無ᄒᆞᄂᆞ니故로吾人은占有를自己를爲ᄒᆞ야ᄒᆞᄂᆞᆫ意思라定義ᄒᆞ고又其意思ᄂᆞᆫ所有權을取得코져ᄒᆞ고否ᄒᆞᆷ을不問ᄒᆞ고他人을排斥ᄒᆞᄂᆞᆫ意思라ᄒᆞ야各個境遇에共通適用코져ᄒᆞ노라

第二、實力

占有에要ᄒᆞᄂᆞᆫ實力은其占有物件으로브터他人을排斥ᄒᆞᄂᆞᆫ實力이라更論ᄒᆞᆫ즉權利使行의事實卽物을占領ᄒᆞᄂᆞᆫ實力이니라

此實力에關ᄒᆞ야도意思와ᄀᆞᆺ치解釋이不一ᄒᆞ야所謂實力은握持卽身體的接觸을要ᄒᆞᄂᆞᆫ者ㅣ라解釋ᄒᆞᄂᆞᆫ者가不少ᄒᆞ니此ᄂᆞᆫ羅馬法의誤解에全基ᄒᆞᆫ바ㅣᄂᆞ然이ᄂᆞ既已西曆一千八百三年에士非尼氏의著書占有論에其不可를詳論

여, 법률상 갖가지 점유를 인정하여 이른바 자기를 위한 점유(법정점유*)와 자기의 권리를 주장할 의사가 없는 점유(자연점유**)와 타인을 위하여 타인의 이름으로 하는 점유(용가점유***)로 구별하고 또 그 목적물도 유체물을 직접 목적으로 하는 점유와 간접적으로 목적으로 하는 점유로 구별하여 각 경우에 적용하고자 하였다. 그러나 점유를 갖가지로 구별하면 이에 공통되는 원소(元素)가 없을 뿐 아니라 원래 점유는 오직 하나이고 두 가지가 아니다. 그러므로 나는 점유를 자기를 위하여 할 의사라고 정의하고 또 그 의사는 소유권을 취득하고자 하는지 아닌지를 불문하고 타인을 배척할 의사라고 하여 각 경우에 공통적으로 적용하고자 한다.

II. 실 력

점유에 필요한 실력은 그 점유물건으로부터 타인을 배척하는 실력이다. 다시 말하면 권리 행사****의 사실, 곧 물건을 점령하는 실력이다.

이 실력에 관하여도 의사와 같이 해석이 하나같지 않아 이른바 실력은 악지(握持), 곧 신체적 접촉을 필요로 한다고 해석하는 자가 적지 않은데 이는 전적으로 로마법의 오해에서 기인한다. 그러나 이미 1803년에 사비니*****의 저서 점유론에서 그것이 옳지 않음을 자세히 논

---

* 역자주: 원문은 '法定占有'로 표현함. 시민법상의 점유(possessio civilis)를 말함.
** 역자주: 원문은 '自然占有'로 표현함. possessio naturails를 말함.
*** 역자주: 원문은 '容假占有'로 표현함. precarium을 말함. 오늘날에는 허용점유 또는 가점유로 번역함.
**** 역자주: 원문은 '使行'으로 표현함.
***** 역자주: 원문은 '士非尼'로 표현함. Friedrich Carl von Savigny를 말함.

ᄒᆞ야今日에ᄂᆞᆫ學者의共知ᄒᆞᄂᆞᆫ바가되니라

凡法律上占有에ᄂᆞᆫ握持가無ᄒᆞ야도成立을認定ᄒᆞᆷ은法律上에明示ᄒᆞᄂᆞᆫ바ㅣ니今에吾人이若干의土地或動産物을買受ᄒᆞᆷ으로假定ᄒᆞᆯ진ᄃᆡ此境遇를當ᄒᆞ야吾人이足으로써其土地를踐踏ᄒᆞ거나手로써該動産物을握取ᄒᆞ야占有ᄒᆞᆷ과不然ᄒᆞ야此等事實이無ᄒᆞ고占有ᄒᆞᆷ이何者가普通됨을問ᄒᆞᆯ진ᄃᆡ何人이던지前境遇가普通이오後境遇가稀有ᄒᆞᆷ을答應ᄒᆞᆷ에躊躇치아니ᄒᆞᆯ지라然則法律上占有에必要ᄒᆞᆫ實力은物體에身體的接觸을要ᄒᆞᆷ이本則이라ᄒᆞᄂᆞᆫ說은無根據ᄒᆞᆫ誤解에歸ᄒᆞᆷ은多辯을不須ᄒᆞᆯ바ㅣ니라

又况物體에身體的接觸이有ᄒᆞ야도此를占有로認做치못ᄒᆞᆯ境遇가居多ᄒᆞᆷ이리오試見ᄒᆞ라吾人이道路를通行ᄒᆞᆷ에當ᄒᆞ야吾人의身體가道路에直接接觸ᄒᆞ며連鎖에被縛ᄒᆞᆫ囚徒ᄂᆞᆫ其連鎖가身體에直接接觸ᄒᆞᆫ들誰가吾人의道路와囚徒의連鎖를占有라直稱ᄒᆞ리오然則法律上占有에要ᄒᆞᄂᆞᆫ實力은他人을排斥ᄒᆞᄂᆞᆫ實力에不外ᄒᆞ고物體의握持與否ᄂᆞᆫ不問ᄒᆞᆷ이明白ᄒᆞᆯ지니라

第二章　占有權의取得

하여 오늘날에는 학자들이 모두 아는 바가 되었다.

법률상 점유는 악지가 없어도 성립이 인정되는 점은 법률에 명시된 바인데, 이제 우리가 약간의 토지 또는 동산 물건을 매수한다고 가정하자. 이 경우에 우리가 발로 그 토지를 밟거나 손으로 그 동산 물건을 잡아 쥐어 점유하는 것과, 그렇지 않고 이들 사실 없이 점유하는 것 가운데 무엇이 보통인지를 묻는다면 누구든지 뒤의 경우가 보통이고 앞의 경우가 드물다고* 답하는 데 주저하지 않을 것이다. 그래서 법률상 점유에 필요한 실력은 물건에 대한 신체적 접촉이 있어야 함이 원칙이라는 학설이 근거 없는 오해가 됨은 많은 설명이 필요하지 않다.

더구나 물체에 신체적 접촉이 있더라도 이를 점유로 인정하지 못할 경우가 대부분일 것이다. 생각해 보라. 우리가 도로를 통행할 때 우리의 신체가 도로에 직접 접촉하며 쇠사슬에 묶인 죄수들의 그 쇠사슬이 신체에 직접 접촉한들, 누가 우리의 도로와 죄수의 쇠사슬을 곧바로 점유라고 부르겠는가? 그래서 법률상 점유에 필요한 실력은 타인을 배척하는 실력일 뿐이고 물체의 악지 여부는 불문함이 명백하다.

제2장 점유권의 취득

---

* 역자주: 원문은 "前境遇가普通이오後境遇가稀有ㅎ、"으로 표기되어 있으나, 문맥상 위 번역이 옳음.

第一節 取得의所爲

占有權으로써果然自己를爲ᄒᆞ야ᄒᆞᄂᆞᆫ意思로物을所持ᄒᆞᄂᆞᆫ權利에不外ᄒᆞᆷ이라ᄒᆞᆯ진ᄃᆡ 其取得에ᄂᆞᆫ單其自巳를爲ᄒᆞ야ᄒᆞᄂᆞᆫ意思의實行만有ᄒᆞᆫ즉足ᄒᆞᆯ지라詳論ᄒᆞᆫ즉自己를爲ᄒᆞᄂᆞᆫ意思로物을所持ᄒᆞᆷ에因ᄒᆞ야取得ᄒᆞᆯ者ㅣ니라此에關ᄒᆞ야도物의所有權을自己의所有로作ᄒᆞᆯ意思와又其物을握取ᄒᆞᄂᆞᆫ所爲를要ᄒᆞᆫ다ᄒᆞᄂᆞᆫ學說이不無ᄒᆞ나然이나此事實의不然ᄒᆞᆷ은占有의取得及喪失의方法如何를觀察ᄒᆞ면自然理解ᄒᆞᆯ지니라

右事實을解釋ᄒᆞᆷ에ᄂᆞᆫ爲先不動産의事實로브터起論ᄒᆞᆷ이便利ᄒᆞ니假令吾人이一頃의土地를購買코져ᄒᆞ야其代價를支撥ᄒᆞ야當事者兩便間에契約証書를作成ᄒᆞ고此에署名ᄒᆞ얏다ᄒᆞᆯ진ᄃᆡ此境遇를當ᄒᆞ야其土地의占有를得ᄒᆞᆷ에ᄂᆞᆫ買主가土地의各部分을行步ᄒᆞ야自身的接觸行爲를不要ᄒᆞ고但其目的地에進入ᄒᆞ야駐立ᄒᆞᆫ後賣主가退去ᄒᆞ고又其承諾을表示ᄒᆞᆫ즉占有權이買主에게直歸ᄒᆞᆯ지니라

右例解ᄂᆞᆫ實로占有에關ᄒᆞᆫ買主의請求가何人에게던지反對를不受ᄒᆞᄂᆞᆫ境遇를

제1절 취득의 행위

점유권이 과연 자기를 위하여 할 의사로 물건을 소지하는 권리일 뿐이라면 그 취득에는 다만 자기를 위하여 할 의사의 실행만 있으면 족할 것이다. 자세히 논하면 자기를 위할 의사로 물건을 소지함으로 인하여 취득할 것이다. 이에 관하여도 물건의 소유권을 자기의 소유로 삼을 의사와 또 그 물건을 잡아 쥐는 행위가 있어야 한다는 학설이 없지 않다. 그러나 이 사실이 그렇지 않음은 점유의 취득 및 상실의 방법이 어떠한지를 관찰하면 자연스레 이해될 것이다.

위 사실을 해석하려면 먼저 부동산의 사실로부터 논의를 시작하는 것이 편리하다. 가령 우리가 한 경(頃)* 의 토지를 구매하고자 그 대가를 지급하고 당사자 양쪽 사이에 계약증서를 작성하여 이에 서명하였다고 하자. 이 경우에 그 토지의 점유를 얻으려면 매수인이 토지의 각 부분을 걸어가 신체적 접촉행위를 할 필요가 없고, 다만 그 목적지에 진입하여 머물러 선 뒤 매도인이 퇴거하고 또 그 승낙을 표시하면 점유권이 곧바로 매수인에게 귀속될 것이다.

위 사례는 실로 점유에 관한 매수인의 청구가 누구에게든 반대를 받지 않는 경우를

---

* 역자주: 3,000평

想像홈이나若其賣主가該地를不去ᄒᆞ야買主의占有權을不當히拒絕ᄒᆞ거나第三者가又有ᄒᆞ야賣買兩主의權利를否認홈이有홀진ᄃᆡ設或買主가其土地의全部를行步ᄒᆞ야身體的接觸의行爲를行홀지라도右等妨害의行爲를除去홈이아니면決斷코占有權을取得ᄒᆞ기不能홀지니라

是乃買主가占有權을取得홈에必要ᄒᆞᆫ有形의要素ᄂᆞᆫ身體的接觸行爲가아니오自己를爲ᄒᆞ야土地를處寘ᄒᆞ기可得홀實力即自己를爲ᄒᆞ야ᄒᆞᄂᆞᆫ意思實行에專在ᄒᆞ며又如斯ᄒᆞᆫ境遇에買主가占有權을取得홈에ᄂᆞᆫ二個의方法이有홀ᄲᅮᆫ이니即反對當事者를勸告ᄒᆞ야讓步케ᄒᆞ거나腕力을使用ᄒᆞ야其牴抗을排除홈이是라如斯히占有權取得에ᄂᆞᆫ買主가其土地의全部行步를不要ᄒᆞ고若其土地가當事者의住居地附近에在홀진ᄃᆡ賣主가買主에게指示ᄒᆞ야占有의空虛ᄒᆞᆫ事實을表明ᄒᆞ고兼ᄒᆞ야買主에게傳致홀意思를表示홈과同時에買主가受取홀意思를發表ᄒᆞᆫ즉其地의占有權이移轉홈에足ᄒᆞ니라

次에動產의占有權을取得ᄒᆞᄂᆞᆫ方法如何를探究ᄒᆞ건ᄃᆡ以上說明ᄒᆞᆫ바와同一ᄒᆞᆫ結論에歸着홀지니라

상상한 것이다. 그러나 만약 매도인이 그 땅을 떠나지 않아 매수인의 점유권을 부당하게 거절하거나 또는 제3자가 있어 매도인과 매수인 양쪽의 권리를 부인한다면, 설령 매수인이 그 토지의 전부를 걸어가 신체적 접촉의 행위를 행할지라도 이들 방해 행위를 제거하지 않으면 결코 점유권을 취득할 수 없을 것이다.

이것이 바로 매수인이 점유권을 취득하는 데 필요한 유형의 요소는 신체적 접촉행위가 아니고 자기를 위하여 토지를 처분할 수 있는 실력, 곧 오로지 자기를 위하여 할 의사의 실행에 있다는 것이다. 또 이러한 경우에 매수인이 점유권을 취득하려면 두 개의 방법이 있을 뿐이다. 곧 반대당사자에게 권고하여 양보하게 하거나 완력(腕力)을 사용하여 그 저항을 배제하는 것이 그것이다. 이렇게 점유권 취득에는 매수인이 그 토지를 전부 걸어갈 필요가 없고 만약 그 토지가 당사자의 주거지 부근에 있으면 매도인이 매수인에게 지시하여 점유가 비어 있다는 사실을 표명하고 아울러 매수인에게 인도하여 줄 의사를 표시함과 동시에 매수인이 수취할 의사를 표시하면 그 땅의 점유권이 족히 이전된다.

다음에 동산의 점유권을 취득하는 방법이 어떤지를 탐구하면 이상에서 설명한 바와 동일한 결론으로 귀착될 것이다.

元來動產의占有權은其物件과身體的接觸行爲가有홈에因ᄒᆞ야取得홈이居多ᄒᆞ니即金錢은懷中에投入ᄒᆞ며衣服은身體에着用ᄒᆞ며椅子ᄂᆞᆫ常時에跨坐홈에因ᄒᆞ야各其占有權을取得홈과如홈이라然이나此身體的接觸行爲도必要條件은아니니何者오吾人의目前案床에寘ᄒᆞᆫ金錢과衣欌에掛ᄒᆞᆫ衣類와家中에在ᄒᆞᆫ椅子라도各其占有權을取得享有홈과如ᄒᆞᆫ所以니라

右와同一ᄒᆞᆫ理由로假令公共ᄒᆞᆫ市場에在ᄒᆞᆫ巨大의貨物을賣買코져ᄒᆞᆯ진ᄃᆡ賣買兩主가現場에共至ᄒᆞ야賣主ᄂᆞᆫ其貨物交付의意思를表示ᄒᆞ고買主ᄂᆞᆫ收取의意思를發表ᄒᆞᆯ진ᄃᆡ該貨物의占有權이買主에게移轉ᄒᆞᆯ지며又倉庫에貯藏ᄒᆞᆫ物貨를購買ᄒᆞᆯ진ᄃᆡ其鍵의交付를受홈에因ᄒᆞ야該物의占有權을取得ᄒᆞᆯ지며又木材의占有權은買主가賣主의面前에셔其木片에記號를附홈에因ᄒᆞ야取得홈과如ᄒᆞ니라

然而右最後의境遇ᄂᆞᆫ記號의事實로推觀ᄒᆞᆫ즉身體的接觸行爲에因ᄒᆞ야取得홈과如호ᄃᆡ不然ᄒᆞ니此ᄂᆞᆫ當事者兩便의意思表示가使然케홈이니라然이나此境遇에ᄂᆞᆫ當事者의意思로記号에만因ᄒᆞ야ᄂᆞᆫ占有權移轉의効果가不生케홈도不

원래 동산의 점유권은 그 물건과 신체적 접촉행위가 있음으로 인하여 취득하는 경우가 대부분으로, 곧 금전은 품안에 넣으며 의복은 신체에 착용하며 의자는 평상시에 걸디앉음으로 인하여 각각 그 점유권을 취득하는 것과 같다. 그러나 이 신체적 접촉행위도 필요조건은 아닌데, 왜냐하면 우리 눈앞의 안상(案床)에 둔 금전과 옷장에 걸어 둔 의류와 집안에 있는 의자라도 각각 그 점유권을 취득하고 향유하는 것과 같기 때문이다.

위와 동일한 이유로 가령 여러 사람이 모인 시장에 있는 거대한 화물을 매매하고자 할 때, 매도인과 매수인 양쪽이 현장에 함께 이르러 매도인은 그 화물 교부의 의사를 표시하고 매수인은 수취의 의사를 표시하면 그 화물의 점유권이 매수인에게 이전될 것이다. 또 창고에 저장된 물품과 재화를 구매할 때 그 열쇠를 교부받음으로 인하여 그 물건의 점유권을 취득할 것이다. 또 목재의 점유권은 매수인이 매도인의 면전에서 그 나뭇조각에 기호를 붙임으로 인하여 취득하는 것과 같다.

그런데 위에서 마지막의 경우는 번호를 매긴 사실로 미루어 보면 신체적 접촉행위로 인하여 취득한 것 같지만 그렇지 않은데, 이는 당사자 양쪽의 의사표시가 그렇게 하도록 한 것이다. 그러나 이 경우에는 당사자의 의사로 기호만으로 인하여는 점유권 이전의 효과가 발생하지 않게 하는 경우도 없지

無ᄒᆞ니卽其記号ᄂᆞᆫ權利의目的物된木材의異動을禁止ᄒᆞᆯ뿐이오移轉은代價를支撥ᄒᆞᆫ後에始行ᄒᆞ기契約ᄒᆞᆷ과如ᄒᆞᆫ時가是니라

以上列記ᄒᆞᆫ各個의境遇ᄂᆞᆫ學者가各種으로命名ᄒᆞ야想像的標識的又解釋的의取得이라主張ᄒᆞᄂᆞᆫ者가有ᄒᆞ나然이나是皆誤謬에歸着ᄒᆞᄂᆞᆫ說이라此等各境遇라도亦皆他人을排斥ᄒᆞ고自己의所好를從ᄒᆞ야物件을處寘ᄒᆞ기可得ᄒᆞᆯ實力이有ᄒᆞᆷ에因ᄒᆞ야占有權을取得享有ᄒᆞᆷ이니卽此等各個境遇中에二個의境遇를除ᄒᆞᆫ外에ᄂᆞᆫ皆目的物된物件이實際上吾人의面前에存在ᄒᆞᆷ에因ᄒᆞ야此에對ᄒᆞᄂᆞᆫ占有權이有ᄒᆞᆷ은論을不須ᄒᆞᆯ바ㅣ니라

然則所謂二個의境遇ᄂᆞᆫ何오卽吾人의家屋內에持來ᄒᆞᆫ物件에ᄂᆞᆫ吾人이占有權을取得ᄒᆞᆷ이라ᄒᆞᄂᆞᆫ境遇와倉庫에貯藏ᄒᆞᆫ貨物의賣買에ᄂᆞᆫ賣主가買主에게其鍵을交付ᄒᆞᄂᆞᆫ境遇가是라其前者에關ᄒᆞ야吾人에게占有權이有ᄒᆞ다ᄒᆞᆷ은畢竟法學者의熟知ᄒᆞᄂᆞᆫ바原則을此特段ᄒᆞᆫ境遇에適用ᄒᆞᆷ이니所謂法學者의熟知ᄒᆞᄂᆞᆫ原則이라ᄒᆞᆷ은人은其家屋內에對ᄒᆞ야完全獨專ᄒᆞᆫ管理權이有ᄒᆞᆷ에因ᄒᆞ야其家屋內에在ᄒᆞᆫ各種物件에關ᄒᆞ야도現實히監守ᄒᆞ기可得이라ᄒᆞᄂᆞᆫ原則이是오又

않은데, 곧 그 기호는 권리의 목적물인 목재의 이동(異動)을 금지할 뿐이고 이전은 대가를 지급한 뒤에 비로소 행하기로 계약한 것과 같은 때가 그것이다.

이상에 적은 각각의 경우는 학자가 갖가지로 명명하여 상상적, 표지적(標識的) 또는 해석적 취득이라고 주장하는 자가 있다. 그러나 이는 모두 잘못된 학설이다. 이들 각 경우라도 또한 모두 타인을 배척하고 자기가 좋아하는 바를 따라 물건을 처분할 수 있는 실력이 있음으로 인하여 점유권을 취득하고 향유하는 것이다. 곧 이들 각 경우 중에서 두 개의 경우를 제외하고는 모두 목적물인 물건이 실제로 우리 면전에 존재함으로 인하여 이에 대한 점유권이 있음은 논할 필요도 없다.

그렇다면 이른바 두 개의 경우는 무엇인가? 곧 우리 가옥 내에서 가져온 물건에는 우리가 점유권을 취득한다는 경우와, 창고에 저장된 화물의 매매에서는 매도인이 매수인에게 그 열쇠를 교부하는 경우가 그것이다. 전자에 관하여 우리에게 점유권이 있다는 것은 마침내 법학자가 익히 아는 원칙을 이 특별한 경우에 적용하는 것이다. 여기서 이른바 법학자가 익히 아는 원칙이란, 바로 그 가옥 안에 대하여 완전히 독립되고 전속적인 관리권이 있음으로 인하여 그 가옥 안에 있는 갖가지 물건에 관하여도 현실적으로 감독하고 지킬 수 있다는 원칙이다. 또

後者에關ᄒᆞ야倉庫內貨物의占有權이買主에게移轉ᄒᆞᄂᆞᆫ所以ᄂᆞᆫ如斯ᄒᆞᆫ境遇에其目的物의處置權을買主에게付與ᄒᆞᆷ에ᄂᆞᆫ其鍵을交付ᄒᆞᄂᆞᆫ外에他良法이無ᄒᆞᆷ에因ᄒᆞᆷ이니라

動産의境遇도不動産의境遇와ᄀᆞᆺ치其占有權을取得ᄒᆞᆫ後에占有者가恒常他人을排斥ᄒᆞ고隨意로物件을處寘ᄒᆞ기可得ᄒᆞᆯ實力이再現ᄒᆞᆯ以上은該占有權이保維ᄒᆞᄂᆞᆫ者ㅣ라此由로因ᄒᆞ야公共ᄒᆞᆫ市場에在ᄒᆞᆫ貨物의占有授受가有ᄒᆞᆫ後에賣買兩主가現場을共退ᄒᆞᆯ지라도其貨物의占有權은買主가保維ᄒᆞ며又一私人의所有倉庫內에所在貨物을賣買ᄒᆞᆫ境遇에ᄂᆞᆫ苟其倉庫의所有主가買主를爲ᄒᆞ야貨物의保存所로倉庫의使用權을許與ᄒᆞᆷ이아니면該物의占有權은保有치못ᄒᆞᄂᆞ니라

占有에關ᄒᆞᆫ思想如何ᄂᆞᆫ生獸를占有ᄒᆞᄂᆞᆫ境遇를觀ᄒᆞᆫ즉愈益明解ᄒᆞ기可得ᄒᆞᆷ에庶幾ᄒᆞᆯ지니라

元來人의家中에馴養ᄒᆞᆫ獸畜即牛馬와如ᄒᆞᆷ은此를他動産과同視ᄒᆞ야도可ᄒᆞ되是와相反ᄒᆞ야野獸에至ᄒᆞ야ᄂᆞᆫ吾人이直接捕拿ᄒᆞ야得ᄒᆞᆷ과ᄀᆞᆺ치充分히拘禁ᄒᆞ

후자에 관하여 창고 내 화물의 점유권이 매수인에게 이전하는 까닭은 이러한 경우에 그 목적물의 처분권을 매수인에게 부여하려면 그 열쇠를 교부하는 것 말고는 다른 좋은 방법이 없기 때문이다.

동산의 경우도 부동산의 경우와 같이 그 점유권을 취득한 뒤에 점유자가 항상 타인을 배척하고 마음대로 물건을 처분할 수 있는 실력이 다시 살아나는 이상 그 점유권이 보호, 유지되는 것이다. 이로 인하여 여러 사람이 모인 시장에 있는 화물의 점유를 주고받은 뒤에 매도인과 매수인 양쪽이 현장을 함께 물러날지라도 그 화물의 점유권은 매수인이 보호, 유지한다. 또 한 사인(私人) 소유의 창고 안에 있는 화물을 매매한 경우에는 진실로 그 창고의 소유자가 매수인을 위하여 화물의 보존 장소로 창고의 사용권을 허여하지 않으면 그 물건의 점유권은 보유하지 못한다.

점유에 관한 사상이 어떠한지는 산 동물을 점유하는 경우를 보고 더욱 명확히 이해할 수 있기를 바란다.

원래 사람의 집 안에서 길들여 키우는 가축, 곧 마소와 같은 것은 다른 동산과 동일시하여도 되지만, 이와 반대로 야수는 우리가 직접 잡아서 얻는 것과 같이 충분히 가둬두는以限에만占有權을得有ᄒᆞᄂᆞ니라此由를依ᄒᆞ야河川內에在ᄒᆞᆫ魚介는設或其河川及捕漁權이吾人에게屬有ᄒᆞ는境遇라도其魚介에對ᄒᆞ야는占有權이無ᄒᆞ며又吾人의邸內泉池에在ᄒᆞᆫ魚介도此와同一ᄒᆞ니若其泉池가吾人의捕拿코져ᄒᆞ는바魚介로ᄒᆞ야곰逃去케ᄒᆞᆯ餘地가有ᄒᆞ야其範圍가廣大ᄒᆞᆯ진ᄃᆡ吾人은其魚介에對ᄒᆞ야占有權이毫無ᄒᆞᆷ이라然이나其魚介가池桶內에投入ᄒᆞ야其池桶이何時던지吾人으로ᄒᆞ야곰魚介를捕獲ᄒᆞ기可得케ᄒᆞ야範圍가狹隘ᄒᆞᆯ진ᄃᆡ吾人은其魚介에關ᄒᆞ야占有權을得有ᄒᆞᄂᆞ니라

又野獸라도人에게馴養ᄒᆞ야放置ᄒᆞ야도逃去치아니ᄒᆞᆯ以限은家畜과同一히占有權이有호ᄃᆡ是와相反ᄒᆞ야純然ᄒᆞᆫ野獸에至ᄒᆞ야는設或其生命을致殞ᄒᆞᆷ에可足ᄒᆞᆯ行爲가有ᄒᆞᆯ지라도特이捕拿ᄒᆞᆷ이아니면占有權을未得ᄒᆞᄂᆞ니何者오此境遇에는其獵夫가物理上監守力을欠缺ᄒᆞᆯ뿐아니라其捕拿를妨害ᄒᆞᆯ何如ᄒᆞᆫ事項이起生ᄒᆞᆯ지未測ᄒᆞ는所以라卽或은他猛獸가驅馳ᄒᆞ야其野獸를攫取奪去ᄒᆞᆷ도有ᄒᆞᆯ지오或은該野獸가其巢窟을逃竄ᄒᆞᆷ도有ᄒᆞᆯ자오或은該獵夫가其踪跡을追失ᄒᆞᆷ도有ᄒᆞᆯ지니라

는 한에서만 점유권을 가질 수 있다. 이로써 하천 안에 있는 물고기*는 설령 그 하천 및 어업권이 우리에게 속하는 경우라도 그 물고기에 대하여는 점유권이 없다. 또 우리 집 안 샘이나 연못에 있는 물고기도 이와 같은데, 만약 그 샘이나 연못이 우리가 잡으려는 물고기가 도망가게 할 여지가 있고 그 범위가 넓다면 우리는 그 물고기에 대하여 점유권이 전혀 없다. 그러나 그 물고기를 수조 안에 투입하여 그 수조가 우리가 언제든지 물고기를 잡을 수 있고 범위가 좁다면 그 물고기에 관하여 점유권을 가질 수 있다.

또 야수라도 사람에게 길들여 키워져서 방치하여도 도망가지 않는 한은 가축과 동일하게 점유권이 있다. 이와 반대로 완전한 야수는 설령 그 생명을 죽게 하는 데 충분한 행위가 있을지라도 특별히 잡지 않으면 점유권을 얻지 못한다. 왜냐하면 이 경우에는 그 사냥꾼이 물리적으로 감독하고 지킬 수 있는 능력이 없을 뿐 아니라 그 포획을 방해할 어떠한 사태가 일어날지 예측할 수 없기 때문이다. 곧 더러는 다른 맹수가 달려와서 그 야수를 빼앗아 물어갈 수도 있고, 더러는 그 야수가 소굴로 달아나 숨을 수도 있고 더러는 그 사냥꾼이 그 자취를 쫓다가 잃어버릴 수도 있을 것이다.

* 역자주: 원문은 '魚介'로 여기에는 물고기와 조개가 포함됨.

以上論述ᄒᆞᆫ바로由觀ᄒᆞᆫ즉占有權取得의所爲ᄂᆞᆫ唯其自己ᄅᆞᆯ爲ᄒᆞ야ᄒᆞᄂᆞᆫ意思가有ᄒᆞ고物을所持ᄒᆞᆷ에在ᄒᆞᆷ이明白ᄒᆞ니故로占有權을組成ᄒᆞᆷ에ᄂᆞᆫ占有者가自己가其物에對ᄒᆞᆫ眞權利者가自成ᄒᆞᆷ을不要ᄒᆞ며又眞權利者로自信ᄒᆞᆷ도不要ᄒᆞ고單其自己ᄅᆞᆯ爲ᄒᆞ야ᄒᆞᄂᆞᆫ意思에依ᄒᆞ야權利者되ᄂᆞᆫ所爲ᄅᆞᆯ行ᄒᆞᆷ으로써足ᄒᆞᆯ지니라假令盜漢은其盜品에對ᄒᆞᆫ眞權利者가아님이勿論이오又眞權利者로自信ᄒᆞᆷ도아니로ᄃᆡ自己ᄅᆞᆯ爲ᄒᆞ야ᄒᆞᄂᆞᆫ意思로其物에關ᄒᆞ야權利者되ᄂᆞᆫ所爲ᄅᆞᆯ行ᄒᆞᄂᆞᆫ者인즉此亦其盜品에對ᄒᆞᆫ占有權을取得ᄒᆞᆫ者ㅣ라可謂ᄒᆞᆷ과如ᄒᆞᆷ이라

第二節　代理에依ᄒᆞᄂᆞᆫ取得

占有權은代理人을依ᄒᆞ야取得ᄒᆞᄂᆞᆫ者ㅣ라

世의學者가往往占有에關ᄒᆞᆫ意思와實力을誤解ᄒᆞ야意思ᄂᆞᆫ占有者가必乃自有ᄒᆞᆷ을要ᄒᆞ고只其實力만代理人이로ᄒᆞ야곰行케ᄒᆞᆷ을得ᄒᆞᆷ으로信ᄒᆞᄂᆞᆫ者가多ᄒᆞ니此ᄂᆞᆫ太甚ᄒᆞᆫ謬見이라盖羅馬에在ᄒᆞ야ᄂᆞᆫ純然ᄒᆞᆫ代理ᄅᆞᆯ不認ᄒᆞᆷ으로占有取得에關ᄒᆞ야도純然ᄒᆞᆫ代理ᄅᆞᆯ不認ᄒᆞ얏스ᄂᆞ實際에ᄂᆞᆫ其不便의難堪에因ᄒᆞ야意思ᄂᆞᆫ代表ᄒᆞ기不得ᄒᆞᆯ지라도事實은代表ᄒᆞ기得ᄒᆞᆯ者ㅣ라ᄒᆞ야代理ᄅᆞᆯ認定ᄒᆞᆷ에僅

이상에서 논의한 바로부터 보면 점유권 취득의 행위는 오직 자기를 위하여 할 의사가 있고 물건을 소지하는 데 있음이 명백하다. 그러므로 점유권을 구성하는 데에는 점유자가 스스로 그 물건에 대한 진정한 권리자가 될 필요가 없고 또 진정한 권리자로 스스로 믿을 필요도 없으며, 다만 자기를 위하여 할 의사에 의하여 권리자로서 행위를 하면 족할 것이다. 가령 도둑은 그 도품(盜品)에 대한 진정한 권리자가 아님은 물론이고 또 진정한 권리자로 스스로 믿는 것도 아니지만 자기를 위하여 할 의사로 그 물건에 관하여 권리자로서의 행위를 행하는 자로, 이 또한 그 도품에 대한 점유권을 취득한 것이라고 말할 수 있는 것과 같다.

제2절 대리에 의한 취득

점유권은 대리인에 의하여 취득하는 것이다.

세상의 학자가 자주 점유에 관한 의사와 실력을 오해하여 의사는 점유자가 반드시 스스로 가져야 하고 다만 그 실력만 대리인이 행사하게 할 수 있다고 믿는 사람이 많은데, 이는 매우 심각하게 잘못된 견해이다. 대개 로마에서는 순수한 대리를 인정하지 않았으므로 점유 취득에 관하여도 순수한 대리를 인정하지 않았으나, 실제로는 그에 따른 불편을 감당하기 어려워 의사는 대표하지 못할지라도 사실은 대표할 수 있는 것이라고 하여 대리를 겨우 인정하기에

至ᄒᆞ얏더니後世에至ᄒᆞ야ᄂᆞᆫ純然ᄒᆞᆫ代理ᄅᆞᆯ一般으로認定ᄒᆞᆷ에不拘ᄒᆞ고占有에至ᄒᆞ야ᄂᆞᆫ羅馬法의舊套ᄅᆞᆯ依然히墨守ᄒᆞ야意思ᄂᆞᆫ本人이必有ᄒᆞᆷ을要ᄒᆞ고只其事實만代理人에게委任ᄒᆞᆷ을得ᄒᆞᆯ者ㅣ라ᄒᆞ니此ᄂᆞᆫ其意ᄅᆞᆯ了解ᄒᆞᆷ에殆困ᄒᆞᆫ바ㅣ라故로近世에ᄂᆞᆫ占有取得에도純然ᄒᆞᆫ代理ᄅᆞᆯ認定ᄒᆞᆷ에至ᄒᆞ니라

學者或云元來占有에ᄂᆞᆫ自己ᄅᆞᆯ爲ᄒᆞ야ᄒᆞᄂᆞᆫ意思ᄅᆞᆯ必要ᄒᆞᆯ진ᄃᆡ純然ᄒᆞᆫ代理占有ᄅᆞᆯ認定ᄒᆞ기不能ᄒᆞ다ᄒᆞ나然이나此ᄂᆞᆫ誤解라夫代理人이代理人의資格으로自己ᄅᆞᆯ爲ᄒᆞ야占有ᄅᆞᆯ取得ᄒᆞᆫ然後에其効力을本人에게及ᄒᆞ야써本人으로ᄒᆞ야곰占有權을取得ᄒᆞᆷ에至케ᄒᆞᄂᆞᆫ者니라

學者又云代理人이自己의意思로써占有ᄅᆞᆯ取得ᄒᆞᄂᆞᆫ者로看作ᄒᆞᆷ과本人의意思로써取得ᄒᆞᄂᆞᆫ者로看作ᄒᆞᆷ은實際上에差異가小無ᄒᆞ니然則所謂代理人을依ᄒᆞ야取得云云의說이엇지空論에不歸ᄒᆞ리오ᄒᆞ나然이나此ᄂᆞᆫ決斷코不然ᄒᆞ니若本人의意思ᄅᆞᆯ必要로ᄒᆞᆯ진ᄃᆡ左開의論斷이生ᄒᆞᆯ지니

第一、意思能力이無ᄒᆞᆫ者ᄂᆞᆫ占有ᄅᆞᆯ取得ᄒᆞ기一切不能지오

第二、本人이代理人에게委任ᄒᆞᆯ時에ᄂᆞᆫ占有取得의意思가有ᄒᆞᆯ지라도若其代

이르렀다. 그런데 후세에 와서는 순수한 대리를 일반적으로 인정함에도 불구하고 점유에서는 로마법의 옛 규정을 여전히 고수하여 의사는 본인이 반드시 가져야 하고 나만 그 사실만 대리인에게 위임할 수 있다고 하는데, 이는 그 뜻을 거의 알기가 어렵다. 그러므로 근세에는 점유 취득에도 순수한 대리를 인정하기에 이르렀다.

학자들은 더러 원래 점유에는 자기를 위하여 할 의사를 필요로 하므로 순수한 대리점유를 인정할 수 없다고도 말하니 이는 오해이다. 대리인은 대리인의 자격으로 자기를 위하여 점유를 취득한 이후 그 효력을 본인에게 미치게 함으로써 본인이 점유권을 취득하도록 하는 것이다.

학자들은 또 "대리인이 자기의 의사로 점유를 취득한다고 간주하는 것과 본인의 의사로 취득한다고 간주하는 것은 실제로 차이가 거의 없는데, 그렇다면 이른바 대리인에 의하여 취득한다는 등의 학설이 어찌 공허한 논의가 되지 않겠는가"라고도 말한다. 그러나 이는 결코 그렇지 않다. 만약 본인의 의사를 필요로 한다면 다음과 같은 결론이 나올 것이다.

첫째, 의사능력이 없는 자는 점유를 일절 취득할 수 없을 것이고

둘째, 본인이 대리인에게 위임할 때에는 점유 취득의 의사가 있었을지라도 만약 그 대

理人이物의所持를開始홈에當호야本人이意思能力을失홀진딕占有를取得호기不能홈에遂至홀지오

第三、本人이代理人에게不特定物의買入占有를委任훈時눈本人은아즉其占有物의何物을不知호리니代理人의買入物에關호야本人의意思가有호다호기不能홀뿐아니라特又占有權으로써物權이라홀以上은其目的物이確定홈은勿論이어눌此境遇에눈本人의占有權은代理人이賣主에게物의傳授를受훈時에不始호고其代理人이某某物의買入을本人에게通知훈其時에乃始호야取得호눈者ㅣ라홀지라

然이나是皆反對論者ㅣ라도此等事實의主張을未聞호얏스니然則占有權도他權利와又치此를取得홈에눈本人의意思를必要치아니호고又其取得호눈法律行爲에至호야도他法律行爲와又치只其代理人의意思로만得行호눈바ㅣ라홀지라因호야占有權의取得도代理人을依호야取得호기得호눈者ㅣ라호누니라

(以上論述훈主義를取홀진딕代理人에눈法定과其他를區別홀必要가無홈을可知홈)

리인이 물건의 소지를 개시할 때 본인이 의사능력을 잃으면 마침내 점유를 취득할 수 없게 되고 말 것이고

셋째, 본인이 대리인에게 불특정물을 매수하여 점유할 것을 위임한 때에는 본인은 아직 그 점유물이 무엇인지를 알지 못할 것이어서 대리인이 매수한 물건에 관하여 본인의 의사가 있다고 할 수 없다. 뿐만 아니라 특히 점유권을 물권이라고 하는 이상 그 목적물이 확정되어야 함은 물론인데, 이 경우에는 본인의 점유권은 대리인이 매도인에게 물건의 인도를 받은 때에 비롯되지 않고 그 대리인이 어떤 물건의 매수를 본인에게 통지한 때에서야 비로소 취득하는 것이라고 하여야 한다.

그러나 이 모두 반대론자라도 이들 사실을 주장하는 것을 듣지 못하였다. 그렇다면 점유권도 다른 권리와 같이 이를 취득하는 데 본인의 의사가 필요하지 않고 또 그 취득하는 법률행위도 다른 법률행위와 같이 다만 그 대리인의 의사만으로 행할 수 있다고 할 수 있다. 따라서 점유권의 취득도 대리인에 의하여 취득할 수 있는 것이라고 한다(이상에서 논의한 견해를 취한다면 대리인에게는 법정과 기타의 것* 을 구별할 필요가 없음을 알 수 있음).

第三節　繼受에依ᄒᆞᄂᆞᆫ取得

占有權은自巳를爲ᄒᆞ야ᄒᆞᄂᆞᆫ意思로物을所持ᄒᆞᄂᆞᆫ權利라ᄒᆞᆯ진ᄃᆡ此에ᄂᆞᆫ恒常自己를爲ᄒᆞᄂᆞᆫ意思가隨伴ᄒᆞᆷ을要ᄒᆞᆷ이라然則其性質上他權利와ᄀᆞᆺ치讓與或相續等繼受에因ᄒᆞ야移轉ᄒᆞ기可得ᄒᆞᆯ權利가아님과如ᄒᆞ니即占有者가其占有物을他人에게傳授ᄒᆞ거나占有者가死亡ᄒᆞᄂᆞᆫ境遇면其占有權은消滅에歸ᄒᆞ고讓受人이나相續人의取得에ᄂᆞᆫ自己를爲ᄒᆞᄂᆞᆫ意思로ᄡᅥ其物을所持ᄒᆞ기更要ᄒᆞᆯ바와如ᄒᆞᆷ이라更論ᄒᆞᆫ즉此境遇에ᄂᆞᆫ前主의占有權과後主의占有權은各個別種의權利오決斷코後主가前主의權利를依舊히承繼ᄒᆞᆷ이아니며又承繼ᄒᆞ기可得ᄒᆞᆯ性質이아님과如ᄒᆞ니라

然而諸國法制에此로ᄡᅥ移轉ᄒᆞ기可得ᄒᆞᆯ者로ᄒᆞᄂᆞᆫ所以ᄂᆞᆫ其權의性質은何如ᄒᆞᄃᆞᆫ지此亦一個權利라ᄒᆞᆯ以上은移轉케ᄒᆞᆷ이아니면不便을未免ᄒᆞᆷ에因ᄒᆞᆷ이니라

占有權으로ᄡᅥ移轉ᄒᆞ기可得이라ᄒᆞᄂᆞᆫ法制를依ᄒᆞᆯ진ᄃᆡ其讓與ᄂᆞᆫ傳授에因ᄒᆞ야行ᄒᆞᆷ이原則이오讓受人이나代理人이其物体를現持ᄒᆞᄂᆞᆫ時에限ᄒᆞ야物体의傳授를不要ᄒᆞ고當事者의意思에만因ᄒᆞ야行ᄒᆞ기可得ᄒᆞᄂᆞ니라

제3절 승계에 의한 취득

점유권이 자기를 위하여 할 의사로 물건을 소지할 권리라고 하면 여기에는 항상 자기를 위할 의사가 수반되어야 한다. 그래서 그 성질상 다른 권리와 같이 양도 또는 상속 등 승계로 인하여 이전될 수 있는 권리가 아닌 것 같다. 즉 점유자가 그 점유물을 타인에게 인도하거나 점유자가 사망하는 경우라면 그 점유권은 소멸하게 되고 양수인이나 상속인의 취득에는 다시 자기를 위할 의사로 그 물건을 소지하여야 할 것 같다는 것이다. 다시 말하면 이 경우에는 전주(前主)의 점유권과 후주(後主)의 점유권은 각각 다른 종류의 권리이고 결코 후 소유자가 전 소유자의 권리를 변함없이 승계하는 것이 아니며, 또 승계할 수 있는 성질이 아닌 것 같다.

그러나 여러 나라의 법제에서 점유권이 이전될 수 있다고 하는 까닭은, 그 권리의 성질은 어떻든 이 또한 하나의 권리라고 하는 이상 이전할 수 있게 하지 않으면 불편할 수밖에 없기 때문이다. 점유권이 이전될 수 있다고 하는 법제를 따르면 그 양도는 인도함으로써 함이 원칙이고, 양수인이나 대리인이 그 물건을 현실적으로 가지고 있는 때에 한하여 물건의 인도가 요구되지 않고 당사자의 의사만에 따라 행할 수 있다.

凡物權은當事者의意思表示를依ᄒᆞ야만讓與ᄒᆞ기可得홈이原則이어ᄂᆞᆯ占有權에至ᄒᆞ야ᄂᆞᆫ物体의傳授를因ᄒᆞ야讓與ᄒᆞ기可得홈으로原則을作ᄒᆞᄂᆞᆫ所以ᄂᆞᆫ何오ᄒᆞᆯ진ᄃᆡ此權은其性質上不得已홈에因홈이니盖本權은旣已屢述홈과ᄀᆞ치占有者에게某種의意思를要ᄒᆞᄂᆞᆫ外에物体의所持를更要홈에因홈이니라

第三章　占有權의効果

本章에在ᄒᆞ야ᄂᆞᆫ占有者의權利를列擧코져ᄒᆞ노니其一은權利의推定이오其二ᄂᆞᆫ果實의取得이오其三은必要費用의返還이오其四ᄂᆞᆫ權利의取得이오其五ᄂᆞᆫ占有의訴權으로作ᄒᆞ야逐次說明코져ᄒᆞ노라

第一節　權利의推定

第一、占有者ᄂᆞᆫ所有의意思로써善意平穩又公然히占有ᄒᆞᄂᆞᆫ者로推定홈

前後兩時에占有ᄒᆞᆫ証據가有ᄒᆞᆯ時ᄂᆞᆫ占有ᄂᆞᆫ其間에繼續ᄒᆞᆫ者로推定홈

第二、占有者가占有物上에行使ᄒᆞᄂᆞᆫ權利ᄂᆞᆫ適法케有ᄒᆞᄂᆞᆫ者로推定홈

爲先第一의境遇로브터試論코져ᄒᆞ노니夫占有의性質은各種으로分類ᄒᆞ기得ᄒᆞᄂᆞᆫ바ㅣ니(一)所有의意思로써ᄒᆞᄂᆞᆫ占有及不然ᄒᆞᆫ占有(二)善意占有及惡意

물권은 당사자의 의사표시에 의하여만 양도할 수 있음이 원칙인데, 점유권은 물건의 인도로 인하여 양도할 수 있을 것을 원칙으로 삼는 까닭은 무엇인가 하면 이 권리는 그 성질상 부득이하기 때문이다. 대개 이 권리는 이미 여러 차례 서술한 바와 같이 점유자에게 어떤 의사가 요구되는 것 외에 다시 물건의 소지가 필요하기 때문이다.

제3장 점유권의 효과

이 장에서는 점유자의 권리를 열거하고자 하는데, 첫째는 권리의 추정이고 둘째는 과실(果實)의 취득이고 셋째는 필요비용의 반환이고 넷째는 권리의 취득이고 다섯째는 점유의 소권(訴權)으로 삼아 순서대로 설명하고자 한다.

제1절 권리의 추정

〈1〉 점유자는 소유의 의사로 선의, 평온 또 공연하게 점유한 것으로 추정한다.

전후의 양 시점에 점유한 증거가 있을 때에는 점유는 그 사이에 계속된 것으로 추정한다.

〈2〉 점유자가 점유물 위에 행사하는 권리는 적법하게 가진 것으로 추정한다.

먼저 첫째 경우부터 논의해보고자 한다. 점유의 성질은 갖가지로 분류할 수 있는데 ① 소유의 의사로 하는 점유 및 그렇지 않은 점유,* ② 선의의 점유 및 악의

* 역자주: 오늘날에는 자주점유와 타주점유로 쓰이고 있음.

占有(三)平穩占有及强暴占有(四)公然占有及隱密占有(五)繼續占有及不繼續占有가是니

所有의意思로ᄒᆞᄂᆞᆫ占有ᄂᆞᆫ他人의權利ᄅᆞᆯ全然排斥ᄒᆞᄂᆞᆫ意思로ᄒᆞᄂᆞᆫ占有니其適法케所有者의成否와又其所有者로自信與否ᄅᆞᆯ不問ᄒᆞ고單其所有코져ᄒᆞᄂᆞᆫ意思가有ᄒᆞᆫ즉足ᄒᆞᆫ者오

所有의意思로不爲ᄒᆞᄂᆞᆫ占有ᄂᆞᆫ占有物을自有ᄒᆞᆯ意가無ᄒᆞ고單其自己의利益을爲ᄒᆞ야ᄒᆞᄂᆞᆫ意思로占有ᄒᆞᄂᆞᆫ者ㅣ니更論ᄒᆞᆫ즉他人의所有物됨을知ᄒᆞᆯ지라도自己에權利에基因ᄒᆞ야所持ᄒᆞᄂᆞᆫ境遇라假令地上權者永小作權者留置權者質權者使用借主受寄者及遺失物發見者類가是오

善意占有ᄂᆞᆫ其占有者가取得ᄒᆞᆫ權原(法律行爲)에瑕疵의有ᄒᆞᆷ을不知ᄒᆞᆫ者即適法케取得ᄒᆞᆫ者로信ᄒᆞ야占有ᄒᆞᆷ이니此占有가成ᄒᆞᆷ에ᄂᆞᆫ適法케取得ᄒᆞᆫ積極的信任의有ᄒᆞᆷ을要ᄒᆞᆷ이라故로相對者의占有에瑕疵가有ᄒᆞᆷ과占有權讓與의能力이無ᄒᆞᆷ과其目的物이讓與ᄒᆞ기不得ᄒᆞᄂᆞᆫ物이됨과其取得ᄒᆞᆫ法律行爲에錯誤詐欺及强迫等이有ᄒᆞᆷ과又其行爲가法律禁止에牴觸ᄒᆞ거나形式을欠缺ᄒᆞᆫ者ㅣ됨을知ᄒᆞᆫ時

의 점유, ③ 평온한 점유 및 강포(强暴)한 점유, ④ 공연한 점유 및 은밀한 점유,* ⑤ 계속점유 및 불계속점유가 그것이다.

소유의 의사로 하는 점유는 타인의 권리를 완전히 배척할 의사로 하는 점유로, 적법하게 소유자가 되었는지 여부와 소유자로 스스로 믿었는지 여부를 불문하고 다만 소유하고자 할 의사가 있으면 족한 것이다.

소유의 의사로 하지 않는 점유는 점유물을 스스로 소유할 의사 없이 다만 자기의 이익을 위하여 할 의사로 점유하는 것이다. 다시 말하면 타인의 소유물임을 알지라도 자기의 권리에 기인하여 소지하는 경우이다. 가령 지상권사, 영소작권자, 유치권자, 질권자, 사용차주, 수치인(受置人) 및 유실물 발견자의 부류가 그것이다.

선의의 점유는 그 점유자가 취득한 권원(법률행위)에 하자가 있음을 알지 못한 것, 곧 적법하게 취득하였다고 믿어 점유한 것으로 이 점유가 성립하려면 적법하게 취득하였다고 적극적으로 믿었어야 한다. 그러므로 상대방의 점유에 하자가 있음과 점유권 양도의 능력이 없음, 그리고 그 목적물이 양도될 수 없는 물건이라는 것과 그 취득한 법률행위에 착오, 사기 및 강박 등이 있음과 또 그 법률행위가 법률상 금지에 저촉되거나 형식을 갖추지 못한 것임을 안 때

---

* 역자주: 오늘날에는 강학상 은비(隱秘)의 점유로 쓰이고 있음.

논善意가아니며
惡意占有는權原에瑕疵가有홈을知ᄒᆞᆫ者오
强暴占有는暴行(例如腕力强奪)及脅迫(例如威嚇買受)에因ᄒᆞ야取得ᄒᆞᆫ占有와暴行及脅迫에因ᄒᆞ야保維ᄒᆞᆫ占有(最初에는正當ᄒᆞᆫ方法으로取得ᄒᆞᆫ者ㅣ라도他人이此에對ᄒᆞ야權利ᄅᆞᆯ主張ᄒᆞ야回收코져홈에當ᄒᆞ야强暴脅迫으로保維ᄒᆞᆫ占有但他人이暴行脅迫으로占有物을奪取코져홈에對ᄒᆞ야腕力으로自己의占有ᄅᆞᆯ保維홈은强暴가아니라)오
平穩占有는强暴占有의反對오
隱密占有는外見上容易히知得ᄒᆞ기難ᄒᆞᆫ占有即外形에不現ᄒᆞᄂᆞᆫ占有니假令隣地에穴을穿ᄒᆞ야占有홈과如홈이오又外見上容易히知得ᄒᆞ기難홈이라홈은其性質을云홈이니實際上相對人의知不知는不問ᄒᆞᄂᆞᆫ者오
公然占有는隱密占有의反對오
繼續占有는其取得以後에間斷이無ᄒᆞᆫ占有오
不繼續占有는是와相反ᄒᆞᄂᆞᆫ者ㅣ라

에는 선의가 아니다.

악의의 점유는 권원에 하자가 있음을 안 것이다.

강포한 점유는 폭행(예컨대 완력으로 억지로 빼앗는 것) 및 협박(예컨대 위협하고 겁을 주어 매수하는 것)으로 인하여 취득한 점유와 폭행 및 협박으로 인하여 보호, 유지하는 점유(처음에는 정당한 방법으로 취득한 것이라도 타인이 이에 대하여 권리를 주장하여 회수하고자 할 때 강포, 협박으로 보호, 유지되는 점유. 다만 타인이 폭행, 협박으로 점유물을 빼앗고자 하는 데 대하여 완력으로 자기의 점유를 보호, 유지하는 것은 강포가 아니다.)이다.

평온한 점유는 강포한 점유의 반대이다.

은밀한 점유는 외견상 용이하게 알기 어려운 점유, 곧 외형으로 나타나지 않는 점유이다. 가령 이웃 토지에 구덩이를 파 점유하는 것과 같은 것이다. 또 외견상 용이하게 알 수 없다는 것이란 그 성질을 말하고 실제로 상대방이 아는지 모르는지는 불문한다.

공연한 점유는 은밀한 점유의 반대이다.

계속점유는 그 취득 이후에 끊김이 없는 점유이다.

불계속점유는 이와 반대되는 것이다.

占有의性質을如斯히各種으로分類ᄒᆞᄂᆞᆫ所以ᄂᆞᆫ法律保護와其他時効關係에至ᄒᆞ야各種의差別이有ᄒᆞᆷ에因ᄒᆞᆷ이나時効의事ᄂᆞᆫ民法總論에在ᄒᆞ야詳知ᄒᆞᆯ바인즉玆에再論치아니ᄒᆞ고又法律保護의事ᄂᆞᆫ本章講義의進行을隨ᄒᆞ야漸次了解ᄒᆞᆯ지로ᄃᆡ元來占有ᄂᆞᆫ果然如何ᄒᆞᆫ性質을持ᄒᆞᆷ이뇨ᄒᆞᆷ은其証明이頗難ᄒᆞᆫ바ㅣ라於是乎法律은一應의推定規定을設ᄒᆞ야別般証明이無ᄒᆞᆯ以限은(一)所有의意思로ᄒᆞᄂᆞᆫ事(二)善意되ᄂᆞᆫ事(三)平穩ᄒᆞᆫ事(四)公然ᄒᆞᆫ事(五)繼續ᄒᆞᆫ事로ᄒᆞᄂᆞ니라

此最後의境遇ᄂᆞᆫ占有의始初와最終의時를証明케ᄒᆞᆷ이니然則法律은占有가其間에恒常繼續ᄒᆞᆫ者로推定ᄒᆞᄂᆞᆫ者ㅣ라其如斯히規定ᄒᆞᄂᆞᆫ所以ᄂᆞᆫ無他라法律은最普通ᄒᆞᆫ境遇로써事實을作ᄒᆞ야此와相左ᄒᆞᄂᆞᆫ例外의事實을主張ᄒᆞᄂᆞᆫ者가有ᄒᆞᆫ즉証據를提出케ᄒᆞ고져ᄒᆞᆷ이오又占有의最多境遇ᄂᆞᆫ所有의意思로써ᄒᆞ며正當히權利를行使ᄒᆞᄂᆞᆫ者로自信ᄒᆞ며暴行强迫을不用ᄒᆞ고行ᄒᆞ며他人을不欺ᄒᆞ고公然히行ᄒᆞ며一次開始ᄒᆞᆫ時ᄂᆞᆫ伊後繼續ᄒᆞᆫ者ㅣ되ᄂᆞᆫ所以니라

以上에說明ᄒᆞᆫ바ᄂᆞᆫ一應推定에止ᄒᆞ고絶對的으로看作ᄒᆞᆷ이아니니反對의証據

점유의 성질을 이렇게 갖가지로 분류하는 까닭은 법률의 보호와 기타 시효 관계에서 갖가지 차이가 있기 때문이다. 그러나 시효는 민법총론에서 상세히 알았을 것이므로 여기에서 다시 논하지 않고 또 법률의 보호는 이 장의 강의 진행에 따라 점차 알게 될 것이다. 그런데 원래 점유는 과연 어떠한 성질을 가지는지는 그 증명이 자못 어렵다. 여기서 법률은 일응의 추정 규정을 마련하여 다른 증명이 없는 한 ① 소유의 의사로 한 것, ② 선의인 것, ③ 평온한 것, ④ 공연한 것, ⑤ 계속된 것으로 한다

이 마지막 경우는 점유를 맨 처음과 마지막 때를 증명하게 하는데, 그리하여 법률은 점유가 그 사이에 항상 계속된 것으로 추정하는 것이다. 법률이 이렇게 규정하는 까닭은 다른 것이 아니다. 법률은 가장 보통의 경우를 사실로 삼아 이와 서로 다른 예외의 사실을 주장하는 자가 있으면 증거를 제출하게 하려는 것이다. 또 점유에서 가장 많은 경우는 소유의 의사로 한 것이고, 정당하게 권리를 행사하는 것으로 스스로 믿으며 폭행이나 강박(强迫)을 쓰지 않고 하며 타인을 속이지 않고 공연하게 하며 일단 개시한 때에는 이후 계속하는 것이기 때문이다.

이상에서 설명한 바는 일응 추정에 그치고 절대적으로 간주되는 것이 아닌데, 반대의 증거

로此推定을可히破壞ᄒᆞ기得ᄒᆞᄂᆞᆫ者ㅣ라盖民法上看作이라ᄒᆞᆫ즉他에別個明文이無ᄒᆞᆯ以限은反証을不許ᄒᆞᄃᆡ推定이라ᄒᆞᆫ즉恒常反証으로破壞ᄒᆞ기得ᄒᆞᄂᆞᆫ者ㅣ니라

次에第二의境遇를論코져ᄒᆞ노니盖占有者의大多數로言ᄒᆞᆫ즉其行使의權利가有ᄒᆞᆫ者로他人의物을橫領ᄒᆞᄂᆞᆫ境遇가極少ᄒᆞ니假令所有의意思로占有ᄒᆞᄂᆞᆫ者ᄂᆞᆫ眞所有者오地上權을行使ᄒᆞᄂᆞᆫ者ᄂᆞᆫ眞地上權者가居多ᄒᆞᆷ과如ᄒᆞᆷ이라

於是乎法律은反對의証據가無ᄒᆞᆯ以限은占有者를權利者로看作ᄒᆞ고又此推定의最重ᄒᆞᆫ適用은所有權의爭議가有ᄒᆞᆫ時에占有者ᄂᆞᆫ爲先自己가所有者됨을証明ᄒᆞ기不要ᄒᆞ고相對人이其所有權을証明ᄒᆞ야占有者의占有가不當ᄒᆞᆷ을証明ᄒᆞᄂᆞᆫ責이有케ᄒᆞᆷ이多ᄒᆞ니라

第二節　果實의取得

占有者ᄂᆞᆫ其占有物로브터生ᄒᆞᄂᆞᆫ果實을取得ᄒᆞ기可得ᄒᆞᆷ은占有權의一個効力이라然이나此利益은如何ᄒᆞᆫ占有者던지享有ᄒᆞᆷ이아니오其意思의善惡을區別ᄒᆞ야差異가有ᄒᆞ니라

로 이 추정을 깰 수 있는 것이다. 대개 민법상 간주라고 하면 달리 별개의 명문이 없는 한 반증을 허용하지 않지만 추정이라고 하면 항상 반증으로 깰 수 있는 것이다.

다음으로 두 번째 경우를 논하고자 한다. 대개 점유자의 대다수는 그 행사할 권리가 있는 자로 타인의 물건을 횡령하는 경우가 극히 적다. 가령 소유의 의사로 점유하는 자는 진정한 소유자이고 지상권을 행사하는 자는 진정한 지상권자가 대부분인 것과 같다.

여기서 법률은 반대의 증거가 없는 한 점유자를 권리자로 간주하고 또 이 추정의 가장 중요한 적용은 소유권의 다툼이 있는 때에 점유자는 먼저 자기가 소유자임을 증명할 필요가 없고 상대방이 그 소유권을 증명하여 점유자의 점유가 부당함을 증명할 책임이 있게 하는 경우가 많다.

제2절 과실의 취득

점유자가 그 점유물로부터 발생하는 과실을 취득할 수 있음은 점유권의 하나의 효력이다. 그러나 이 이익은 어떠한 점유자든지 향유하는 것이 아니고 그 의사의 선악을 구별하여 차이가 있다.

第一、善意占有者

善意占有者ᄂᆞᆫ其占有物로브터生ᄒᆞᄂᆞᆫ果實을取得ᄒᆞᆷ이라

夫善意占有者ᄂᆞᆫ過失이概無ᄒᆞᆫ者ㅣ니假令他에權利者가有ᄒᆞᆯ지라도其多數ᄂᆞᆫ權利ᄅᆞᆯ怠慢히ᄒᆞᆷ에因ᄒᆞ야占有者가善意로取得ᄒᆞᆫ者인즉眞權利者의請求ᄅᆞᆯ因ᄒᆞ야其占有物을不可不返還ᄒᆞᆯ지라도此로因ᄒᆞ야損失을不受ᄒᆞᆷ이當然ᄒᆞ니라

本來果實은普通消費ᄒᆞ야日常生活에供用ᄒᆞᆷ이其本則이어ᄂᆞᆯ占有者로ᄒᆞ야곰此ᄅᆞᆯ返還케ᄒᆞᆯ진ᄃᆡ其多數ᄂᆞᆫ旣已消費ᄒᆞᆷ에因ᄒᆞ야自己의固有財産中으로不可不償還ᄒᆞᆷ에至ᄒᆞ리니然則占有者ᄂᆞᆫ此로因ᄒᆞ야損失을返受ᄒᆞᄂᆞᆫ結果가生ᄒᆞᆯ지라於是乎立法者ᄂᆞᆫ占有者ᄅᆞᆯ特念ᄒᆞ야善意로收取ᄒᆞᆫ果實은眞權利者에게返還ᄒᆞ기不要케ᄒᆞ니是乃羅馬法以來各國法律에共認ᄒᆞᄂᆞᆫ바ㅣ니라

但其條件에至ᄒᆞ야ᄂᆞᆫ國과時ᄅᆞᆯ因ᄒᆞ야不一ᄒᆞ나今에煩累ᄅᆞᆯ避ᄒᆞ야詳揭치아니ᄒᆞᄃᆡ或云善意占有者로ᄒᆞ야곰果實을取得케ᄒᆞᄂᆞᆫ理由가果然如右ᄒᆞᆯ진ᄃᆡ其已費ᄒᆞᆫ果實은返還ᄒᆞ기不要ᄒᆞᆯ지라도아즉未費ᄒᆞᆫ部分은返還ᄒᆞᆷ이可ᄒᆞ다

I. 선의의 점유자

선의의 점유자는 그 점유물로부터 발생하는 과실을 취득한다.

선의의 점유자는 대개 과실(過失)이 없는 자이다. 가령 달리 권리자가 있을지라도 그 다수는 권리를 게을리 함으로 인하여 점유자가 선의로 취득한 것이다. 따라서 진정한 권리자의 청구로 인하여 그 점유물을 반환할 수밖에 없을지라도 이로 인하여 손실을 받지 않는 것이 당연하다.

본래 과실은 보통 소비하여 일상생활에 쓰는 것이 그 원칙인데, 점유자가 이를 반환하게 한다면 그 다수는 이미 소비함에 따라 자기의 고유재산 중에서 상환할 수밖에 없어진다. 그렇다면 점유자는 이로 인하여 도리어 손실을 받는 결과를 낳을 것이다. 여기서 입법자는 점유자를 특별히 생각하여 선의로 수취한 과실은 진정한 권리자에게 반환할 필요가 없게 하는데, 이는 바로 로마법 이래 각국 법률에서 모두 인정하는 바이다.

다만 그 조건은 나라와 때에 따라 하나같지 않은데, 이제 번잡을 피하여 상세히 적지는 않는다. 하지만 더러는 선의의 점유자가 과실을 취득하게 하는 이유가 과연 위와 같다면 이미 소비한 과실은 반환할 필요가 없을지라도 아직 소비하지 않은 부분은 반환함이 마땅하다

ᄒᆞᄂᆞᆫ學者도有ᄒᆞ니此ᄂᆞᆫ不然ᄒᆞ니이즉未費ᄒᆞᆫ果實이라도占有者ᄂᆞᆫ此를自己의所有物로信ᄒᆞᄂᆞᆫ所以로或은該果實은未費ᄒᆞ고自己의固有財産을消費ᄒᆞᆷ도有ᄒᆞᆯ지오或은아즉未費ᄒᆞ얏슬지라도其取得을豫料ᄒᆞ고生活의程度를高尙케ᄒᆞᆷ도有ᄒᆞᆯ지어ᄂᆞᆯ今에其未費ᄒᆞᆫ果實을返還케ᄒᆞᆯ진ᄃᆡ占有者ᄂᆞᆫ意外의損失을受ᄒᆞᆯᄲᅮᆫ아니라消費의有無等偶然의事實을因ᄒᆞ야權利에差異가生케ᄒᆞᆷ은穩當ᄒᆞᆫ處置가아니라故로自來各國法律에ᄂᆞᆫ消費의有無로返還의與否를區別ᄒᆞᆫ例도不少ᄒᆞ얏스나近世에至ᄒᆞ야ᄂᆞᆫ此例를不襲ᄒᆞᆷ에槪至ᄒᆞ니라

然而善意占有者ㅣ라도本權訴訟에至ᄒᆞ야敗訴ᄒᆞᆫ時ᄂᆞᆫ其起訴時로브터惡意占有者로看作ᄒᆞᆷ이라

蓋此等事實은其理論上當然ᄒᆞᆫ結果오法律上規定을不要ᄒᆞᆯ바와如ᄒᆞ나然이나此等明文이若無ᄒᆞᆯ진ᄃᆡ占有者ᄂᆞᆫ敗訴의時로브터果實返還의義務가始生ᄒᆞᆷ이不少ᄒᆞ리니何者오占有者ᄂᆞᆫ受訴ᄒᆞᆫ後라도自己의權利를固信ᄒᆞ야原告ᄂᆞᆫ敗訴에必歸ᄒᆞᆯ者로思料ᄒᆞᆷ이不無ᄒᆞᆯᄲᅮᆫ아니라受訴ᄒᆞᆯ當時에業已自己의權利가無ᄒᆞᆷ으로思量ᄒᆞᄂᆞᆫ境遇ᄂᆞᆫ稀少ᄒᆞᆯ지라故로訴訟의進行中原告의證據方

는 학자도 있으나 이는 그렇지 않다. 아직 소비하지 않은 과실이라도 점유자는 자기의 소유물로 믿은 까닭에 더러는 그 과실은 소비하지 않고 자기의 고유재산을 소비할 수도 있고 더러는 아직 소비하지 않았을지라도 취득할 것을 미리 헤아리고 생활의 정도를 고상하게 할 수도 있을 것이다. 그런데 이제 소비하지 않은 과실을 반환하게 한다면 점유자는 의외의 손실을 입을 뿐 아니라 소비의 유무 등 우연한 사실로 인하여 권리에 차이가 발생하게 하는 것은 온당한 처리가 아니다. 그러므로 종래 각국 법률에서는 소비 유무로 반환 여부를 구별한 예도 적지 않았으나 근세에 와서는 대개 이 예를 따르지 않기에 이르렀다.

그러나 선의의 점유자라도 본권에 관한 소송에서 패소한 때에는 그 소가 제기된 때로부터 악의의 점유자로 간주된다.

대개 이들 사실은 그 이론상 당연한 결과이고 법률상 규정이 필요하지 않을 것 같다. 그러나 만약 이들 명문이 없다면 점유자는 패소한 때부터 과실 반환의 의무가 비로소 발생하는 경우가 적지 않을 것이다. 왜냐하면 점유자는 소의 제기를 받은 뒤라도 자기의 권리를 굳게 믿어 원고는 반드시 패소하게 되리라고 생각하는 경우가 없지 않을 뿐 아니라, 소의 제기를 받을 당시에 이미 자기의 권리가 없다고 생각하는 경우는 드물 것이다. 그러므로 소송의 진행 중 원고의 증거방

法等을因ᄒᆞ야原告의權利를不得已少許認定홈에至ᄒᆞ거나又敗訴에已至ᄒᆞ야自己의權利가無홈을始乃覺知홈에至홈도有ᄒᆞᆯ지오甚ᄒᆞᆫ즉敗訴ᄒᆞᆫ後라도自己에게權利가有홈으로確信ᄒᆞᄂᆞᆫ者도有ᄒᆞᆫ所以니라

但法律은裁判이確定ᄒᆞᆫ즉其裁判은適法ᄒᆞᆫ바로看作ᄒᆞᄂᆞ니占有者가自己에게權利가尙有홈으로信ᄒᆞᄂᆞᆫ等事를不許홈은原則이로ᄃᆡ其敗訴에至ᄒᆞ기ᄭᆞ지ᄂᆞᆫ本規定이無ᄒᆞᆯ진ᄃᆡ不可不其事實에만專關ᄒᆞ야善意와惡意를區別ᄒᆞᆯ지라然이나

(一)本來訴訟은其起訴時에在ᄒᆞ야當事者兩便의位置를確定ᄒᆞᄂᆞᆫ者오其後에變更이設有ᄒᆞ야도此로因ᄒᆞ야訴訟上關係에影響이不及홈이原則이니然則裁判의効力은起訴時에溯及ᄒᆞ야發生홈이常則이오

(二)占有者가受訴ᄒᆞᆫ時ᄂᆞᆫ設或自己의權利를確信ᄒᆞᆯ지라도訴訟의結果가自己의敗訴로歸ᄒᆞᆯ事도多少間豫料ᄒᆞᄂᆞᆫ바ㅣ라

以上二個의理由로由觀ᄒᆞᆯ진ᄃᆡ占有者ᄂᆞᆫ起訴時로브터惡意者로看作ᄒᆞ야其起訴時以後에收取ᄒᆞᆫ果實은本權利者에게償還홈이當然ᄒᆞ니라

법 등으로 인하여 원고의 권리를 부득이 얼마 동안 인정하게 되거나, 또는 이미 패소하고 나서야 비로소 자기의 권리가 없음을 깨닫게 될 수도 있다. 그리고 심지어 패소한 뒤에도 자기에게 권리가 있다고 확신하는 자도 있기 때문이다.

다만 법률은 재판이 확정되면 그 재판은 적법한 것으로 간주하여 점유자가 자기에게 권리가 여전히 있다고 믿는 등의 것은 허용하지 않음이 원칙인데, 패소할 때까지는 이 규정이 없다면 오로지 그 사실에 관하여만 선의와 악의를 구별할 것이다. 그러나

① 본래 소송은 소가 제기된 때에 당사자 쌍방의 위치를 확정하는 것이고 그 뒤에 설령 변경이 있더라도 이로 인하여 소송상 관계에 영향을 미치지 않음이 원칙이다. 그렇다면 재판의 효력은 소가 제기된 때로 소급하여 발생하는 것이 정해진 원칙이고,

② 점유자가 소의 제기를 받은 때에는 설령 자기의 권리를 확신하더라도 소송의 결과 자기가 패소할 것도 다소간 예상할 수 있는 것이다.

이상의 두 가지 이유로부터 보면 점유자는 소가 제기된 때부터 악의자로 간주하여 그 소 제기 이후에 수취한 과실은 본권자에게 상환하는 것이 당연하다.

但其取得의方法은果實을天然과法定에分ᄒᆞ야前者ᄂᆞᆫ其元物即母體로브터分離ᄒᆞᆫ時에取得ᄒᆞ고後者ᄂᆞᆫ日計로取得ᄒᆞᄂᆞ니라

第二、惡意占有者

惡意占有者ᄂᆞᆫ果實을返還ᄒᆞ고又其已費ᄒᆞ거나過失에因ᄒᆞ야毁損ᄒᆞ거나收取ᄅᆞᆯ懈怠케ᄒᆞᆫ果實의代價ᄅᆞᆯ償還ᄒᆞᄂᆞᆫ義務ᄅᆞᆯ負ᄒᆞᆷ이라

蓋惡意占有者ᄂᆞᆫ自初로他人의權利ᄅᆞᆯ不當히行使ᄒᆞᆷ을知ᄒᆞᆫ者인즉此ᄅᆞᆯ保護ᄒᆞᆯ必要가無ᄒᆞᆯ뿐아니라眞權利者ᄅᆞᆯ保護ᄒᆞᆯ必要가返有ᄒᆞᆫ바ㅣ라是乃以上의規定이有ᄒᆞᄂᆞᆫ所以니爲先

(一)現存ᄒᆞᆫ果實의全部ᄅᆞᆯ返還케ᄒᆞ며

(二)既費ᄒᆞᆫ果實의代價ᄅᆞᆯ償還케ᄒᆞ며

(三)過失에因ᄒᆞ야毁損ᄒᆞᆫ果實假令保存을懈怠케ᄒᆞᆷ에因ᄒᆞ야腐蝕ᄒᆞᆫ米穀의代價等을償還케ᄒᆞ며

(四)收取ᄅᆞᆯ懈怠케ᄒᆞᆫ果實假令既熟ᄒᆞᆫ木果ᄅᆞᆯ摘取치아니ᄒᆞᆷ에因ᄒᆞ야腐敗ᄒᆞᆫ代價等을償還케ᄒᆞᄂᆞ니라

다만 그 취득의 방법은 과실을 천연과 법정으로 나누어 전자는 그 원물, 곧 모체로부터 분리한 때에 취득하고 후자는 일수의 합계로 취득한다.

II. 악의의 점유자

악의의 점유자는 과실을 반환하고 또 이미 소비하였거나 과실(過失)로 인하여 훼손하였거나 수취를 게을리 한 과실의 대가를 상환할 의무를 진다.

내개 악의의 점유자는 처음부터 타인의 권리를 부당하게 행사함을 안 자여서 이를 보호할 필요가 없을 뿐 아니라 도리어 진정한 권리자를 보호할 필요가 있다. 이것이 바로 이상의 규정이 있는 까닭이다. 먼저

① 현존한 과실의 전부를 반환하게 하며

② 이미 소비한 과실의 대가를 상환하게 하며

③ 과실(過失)로 인하여 훼손한 과실(果實), 가령 보존을 게을리함으로 인하여 삭은 쌀의 대가 등을 상환하게 하며

④ 수취를 게을리한 과실, 가령 이미 익은 과일을 따지 않음으로 인하여 부패한 대가 등을 상환하게 한다.

以上說明ᄒᆞᆫ바ᄂᆞᆫ此ᄅᆞᆯ強暴又隱密에因ᄒᆞᄂᆞᆫ占有者에게準用홈이라

蓋強暴又隱密에因ᄒᆞᄂᆞᆫ占有者ᄂᆞᆫ善意됨이間有ᄒᆞ니假令自己의所有로信ᄒᆞᄂᆞᆫ物ᄋᆞᆯ占有홈에當ᄒᆞ야其返還을平穩히要求ᄒᆞ야도他人이不肯홈에因ᄒᆞ야畢竟腕力에訴ᄒᆞ야奪取ᄒᆞ거나占有物은自己의所有로確信ᄒᆞ나他에所有者ㅣ라主張ᄒᆞᄂᆞᆫ者가有ᄒᆞ야其占有ᄅᆞᆯ奪還코져謀計홈에因ᄒᆞ야其煩累ᄅᆞᆯ避ᄒᆞ기爲ᄒᆞ야占有ᄅᆞᆯ故意로隱秘ᄒᆞᄂᆞᆫ等이是라

此等境遇에ᄂᆞᆫ本人은善意라도腕力에旣訴ᄒᆞ고隱秘의過失의已有ᄒᆞᆫ즉普通의占有者와均等히保護ᄒᆞᆯ必要가無ᄒᆞ며又況他人이物을旣占ᄒᆞ야腕力이아니면未取ᄒᆞᆯ境遇及其物에關ᄒᆞ야權利ᄅᆞᆯ主張ᄒᆞᄂᆞᆫ者가旣有ᄒᆞ야隱秘가아니면奪取치못ᄒᆞᆯ境遇에ᄂᆞᆫ其自己의權利가鞏固치못홈을不可不反求ᄒᆞᆯ지어ᄂᆞᆯ頑然히自己의權利ᄅᆞᆯ確信홈은迂遠ᄒᆞᆫ處置라可謂ᄒᆞᆯ지라然則此ᄅᆞᆯ惡意로看作홈은不可홈이宜無ᄒᆞᆯ지니라

最終에占有者가占有物에對ᄒᆞᆫ責任을一言코져ᄒᆞ노니

夫占有物이占有者의責에可歸ᄒᆞᆯ事由로滅失或毀損ᄒᆞᆫ時ᄂᆞᆫ惡意占有者ᄂᆞᆫ眞權

이상에서 설명한 것은 강포 또는 은밀한 점유자에게 준용한다.

대개 강포 또는 은밀한 점유자는 선의인 경우가 간혹 있다. 가령 자기의 소유로 믿은 물건을 점유할 때 그 반환을 평온하게 요구하여도 타인이 응하지 않아 미침내 완력에 호소하여 빼앗거나, 점유물은 자기의 소유로 확신하지만 달리 소유자라고 주장하는 자가 있어 그 점유를 탈환하고자 꾀를 씀으로 인하여 그 번잡을 피하기 위하여 점유를 고의로 숨기는 등이 그것이다. 이들 경우에는 본인은 선의라도 이미 완력에 호소하거나 숨긴 과실(過失)이 있어 보통의 점유자와 균등하게 보호할 필요가 없다. 더구나 타인이 물건을 이미 점유하여 완력이 아니면 취하지 못하는 경우 및 그 물건에 관하여 권리를 주장하는 자가 이미 있어 숨기지 않으면 빼앗지 못할 경우에는 자기의 권리가 견고하지 못함을 탓할 수밖에 없을 뿐이지, 완고하게 자기의 권리를 확신하는 것은 현실과 거리가 먼 처리라고 말할 수 있다. 그렇다면 이를 악의로 간주하는 것은 옳지 않을 리가 없다.

마지막으로 점유자의 점유물에 대한 책임을 한 마디 말하고자 한다.

점유물이 점유자의 책임 있는 사유로 멸실 또는 훼손된 때에는 악의의 점유자는 진정한 권

利者를對ᄒᆞ야損失의全部를賠償ᄒᆞ고善意占有者ᄂᆞᆫ其滅失或毁損에因ᄒᆞ야利益을現受ᄒᆞᆫ限度內로만賠償ᄒᆞᄂᆞᆫ義務를負ᄒᆞ며又所有의意思가無ᄒᆞᆫ占有者ᄂᆞᆫ其善意의時라도全部를賠償홈이라

蓋純理上으로論ᄒᆞᆫ즉占有者가眞權利者가아닐진ᄃᆡ其占有物을眞權利者에게返還ᄒᆞᆯ지오又其所爲或過失에因ᄒᆞ야占有物을滅失或毁損ᄒᆞᆫ時ᄂᆞᆫ賠償의責을任ᄒᆞᆯ지니惡意占有者가此原則에專依홈은當然ᄒᆞᆫ바ㅣ라

然이나善意占有者ᄂᆞᆫ旣已論述홈과ᄀᆞᆺ치法律上에過失이槪無ᄒᆞᆫ者로看作ᄒᆞ고眞權利者를怠慢ᄒᆞᆫ者로返認ᄒᆞᄂᆞ니然則其權利의目的物을隨意處分홈이當然ᄒᆞ고何人이던지此에歸咎치못ᄒᆞᆯ지라故로設或故意로其物을滅失或毁損ᄒᆞ거나保存을懈怠케ᄒᆞ야滅失或毁損을致ᄒᆞᆯ지라도償還의責이總無ᄒᆞᄂᆞ니若不然ᄒᆞᆯ진ᄃᆡ其固有의財產으로不可不償還ᄒᆞ야因ᄒᆞ야損害를被ᄒᆞᆯ지니라

然이나善意占有者ㅣ라도不當利得을不許홈은法律의原則이니其滅失或毁損에因ᄒᆞ야利益을現受ᄒᆞᆫ時ᄂᆞᆫ其利益의限度內에在ᄒᆞ야ᄂᆞᆫ眞權利者에게償還홈이當然ᄒᆞᆫ事理니假令家屋의占有者가其家屋을毁壞ᄒᆞ고且其木材石材等을占

리자에 대하여 손실의 전부를 배상하고 선의의 점유자는 그 멸실 또는 훼손으로 인하여 이익을 현재 받은 한도 내로만 배상할 의무를 진다. 또 소유의 의사가 없는 점유자는 선의인 때라도 전부를 배상한다.

대개 순리로 논하면 점유자가 진정한 권리자가 아니라면 그 점유물을 진정한 권리자에게 반환하여야 하고 또 그 행위 또는 과실로 인하여 점유물을 멸실 또는 훼손되게 한 때에는 배상의 책임을 져야 하는데, 악의자가 오로지 이 원칙에 따르는 것은 당연한 바이다.

그러나 선의의 점유자는 이미 서술한 것처럼 대개 법률상 과실이 없다고 간주하고 진정한 권리자를 도리어 게으른 것으로 인정한다. 그렇다면 그 권리의 목적물을 마음대로 처분하는 것이 당연하고 누구든지 여기에 허물을 씌우지 못할 것이다. 그러므로 설령 고의로 그 물건을 멸실 또는 훼손하거나 보존을 게을리 하여 멸실 또는 훼손을 가져왔을지라도 상환할 책임이 전혀 없는데, 만약 그렇지 않다면 그 고유재산으로 상환할 수밖에 없어 손해를 입을 것이다.

그러나 선의의 점유자라도 부당이득을 허용할 수 없음은 법률의 원칙이다. 따라서 그 멸실 또는 훼손으로 인하여 이익을 현재 받은 때에는 그 이익의 한도 내에서는 진정한 권리자에게 상환하는 것이 당연한 사리이다. 가령 가옥의 점유자가 그 가옥을 헐어버리고 또 그 목재, 석재 등을 점

有ᄒᆞ얏스면此ᄅᆞᆯ返還ᄒᆞᆯ지며又其木材石材等을妨賣ᄒᆞ야代價ᄅᆞᆯ領有ᄒᆞ거나此ᄅᆞᆯ有益케使用ᄒᆞ얏스면其代價ᄅᆞᆯ返還ᄒᆞ는類가是라

以上所述은所有의意思로占有ᄒᆞᆫ者에게適用ᄒᆞᆯ지오他占有者에는適用ᄒᆞ기不得ᄒᆞ는바ㅣ니假令善意占有者ㅣ라도單其地上權이나賃借權等을使用ᄒᆞ는境遇에는其物이他人의所有됨을信ᄒᆞ느니此ᄅᆞᆯ滅失或毁損치못ᄒᆞᆯ지오若滅失或毁損ᄒᆞ얏스면此는所有主의知不知ᄅᆞᆯ不問ᄒᆞ고他人의物을滅失或毁損ᄒᆞᆷ을自信ᄒᆞᆫ者ㅣ니此에對ᄒᆞ야는責任을免ᄒᆞ기不得ᄒᆞᄂᆞ니라

第三節　必要費用의返還

占有者가占有物을返還ᄒᆞ는境遇에는其物의保存을爲ᄒᆞ야消費ᄒᆞᆫ金額과其他必要費ᄅᆞᆯ回復者로ᄒᆞ야곰償還케ᄒᆞᆷ이라

盖占有者가占有物에關ᄒᆞ야費用을投ᄒᆞ얏슬진ᄃᆡ此에因ᄒᆞ야生ᄒᆞ는利益은其物의回復者가享受ᄒᆞᆯ지니然則占有者의意思善惡을不問ᄒᆞ고其費用의全部나一部ᄅᆞᆯ償還케ᄒᆞᆷ은當然ᄒᆞᆫ事理오只其費用의種類ᄅᆞᆯ從ᄒᆞ야償還의限度가不同ᄒᆞᆯ뿐이니라

유하였다면 이를 반환하여야 하고, 또 그 목재, 석재 등을 매각하여 대가를 받아 가졌거나 이를 유익하게 사용하였다면 그 대가를 반환하는 부류가 그것이다.

이상의 서술은 소유의 의사로 점유한 자에게 적용되고 다른 점유자에게는 적용할 수 없는 바이다. 가령 선의의 점유자라도 다만 그 지상권이나 임차권 등을 사용하는 경우에는 그 물건이 타인의 소유임을 믿었으므로 이를 멸실 또는 훼손해서는 안 된다. 그리고 만약 멸실 또는 훼손하였다면 이는 소유주가 알았는지 몰랐는지를 불문하고 타인의 물건을 멸실 또는 훼손하였다고 스스로 믿은 것이어서 이에 대하여는 책임을 면할 수 없다.

제3절 필요비용의 반환

점유자가 점유물을 반환하는 경우에는 그 물건의 보전을 위하여 소비한 금액과 기타 필요비를 회복자가 상환하게 한다.

대개 점유자가 점유물에 관하여 비용을 투입하였을 텐데 이로 인하여 발생하는 이익은 그 물건의 회복자가 누릴 것이다. 그렇다면 점유자 의사의 선악을 불문하고 그 비용의 전부나 일부를 상환하게 하는 것은 당연한 사리이고, 다만 비용의 종류에 따라 상환의 한도가 다를 뿐이다.

凡費用은此를自來三種에分ᄒᆞ나(一)曰必要費(或稱保存費)라即物의保存에必要ᄒᆞᆫ者ㅣ니假令修繕費租稅等이是오(二)曰有益費(或稱改良費)라即物의保存에ᄂᆞᆫ不必要ᄒᆞ되其價를可히增加ᄒᆞᄂᆞᆫ者ㅣ니假令土地에建物과其他工作物을設ᄒᆞ거나建物에裝飾을施ᄒᆞᄂᆞᆫ等이是오(三)曰徒冗費(或稱奢靡費)라即物의保存에도不必要ᄒᆞ며價額도不增加ᄒᆞ고單其占有者의嗜好를應ᄒᆞ야快樂을增加ᄒᆞᆷ에不過ᄒᆞᄂᆞᆫ者ㅣ니假令樹木의位置를變更ᄒᆞ며建物의模樣을換作ᄒᆞᄂᆞᆫ類가是니라

右三種中必要費ᄂᆞᆫ此를不施ᄒᆞᆯ진ᄃᆡ其物을保存ᄒᆞ기不能ᄒᆞᄂᆞ니其返還을受ᄒᆞᄂᆞᆫ眞權利者ᄂᆞᆫ不可不其全額을償還ᄒᆞᆷ이라但其物의保存에必要ᄒᆞᆫ費用이라도過分의金額을投費ᄒᆞᆫ境遇에ᄂᆞᆫ全額의償還을不要ᄒᆞᄂᆞ니蓋此境遇에ᄂᆞᆫ費用의一部ᄂᆞᆫ必要ᄒᆞᆯ지라도他一部ᄂᆞᆫ冗費에全屬ᄒᆞᄂᆞᆫ所以라故로其必要部分은必要費라ᄒᆞ야全額을償還ᄒᆞᆯ지라도不必要部分은徒冗費라ᄒᆞ야後述ᄒᆞᆯ바와ᄀᆞᆺ치償還을不要ᄒᆞᄂᆞ니라

有益費ᄂᆞᆫ物의價値를增加ᄒᆞᄂᆞᆫ費用이라眞權利者가此를償還치아니ᄒᆞᆯ진ᄃᆡ不當ᄒᆞᆫ利益을受ᄒᆞ리니此를償還ᄒᆞᆷ은當然ᄒᆞᆫ事理라然이나此費用은元來物의保

비용은 종래 세 가지로 나누었는데, ①은 필요비(또는 보존비라고도 부름)라고 한다. 곧 물건의 보존에 필요한 것으로 가령 수선비, 조세 등이 그것이다. ②는 유익비(또는 개량비라고도 부름)라고 한다. 곧 물건의 보존에는 필요하지 않지만 그 가치를 증가시킬 수 있는 것으로 가령 토지에 건물과 기타 공작물을 설치하거나 건물에 장식을 다는 등이 그것이다. ③은 도용비(徒冗費)(또는 사미비(奢靡費)라고도 부름)*라고 한다. 곧 물건의 보존에도 불필요하며 가액도 증가시키지 않고 다만 그 점유자의 기호에 응하여 쾌락을 증가시키는 데 불과한 것이다. 가령 수목의 위치를 변경하며 건물의 규모를 바꾸어 짓는 부류가 그것이다.

위 세 가지 가운데 필요비는 지출하지 않으면 그 물건을 보존할 수 없어 물건의 반환을 받는 진정한 권리자는 그 전액을 상환할 수밖에 없다. 다만 그 물건의 보존에 필요한 비용이라도 지나치게 많은 금액을 투입하여 쓴 경우에는 전액을 상환할 필요가 없는데, 대개 이 경우에는 비용의 일부는 필요할지라도 다른 일부는 전적으로 쓸모없는 비용에 속하기 때문이다. 그러므로 그 필요한 부분은 필요비라고 하여 전액을 상환할지라도 불필요한 부분은 도용비라고 하여 후술하는 바와 같이 상환할 필요가 없다.

유익비는 물건의 가치를 증가시키는 비용이다. 진정한 권리자가 이를 상환하지 않는다면 부당한 이익을 받을 것이다. 따라서 이를 상환하는 것은 당연한 사리이다. 그러나 이 비용은 원래 물건의 보

* 역자주: 현행법상의 용어로는 사치비.

存에必要ᄒᆞᆫ바ㅣ아니오單其價値를增加ᄒᆞᄂᆞᆫ理由에因ᄒᆞ야償還의責任이生ᄒᆞᄂᆞᆫ者인즉若其增加額이費用額에不及ᄒᆞᆯ진ᄃᆡ眞權利者ᄂᆞᆫ其全額을必償ᄒᆞ기不要ᄒᆞ며又其費用이特히有益ᄒᆞ야此로因ᄒᆞ야生ᄒᆞᆫ增加額이費用額보다超過ᄒᆞᆯ진대眞權利者ᄂᆞᆫ此亦償還ᄒᆞᆯ바와如ᄒᆞ나然이나元來不當利益은正當ᄒᆞᆫ理由가無ᄒᆞ고他人을害ᄒᆞ야自己를利ᄒᆞ기不得홈에因ᄒᆞ야義務가生홈인즉此境遇에도物의增加額이設或費用額보다超過ᄒᆞᆯ지라도權利者가其費用額뿐占有者에게償還ᄒᆞ면占有者ᄂᆞᆫ損失이毫無ᄒᆞ리니權利者의利得이有ᄒᆞ다ᄒᆞ야도不當홈이無ᄒᆞᆯ지라故로如斯ᄒᆞᆫ境遇에ᄂᆞᆫ權利者ᄂᆞᆫ價額의增加가現存ᄒᆞᄂᆞᆫ境遇에限ᄒᆞ야自己의選擇으로費用의全額을償給ᄒᆞ거나物의增加額을償給ᄒᆞ거나自由로ᄒᆞᄂᆞ니라

徒冗費ᄂᆞᆫ眞權利者에게利益이毫無ᄒᆞᄂᆞ니若此費用의全部或一部를償還케ᄒᆞᆯ진ᄃᆡ損失을返受홈에至ᄒᆞᆯ지라故로此等費用은一切償還을不要ᄒᆞᄂᆞ니라

以上은費用에關ᄒᆞᆫ一般原則이나今에稍異ᄒᆞᆫ境遇를細分說明ᄒᆞᆯ진ᄃᆡ

第一、必要費를通常과臨時로細分ᄒᆞᄂᆞ니通常必要費ᄂᆞᆫ假令温突의改築과窓

존에 필요한 것이 아니고 다만 그 가치를 증가시킨다는 이유에 따라 상환의 책임이 발생하는 것이다. 따라서 만약 그 증가액이 비용액에 미치지 못하면 진정한 권리자는 그 전액을 상환할 필요가 없다. 또 그 비용이 특히 유익하여 이로 인하여 발생한 증가액이 비용액을 초과한다면 진정한 권리자는 이 또한 상환해야 할 것 같다. 그러나 원래 부당이득은 정당한 이유 없이 타인을 해하여 자기를 이롭게 할 수 없기 때문에 의무가 발생하는 것이다. 따라서 이 경우에도 물건의 증가액이 설령 비용액을 초과할지라도 권리자가 그 비용액만을 점유자에게 상환하면 점유자는 손실이 전혀 없을 것이어서 권리자의 이득이 있다고 하여도 부당하지 않다. 그러므로 이러한 경우에는 권리자는 가액의 증가가 현존하는 경우에 한하여 자기의 선택으로 비용의 전액을 상환하여 주거나 물건의 증가액을 상환하여 주거나 자유로이 한다.

도용비는 진정한 권리자에게 이익이 전혀 없는데 만약 이 비용의 전부 또는 일부를 상환하게 한다면 도리어 손실을 받게 될 것이다. 그러므로 이들 비용은 일절 상환할 필요가 없다.

이상은 비용에 관한 일반 원칙이나, 이제 조금 다른 경우를 세분하여 설명하면

① 필요비를 통상과 임시로 세분하는데, 통상의 필요비는 가령 온돌의 개축과 창

戶의改途와其他物의使用으로브터生ᄒᆞᄂᆞᆫ通常의些少費用이니若其占有物로브터果實이生ᄒᆞᆫ時ᄂᆞᆫ其果實中으로支撥ᄒᆞᆷ이常例오臨時必要費ᄂᆞᆫ假令天災地異等을因ᄒᆞ야物의大修繕을要ᄒᆞᆷ에至ᄒᆞ야此로因ᄒᆞ야生ᄒᆞᆫ費用과其他費用의類로費額이稍高ᄒᆞ야果實로써支辦ᄒᆞ기難ᄒᆞᆫ等이是니라

一般의原則으로論ᄒᆞᆫ즉占有者ᄂᆞᆫ以上兩種의費用을合ᄒᆞ야眞權利者로ᄒᆞ야곰償還케ᄒᆞ야도可ᄒᆞᆯ지나然이나通常의必要費ᄂᆞᆫ果實로써支辦ᄒᆞᆷ이既述ᄒᆞᆷ과如ᄒᆞ니然則占有者가果實을取得ᄒᆞ얏슬진ᄃᆡ此ᄅᆞᆯ不可不自辦ᄒᆞᆷ이當然ᄒᆞ니若不然ᄒᆞᆯ진ᄃᆡ眞權利者ᄂᆞᆫ不當ᄒᆞᆫ損害ᄅᆞᆯ被ᄒᆞᆷ에至ᄒᆞᆯ지니라

第二、有益費ᄂᆞᆫ元來不當利得의原則에基因ᄒᆞ야此ᄅᆞᆯ償還케ᄒᆞᄂᆞᆫ者인즉若其費用에因ᄒᆞ야生ᄒᆞᆫ增加額이物의返還當時에不存ᄒᆞᆯ진ᄃᆡ眞權利者ᄂᆞᆫ利益이毫無ᄒᆞ니償還의義務ᄅᆞᆯ不負ᄒᆞᆷ이라假令占有者가家屋을裝飾ᄒᆞᆫ後에火災ᄅᆞᆯ因ᄒᆞ야該家屋이燒盡ᄒᆞᆯ진ᄃᆡ裝飾도其迹이亦無ᄒᆞ리니然則其費用을請求ᄒᆞ기不得ᄒᆞᆷ은定論이라故로有益費에關ᄒᆞ야ᄂᆞᆫ價額의增加가現存ᄒᆞᄂᆞᆫ境遇에限ᄒᆞ야權利者의選擇으로償還케ᄒᆞᄂᆞ니라

호를 다시 칠하거나 기타 물건의 사용으로부터 발생하는 통상의 사소한 비용으로 만약 그 점유물로부터 과실이 발생한 때에는 그 과실 안에서 지급하는 것이 상례이다. 그리고 임시의 필요비는 가령 천재지변 등으로 인하여 물건의 대수선이 필요해져 이로 인하여 발생한 비용과 기타 비용의 부류로 비용이 다소 높아 과실로 지급, 변제하기 어려운 등의 것이 그것이다.

일반 원칙으로 논하면 점유자는 이상 두 가지의 비용을 합하여 진정한 권리자에게 상환하도록 하여도 된다. 그러나 통상의 필요비는 과실로 지급, 변제함은 이미 서술한 바와 같다. 그렇다면 점유자가 과실을 취득하였다면 이를 스스로 변제하도록 하는 것이 당연하다. 만약 그렇지 않다면 진정한 권리자는 부당한 손해를 입게 될 것이다.

② 유익비는 원래 부당이득의 원칙에 기인하여 이를 상환하게 하는 것이다. 곧 만약 그 비용으로 인하여 발생한 증가액이 물건의 반환 당시에 존재하지 않는다면 진정한 권리자는 이익이 전혀 없어 상환의 의무를 지지 않는다. 가령 점유자가 가옥을 장식한 뒤에 화재로 인하여 그 가옥이 불타버렸다면 장식 또한 그 흔적이 없을 것이다. 그렇다면 그 비용을 청구할 수 없는 것이 정설이다. 그러므로 유익비에 관하여는 가액의 증가가 현존하는 경우에 한하여 권리자의 선택으로 상환하게 한다.

第三、有益費의全部或一部를償還케ᄒᆞᆷ은既述ᄒᆞᆷ과如ᄒᆞ나然이나此法이眞權利者에就ᄒᆞ야ᄂᆞᆫ甚히不利益ᄒᆞᆫ바ㅣ라盖權利者가其物을投資當時에放賣ᄒᆞᆯ진ᄃᆡ增加額을槪得ᄒᆞ리니此를占有者에게償還ᄒᆞ야도損害가別無ᄒᆞᆯ지로ᄃᆡ其多數ᄂᆞᆫ即其時放賣가少ᄒᆞ거ᄂᆞᆯ占有者의隨意로他人의物에費用을濫投ᄒᆞ야其費用의結果가物의價를增加ᄒᆞ얏다ᄒᆞ야其償還을權利者에게直求케ᄒᆞᆯ진ᄃᆡ權利者ᄂᆞᆫ準備가無ᄒᆞ야困難을大感ᄒᆞᆯ지오甚ᄒᆞᆫ즉惡意占有者ᄂᆞᆫ權利者로ᄒᆞ야곰物의回復權을行使ᄒᆞ기不能ᄒᆞᆷ에至케ᄒᆞ기爲ᄒᆞ야莫大ᄒᆞᆫ費用을故費ᄒᆞ야其償還을請求ᄒᆞᄂᆞᆫ等事가不無ᄒᆞᆯ지라人情이此境에若至ᄒᆞᆯ진ᄃᆡ法律은公平을維持ᄒᆞ기爲ᄒᆞ야費用을償還케ᄒᆞᆫ바가不公平의結果를返招ᄒᆞᆷ에至ᄒᆞ리니於是乎立法者ᄂᆞᆫ此에所感이有ᄒᆞ야惡意占有者에對ᄒᆞ야ᄂᆞᆫ裁判所로ᄒᆞ야곰權利者의請求를因ᄒᆞ야相當ᄒᆞᆫ期限을定給케ᄒᆞ야써此弊를豫防케ᄒᆞᄂᆞ니라

凡占有者ᄂᆞᆫ其占有를惡意로開始ᄒᆞᆫ者外에ᄂᆞᆫ費用의償還을受ᄒᆞ기ᄭᆞ지其物의占有를繼續ᄒᆞᆷ이留置權의本則이나然이나惡意占有者에限ᄒᆞ야ᄂᆞᆫ以上制

③ 유익비의 전부 또는 일부를 상환하게 하는 것은 이미 서술한 것과 같다. 그러나 이 법이 진정한 권리자에 대하여는 매우 불이익한 바이다. 권리자가 그 물건을 투자할 당시에 매각한다면 대개 증가액을 얻을 것이어서 이를 점유자에게 상환하여도 손해가 달리 없을 것이나. 그렇지만 권리자 다수는 그 때에 매각하는 경우가 적다. 따라서 점유자 마음대로 타인의 물건에 비용을 과다하게 투자한 결과가 물건의 가치를 증가시켰다고 하여 그 상환을 권리자에게 곧바로 청구하게 한다면 권리자는 준비가 없어 어려움을 크게 느낄 것이고, 심지어 악의의 점유자는 권리자로 하여금 물건의 회복권을 행사할 수 없게 하기 위하여 막대한 비용을 고의로 써서 그 상환을 청구하는 등의 일이 없지 않을 것이다. 만약 사람의 마음이 이 지경에 이르면 법률이 공평을 유지하기 위하여 비용을 상환하게 한 것이 도리어 불공평한 결과를 초래하게 된다. 여기서 입법자는 느낀 바가 있어 악의의 점유자에 대하여는 재판소가 권리자의 청구에 따라 상당한 기한을 정하여 줄 수 있게 함으로써 이 폐단을 예방하게 한다.

점유자는 그 점유를 악의로 개시한 자 외에는 비용의 상환을 받기까지 그 물건의 점유를 계속하는 것이 유치권의 원칙이다. 그러나 악의의 점유자에 한하여는 이상의 제

限을特加ᄒᆞ야留置權을不給ᄒᆞᄂᆞ니라

第四節　權利의取得

平穩且公然히動產의占有를開始ᄒᆞᆫ者가善意오且過失이無ᄒᆞᆯ時ᄂᆞᆫ其動產上에行使ᄒᆞᄂᆞᆫ權利를卽時取得ᄒᆞᆷ이라

此ᄂᆞᆫ所謂瞬間時效又卽時時效에關ᄒᆞᆫ바ㅣ니盖不動產은其所在가確定ᄒᆞᆯ뿐아니라與受가不煩ᄒᆞ고又其權利의得喪은登記에因ᄒᆞ야証明ᄒᆞᄂᆞ니權利者의誰人을知得ᄒᆞ기容易ᄒᆞ되動產에至ᄒᆞ야ᄂᆞᆫ不然ᄒᆞ야其所在가極히不確定ᄒᆞᆯ뿐아니라去來도亦頻ᄒᆞᆫ지라故로假令一個物이甲으로브터乙에게乙로브터丙에게輾轉ᄒᆞᄂᆞᆫ等境遇에其上에權利를主張ᄒᆞᄂᆞᆫ者가意外로出來ᄒᆞ야畢竟此를返還ᄒᆞᄂᆞᆫ等事가有ᄒᆞᆯ진ᄃᆡ商業과其他一切의去來가甚히不完全ᄒᆞᆷ에至ᄒᆞ야其結果로商業의發達을妨ᄒᆞ며社會의進運을害ᄒᆞᄂᆞᆫ事가不少ᄒᆞᆯ지라於是乎何國을勿論ᄒᆞ고動產에關ᄒᆞ야ᄂᆞᆫ多少의特例를設ᄒᆞ야速히占有者를權利者로看作ᄒᆞ야保護ᄒᆞᆷ에至ᄒᆞᄂᆞ니라

以上說明ᄒᆞᆫ바ᄂᆞᆫ所有權에關ᄒᆞ야만規定을設ᄒᆞᄂᆞᆫ國이不少ᄒᆞ나然이나所有權

한을 특별히 가하여 유치권을 주지 않는다.

제4절 권리의 취득

평온, 공연하게 동산의 점유를 개시한 자가 선의이고 과실이 없을 때에는 그 동산 위에 행사하는 권리를 즉시 취득한다.*

이는 이른바 순간시효 또는 즉시시효에 관한 것이다. 대개 부동산은 그 소재가 확정되어 있을 뿐 아니라 거래가 빈번하지 않고 또 그 권리의 득실은 등기에 따라 증명하므로 권리자가 누구인지 용이하게 알 수 있다. 하지만 동산에서는 그렇지 않아서 그 소재가 극히 불확정적일 뿐 아니라 거래 또한 빈번하다. 그러므로 가령 하나의 물건이 甲으로부터 乙에게, 乙로부터 丙에게 전전하는 등의 경우에 그 위에 권리를 주장하는 자가 뜻밖에 나와 마침내 이를 반환하는 등의 사태가 벌어지면, 상업과 기타 일체의 거래가 매우 불완전하게 되어 그 결과 상업의 발달을 방해하며 사회의 진보를 해하는 일이 적지 않을 것이다. 여기서 어느 나라를 막론하고 동산에 관하여는 다소의 특례를 마련하여 신속히 점유자를 권리자로 간주하여 보호하기에 이른다.

이상에서 설명한 바는 소유권에 관하여만 규정을 마련하는 나라가 적지 않다. 그러나 소유권

* 역자주: 우리 민법상 동산의 선의취득(제249조)에 대응하므로 이하에서는 원문의 '卽時取得' 대신 '선의취득'으로 표현함.

以外의權利에도其性質上適用이同一ᄒᆞᆷ은勿論이니故로玆에此點을分明케ᄒᆞ기爲ᄒᆞ야權利라單稱ᄒᆞ고所有權이라不云ᄒᆞᆷ이라

然則所有權以外權의實際適用은何오此ᄂᆞᆫ質權에限ᄒᆞ야多有ᄒᆞ리니（旅店宿泊의先取特權과運輸의先取特權等에도適用이無ᄒᆞᆷ은아니로ᄃᆡ此ᄂᆞᆫ說明ᄒᆞᆯ處가別有ᄒᆞᆷ）即債務者가他人의動產으로質物을作ᄒᆞ야債權者가善意로此를受取ᄒᆞᆯ진ᄃᆡ其債權者ᄂᆞᆫ質權을即時取得ᄒᆞᆷ과如ᄒᆞᆷ이라若不然ᄒᆞᆯ진ᄃᆡ質權者ᄂᆞᆫ不慮의損失을受ᄒᆞᆷ이間有ᄒᆞ리니質權과所有權을取得ᄒᆞᄂᆞᆫ者間에差異를設ᄒᆞᆯ理由가無ᄒᆞᆯ지니라

然而即時時効에關ᄒᆞ야ᄂᆞᆫ一個의例外規定이有ᄒᆞ니即占有物이盜品又遺失物이될時ᄂᆞᆫ被害者又遺失主ᄂᆞᆫ盜難又遺失時로브터一定ᄒᆞᆫ年限間（日本則二年間）占有者를對ᄒᆞ야其物의回復을請求ᄒᆞ기可得ᄒᆞᆷ이라

蓋善意占有者保護의必要ᄂᆞᆫ既已屢述ᄒᆞᆫ바ㅣ나此와同時에眞權利者도保護의必要가不無ᄒᆞ니即其人이自己意思에違反ᄒᆞ야占有를失ᄒᆞᆫ境遇가是라凡動產의性質上眞權利者를容易히認定ᄒᆞ기不能ᄒᆞᆷ에因ᄒᆞ야法律이占有者를特別保

이외의 권리에도 그 성질상 적용이 동일함은 물론이다. 그러므로 여기서 이 점을 분명히 하기 위하여 단순히 권리라고 부르고 소유권이라고 하지 않는다.

그렇다면 소유권 이외의 권리의 실제 적용은 어떠한가? 이는 질권에 한하여 많이 있을 텐데(여관 숙박료의 선취특권과 운송의 선취특권 등에도 적용이 없지는 않지만 이는 설명할 곳이 따로 있음), 곧 채무자가 타인의 동산을 질물(質物)로 삼아 채권자가 선의로 이를 수취한다면 그 채권자는 질권을 선의취득하는 것과 같다. 만약 그렇지 않다면 질권자는 생각지 못한 손실을 받는 경우가 간혹 있을 것이므로 질권과 소유권을 취득하는 자 사이에 차이를 둘 이유가 없을 것이다.

그러나 선의취득에 관하여는 하나의 예외규정이 있는데, 곧 점유물이 도품 또는 유실물일 때에는 피해자 또는 유실주(遺失主)는 도난 또는 유실된 때로부터 일정한 연한 동안(일본에서는 2년간) 점유자에 대하여 그 물건의 회복을 청구할 수 있다.

선의의 점유자를 보호할 필요성은 이미 여러 차례 서술하였다. 그러나 이와 동시에 진정한 권리자도 보호할 필요가 없지 않은데, 곧 그 사람이 자기의 의사에 반하여 점유를 잃은 경우가 그것이다. 동산의 성질상 진정한 권리자를 용이하게 인정할 수 없기 때문에 법률이 점유자를 특별히 보호

護ᄒᆞᆷ이實로不得已ᄒᆞᆷ에出ᄒᆞᆷ은世人도此ᄅᆞᆯ當然히思量ᄒᆞᄂᆞᆫ바ㅣ니權利者도自已物의占有ᄅᆞᆯ任意로他人에게委付ᄒᆞᆯ진ᄃᆡ其受付者로브터他人에게輾轉ᄒᆞ야他人이即時々效의保護ᄅᆞᆯ受ᄒᆞ고自己ᄂᆞᆫ權利ᄅᆞᆯ喪失ᄒᆞᆷ에至ᄒᆞᆯ바ᄅᆞᆯ豫料ᄒᆞᆯ뿐아니라設或此規定이無ᄒᆞᆯ지라도一次占有喪失의動產은容易히回復치못ᄒᆞᆷ은不可豫度ᄒᆞᆯ바ㅣ니假令權利者가其物을任意로由ᄒᆞ야他人에게寄托ᄒᆞ거나詐欺에陷ᄒᆞ야他人에게傳致ᄒᆞᆫ境遇에其物이受寄者又詐欺者의手로브터善意占有者에게移轉ᄒᆞᆯ진ᄃᆡ占有者ᄂᆞᆫ其權을即時取得ᄒᆞᆷ과如ᄒᆞ니라

然이나權利者가自己의意思에違反ᄒᆞ야占有ᄅᆞᆯ失ᄒᆞᆫ時即盜難或遺失을當ᄒᆞᆫ時ᄂᆞᆫ實로意外의災難이니此ᄅᆞᆯ因ᄒᆞ야權利ᄅᆞᆯ直失케ᄒᆞᆷ은其酷에稍失ᄒᆞᄂᆞᆫ嫌이不無ᄒᆞᆫ지라故로如此ᄒᆞᆫ境遇에ᄂᆞᆫ即時取得의原則에一例外ᄅᆞᆯ設ᄒᆞᆷ이普通니이라

以上에占有者權利取得에關ᄒᆞᆫ原則變則을畧述ᄒᆞ얏스나今에此變則에對ᄒᆞᆫ制限을多少續論코져ᄒᆞ노니占有者가盜品又遺失物을競賣或公共ᄒᆞᆫ市場에셔나又ᄂᆞᆫ其物과同種의物을販賣ᄒᆞᄂᆞᆫ商人에게善意로買受ᄒᆞᆫ時ᄂᆞᆫ被害者ㅣ나遺失主ᄂᆞᆫ占有者가支給ᄒᆞᆫ代價ᄅᆞᆯ辨償ᄒᆞᆷ이아니면其物을回復ᄒᆞ기不得ᄒᆞᆷ이라

하는 것이 실로 부득이함은 세상 사람들도 당연히 생각하는 바이다. 따라서 권리자도 자기 물건의 점유를 임의로 타인에게 맡겨 부탁한다면 그 부탁을 받은 자로부터 타인에게 전전하여 타인이 즉시시효의 보호를 받고 자기는 권리를 상실하게 되리라고 예상할 수 있다. 뿐만 아니라 설령 이 규정이 없을지라도 일단 점유를 상실한 동산은 용이하게 회수하지 못한다는 것은 예견될 수밖에 없는 바이다. 따라서 가령 권리자가 그 물건을 임의로 타인에게 임치하거나 사기에 빠져 타인에게 인도한 경우에 그 물건이 수치인 또는 사기자의 손으로부터 선의의 점유자에게 이선한다면 점유자는 그 권리를 선의취득하는 것과 같다.

그러나 권리자가 자기의 의사에 반하여 점유를 잃은 때, 곧 도난 또는 유실을 당한 때에는 실로 뜻밖의 재난이어서 이로 인하여 권리를 곧바로 잃게 하는 것은 가혹하지 않은가 하는 의문이 없지 않다. 그러므로 이와 같은 경우에는 선의취득의 원칙에 하나의 예외를 마련하는 것이 보통이다. 이상에서 점유자의 권리 취득에 관한 원칙과 예외를 약술하였으나 이제 그 예외에 대한 제한을 다소 계속하여 논하고자 한다. 점유자가 도품 또는 유실물을 경매나 공공의 시장에서나 또는 그 물건과 동종의 물건을 판매하는 상인에게서 선의로 매수한 때에는 피해자나 유실자는 점유자가 지급한 대가를 변상하지 않으면 그 물건을 회복할 수 없다.

盜品又遺失物의所有者ㅣ나其他의權利者는特別의保護를受ᄒᆞᆯ正當ᄒᆞᆫ理由가有ᄒᆞ다ᄒᆞᆯ지라도占有者도此와同一ᄒᆞᆫ理由가有ᄒᆞᆯ진ᄃᆡ所有者等의保護를不可不幾分間制限ᄒᆞᆯ지니即占有者가其物을競賣或公共ᄒᆞᆫ市場에서나又는其物과同種의物을販賣ᄒᆞ는商人에게善意로買受ᄒᆞᆫ時는本人에게過失이毫無ᄒᆞ니此等方法은正當히物品을購買ᄒᆞ는方法이어늘此境遇에도眞權利者로ᄒᆞ야곰權利를十分主張ᄒᆞ기可得케ᄒᆞᆯ진ᄃᆡ去來의危險이實로名言키難ᄒᆞᆯ지니라然이나眞權利者도保護를不與ᄒᆞᆯ바ㅣ아니니故로立法者는兩便의利益을均一保護ᄒᆞ기爲ᄒᆞ야眞權利는此等境遇에도其物을返還ᄒᆞ기得ᄒᆞᆷ과同時에占有者에게其支給ᄒᆞᆫ代價를辨償케ᄒᆞ야一便으로原權利者는自己傳來의物品을返還케ᄒᆞ고他便으로占有者는自己支給의金錢을取還ᄒᆞ야彼此에損害가無코져計圖ᄒᆞᄂᆞ니是實至當ᄒᆞᆫ主義라可謂ᄒᆞᆯ지니라

最後에他人이飼養ᄒᆞ던家畜外의動産物을占有ᄒᆞ야取得ᄒᆞ는權利를一言코져ᄒᆞ노니此動産物에關ᄒᆞ야는取得期限을普通의動産과相異케ᄒᆞᆷ이라即日本國現行民法을依ᄒᆞᆫ건ᄃᆡ占有者가其占有의始에善意오且其逃失의時로브터一個

도품 또는 유실물의 소유자나 기타 권리자는 특별한 보호를 받을 정당한 이유가 있다 할지라도 점유자도 이와 동일한 이유가 있으므로 소유자 등의 보호를 얼마간 제한할 수밖에 없다. 곧 점유자가 그 물건을 경매나 공공의 시장에서나 또는 그 물건과 동종의 물건을 판매하는 상인에게서 선의로 매수한 때에는 본인에게 과실이 전혀 없어서 이들 방법은 정당하게 물품을 구매하는 방법이다. 그런데 이 경우에도 진정한 권리자가 권리를 충분히 주장할 수 있게 한다면 거래의 위험이 실로 말로 하기 어려울 것이다. 그러나 진정한 권리자도 보호를 주지 못할 바가 아니다. 그러므로 입법자는 양쪽의 이익을 균일하게 보호하기 위하여 진정한 권리자는 이들 경우에도 그 물건을 반환받을 수 있는 것과 동시에 점유자에게 그 지급한 대가를 변상하게 하여, 한편으로 원 권리자는 자기에게 전해온 물품을 반환받게 하고 다른 한편으로 점유자는 자기가 지급한 금전을 돌려받아 피차 손해가 없게끔 도모한다. 이 실로 지당한 견해라고 말할 수 있다.

마지막으로 타인이 사육하던 가축 외의 동산 물건을 점유하여 취득하는 권리를 한번 말하고자 한다. 이 동산 물건에 관하여는 취득 기한을 보통의 동산과 다르게 한다. 곧 일본 현행 민법에 따르면 점유자가 그 점유 개시에 선의이고 또 도주하거나 유실된 때로부터 1개

月內에飼養主의回復請求를不受ᄒᆞᆯ진ᄃᆡ其動產物上에行使ᄒᆞᄂᆞᆫ權利를取得ᄒᆞᆷ
이라ᄒᆞᄂᆞ니라

此ᄂᆞᆫ即動物에關ᄒᆞᆫ一個特例라謂動物中에도家畜은他動產과無異ᄒᆞ니自由動移ᄒᆞᆷ은有ᄒᆞᆯ지라도人을離ᄒᆞ야生活ᄒᆞᆷ이아니오又逃走ᄒᆞᄂᆞᆫ境遇에도捕獲이容易ᄒᆞᄃᆡ是와相反ᄒᆞ야家畜外의動物은元來人이飼養ᄒᆞᄂᆞᆫ바ㅣ아니며又飽養ᄒᆞᆷ이偶有ᄒᆞᆯ지라도一次逃走ᄒᆞᆫ즉捕獲이極難ᄒᆞᄂᆞ니然則其逃走後善意占有者의手에歸ᄒᆞᆯ진ᄃᆡ本飼養主ᄂᆞᆫ其上에行ᄒᆞ던權利를直失ᄒᆞᆷ이當然ᄒᆞ니라

然이나如是히ᄒᆞᆷ은本飼養主에取ᄒᆞ야甚히偏酷ᄒᆞᆯ虞가有ᄒᆞᄂᆞ니故로特히一個月의期限을給ᄒᆞ야本飼養主도十分保護ᄒᆞ야得失의權利를均平케ᄒᆞᆷ이니라

學者或此種動物은人의所有에不屬ᄒᆞᆷ이本則인즉他動產及動物보다도權利를迅速히喪失케ᄒᆞᆷ이當然ᄒᆞᆫ바ㅣ라然則苟其善意占有者의手에一次歸屬ᄒᆞᆯ진ᄃᆡ即時取得의原則을適用ᄒᆞ야本飼養主가權利를直失케ᄒᆞᆷ이可ᄒᆞ다ᄒᆞᄂᆞᆫ者ㅣ不無ᄒᆞ나然이나余輩ᄂᆞᆫ其不然ᄒᆞᆫ바를玆에辯明코져ᄒᆞ노니即

他動產及動物은所有者가常有ᄒᆞᄂᆞ니設或往來間에此를捕獲ᄒᆞ거나拾得ᄒᆞᆷ이

월 이내에 사육주의 회복청구를 받지 않으면 그 동산 물건 위에 행사하는 권리를 취득한다고 하였다.

이는 곧 동물에 관한 하나의 특례이다. 대개 동물 가운데서도 가축은 다른 동산과 다르지 않아서 자유로이 움직이기는 할지라도 사람을 떠나 생활하는 것은 아니고 또 도주하는 경우에도 포획이 용이하다. 그렇지만 이와 반대로 가축 외의 동물은 원래 사람이 사육하던 것이 아니고 또 우연히 사육하는 경우가 있을지라도 일단 도주하면 포획이 극히 어렵다. 그래서 도주한 후에 선의의 점유자 손에 돌아가면 이 사육주는 그 위에 행하던 권리를 곧바로 잃는 것이 당연하다.

그러나 이와 같이 하면 이 사육주에게는 매우 가혹할 우려가 있다. 그러므로 특별히 1개월의 기한을 주어 이 사육주도 충분히 보호하여 득실의 권리를 공평하게 하는 것이다.

학자들은 더러 "이 가축 아닌 동물은 사람의 소유가 아님이 원칙이어서 다른 동산 및 동물보다도 권리를 신속히 상실하게 하는 것이 당연하다. 그렇다면 진실로 그 선의 점유자의 손에 일단 귀속하면 선의취득의 원칙을 적용하여 이 사육주가 권리를 곧바로 잃게 하는 것이 옳다"고 하는 사람도 없지 않다. 그러나 나는 그렇지 않음을 여기서 변명하고자 한다. 다른 동산 및 동물은 언제나 소유자가 있는데, 설령 오가는 사이에 이를 포획하거나 습득하는 경우가

有홀지라도權利의直得이不能홈은何人이던지知ᄒᆞᄂᆞᆫ바ㅣ로ᄃᆡ是와相反ᄒᆞ야家畜外의動物은元來人의所有가아니니此를山野나道路等에서發見홈이有ᄒᆞᆫ즉純然ᄒᆞᆫ野生으로誤解ᄒᆞ야其物에關ᄒᆞᆫ權利를直得홀바로信ᄒᆞᄂᆞᆫ者가多홀지라然而此에即時々効에關ᄒᆞᆫ原則을適用케홀진ᄃᆡ本動物은一次逃失홈과同時에其飼養主ᄂᆞᆫ權利를直失홈에至ᄒᆞ리니是乃法律上에特別期限을定ᄒᆞ야本飼養主를保護ᄒᆞᄂᆞᆫ所以니라

第五節　占有의訴權

占有의訴權은此를現在未來及過去三種에分ᄒᆞᄂᆞ니(一)保維訴權(二)保全訴權(三)回收訴權이是라

凡占有訴權은一切占有者가提起ᄒᆞ기皆得ᄒᆞᄂᆞ니其結果로代理占有에ᄂᆞᆫ代理人도本人을爲ᄒᆞ야提起ᄒᆞ기亦得홈이라是乃法律上當然ᄒᆞᆫ事理오他議를不要홀바ㅣ나然이나占有者ᄂᆞᆫ訴訟提起의權이有ᄒᆞᆫ意만表示홀진ᄃᆡ代理人은其目的物에對ᄒᆞᆫ直接利害關係人이아니니訴訟提起의權이無홀가疑訝ᄒᆞᄂᆞᆫ者가有홀所以로此旨를法律에亦記ᄒᆞ야解釋上疑難이無케홈이常例니라

있을지라도 권리를 직접 취득할 수 없음은 누구든지 아는 바이다. 하지만 이와 반대로 가축 외의 동물은 원래 사람의 소유가 아니어서 이를 산과 들이나 도로 등에서 발견하기도 하는데 완전한 야생으로 오해하여 그 물건에 관한 권리를 직접 취득하리라고 믿는 자가 많을 것이다. 그러나 이에 즉시시효에 관한 원칙을 적용하게 한다면 이 동물은 일단 도망치거나 유실되는 동시에 그 사육주는 권리를 곧바로 잃게 될 것이다. 이것이 바로 법률상 특별한 기한을 정하여 이 사육주를 보호하는 까닭이다.

제5절 점유의 소권

점유의 소권은 이를 현재, 미래 및 과거의 세 가지로 나누는데 ① 보유(保維)소권, ② 보전(保全)소권, ③ 회수(回收)소권이 그것이다.*

점유소권은 모든 점유자가 제기할 수 있는 결과 대리점유에서는 대리인 또한 본인을 위하여 제기할 수 있다. 이것이 바로 법률상 당연한 사리이고 다른 논의가 필요 없다. 그러나 점유자는 소를 제기할 권리가 있다는 뜻만 표시하면 "대리인은 그 목적물에 대한 직접 이해관계인이 아니어서 소를 제기할 권리가 없는가" 하고 의문을 갖는 자가 있는 까닭에 이 취지를 법률에 또한 명기하여 해석상 의문이 없게 하는 것이 상례이다.

---

* 역자주: 오늘날의 점유물방해제거청구권, 점유물방해예방청구권, 점유물반환청구권에 각각 대응함.

今에以上三種의訴權을細分說明ᄒᆞ건ᄃᆡ

第一、保維訴權

本訴權은占有者가其占有에關ᄒᆞ야他人에게妨害를現受ᄒᆞᄂᆞᆫ境遇에其妨害의停止及損害賠償을請求ᄒᆞ기爲ᄒᆞ야提起ᄒᆞᄂᆞᆫ訴訟이니假令占有物을自己의物이라主張ᄒᆞ야腕力으로奪取코져ᄒᆞᄂᆞᆫ者가有ᄒᆞᆫ境遇에其暴行을停止ᄒᆞ고其暴行에因ᄒᆞ야生ᄒᆞᆫ損害를賠償케ᄒᆞᆷ과如ᄒᆞ니라

本訴訟은占有의妨害가現存ᄒᆞᄂᆞᆫ間이나又其妨害가停止ᄒᆞᆫ後一定ᄒᆞᆫ年限(日本則一個年)內에提起ᄒᆞᄂᆞᆫ者ㅣ니卽前示ᄒᆞᆫ例에占有物을自己의物이라主張ᄒᆞᄂᆞᆫ者가有ᄒᆞ야暴行으로其物을奪取코져ᄒᆞᄂᆞᆫ境遇에ᄂᆞᆫ其暴行의繼續間이나停止의時로브터一定ᄒᆞᆫ年限內가아니면訴訟을提起치못ᄒᆞᄂᆞ니何者오旣已一定ᄒᆞᆫ年限을經過ᄒᆞ야도其人이妨害를不爲ᄒᆞᆯ진ᄃᆡ其人은妨害의念이已絶ᄒᆞᆷ이多ᄒᆞ리니然則其妨害를停止ᄒᆞ기爲ᄒᆞ야訴訟ᄒᆞᆯ必要가無ᄒᆞ며又損害賠償에至ᄒᆞ야도亦然ᄒᆞ니損害를現受ᄒᆞᆷ이아닐以上은其占有者ㅣ라ᄒᆞᄂᆞᆫ事實ᄲᅮᆫ으로ᄂᆞᆫ請求를不許호ᄃᆡ占有者가其物에關ᄒᆞ야權利의眞有를証明ᄒᆞᆯ진ᄃᆡ一般

이제 이상의 세 가지 소권을 세분하여 설명하면,

I. 보유소권

이 소권은 점유자가 그 점유에 관하여 타인에게 방해를 현재 받는 경우에 그 방해의 정지 및 손해배상을 청구하기 위하여 제기하는 소송이다. 가령 점유물을 자기의 물건이라고 주장하여 완력으로 빼앗고자 하는 자가 있는 경우에 그 폭행을 정지시키고 그 폭행으로 인하여 발생한 손해를 배상하게 하는 것과 같다.

이 소는 점유의 방해가 현존하는 동안이나 또는 그 방해가 정지된 후 일정한 연한(일본에서는 1년) 내에 제기하는 것이다. 곧 앞에 보인 예에서 점유물을 자기의 물건이라고 주장하는 자가 있어 폭행으로 그 물건을 빼앗고자 하는 경우에는 그 폭행이 계속되는 동안이나 정지된 때로부터 일정한 연한 내가 아니면 소를 제기하지 못한다. 왜냐하면 이미 일정한 연한을 경과하여도 그 사람이 방해를 하지 않는다면 그 사람은 방해할 생각을 이미 그만둔 경우가 많을 것이다. 그렇다면 그 방해를 정지시키기 위하여 소송을 할 필요가 없다. 또 손해배상에서도 또한 그런데, 손해를 현재 받는 것이 아닌 이상 그 점유자라는 사실만으로는 청구가 허용되지 않고, 점유자가 그 물건에 관하여 권리를 진정으로 가짐을 증명한다면 일반

原則을從ᄒᆞ야賠償을請求케홈이라但此請求에도妨害의停止後一定ᄒᆞᆫ年限을必要홈은同一ᄒᆞ니라

然이나占有者가其占有物에關ᄒᆞ야權利의眞有가無ᄒᆞᆯ지라도不法行爲에關ᄒᆞᆫ一般原則을從ᄒᆞ야損害賠償을請求ᄒᆞ기可得ᄒᆞᆯ境遇에ᄂᆞᆫ以上年限外라도其權利가消滅時効에不罹ᄒᆞᆯ以間은請求ᄒᆞ기得홈이勿論이니라

以上說明ᄒᆞᆫ바ᄂᆞᆫ一般普通의境遇에ᄂᆞᆫ其適用이甚히穩當ᄒᆞ나然이나其妨害의性質을因ᄒᆞ야妨害의現存ᄒᆞᄂᆞᆫ間이나且停止ᄒᆞᆫ後라도訴訟의提起ᄅᆞᆯ許ᄒᆞ기不能홈이有ᄒᆞ니即工事ᄅᆞᆯ因ᄒᆞ야占有物에妨害ᄅᆞᆯ受ᄒᆞᄂᆞᆫ境遇가是라假令隣地의所有者가建築을設行홈에當ᄒᆞ야占有地의一部ᄅᆞᆯ占領ᄒᆞ거나又疆界線에서相當ᄒᆞᆫ距離가無ᄒᆞᆫ境遇에其建築이落成코져홈에當ᄒᆞ야保維訴權을突然提起ᄒᆞ야其建築物을除去케홈과如홈은隣地所有者에게莫大ᄒᆞᆫ損害가生ᄒᆞᆯᄲᅮᆫ아니라國家經濟上에도天物을暴殄ᄒᆞᄂᆞᆫ바ㅣ라可謂ᄒᆞᆯ지어던況其建築이全部落成ᄒᆞᆫ後와如홈이리오故로如斯ᄒᆞᆫ境遇에ᄂᆞᆫ其工事竣成後ᄂᆞᆫ勿論이오竣成前이라도工事着手의時로브터一定ᄒᆞᆫ年限을既經ᄒᆞᆫ즉此訴ᄅᆞᆯ提起

원칙에 따라 배상을 청구하게 하는 것이다. 다만 이 청구에도 방해가 정지된 후 일정한 연한이 필요함은 동일하다.

그러나 점유자가 그 점유물에 관하여 권리를 진정으로 갖지 않을지라도 불법행위에 관한 일반 원칙에 따라 손해배상을 청구할 수 있는 경우에는 이상의 연한 밖이라도 그 권리가 소멸시효에 걸리지 않는 동안에는 청구할 수 있음은 물론이다.

이상에서 설명한 바는 일반적이고 보통의 경우에는 적용하는 것이 매우 온당하다. 그러나 그 방해의 성질로 인하여 방해가 현존하는 동안이나 또 정지된 뒤라도 소의 제기를 허용할 수 없는 경우가 있다. 곧 공사로 인하여 점유물의 방해를 받는 경우가 그것이다. 가령 이웃 토지의 소유자가 건축물을 건설할 때 점유 토지의 일부를 점령하거나 그 경계선에서 상당한 거리만큼 띄우지 않은 경우에, 그 건축물이 완성되려 할 때 보유소권을 갑자기 제기하여 그 건축물을 제거하게 하는 것과 같은 것은 이웃 토지 소유자에게 막대한 손해가 발생할 뿐만 아니라 국가경제상으로도 하늘이 낸 만물을 함부로 써 버리는 일이라고 할 수 있다. 하물며 그 건축물이 전부 완성된 후와 같은 경우일 것인가? 그러므로 이러한 경우에는 그 공사 준공 후에는 물론이고 준공 전이라도 공사를 착수한 때로부터 이미 일정한 연한이 지났으면 이 소를 제기

ᄒᆞ기不許ᄒᆞᄂᆞ니라

第二、保全訴權

本訴權은占有者가其占有에關ᄒᆞ야他人에게妨害ᄅᆞᆯ受ᄒᆞᆯ虞慮가有ᄒᆞᆫ時에其妨害의豫防과此로因ᄒᆞ야生ᄒᆞᆯ損害賠償의擔保ᄅᆞᆯ請求ᄒᆞ기爲ᄒᆞ야提起ᄒᆞᄂᆞᆫ訴訟이니其目的은妨害ᄅᆞᆯ豫防ᄒᆞ고又將來에生ᄒᆞᆯ損害賠償에關ᄒᆞ야相當ᄒᆞᆫ擔保ᄅᆞᆯ提供케ᄒᆞᆷ에在ᄒᆞᆷ이라假令隣地의所有者가占有地와相當ᄒᆞᆫ距離ᄅᆞᆯ不隔ᄒᆞ고建築을設行코져ᄒᆞᆷ에當ᄒᆞ야아즉其設行前에相當ᄒᆞᆫ距離ᄅᆞᆯ除置ᄒᆞ고建築ᄒᆞᆷ을請求ᄒᆞ며又隣地의家屋이既已朽廢ᄒᆞ야行將傾倒코져ᄒᆞᄂᆞᆫ境遇에相當ᄒᆞᆫ支柱ᄅᆞᆯ施ᄒᆞ야其傾倒ᄅᆞᆯ防ᄒᆞ거나又其傾倒에因ᄒᆞ야可生ᄒᆞᆯ損害賠償의擔保ᄅᆞᆯ豫供케ᄒᆞᆷ과如ᄒᆞᆷ이是니라

本訴權은占有妨害의危險이存ᄒᆞᄂᆞᆫ間에提起ᄒᆞ기得ᄒᆞᆷ은勿論이나然이나既其危險이不存ᄒᆞᆯ以上은提起ᄒᆞ기不得ᄒᆞᆯ뿐아니라其危險이變ᄒᆞ야妨害의事實이既成ᄒᆞᆫ時ᄂᆞᆫ保維訴權은提起ᄒᆞᆯ지라도本訴權은提起ᄒᆞ기不得ᄒᆞᄂᆞ니假令隣地의家屋이將傾코져ᄒᆞᆷ에當ᄒᆞ야其所有者가此ᄅᆞᆯ改築ᄒᆞ거나其家屋이

하는 것은 허용되지 않는다.

II. 보전소권

이 소권은 점유자가 그 점유에 관하여 타인에게 방해를 받을 우려가 있는 때에 그 방해의 예방과 이로 인하여 발생할 손해배상의 담보를 청구하기 위하여 제기하는 소송이다. 그 목적은 방해를 예방하고 또 장래에 발생할 손해배상에 관하여 상당한 담보를 제공하게 하는 데 있다. 가령 이웃 토지의 소유자가 점유 토지와 상당한 거리를 띄우지 않고 건축물을 건설하고자 할 때, 아직 그 건설 전에 상당한 거리를 비워 두고 건설할 것을 청구하며, 또 이웃 토지의 가옥이 이미 헐어버려 곧장 기울어지려는 경우에, 적절한 지지기둥을 시설하여 기울어짐을 막거나 또는 그 기울어짐으로 인하여 발생할 수 있는 손해배상의 담보를 미리 제공하게 함과 같은 것이 그것이다.

이 소권은 점유 방해의 위험이 존재하는 동안에 제기할 수 있음은 물론이다. 그러나 이미 그 위험이 존재하지 않게 된 이상에는 제기할 수 없을 뿐 아니라 그 위험이 변하여 방해의 사실이 이미 이루어진 때에는 보유소권은 제기할 수 있어도 이 소권은 제기할 수 없다. 가령 이웃 토지의 가옥이 기울어지려고 하는 때에 그 소유자가 이를 개축하거나 그 가옥이

已傾ᄒᆞᆫ時ᄂᆞᆫ本訴權을提起ᄒᆞ기不得ᄒᆞᆷ과如ᄒᆞ니라

以上說明ᄒᆞᆫ바ᄂᆞᆫ一般普通의境遇에ᄂᆞᆫ適當ᄒᆞ나然이나此亦保維訴權에關ᄒᆞᆷ과ᄀᆞᆺ치工事에因ᄒᆞ야損害를受ᄒᆞᆯ憂慮가有ᄒᆞᆫ境遇에ᄂᆞᆫ例外가有ᄒᆞᆷ이라凡工事에關ᄒᆞ야ᄂᆞᆫ其工事中은勿論이오工事落成後라도妨害의危險이常存ᄒᆞᆷ은勿論이나然이나何時던지此訴를提起ᄒᆞ야其妨害의豫防과損害賠償의擔保를請求케ᄒᆞᆯ진ᄃᆡ其工事設行者ᄂᆞᆫ莫大ᄒᆞᆫ損害를受ᄒᆞᆯ지니故로此訴權에도保維訴權에關ᄒᆞᆷ과同一ᄒᆞᆫ制限을設ᄒᆞᆷ이라假令隣地所有者가占有地近傍에셔構造가不完全ᄒᆞ야傾倒의虞慮가有ᄒᆞᆫ建物을築造ᄒᆞᆫ境遇에ᄂᆞᆫ本訴訟을提起ᄒᆞ야其建物의構造를變更케ᄒᆞ거나其傾倒의豫防工事를設施케ᄒᆞᆷ은得ᄒᆞᆯ지라도其訴訟의提起期限은該建物의落成前即着手時로브터一定ᄒᆞᆫ年限(日本則一個年)內에提起ᄒᆞᆷ을必要ᄒᆞᆷ과如ᄒᆞ니라

第三、回收訴權

本訴權은占有者가其占有를他人에게被奪ᄒᆞᆫ境遇에其物의返還及損害賠償을請求ᄒᆞ기爲ᄒᆞ야提起ᄒᆞᄂᆞᆫ訴訟이니其目的은物의返還及侵奪에因ᄒᆞ야生

이미 기울어진 때에는 이 소권을 제기할 수 없는 것과 같다.

이상에서 설명한 바는 일반적이고 보통의 경우에는 적당하다. 그러나 이 또한 보유소권에 관한 것처럼 공사로 인하여 손해를 받을 우려가 있는 경우에는 예외가 있다. 공사에 관하여는 그 공사 중에는 물론이고 공사가 완성된 후라도 방해의 위험이 상존함은 물론이다. 그러나 언제든지 이 소를 제기하여 그 방해의 예방과 손해배상의 담보를 청구하게 한다면, 그 공사 시행자는 막대한 손해를 받을 것이다. 그러므로 이 소권에도 보유소권에 관한 것과 동일한 제한을 마련하는 것이다. 가령 이웃 토지 소유자가 점유 토지 근방에서 구조가 불완전하여 기울어질 우려가 있는 건물을 짓는 경우에는 이 소송을 제기하여 그 건물의 구조를 변경하게 하거나 기울어짐을 예방하는 공사를 시행하게 할 수는 있을지라도, 그 소의 제기 기한은 해당 건축물의 완성 전, 곧 반드시 착수시로부터 일정한 연한(일본의 경우에는 1년 내) 내에 제기하여야 하는 것과 같다.

III. 회수소권

이 소권은 점유자가 그 점유를 타인에게 빼앗긴 경우에 그 물건의 반환 및 손해배상을 청구하기 위하여 제기하는 소송이다. 그 목적은 물건의 반환 및 침탈로 인하여 발생

ᄒᆞᆫ損害賠償에在ᄒᆞᆷ이라假令家屋의占有者를逐黜ᄒᆞᆷ고其家屋을占有ᄒᆞ얏스면本占有者가損害를受ᄒᆞᆷ은勿論이니侵奪者는其物을返還ᄒᆞᆯ뿐아니라占有者의所受損害ᄭᆞ지도不何不賠償ᄒᆞᆷ과如ᄒᆞᆷ이是니라

占有訴權은元來占有權이라ᄒᆞ는物權을救護ᄒᆞ기爲ᄒᆞ야設ᄒᆞᆫ바인즉何人을對ᄒᆞ던지得行ᄒᆞᆷ이原則(但損害賠償은損害를現生케ᄒᆞᆫ本人에對ᄒᆞ야만請求ᄒᆞ기得ᄒᆞᆷ)이니保維訴權及保全訴權도此原則을從ᄒᆞᆷ은勿論이라然이나此回收訴權은侵奪者의善意特定承繼人에對ᄒᆞ야는提起ᄒᆞ기不得ᄒᆞᄂᆞ니何者오占有者가其占有를旣已被奪ᄒᆞᆫ時는事實上其占有가他人에게移轉ᄒᆞ얏스니侵奪者가此를善意者에게傳致ᄒᆞ얏슬진ᄃᆡ善意者는正當히占有ᄒᆞᆷ으로信ᄒᆞᆷ이當然ᄒᆞ거늘意外에原占有者(即侵奪者)가侵奪이라ᄒᆞ는不法行爲를行ᄒᆞᆫ事實에因ᄒᆞ야舊占有者에게其占有를返還ᄒᆞ는結果가生ᄒᆞᆯ진ᄃᆡ法律이占有者를特別保護ᄒᆞ는本旨에違背ᄒᆞᆯ지라故로回收訴權은侵奪者의善意特定承繼人에게는對抗치못ᄒᆞᄂᆞ니라

本訴權의提起期限도第一第二의境遇와同一ᄒᆞ니其期限內에提起ᄒᆞᆫ즉喪失

한 손해배상에 있다. 가령 가옥의 점유자를 내쫓고 그 가옥을 점유하였다면 이 점유자가 손해를 받았음은 물론이다. 따라서 침탈자는 그 물건을 반환하여야 할 뿐 아니라 점유자가 받은 손해까지도 배상하여야만 함과 같은 것이 그것이다.

점유소권은 원래 점유권이라는 물권을 구제하고 보호하기 위하여 마련한 것으로 누구에 대해서든 행사할 수 있음이 원칙(다만 손해배상은 손해를 현재 발생하게 한 본인에 대하여만 청구할 수 있음)이어서 보유소권 및 보전소권도 이 원칙을 따르는 것은 물론이다. 그러나 이 회수소권은 침탈자의 선의의 특정승계인에 대하여는 제기할 수 없다. 왜냐하면 점유자가 그 점유를 이미 침탈당한 때에는 사실상 그 점유가 타인에게 이전되어서, 침탈자가 이를 선의자에게 인도하였다면 선의자는 정당하게 점유하였다고 믿는 것이 당연하다. 그런데 뜻밖에 원점유자(즉 침탈자)가 침탈이라는 불법행위를 행하였다는 사실로 인하여 구 점유자에게 그 점유를 반환하는 결과가 발생한다면 법률이 점유자를 특별히 보호하는 본래의 취지에 위배될 것이다. 그러므로 회수소권은 침탈자의 선의의 특별승계인에게는 대항하지 못한다.

이 소권의 제기 기한도 첫째와 둘째 경우와 동일한데, 그 기한 내에 제기하면 상실

의事實이無홈과ᄀᆞᆺ치占有를繼續ᄒᆞ고若經過ᄒᆞᆫ즉永久히喪失ᄒᆞᄂᆞ니라

最後에一言ᄒᆞᆯ바ᄂᆞᆫ占有訴訟과本權訴訟이倂起ᄒᆞᆫ境遇에其中一個訴訟의先決問題가是라此에關ᄒᆞ야ᄂᆞᆫ自來에理論이雖有ᄒᆞ나近世에至ᄒᆞ야ᄂᆞᆫ兩權訴訟의倂行主義를多取ᄒᆞᄂᆞ니라

第四章　占有權의消滅

第一節　總說

占有權은占有者가占有의意思를抛棄ᄒᆞ거나占有物의所持를失홈에因ᄒᆞ야消滅홈이라是ᄂᆞᆫ占有權消滅에關ᄒᆞᆫ一般原則이니夫占有ᄂᆞᆫ意思와實力(即心素体素)의二要素로成立홈은取得에關ᄒᆞ야既已說明ᄒᆞᆫ바ㅣ라然而其喪失에關ᄒᆞ야도以上二要素中其一을欠缺ᄒᆞ거나其二를俱缺ᄒᆞᆯ時ᄂᆞᆫ其權이消滅에歸홈은勿論이니即占有者가占有의意思를失ᄒᆞ거나物의所持를失ᄒᆞᆫ時ᄂᆞᆫ占有權은玆에消滅ᄒᆞᄂᆞ니라

然이나消滅後라도一定ᄒᆞᆫ年限內에回收訴權을提起ᄒᆞᆫ時ᄂᆞᆫ此限에不在ᄒᆞ니라

今에消滅의種類를擧ᄒᆞ건ᄃᆡ三種이有ᄒᆞ니即內部原因에基ᄒᆞᄂᆞᆫ消滅과外部原

한 사실이 없는 것과 같이 점유를 계속하고 만약 경과하면 영구히 상실한다.

마지막으로 한 마디 말할 것은 바로 섬유의 소와 본권의 소가 함께 제기된 경우에 그 중 한 소송의 선결문제이다. 이에 관하여는 비록 종래에 이론(理論)이 있었으나 근세에 이르러서는 두 권리의 소에 관하여 병행주의를 많이 취한다.

제4장 점유권의 소멸

제1절 총 설

점유권은 점유자가 점유의 의사를 포기하거나 점유물의 소지를 잃어버림으로 인하여 소멸한다. 이는 점유권 소멸에 관한 일반 원칙으로, 점유는 의사와 실력(즉 심소, 체소)의 두 요소로 성립함은 취득에 관하여 이미 설명한 바이다. 그러나 그 상실에 관하여도 이상의 두 요소 가운데 하나가 없거나 둘 모두가 없을 때에는 그 권리가 소멸하게 됨은 물론이다. 곧 점유자가 점유의 의사를 잃거나 물건의 소지를 잃은 때에는 점유권은 소멸한다.

그러나 소멸된 뒤라도 일정한 연한 내에 회수소권을 제기한 때에는 그렇지 않다. 이제 소멸의 종류를 들면 세 가지가 있는데, 곧 내부원인에 기한 소멸과 외부원

因에基ᄒᆞᄂᆞᆫ消滅及代人所爲에基ᄒᆞᄂᆞᆫ消滅이是라是乃講述에簡便ᄒᆞ고適實ᄒᆞᆷ을信ᄒᆞ노라

第二節　內部原因에基ᄒᆞᄂᆞᆫ消滅

占有者가意思卽心素ᄅᆞᆯ失ᄒᆞᆫ時ᄂᆞᆫ占有權을失ᄒᆞᆷ이原則이라然이나此占有者의意思ᄂᆞᆫ常時繼續ᄒᆞᆷ을不要ᄒᆞᄂᆞ니一時中止ᄒᆞᆷ에偶有ᄒᆞᆯ지라도何時던지再發ᄒᆞᄂᆞᆫ力이有ᄒᆞ면足ᄒᆞ니라若不然ᄒᆞᆯ진ᄃᆡ占有者의睡眠中은占有權이消滅ᄒᆞᄂᆞᆫ바ㅣ라謂ᄒᆞᆯ지니然則此消滅에ᄂᆞᆫ占有者에게反對의意思가無ᄒᆞᆷ을要ᄒᆞᆯ뿐이오他要件을不要ᄒᆞᆯ지니라假令自己의所有物을抛棄ᄒᆞᆯ意思로써往來間에投棄ᄒᆞᆷ과如ᄒᆞᆷ은意思와實力을俱失ᄒᆞᆷ이니占有權을喪失ᄒᆞᆷ은勿論이오又設或其物을所持ᄒᆞᆯ지라도自己ᄅᆞᆯ爲ᄒᆞ야占有ᄒᆞᆯ意思가更無ᄒᆞ고他人의物을作ᄒᆞ야其人을爲ᄒᆞ야占有ᄒᆞᄂᆞᆫ意思가有ᄒᆞᆯ진ᄃᆡ其占有權은消滅ᄒᆞ야他人에게移轉ᄒᆞᆯ지니라

意思에因ᄒᆞᆫ消滅은新發ᄒᆞᄂᆞᆫ意思卽抛棄의意思가發生ᄒᆞᄂᆞᆫ境遇에在ᄒᆞᄂᆞ니此意思가發生ᄒᆞ면占有의意思가再發力을失ᄒᆞ야消滅에歸ᄒᆞᆷ이라故로假令占有者가心神을喪失ᄒᆞ고아즉法定代理人이無有ᄒᆞ야도占有權을失ᄒᆞᆷ이아니며

인에 기한 소멸 및 대리인의 행위에 기한 소멸이 그것이다. 이것이 바로 강의하는 데 간편하고 적합하다고 믿는다.

제2절 내부원인에 기한 소멸

점유자가 의사, 곧 심소(心素)를 잃은 때에는 점유권을 상실함이 원칙이다. 그러나 이 점유자의 의사는 언제나 계속될 필요가 없는데, 우연히 일시 중지되었을지라도 언제든지 다시 발현될 힘이 있으면 족하다. 그렇지 않다면 점유자가 잠을 자는 중에는 점유권이 소멸한다고 말할 텐데, 그렇다면 이 소멸에는 점유자에게 반대의 의사가 없음이 요구될 뿐이고 다른 요건이 요구되지 않을 것이다. 가령 자기의 소유물을 포기할 의사로 사람이 오가는 데에 던져버리는 것과 같은 것은 의사와 실력을 모두 잃는 것이어서 점유권을 상실함은 물론이다. 또 설령 그 물건을 소지할지라도 자기를 위하여 다시 점유할 의사가 없고 타인의 물건으로 삼아 그 사람을 위하여 점유할 의사가 있다면 그 점유권은 소멸하여 타인에게 이전될 것이다.

의사로 인한 소멸은 새로 발현되는 의사, 곧 포기의 의사가 발생하는 경우에 있다. 따라서 이 의사가 발생하면 점유의 의사가 다시 발현될 힘을 잃어 소멸하게 된다. 그러므로 가령 점유자가 심신을 상실하고 아직 법정대리인이 없더라도 점유권을 잃는 것이 아니며,

又占有者가死亡ᄒᆞ고아즉相續人이確定치못ᄒᆞ야도占有權의中斷이라斷言치못ᄒᆞᄂᆞ니라

但此境遇에ᄂᆞᆫ純理上으로ᄂᆞᆫ一次占有者ᄅᆞᆯ失ᄒᆞᆷ인즉占有가消滅ᄒᆞ고兼ᄒᆞ야占有의中斷이라謂ᄒᆞᆯ바와如ᄒᆞ나然이나實際上相續의効力은死亡時에溯及ᄒᆞᄂᆞ니然則占有의中斷이라未謂ᄒᆞᆯ지니라

第三節　外部原因에基ᄒᆞᄂᆞᆫ消滅

占有者가實力卽體素ᄅᆞᆯ失ᄒᆞᆫ즉占有權을喪失ᄒᆞᆷ이라然이나此實力도意思와ᄀᆞᆺ치常時繼續ᄒᆞᆷ을不要ᄒᆞ고其間에中斷이設有ᄒᆞᆯ지라도何時던지再現ᄒᆞᄂᆞᆫ力이有ᄒᆞ면足ᄒᆞᄂᆞ니假令旅行을作ᄒᆞᄂᆞᆫ者ᄂᆞᆫ自家에在ᄒᆞᆫ器具와其他動產을所持ᄒᆞᆷ이라言ᄒᆞ기難ᄒᆞ나然이나苟其他人의占有에아즉不移ᄒᆞᆯ以間은設或自家에監守人이無ᄒᆞ고代理占有도無ᄒᆞᆫ境遇라도其人은占有ᄅᆞᆯ失ᄒᆞᆷ이無ᄒᆞ며又占有者가他人을因ᄒᆞ야占有ᄅᆞᆯ被奪ᄒᆞᆫ境遇에도回收訴訟을提起ᄒᆞ야此ᄅᆞᆯ返還ᄒᆞᆫ時ᄂᆞᆫ占有의喪失이無ᄒᆞᆷ으로看做ᄒᆞᆷ과如ᄒᆞ니라若不然ᄒᆞᆯ진ᄃᆡ占有者에게回收訴權을給與ᄒᆞᆯ지라도其人은充分ᄒᆞᆫ保護ᄅᆞᆯ受ᄒᆞ기不能ᄒᆞᆷ에至ᄒᆞ리니卽占有者가善

또 점유자가 사망하고 아직 상속인이 확정되지 못하였어도 점유권의 중단이라고 단언하지 못한다.

다만 이 경우에는 순리상으로는 일단 점유자를 잃었으므로 점유가 소멸하고 아울러 점유의 중단이라고 말할 것 같다. 그러나 실제로 상속의 효력은 사망한 때에 소급하므로, 그렇다면 점유의 중단이라고 말할 수 없을 것이다.

제3절 외부원인에 기한 소멸

점유자가 실력, 곧 체소(體素)를 잃으면 점유권을 상실한다. 그러나 이 실력도 의사와 같이 언제나 계속되어야 하는 것은 아니고 그 사이에 설령 중단이 있을지라도 언제든지 다시 발현되는 힘이 있으면 족하다. 가령 여행을 하는 자는 자기 집에 있는 도구와 기타 동산을 소지한다고 말하기 어렵다. 그러나 진실로 그것이 타인의 점유로 아직 옮겨가지 않은 동안에는 설령 자기 집에 관리인이 없고 대리점유도 없는 경우라도 그 사람은 점유를 잃은 것이 아니다. 또 점유자가 타인으로 인하여 점유를 빼앗긴 경우에도 회수의 소를 제기하여 이를 반환받은 때에는 점유의 상실이 없다고 간주하는 것과 같다. 만약 그렇지 않다면 점유자에게 회수소권을 줄지라도 그 사람은 충분한 보호를 받을 수 없게 될 것이다. 곧 점유자가 선

意의境遇라도其占有를他人에게暫時見奪ᄒᆞᆫ事가有ᄒᆞᆫ즉于今繼續ᄒᆞᆫ時効가中斷ᄒᆞ야一定ᄒᆞᆫ年限(假令十年又二十年)을更過ᄒᆞᆷ이아니면時効의利益을未受ᄒᆞᄂᆞᆫ結果가生ᄒᆞᆯ지니라

第四節　代人所爲에基ᄒᆞᄂᆞᆫ消滅

代理人을依ᄒᆞ야占有ᄒᆞᄂᆞᆫ境遇에ᄂᆞᆫ其占有權은左開事由에因ᄒᆞ야消滅ᄒᆞᆷ이라

(一)本人이代理人으로ᄒᆞ야곰占有케ᄒᆞ던意思를抛棄ᄒᆞᆫ事

(二)代理人이本人을對ᄒᆞ야爾後自己나第三者를爲ᄒᆞ야占有物을所持ᄒᆞᆯ意思를表示ᄒᆞᆫ事

(三)代理人이占有物의所持를失ᄒᆞᆫ事

以上은代理占有에關ᄒᆞ야本人이占有를失ᄒᆞᄂᆞᆫ原因이니此占有에도意思와實力의二要素를要ᄒᆞᆷ은他占有와無異ᄒᆞ나然이나若其本人이代理케ᄒᆞ던意思를失ᄒᆞᆯ진ᄃᆡ設或代理人에게右二要素가俱有ᄒᆞᆯ지라도本人의占有權은消滅에必歸ᄒᆞᆯ지니라故로此消滅原因에ᄂᆞᆫ三個의原因이有ᄒᆞ니即(一)本人이代理케ᄒᆞ던意思를絶ᄒᆞᆫ事(二)代理人이本人을爲ᄒᆞ던意思를失ᄒᆞᆫ事但此境遇에ᄂᆞᆫ意思

의인 경우라도 그 점유를 타인에게 잠시 빼앗긴 일이 있으면 지금까지 계속된 시효가 중단하여 일정한 연한(가령 10년 또는 20년)을 경과하는 경우가 아니면 시효의 이익을 받지 못하는 결과를 낳을 것이다.

제4절 대리인의 행위에 기한 소멸

대리인에 의하여 점유하는 경우에는 그 점유권은 다음 사유로 인하여 소멸한다.

① 본인이 대리인으로 하여금 점유하게 하던 의사를 포기한 것

② 대리인이 본인에 대하여 이후 자기나 제3자를 위하여 점유물을 소지할 의사를 표시한 것

③ 대리인이 점유물의 소지를 잃은 것

이상은 대리점유에 관하여 본인이 점유를 잃는 원인인데, 이 점유에도 의사와 실력의 두 요소가 필요함은 다른 점유와 다르지 않다. 그러나 만약 그 본인이 대리하게 하던 의사를 잃는다면 설령 대리인에게 위 두 요소가 모두 있을지라도 본인의 점유권은 반드시 소멸하게 될 것이다. 그러므로 이 소멸원인에는 세 개의 원인이 있는데, 곧 ① 본인이 대리하게 하던 의사를 끊은 것, ② 대리인이 본인을 위하던 의사를 잃은 것, 다만 이 경우에는 의사

變更의表示를要ᄒᆞ고(三)代理人이物의所持를失ᄒᆞᆫ事가是라

但占有權은代理權의消滅에만因ᄒᆞ야消滅치아니ᄒᆞᄂᆞ니라

論者或云代理占有의境遇에ᄂᆞᆫ代理關係를因ᄒᆞ야本人에게占有權이有ᄒᆞᆷ이니若其代理關係가消滅ᄒᆞᆯ진ᄃᆡ代理占有도消滅ᄒᆞᆷ은事理의當然ᄒᆞᆫ바ㅣ라然則代理人或本人이死亡이나委任契約의解除等을因ᄒᆞ야代理權이消滅ᄒᆞᆯ진ᄃᆡ占有權도卽時消滅ᄒᆞᆷ이可ᄒᆞ다ᄒᆞ니此論이理論上得當ᄒᆞᆷ과如ᄒᆞ나然이나若如斯히ᄒᆞᆯ진ᄃᆡ代理占有의境遇에ᄂᆞᆫ代理權消滅을因ᄒᆞ야占有가中斷ᄒᆞ야時效의效力을未受ᄒᆞᆷ이有ᄒᆞ야法律의保護가不完全ᄒᆞᆷ이間有ᄒᆞᆯ지라故로代理權의消滅은占有權의消滅原因이直成치아니ᄒᆞᆷ을法律에規定ᄒᆞᄂᆞ니라

盖代理權이消滅ᄒᆞᆫ즉代理人이나又其相續人이物의占有를本人이나其相續人에게返還ᄒᆞᆷ은代理의當然ᄒᆞᆫ結果오又其返還에ᄂᆞᆫ返還時ᄭᆞ지此를繼續ᄒᆞᆷ도當然ᄒᆞᆫ結果니라

第五章　准占有

羅馬法以來占有保護의沿革을觀ᄒᆞ건ᄃᆡ其初에ᄂᆞᆫ物의所持를保護ᄒᆞᆷ에止ᄒᆞ더

변경을 표시하여야 하고, ③ 대리인이 물건의 소지를 잃은 것이 그것이다.

다만 점유권은 대리권의 소멸로 인해서만 소멸하지 않는다.

논자들은 더러, "대리점유의 경우에는 대리관계로 인하여 본인에게 점유권이 있는 것이어서 만약 그 대리관계가 소멸한다면 대리점유도 소멸함은 당연한 사리이다. 그렇다면 대리인 또는 본인이 사망이나 위임계약의 해지 등으로 인하여 대리권이 소멸한다면 점유권도 즉시 소멸하는 것이 옳다"고 한다. 이 이론이 논리적으로 아주 마땅할 것 같으나, 만약 이렇게 한다면 대리점유의 경우에는 대리권 소멸로 인하여 점유가 중단되고 시효의 효력을 받지 않을 수 있어 법률의 보호가 간혹 불완전할 수 있다. 그러므로 대리권의 소멸은 직접 점유권의 소멸원인이 되지 않음을 법률에 규정한다.

대개 대리권이 소멸하면 대리인이나 또는 그 상속인이 물건의 점유를 본인이나 그 상속인에게 반환함은 대리의 당연한 결과이고, 또 그 반환에는 반환할 때까지 점유를 계속하는 것도 당연한 결과이다.

제5장 준점유

로마법 이래 점유보호의 연혁을 보면 처음에는 물건의 소지를 보호하는 데 그쳤지니漸變ᄒᆞ야占有도一種物權으로作ᄒᆞ야保護홈에至ᄒᆞ니라然而此를物權으로作홀以上은其目的物은有體物에限ᄒᆞ고權利其物은不可ᄒᆞ니即占有ᄂᆞᆫ物의所持를要ᄒᆞᄂᆞᆫ權利行使에限홈이오其他에關ᄒᆞᆫ權利行使에ᄂᆞᆫ不許홈이原則이라然이나既已論述홈과ᄀᆞᆺ치其本來의性質은物權이아니로ᄃᆡ實際上에至ᄒᆞ야ᄂᆞᆫ物權과同視홀財産權이許多ᄒᆞᄂᆞ니此財産權도法律上保護홀必要ᄂᆞᆫ純正ᄒᆞᆫ物權과同一ᄒᆞᆫ바ㅣ라故로此等境遇에ᄂᆞᆫ彼物權에准物權을認定홈과ᄀᆞᆺ치占有에准占有를認定ᄒᆞ야占有에關ᄒᆞᆫ規定을准用케ᄒᆞᄂᆞ니라

卽自己를爲ᄒᆞ야ᄒᆞᄂᆞᆫ意思로써財産權을行使ᄒᆞᄂᆞᆫ境遇에ᄂᆞᆫ占有에關ᄒᆞᆫ規定을准用ᄒᆞᄂᆞ니此ᄂᆞᆫ一切財産權의行使를包含ᄒᆞᄂᆞᆫ바ㅣ라但物의所持를必要ᄒᆞᄂᆞᆫ權利의行使ᄂᆞᆫ純然ᄒᆞᆫ占有니即所有權地上權永小作權留置權質權使用借權及貰借權의行使ᄂᆞᆫ此中에不入ᄒᆞᄂᆞ니然則准占有의適用은地役權先取特權(先取特權에ᄂᆞᆫ純然ᄒᆞᆫ占有도有홈은一一二頁에已示홈)抵當權版權特許權意匠權商標權及債權上에有關ᄒᆞᆫ權利等에在ᄒᆞ니라

准占有에ᄂᆞᆫ占有에關ᄒᆞᆫ規定을准用홀지라도其規定의性質을因ᄒᆞ야准用치못

만 점차 변하여 점유도 일종의 물권으로 삼아 보호하기에 이르렀다. 그러나 이를 물권으로 삼은 이상에는 그 목적물은 유체물에 한하고 권리 기타 물건*은 될 수 없다. 곧 점유는 물건의 소지가 필요한 권리 행사에 한하고 기타의 것에 관한 권리 행사에는 허용되지 않음이 원칙이다. 그러나 이미 서술한 것처럼 그 본래의 성질은 물권이 아니지만 실제로는 물권과 동일하게 보는 재산권이 매우 많은데 이 재산권도 법률상 보호할 필요성은 순수한 물권과 동일하다. 그러므로 이들 경우에는 저 물권에 준물권을 인정하는 것처럼 점유에 준점유를 인정하여 점유에 관한 규정을 준용하게 한다.

곧 자기를 위하여 할 의사로써 재산권을 행사하는 경우에는 점유에 관한 규정을 준용하는데, 이는 일체의 재산권 행사를 포함한다. 다만 물건의 소지를 필요로 하는 권리의 행사는 순수한 점유로, 곧 소유권, 지상권, 영소작권, 유치권, 질권, 사용차권(使用借權) 및 임차권의 행사는 이 안에 들어가지 않는다. 그래서 준점유는 지역권, 선취특권(선취특권에는 순수한 점유도 있음은 112쪽에서 이미 보임), 저당권, 저작권, 특허권, 의정권, 상표권 및 채권 위에 관계가 있는 권리 등에 적용된다.

준점유에는 점유권에 관한 규정을 준용할지라도 그 규정의 성질로 인하여 적용하지 못

* 역자주: 원문은 '權利其物'로 표기되어 있으나, '他'가 빠진 것으로 추정됨.

ᄒᆞᄂᆞᆫ바도有ᄒᆞᄂᆞ니即動產占有에關ᄒᆞᄂᆞᆫ規定은債權이나其他物의占有를不必要ᄒᆞᄂᆞᆫ權利行使에ᄂᆞᆫ適用치못ᄒᆞᄂᆞ니라

第三編　所有權

第一章　所有權의意義

凡所有權은物權中最完全ᄒᆞᆫ者ㅣ니라此所有權의文字를財產權의意味로使用ᄒᆞᄂᆞᆫ者가間有ᄒᆞ나然이나此ᄂᆞᆫ其全을未得ᄒᆞᆫ바ㅣ라故로法律에ᄂᆞᆫ物權의最完全ᄒᆞᆫ者에限ᄒᆞ야所有權이라名ᄒᆞ고其餘ᄂᆞᆫ各其固有의名稱을從ᄒᆞ야其意를表示케ᄒᆞᄂᆞ니라

第一節　所有權의定義

所有權의定義를示ᄒᆞᆫ즉如左ᄒᆞᆷ이라

所有權은法令制限內에在ᄒᆞ야自由로其所有物을使用收益及處分ᄒᆞᄂᆞᆫ權을云ᄒᆞᆷ이라

蓋他物權은其特別ᄒᆞᆫ關係를因ᄒᆞ야其關係物上에만直接으로對ᄒᆞᄂᆞᆫ權利로ᄃᆡ此所有權에至ᄒᆞ야ᄂᆞᆫ不然ᄒᆞ니故로其定義에關ᄒᆞ야도自來學者間에論議가不

하는 것도 있는데, 곧 동산 점유에 관한 규정은 채권이나 기타 물건의 점유를 필요로 하지 않는 권리 행사에는 적용하지 못한다.

제3편 소유권

제1장 소유권의 의의

소유권은 권리 가운데 가장 완전한 것이다. 이 소유권의 문자를 재산권의 의미로 사용하는 사가 간혹 있다. 그러나 이는 완전하다고 할 수 없다. 그러므로 법률에서는 물권에서 가장 완전한 것에 한하여 소유권이라고 이름붙이고 그 나머지는 각기 고유한 명칭에 따라 그 뜻을 표시하게 한다.

제1절 소유권의 정의

소유권의 정의를 보이면 다음과 같다.

소유권은 법령의 제한 내에서 자유로이 그 소유물을 사용, 수익 및 처분할 권리를 말한다.

대개 다른 물권은 그 특별한 관계로 인하여 그 관계된 물건 위에만 직접적으로 행사하는 권리이지만 이 소유권은 그렇지 않다. 그러므로 그 정의에 관하여도 종래 학자 간에 논의가

一ᄒᆞ야今日이라도아즉學術上一定ᄒᆞᆫ定義가無ᄒᆞᆫ바ㅣ라然이나其直接으로物上에對ᄒᆞᄂᆞᆫ一般權利或全權이라ᄒᆞᄂᆞᆫ觀念에至ᄒᆞ야ᄂᆞᆫ異論이槪無ᄒᆞ니此實他物權과比較ᄒᆞᆷ에起ᄒᆞᆫ觀念이라故로諸國法典에도此觀念을實質上으로觀察ᄒᆞ야以上所示와如ᄒᆞᆫ定義ᄅᆞᆯ取ᄒᆞᆷ에槪至ᄒᆞ니라

然이나設或物上에對ᄒᆞᄂᆞᆫ全權이라ᄒᆞᆯ지라도法令範圍外에在ᄒᆞ야ᄂᆞᆫ權利의觀念이無ᄒᆞᄂᆞ니故로以上定義中에도法令制限內에在ᄒᆞ야云云을添入ᄒᆞ니라

本定義ᄅᆞᆯ依ᄒᆞᆯ진ᄃᆡ所有權에ᄂᆞᆫ三種의構成分이有ᄒᆞ니(一)曰使用權이라卽物을毁損치아니ᄒᆞ고此ᄅᆞᆯ自己의用에供ᄒᆞᆷ을謂ᄒᆞᆷ이오(二)曰收益權이라卽物의果實을取ᄒᆞᆷ을謂ᄒᆞᆷ이니假令田畓에서米穀을取ᄒᆞ거나此ᄅᆞᆯ他人에게貸與ᄒᆞ야賃金을取ᄒᆞᄂᆞᆫ類오(三)曰處分權이라卽物을毁損ᄒᆞ거나其性質의變更을謂ᄒᆞᆷ이니假令家屋을崩壞ᄒᆞ거나田畓에池沼ᄅᆞᆯ鑿ᄒᆞᄂᆞᆫ類가是라

然而所有者ᄂᆞᆫ其使用權及收益權을他人에게給與ᄒᆞᄂᆞᆫ事가多有ᄒᆞᄂᆞ니此境遇에ᄂᆞᆫ其處分權만保有ᄒᆞᄂᆞᆫ者ㅣ라謂ᄒᆞᆯ지라故로所有權의特質은處分權에만在ᄒᆞ다ᄒᆞ야도猶可ᄒᆞ니라

하나같지 않아 오늘날에도 아직 학술상 일정한 정의가 없는 바이다. 그러나 그것이 직접적으로 물건 위에 대한 포괄적인 권리 또는 완전한 권리라는 관념에는 이견이 거의 없다. 이는 실로 다른 물권과 비교하는 데서 일어난 관념이다. 그러므로 여러 나라 법전에도 대개 이 관념을 실질적으로 관찰하여 이상에서 보인 것과 같은 정의를 취하게 되었다.

그러나 설령 물건 위에 대한 완전한 권리라고 할지라도 법령의 범위 외에서는 권리의 관념이 없다. 그러므로 이상의 정의에도 법령의 제한 내에서라는 말을 더하여 넣는다.

이 정의에 따르면 소유권에는 세 가지의 구성요소가 있다. ①은 사용권이라고 한다. 곧 물건을 훼손하지 않고 이를 자기의 사용에 제공하는 것을 말한다. ②는 수익권이라고 한다. 곧 물건의 과실(果實)을 취하는 것을 말하는데, 가령 논밭에서 쌀과 곡물을 얻거나 이를 타인에게 대여하여 차임을 받는 부류이다. ③은 처분권이라고 한다. 곧 물건을 훼손하거나 그 성질을 변경시키는 것을 말하는데, 가령 가옥을 붕괴시키거나 논밭에 연못이나 늪을 파는 부류가 그것이다.

그러나 소유자는 그 사용권 및 수익권을 타인에게 주는 경우가 많이 있는데, 이 경우에는 그 처분권만 보유한다고 말할 수 있다. 그러므로 소유권의 특질은 처분권에만 있다 해도 된다.

但此를嚴正히解釋홀진ᄃᆡ所有權에는完全ᄒᆞᆫ者와不完全ᄒᆞᆫ者가有ᄒᆞ니其完全ᄒᆞᆫ者는使用收益及處分의三權을併有ᄒᆞᆫ者오不完全ᄒᆞᆫ者는使用收益의全部나一部를除ᄒᆞᆫ者ㅣ라即其使用收益이或은地上權者에게屬ᄒᆞ고或은永小作人에게屬ᄒᆞ며或은地役權者에게屬ᄒᆞ며又或은質權者에게屬ᄒᆞ는者ㅣ니此를支分權이라云ᄒᆞ는바ㅣ라（留置權先取特權及抵當權은支分權이아니며又質權도動產質은支分權이아니며不動產質도其主되는効力으로由論ᄒᆞᆫ즉支分權이아니니此等權利는所有權上에存ᄒᆞ는者로寧視홀事는爾後에論述홀바가有홈）要ᄒᆞ건ᄃᆡ物權의最完全ᄒᆞᆫ者及他物權을除ᄒᆞᆫ殘餘의全權利를所有權이라홈에不外홀지니라

世人이往往此處分文字의意義를誤解ᄒᆞ야權利를讓與ᄒᆞ거나拋棄홈으로써處分이라ᄒᆞ니此를一般으로論홀진ᄃᆡ不可홈이아니나然이나所有權의構成分되는處分權은此意義를保有홈이아니라夫處分이라홈은意와ᄀᆞᆺ치處置홈을謂홈이니即「物을處分홈」이라ᄒᆞᆫ즉物을意와ᄀᆞᆺ치處置홈을云홈이라假令物을毀損ᄒᆞ거나又其性質을變更ᄒᆞ는等이是오「權利를處分홈」이라ᄒᆞᆫ즉權利를

다만 이를 엄격하게 해석한다면 소유권에는 완전한 것과 불완전한 것이 있는데, 완전한 것은 사용, 수익 및 처분의 세 권능을 함께 가지는 것이고 불완전한 것은 사용, 수익의 전부나 일부를 뺀 것이다. 곧 그 사용, 수익이 더러는 지상권자에게 속하고 더러는 영소작인에게 속하며 더러는 지역권자에게 속하며 또는 질권자에게 속하는 것이다. 이를 지분권(支分權)이라고 말하는 것이다(유치권, 선취특권 및 저당권은 지분권이 아니며, 또 질권도 동산질권은 지분권이 아니고 부동산질권도 그 주된 효력으로부터 논하면 지분권이 아니므로 이들 권리는 오히려 소유권 위에 존재하는 것으로 봐야 함은 이후에 서술할 바가 있음). 요컨대 물권에서 가장 완전한 것이며 타 물권을 뺀 나머지의 모든 권리를 소유권이라고 할 뿐이다.

세상 사람이 자주 이 처분이라는 문자의 의의를 오해하여 권리를 양도하거나 포기하는 것을 처분이라고 한다. 이를 일반적으로 논하면 옳지 않은 것은 아니나 소유권의 구성요소인 처분권은 이 의의를 갖는 것이 아니다. 처분이란 의사대로 처리함을 말하는데, 곧 "물건을 처분한다"고 하면 물건을 의사대로 처리하는 것을 말한다. 가령 물건을 훼손하거나 그 성질을 변경시키는 것 등이 그것이고, "권리를 처분한다"고 하면 권리를

意와ᄀᆞᆺ치處置홈을謂홈이니即其全部나一部를讓與ᄒᆞ거나抛棄ᄒᆞᄂᆞᆫ等이是니라

所有權은物權이니物(即有體物)上에存ᄒᆞᄂᆞᆫ權利라假令「所有者가物의處分權이有ᄒᆞ다」홈은物을意와ᄀᆞᆺ치處置홈을謂홈이니라若不然ᄒᆞᆯ진ᄃᆡ財產權은概其處分權으로써構成分이라홈에至ᄒᆞᆯ지니何者오此를讓與ᄒᆞ거나抛棄홈을得ᄒᆞᄂᆞᆫ所以라故로玆에處分이라홈은權利를讓與ᄒᆞ거나抛棄ᄒᆞᄂᆞᆫ意味를保有치아니홈으로知ᄒᆞᆯ지니라

第二節 所有權의範圍

前節에論ᄒᆞᆫ바ᄂᆞᆫ所有權이라ᄒᆞᄂᆞᆫ一權利의定義를說明ᄒᆞᆫ바ㅣ니此定義뿐으로ᄂᆞᆫ所有權의性質을分明케홈이라未云ᄒᆞᆯ지라今에其性質을愈益分明케ᄒᆞ고져ᄒᆞᆯ진ᄃᆡ爲先所有權이物上에及ᄒᆞᄂᆞᆫ範圍를分明케홈에在ᄒᆞ니何者오所有權은直接으로物上에對ᄒᆞᄂᆞᆫ一般權利라ᄒᆞᆯ지라도其所謂物中에ᄂᆞᆫ各種이有ᄒᆞ야時或某一個物은果然如何ᄒᆞᆫ物을云홈인지判然치못홈이不無홈이라

夫動產物에至ᄒᆞ야ᄂᆞᆫ一個物의區域을定홈이甚히容易ᄒᆞ되不動產에至ᄒᆞ야ᄂᆞᆫ

의사대로 처리하는 것을 말한다. 곧 그 전부나 일부를 양도하거나 포기하는 등이 그것이다.

소유권은 물권으로, 물건(곧 유체물) 위에 존재하는 권리이다. 가령 "소유자가 물건의 처분권이 있다"고 하면 물건을 의사대로 처리함을 말한다. 만약 그렇지 않다면 재산권은 대개 그 처분권을 구성요소라고 하게 될 것이다. 왜냐하면 이를 양도하거나 포기할 수 있기 때문이다. 그러므로 여기서 처분이란 권리를 양도하거나 포기하는 의미를 가지지 않음을 알아야 한다.

제2절 소유권의 범위

앞 절에서 논한 바는 소유권이라는 하나의 권리의 정의를 설명한 것인데, 이 정의만으로는 소유권의 성질을 분명하게 한다고 말할 수 없을 것이다. 이제 그 성질을 더욱 분명하게 하고자 하려면 먼저 소유권이 물건 위에 미치는 범위를 분명하게 하는 데 있다. 왜냐하면 소유권은 직접적으로 물건 위에 대한 포괄적인 권리라고 할지라도 그 이른바 물건 중에는 갖가지가 있어 때로는 하나의 물건은 과연 어떠한 물건을 말하는지 확연하지 못한 경우도 없지 않다.

동산 물건은 하나의 물건의 구역을 정하는 것이 매우 용이하지만, 부동산에서는

極히困難ᄒᆞ니假令土地와如홈이其一이라土地ᄂᆞᆫ果然如何ᄒᆞᆫ區域에屬홈이뇨其地表에만就ᄒᆞ야論定ᄒᆞᆯ진ᄃᆡ人爲의境界를依ᄒᆞ야其區域을定ᄒᆞ기得ᄒᆞᆯ자나土地ᄂᆞᆫ地表에만限ᄒᆞᆯᄲᅮᆫ아니라地下와地上空中에도及ᄒᆞᄂᆞ니假令吾人에게一片土地의所有權이有ᄒᆞ다ᄒᆞᆯ진ᄃᆡ其所有權은地上地下에共及홈이라故로吾人은其地上地下를皆使用ᄒᆞ며又處分ᄒᆞ기可得ᄒᆞ나其權利의所及範圍에至ᄒᆞ야ᄂᆞᆫ前節에說明ᄒᆞᆫ定義ᄲᅮᆫ으로ᄂᆞᆫ到底히知得치못ᄒᆞᆯ지라是乃本節에所有權의範圍라ᄒᆞᄂᆞᆫ名目을特設ᄒᆞᆫ所以로라

以上說明홈과ᄀᆞᆺ치動產物은其物理的과人爲的됨을不問ᄒᆞ고各物이獨立ᄒᆞᆫ一體를成ᄒᆞᄂᆞ니其所有權이物上에及ᄒᆞᄂᆞᆫ範圍를定홈도甚히容易홈이라假令吾人이一個書籍을所有ᄒᆞᆯ진ᄃᆡ吾人의所有權은其獨立ᄒᆞᆫ書籍全部에及ᄒᆞᄂᆞ니故로吾人은其書籍에對ᄒᆞ야使用收益及處分權이有ᄒᆞ며又不動產中에도家屋과如홈은動產物과ᄀᆞᆺ치所有權의範圍를定ᄒᆞ기容易ᄒᆞ되只其論議가生ᄒᆞᄂᆞᆫ바ᄂᆞᆫ土地라此에關ᄒᆞᆫ日本民法第二百七條에ᄂᆞᆫ云土地의所有權은法令制限內에在ᄒᆞ야其土地上下에及홈이라ᄒᆞ고動產物과其他土地外의不動產物範圍에至ᄒᆞ

극히 곤란한데 가령 토지와 같은 것이 그 하나이다. 토지는 과연 어떠한 구역에 속하는가? 그 지표에 대하여만 논한다면 인위적인 경계에 따라 그 구역을 정할 수 있을 것이나, 토지는 지표에 한정될 뿐만 아니라 지하와 지상, 공중에도 미친다. 가령 우리에게 한 조각 토지의 소유권이 있다고 하면 그 소유권은 지상과 지하에 모두 미친다. 그러므로 우리는 그 지상과 지하를 모두 사용하며 또 처분할 수 있으나, 그 권리가 미치는 범위에 대하여는 앞 절에 설명한 정의만으로는 도저히 알 수 없을 것이다. 이것이 바로 이 절에서 소유권의 범위라는 이름을 특별히 둔 까닭이다.

이상에서 설명한 것처럼 동산 물건은 물리적인지 인위적인지를 불문하고 각 물건이 독립하여 일체를 이룬다. 따라서 그 소유권이 물건 위에 미치는 범위를 정하는 것도 매우 용이하다. 가령 우리가 책 한 권을 소유한다면 우리의 소유권은 그 독립된 책 전부에 미친다. 그러므로 우리는 그 책에 대하여 사용, 수익 및 처분권이 있으며 또 부동산 중에서도 가옥과 같은 것은 동산 물건과 같이 소유권의 범위를 정하기 쉬운데, 다만 그 논의가 발생하는 것은 토지이다. 이에 관한 일본 민법 제207조에서는 "토지의 소유권은 법령의 제한 내에서 그 토지 상하에 미친다"고 하고, 동산 물건과 기타 토지 외의 부동산 물건의 범위에

ᄒᆞᄂᆞᆫ何等의規定이無ᄒᆞ며我國現行法에ᄂᆞᆫ可據ᄒᆞᆯ바ㅣ姑無ᄒᆞ나光武十年六月二十九日法律第三號鑛業法을依ᄒᆞᆫ진대第四條에鑛區의境界ᄂᆞᆫ直線으로定ᄒᆞ고地表境界線의直下ᄅᆞᆯ限ᄒᆞᆷ云云ᄒᆞ얏ᄉᆞ니此亦土地所有權이地下ᄭᆞ지及ᄒᆞᄂᆞᆫ旨ᄅᆞᆯ暗示ᄒᆞᆫ바ㅣ니라

元來土地所有權範圍에至ᄒᆞ야ᄂᆞᆫ學者의意見이往往相左ᄒᆞ나然이나實際에ᄂᆞᆫ如彼히重要ᄒᆞᆫ問題가아니며若又範圍ᄅᆞᆯ明定코져ᄒᆞᆯ지라도到底히期及ᄒᆞᆯ바ㅣ아니라即或은其表面만云ᄒᆞ며或은地下ᄅᆞᆯ幷云ᄒᆞ며又或은空中ᄭᆞ지ᄅᆞᆯ云ᄒᆞ니現今民法上取用ᄒᆞᄂᆞᆫ主義ᄂᆞᆫ此最後의廣汎ᄒᆞᆫ意義ᄅᆞᆯ取用ᄒᆞᆷ이라故로極端으로論ᄒᆞᆫ즉土地ᄂᆞᆫ地下로ᄂᆞᆫ地球中心에及ᄒᆞ고地上으로ᄂᆞᆫ天空(即少ᄒᆞ야도空氣의間際全部)에及ᄒᆞᆫ다ᄒᆞᄂᆞ니其結果로原則上所有者의承諾이無ᄒᆞᆫ즉其地下ᄅᆞᆯ穿ᄒᆞ기不能ᄒᆞ며又其地上即空中에鐵道나其他工作物을建設ᄒᆞ기不得ᄒᆞᄂᆞ니라

然이나此亦法令制限에ᄂᆞᆫ不可不服從ᄒᆞᄂᆞ니即아즉採掘치아니ᄒᆞᆫ鑛物에關ᄒᆞ야ᄂᆞᆫ土地所有者ㅣ라도此ᄅᆞᆯ採掘치못ᄒᆞ고國有에屬케ᄒᆞᄂᆞ니라

此鑛物에關ᄒᆞᆫ問題ᄂᆞᆫ自來立法者의頭腦ᄅᆞᆯ苦痛케ᄒᆞᆫ바ㅣ라一朝一夕에其可否

서는 어떠한 규정이 없다. 우리나라 현행법에는 근거할 바가 아직 없으나 광무 10년(1906) 6월 29일 법률 제3호 광업법에 따르면 제4조에서 "광구(鑛區)의 경계는 직선으로 정하고 지표 경계선의 직접 아래에 한한다"고 하였다. 따라서 이 노한 토지소유권이 지하까지 미친다는 취지를 암시한 것이다.

원래 토지소유권 범위에서는 학자들의 의견이 종종 다음과 같다. 그러나 실제로는 그렇게 중요한 문제가 아니며, 또 만약 범위를 명확히 정하고자 할지라도 도저히 정할 수 있는 것이 아니다. 곧 더러는 그 표면이라고만 말하고, 더러는 지하를 함께 말하며 또 더러는 공중까지를 말하는데, 오늘날 민법에서 취하는 견해는 이 마지막 광의의 것을 취한다. 그러므로 극단적으로 논하면 토지는 지하로는 지구 중심에 미치고 지상으로는 하늘(곧 적어도 기체가 없는 곳 바로 앞까지의 전부)에 미친다고 하는데, 그 결과로 원칙상 소유자의 승낙이 없으면 그 지하를 뚫을 수 없으며 또 그 지상, 곧 공중에 철도나 기타 공작물을 건설할 수 없다.

그러나 이 또한 법령의 제한에는 복종할 수밖에 없다. 곧 아직 채굴하지 않은 광물에 관하여는 토지소유자라도 이를 채굴하지 못하고 국유에 속하게 한다.

이 광물에 관한 문제는 종래 입법자의 머리를 아프게 한 것으로 하루아침에 그 옳고 그름를論定ᄒᆞ기不能ᄒᆞ나然이나西曆一千八百九十一年에法國議會에셔鑛業法草案을議定홈에當ᄒᆞ야非常ᄒᆞᆫ激論이生ᄒᆞ더니其結局에ᄂᆞᆫ鑛物은一私人의土地所有權內에不屬ᄒᆞ고國有에屬홈이可ᄒᆞ다홈에歸決ᄒᆞ니其理由에重要ᄒᆞᆫ點이有二ᄒᆞᆫ지라

(一)土地所有權의起源을溯考ᄒᆞ건ᄃᆡ其利用者가他에抵抗을不受ᄒᆞ고現物을領有홈은其利用을爲ᄒᆞ야勞動ᄒᆞᄂᆞᆫ結果에不過ᄒᆞᄂᆞ니然則其目的은地球의表面을利川홈에止ᄒᆞ고人目에未觸ᄒᆞᄂᆞᆫ鑛物ᄭᆞ지ᄂᆞᆫ未及ᄒᆞᄂᆞᆫ바ㅣ라認定홈이妥當ᄒᆞ다ᄒᆞ며

(二)鑛物의採掘은其性質이夥多ᄒᆞᆫ資本을要ᄒᆞᄂᆞ니此를土地所有權에屬케홀진대各地主ᄂᆞᆫ資本의不足을因ᄒᆞ야採掘이不能홀뿐아니라設或採掘홀지라도狹隘ᄒᆞᆫ區域內에셔ᄂᆞᆫ到抵히利害가相償치못ᄒᆞᄂᆞ니然則畢竟國家의財寶를地下에空埋ᄒᆞᄂᆞᆫ結果가生홀지며又或一個地主가採掘ᄒᆞᆫ다홀지라도他地主와協議가未定ᄒᆞ면其業은畢竟完成치못홀지라홈이라

法國은此主義를取用ᄒᆞ야鑛物의所有權은土地의所有權과無關이라ᄒᆞ야今日

을 논하여 정할 수 없다. 그러나 1891년에 프랑스 의회에서 광업법 초안을 제정할 때 대단히 큰 격론이 발생하였는데, 결국에는 광물은 한 사인의 토지소유권 내에 속하지 않고 국유로 귀속시킴이 옳다고 귀결되었다. 그 이유에는 중요한 점이 두 가지 있다.

① 토지소유권의 기원을 거슬러 올라가 생각하면 그 이용자가 타인에게 저항을 받지 않고 현물을 가지는 것은 그 이용을 위하여 노동을 한 결과에 불과한데, 그렇다면 그 목적은 지구의 표면을 이용하는 데 그치고 사람의 눈에 보이지 않는 광물까지는 미치지 못하는 것이라고 인정함이 타당하다고 하며,

② 광물의 채굴은 그 성질상 아주 많은 자본이 필요한데, 이를 토지소유권에 속하게 하면 각 토지소유자는 자본의 부족으로 인하여 채굴할 수 없을 뿐 아니라 설령 채굴을 할지라도 좁은 구역 내에서는 도저히 수지가 맞지 않을 것이다. 그렇다면 마침내 국가의 재화를 땅속에 헛되이 묻어놓는 결과를 낳을 것이며, 또 더러 한 토지소유자가 채굴한다고 할지라도 다른 토지소유자와 협의가 정해지지 못하면 그 사업은 마침내 완성되지 못할 것이라고 한다.

프랑스는 이 이론을 채용하여 광물의 소유권은 토지의 소유권과 무관하다고 하여 오늘

에至ᄒᆞ고

日本은其鑛業條例第二條에凡鑛物이採掘에未至ᄒᆞᆫ者ᄂᆞᆫ國의所有라ᄒᆞ야土地所有權과無關케ᄒᆞ얏고

我國은鑛業法第二條에未經採掘의鑛物廢鑛及鑛滓ᄂᆞᆫ國有로홈이라ᄒᆞ야此亦土地所有權과無關홈을示ᄒᆞ니라(光武十年六月二十九日法律第三號同年九月十五日施行)

本來鑛物은地中에一定ᄒᆞᆫ鑛床이有ᄒᆞ야其鑛床을一括採掘홈이아니면利用이不成ᄒᆞᄂᆞ니然則此ᄅᆞᆯ土地所有權者에게許給ᄒᆞ야ᄂᆞᆫ到底히鑛業의發達을期望치못ᄒᆞᆯᄲᅮᆫ아니라國家經濟上으로論ᄒᆞᆫ즉土地所有權과分離홈이利益이大有ᄒᆞ니라

歐洲諸國에在ᄒᆞ야ᄂᆞᆫ以上主義ᄅᆞᆯ取用ᄒᆞᄂᆞᆫ國이法國ᄲᅮᆫ이아니로ᄃᆡ彼英美兩國에在ᄒᆞ야ᄂᆞᆫ此ᄅᆞᆯ分離치아니ᄒᆞ고所有權中에包含케홈에因ᄒᆞ야其結果로學者가分離의不可ᄅᆞᆯ唱道홈이間有ᄒᆞᆯᄲᅮᆫ이니라

第二章 所有權의取得

에 이르고,

일본은 광업조례 제2조에서 광물이 채굴되지 않은 것은 국가의 소유라고 하여 토지소유권과 무관하게 하였고,

우리나라는 광업법 제2조에서 채굴되지 않은 광물, 폐광 및 광재(鑛滓)* 는 국유로 한다고 하여 또한 토지소유권과 무관함을 보인다(광무 10년(1906) 6월 29일 법률 제3호, 같은 해 9월 15일 시행).

본래 광물은 땅속에 일정한 광상(鑛床)이 있어 그 광상을 일괄하여 채굴하지 않으면 이용이 이루어지지 못한다. 그래서 이를 토지소유권자에게 허락해 주어서는 도저히 광업의 발달을 기대하지 못할 뿐 아니라 국가경제적으로 논하면 토지소유권과 분리하는 것이 이익이 크다.

유럽 여러 나라에서는 이상의 태도를 취하는 나라가 프랑스뿐만이 아닌데, 저 영미 양국에서는 이를 분리하지 않고 소유권 안에 포함시킴으로 인하여 그 결과로 학자가 분리할 수 없다고 주창하는 경우가 간혹 있을 뿐이다.

제2장 소유권의 취득

* 역자주: 광석을 제련하고 남은 찌꺼기.

所有權의取得方法은其種이許多ᄒᆞ나然이나本章에說明ᄒᆞᄂᆞᆫ바ᄂᆞᆫ某一種의取得方法뿐이니他方法은此에說明ᄒᆞᄂᆞᆫ所有權뿐아니라他權利도取得ᄒᆞᄂᆞᆫ方法이라然而此에說明ᄒᆯ바ᄂᆞᆫ(一)先占(二)遺失物拾得(三)埋藏物發見(四)添付가是오其他方法은假令時效、占有、分割、賣買及其他諸種의契約等이是니라

第一節 先占

凡無主의動産은所有의意思로써占有ᄒᆞᆷ에因ᄒᆞ야其所權을取得ᄒᆞᆷ이라

蓋無主의動産은先占者가其所有權을取得ᄒᆞᆷ이라此ᄂᆞᆫ如何히幼稚ᄒᆞᆫ法律에던지皆認定ᄒᆞᄂᆞᆫ바ㅣ니所有權取得의最天然ᄒᆞᆫ方法이니라

今에以上所示ᄒᆞᆫ定義를分析說明ᄒᆞ건ᄃᆡ

第一、先占의目的物은無主物됨을要ᄒᆞᆷ

無主物의何物됨은民法總論講義에就ᄒᆞ야知得ᄒᆯ바인즉玆에省略호ᄃᆡ蓋何人의占有에도不屬ᄒᆞᆫ者와無主物은其間에區別이有ᄒᆞ니彼遺失物及漂流物은必其何人의所有物됨은無疑ᄒᆞ야도何人의占有에도不屬ᄒᆞᆷ이오又埋藏物은何人의所有物됨은無疑호ᄃᆡ所有主ᄂᆞᆫ不知ᄒᆞᄂᆞᆫ바ㅣ라然이나此ᄂᆞᆫ無主物

소유권의 취득 방법은 그 종류가 매우 많으나, 이 장에서 설명하는 것은 어느 한 가지 취득방법 뿐이고 다른 방법은 여기에 설명하는 소유권뿐 아니라 다른 권리의 취득 방법도 된다. 그러나 여기에 설명하는 것은 바로 ① 선점, ② 유실물 습득, ③ 매장물 발견, ④ 첨부이고, 기타 방법은 가령 시효, 점유, 분할, 매매 및 기타 여러 가지의 계약 등이 그것이다.

제1절 선 점

무주(無主)의 동산은 소유의 의사로 점유함으로 인하여 그 소유권을 취득한다.

대개 무주의 동산은 선점자가 그 소유권을 취득한다. 이는 어떤 수준 낮은 법률에서든 모두 인정하는 바로, 소유권 취득에서 가장 자연적인 방법이다.

이제 이상에서 보인 정의를 분석, 설명하면

I. 선점의 목적물은 무주물이어야 한다

무주물이 무엇인지는 민법총론 강의에서 알아둘 것이므로 여기서는 생략하고, 대개 누구의 점유에도 속하지 않는 것과 무주물 사이에는 구별이 있다. 저 유실물 및 표류물(漂流物)은 반드시 누군가의 소유물임에는 의문이 없어도 누구의 점유에도 속하지 않고, 또 매장물은 누군가의 소유물임에는 의문이 없지만 소유자는 알지 못하는 것이다. 그러나 이는 무주물이아니니然則無主物은何오即何人의所有에도不屬ᄒᆞᆫ物이나假令山野에棲息ᄒᆞᄂᆞᆫ鳥獸와河海에游泳ᄒᆞᄂᆞᆫ魚類等이眞個無主物이니라

但所有權의目的되기不得ᄒᆞᆯ物은先占의目的物됨을不得ᄒᆞᄂᆞ니何故오先占은一個所有權의取得方法인즉所有權의目的되기不得ᄒᆞᆯ物은先占의目的物될理由가無ᄒᆞᆫ所以니라

又其目的物은苟其無主物될以上은動產과不動產을不問ᄒᆞᄂᆞᆫ바ㅣ라然而學者或先占의目的物은動產에限ᄒᆞᆯ바ㅣ라ᄒᆞ니此ᄂᆞᆫ無他라無主의不動產은國의所有라ᄒᆞᄂᆞᆫ原則에基因ᄒᆞᆫ바ㅣ나然이나元來此原則은國庫로先占의優先權을歸屬케ᄒᆞᆷ에止ᄒᆞᆯ뿐이오決斷코不動產을先占의目的物됨을不得ᄒᆞᆷ이라ᄒᆞᄂᆞᆫ意가아니니更論ᄒᆞᆫ즉國庫外에ᄂᆞᆫ先占을依ᄒᆞ야無主不動產의所有權을取得ᄒᆞ미不得이라ᄒᆞᆷ이아니니라

第二、先占에關ᄒᆞᆫ占有에ᄂᆞᆫ所有의意思가有ᄒᆞᆷ을要ᄒᆞᆷ

所謂先占이라ᄒᆞᆷ은人類가物을自己의權力에服從케ᄒᆞ기爲ᄒᆞ야其上에權利를取得케ᄒᆞᆷ이니故로所有의意思가無ᄒᆞᆫ즉所有權을取得지못ᄒᆞᆷ은當然ᄒᆞᆫ바

이 아닌데, 그렇다면 무주물은 무엇인가? 곧 누구의 소유에도 속하지 않는 물건으로, 가령 산과 들에 서식하는 동물과 강과 바다에서 헤엄치는 어류 등이 진정한 무주물이다.

다만 소유권의 목적이 될 수 없는 물건은 선점의 목적물이 될 수 없다. 왜냐하면 선점은 하나의 소유권의 취득 방법으로, 소유권의 목적이 될 수 없는 물건은 선점의 목적물이 될 이유가 없기 때문이다.

또 그 목적물은 진실로 무주물인 이상 동산과 부동산을 불문한다. 그러나 학자들은 더러 선점의 목적물은 동산에 한정해야 한다고 하는데, 이는 다른 것이 아니라 무주의 부동산은 국가의 소유라는 원칙에 기인한 바이다. 그러나 원래 이 원칙은 국고로 선점의 우선권을 귀속시키는 데 그칠 뿐이고 결코 부동산이 선점의 목적물이 될 수 없다고 하는 뜻이 아니다. 다시 말하면 국고 외에는 선점에 의하여 무주의 부동산 소유권을 취득할 수 없다는 것이 아니다.

II. 선점에 관한 점유에는 소유의 의사가 있어야 한다

이른바 선점이란 인류가 물건을 자기의 권력에 복종하게 하기 위하여 그 위에 권리를 취득하게 하는 것이다. 그러므로 소유의 의사가 없다면 소유권을 취득하지 못함은 당연

ㅣ니라然而自來法律에此旨를特揭치아니홈은古昔에在ᄒᆞ야ᄂᆞᆫ占有에ᄂᆞᆫ所有의意思로써要素를常作홈에因홈이ᄂᆞ然이나近世에ᄂᆞᆫ此主義를不取ᄒᆞᄂᆞ니故로先占에ᄂᆞᆫ所有의意思를必要ᄒᆞᄂᆞᆫ旨를法律에揭載ᄒᆞᄂᆞ니라

學者或先占에關ᄒᆞᆫ占有에ᄂᆞᆫ最先者를要ᄒᆞᆫ다홈도有ᄒᆞ나此ᄂᆞᆫ無用의論이니其目的物이既己無主物일以上은其占有가即最先이니라

以上說明ᄒᆞᆫ바로由觀ᄒᆞᆯ진대先占의意義如何를略知ᄒᆞ리니夫社會가幼稚ᄒᆞᆫ時代에在ᄒᆞ야ᄂᆞᆫ何國을不問ᄒᆞ고不動產도先占에因ᄒᆞ야取得케ᄒᆞ얏ᄉᆞ니蓋其理由ᄂᆞᆫ未墾의土地가多ᄒᆞ야無主의不動產이贍富ᄒᆞᆫ즉此를動不動產에區分ᄒᆞᆯ必要가無ᄒᆞᆫ지라故로不動產도先占에因ᄒᆞ야取得케ᄒᆞ얏ᄉᆞ나社會가漸開홈과同時에土地를既皆開墾ᄒᆞ야無主의不動產이極히稀少홈에至ᄒᆞ니若此時를當ᄒᆞ야不動產도先占에因ᄒᆞ야取得케ᄒᆞᆯ진대其結果가爭鬩을惹起ᄒᆞ야安寧을大害ᄒᆞᆯ虞慮가有ᄒᆞᆫ지라何者오不動產은動產과異ᄒᆞ야現實의占有가極難ᄒᆞᆫ즉假令甲이一次先占ᄒᆞᆫ不動產이라도乙이腕力에訴ᄒᆞ야奪取ᄒᆞ고도自己가先占者ㅣ로라猶云ᄒᆞ야彼此에權利를證明홈이困難ᄒᆞ야畢竟은腕力으로腕力에報ᄒᆞ야

하다. 그러나 종래 법률에서 이 취지를 특별히 적지 않았던 까닭은 옛날에는 점유에서 소유의 의사를 언제나 요소로 삼았던 데 따른 것이다. 그러나 근세에는 이 태도를 취하지 않는다. 그러므로 선점에는 소유의 의사가 필요하다는 취지를 법률에 실어 두었다.

학자들은 더러 선점에 관한 점유는 가장 먼저여야 한다고 하기도 한다. 그러나 이는 쓸모없는 논의인데, 그 목적물이 이미 무주물인 이상 그 점유가 가장 먼저인 것이다.

이상에서 설명한 바로부터 본다면 선점의 의의가 어떠한지를 간략히 알 수 있을 것이다. 사회가 수준이 낮은 시대에는 어느 나라를 불문하고 부동산도 선점으로 인하여 취득하게 하였다. 대개 그 이유는 개간하지 못한 토지가 많아 무주의 부동산이 넉넉하여 이를 동산, 부동산으로 구분할 필요가 없었으므로 부동산도 선점으로 인하여 취득하게 하였다. 그러나 사회가 점차 개화함과 동시에 토지를 이미 모두 개간하여 무주의 부동산이 극히 드물게 되었는데, 만약 이때 부동산도 선점으로 인하여 취득하게 한다면 그 결과가 다툼을 야기하여 안정을 크게 해칠 우려가 있다. 왜냐하면 부동산은 동산과 달라서 현실의 점유가 극히 어려운데, 가령 甲이 일단 선점한 부동산이라도 乙이 완력에 호소하여 빼앗고도 오히려 자기가 선점자라고 말하여 서로 권리를 증명하는 것이 곤란하고, 마침내는 완력을 완력으로 갚아

底止處를不知홈에至홀지라故로現時文明國法律에는無主의不動産은一切國庫所有에歸케홈이常例됨에至ᄒᆞ니라

但此規定은他種理由로도証明ᄒᆞ기可得ᄒᆞᄂᆞ니假令不動産은國의基礎인즉無主의不動産은國庫로務歸케ᄒᆞ야國庫로브터更히適當ᄒᆞᆫ人에게付與ᄒᆞ야開懇과其他事業에從事케홈이利益이大有ᄒᆞ니라即光武十一年七月四日法律第四號國有未開墾地利用法을依ᄒᆞᆫ진대其第二條에云國有未開墾地는本法의規定에依ᄒᆞ야貸與홈을得홈云云ᄒᆞ얏고又其第三條에云貸與를受ᄒᆞᆫ者가豫定의事業을成功ᄒᆞᆫ時는農商工部大臣은該貸與를受ᄒᆞᆫ者에게對ᄒᆞ야該土地를賣下又는付與홈을得홈이라ᄒᆞ얏스니此亦以上說明ᄒᆞᆫ趣旨에出ᄒᆞᆫ바ㅣ니라

又歐美法律에在ᄒᆞ야는鳥獸狩獵의權을土地所有者에게屬케홈으로土地所有者는自己의土地範圍內에入ᄒᆞ는鳥獸에對ᄒᆞ야優先先占權이有ᄒᆞ며日本法에在ᄒᆞ야는鳥獸狩獵의權을土地所有者에게給與홈은無ᄒᆞ나其狩獵規則에狩獵免許를得ᄒᆞᆫ者가아니면狩獵을不得케ᄒᆞ얏스니即其結果는狩獵權得許者에게優先先占權을給ᄒᆞᆫ바ㅣ라可謂홀지며又該國法律에는漁獵에關ᄒᆞ야는何等의

그칠 줄을 모르게 될 것이다. 그러므로 현대 문명국 법률에서는 무주의 부동산은 모두 국유로 하는 것이 상례가 되기에 이르렀다.

다만 이 규정은 다른 이유로도 증명할 수 있는데, 가령 부동산은 국가의 기초여서 무주의 부동산은 국고로 힘써 돌아가게 하여 국고로부터 다시 적당한 사람에게 부여하여 개간과 기타 사업에 종사하게 하는 것이 이익이 크다. 곧 광무 11년(1907) 7월 4일 법률 제4호 국유미개간지이용법(國有未開墾地利用法)에 따르면 제2조에서는 "국유의 미개간지는 이 법의 규정에 따라 대여할 수 있다"고 하였고, 또 제3조에서는 "대여를 받은 자가 예정된 사업을 성공한 때에는 농상공부대신은 그 대여를 받은 자에 대하여 그 토지를 매각 또는 양여할 수 있다"고 하였는데, 이 또한 이상에서 설명한 취지에서 나온 것이다.

또 서양의 법률에서는 동물을 사냥할 권리를 토지소유자에게 속하게 하였으므로 토지소유자는 자기의 토지 범위 내에서는 동물에 대하여 우선점유권이 있으며, 일본법에서는 동물 사냥의 권리를 토지소유자에게 주지는 않으나 그 사냥 원칙에 수렵면허를 얻은 자가 아니면 수렵을 할 수 없게 하였다. 곧 그 결과는 수렵권 면허 취득자에게 우선선점권을 준 것이라고 말할 수 있으며, 또 그 나라 법률에서는 어류 사냥에 관하여는 어떠한

規則이無ᄒᆞ나明治十七年布告를依ᄒᆞᆫ즉臘虎及膃肭獵은政府의特許를得ᄒᆞᆫ者에게專屬케ᄒᆞ얏스니此亦優先先占權을許ᄒᆞᆫ바ㅣ라可謂ᄒᆞᆯ지며我國法에ᄂᆞᆫ隆熙元年九月三十日(十月一日施行)法律第七號捕鯨業管理法第七條를依ᄒᆞᆫ진ᄃᆡ其第一項에云許可(農商工部)를受치아니ᄒᆞᆫ者가鯨을捕獲ᄒᆞ거나處理ᄒᆞᆫ時ᄂᆞᆫ一千圜以下罰金에處ᄒᆞᆷ이라ᄒᆞ얏고其第二項에云前項境遇에ᄂᆞᆫ捕獲物及使用物件을沒收ᄒᆞ고旣已捕獲物을消費ᄒᆞ거나讓渡ᄒᆞᆫ時ᄂᆞᆫ其價格을追徵ᄒᆞᆷ을得ᄒᆞᆷ이라ᄒᆞ얏스니此ᄂᆞᆫ捕鯨에關ᄒᆞ야認許를得ᄒᆞᆫ者에게優先先占權을許ᄒᆞᆫ바ㅣ라可謂ᄒᆞᆯ지니라

第二節 遺失物의拾得

遺失物은占有者가此를抛棄ᄒᆞᆯ意思가無ᄒᆞ며又他人에게被奪ᄒᆞᆷ도아니오偶然ᄒᆡ其占有를失ᄒᆞᆫ動產이니假令道路에墮落ᄒᆞᆫ物이나他人의店頭에遺置ᄒᆞᆫ物等이是니라

蓋遺失物은遺棄物과異ᄒᆞ야無主物이아니니先占에因ᄒᆞ야所有權을取得ᄒᆞᆯ바ㅣ아니라然이나此로써所有權取得의一大原因을作ᄒᆞᆷ은自來學者의認定ᄒᆞᄂᆞᆫ바ㅣ니故로民法上에도此를認定호대民法에ᄂᆞᆫ其原則만揭ᄒᆞ고其細目은特別

규칙이 없으나 메이지(明治) 17년(1884) 포고에 따르면 해달 및 물개사냥은 정부의 특허를 얻은 자에게 전속하게 하였는데, 이 또한 우선선점권을 허용한 것이라고 할 수 있다. 그리고 우리나라 법에서는 융희 원년(1907) 9월 30일(10월 1일 시행) 법률 제7호 포경업관리법(捕鯨業管理法) 제7조에 따르면 제1항에서는 "허가(농상공부)를 받지 않은 자가 고래를 포획하거나 처리한 때에는 1천원 이하의 벌금에 처한다"고 하였고, 제2항에서는 "전항(前項)의 경우에는 포획물 및 사용된 물건을 몰수하고 이미 포획물을 소비하였거나 양도한 때에는 그 가격을 추징할 수 있다"고 하였다. 이는 포경에 관하여 허가를 얻은 자에게 우선선점권을 허용한 것이라고 말할 수 있다.

제2절 유실물의 습득

유실물은 점유자가 이를 포기할 의사가 없으며 또 타인에게 빼앗긴 것도 아니고 우연히 그 점유를 잃은 동산이다. 가령 도로에 떨어져 있는 물건이나 타인의 가게 앞에 남겨둔 물건 등이 그것이다.

대개 유실물은 유기물(遺棄物)과 달라서 무주물이 아니므로 선점으로 인하여 소유권을 취득하는 것이 아니다. 그러나 이를 소유권 취득에서 하나의 큰 원인으로 삼는 것은 종래 학자들이 인정하는 바이다. 그러므로 민법상으로도 이를 인정하되, 민법에서는 그 원칙만을 들고 그 세부 사항은 특별

法으로讓홈이普通이니라

然而我法에ᄂᆞᆫ아즉此等規定이無ᄒᆞ니今에日本法을依홀진ᄃᆡ民法에ᄂᆞᆫ云遺失物은特別法의定ᄒᆞᄂᆞᆫ바를從ᄒᆞ야公告ᄒᆞᆫ後一年內에其所有主를不知홀時ᄂᆞᆫ拾得者가其所有權을取得홈이라ᄒᆞ고又遺失物處理規則第二條에ᄂᆞᆫ云凡遺失物을得ᄒᆞ거던五日內에其主에게還付ᄒᆞ고其主가不分明ᄒᆞ거던官으로送ᄒᆞ고官은此를榜示ᄒᆞ야一年內에其主가無홀時ᄂᆞᆫ得者에게給홈이라ᄒᆞ고其第四條에ᄂᆞᆫ云凡遺失物을得ᄒᆞ거던此를其主에게還付호ᄃᆡ其費用을償還케홈을得ᄒᆞ고且得者에게報勞ᄒᆞ기爲ᄒᆞ야其物價百分의五以上二十分의以下金圓을給호ᄃᆡ若物主得者가其價額을爭홀時ᄂᆞᆫ官이此를評價人에게托ᄒᆞ야其價를定홈이라ᄒᆞ얏스니此規定을見홀지라도遺失物은本來所有者가現存홈이라故로此를拾得ᄒᆞ야도拾得者ᄂᆞᆫ他人의所有物을他人의所有物ᄃᆡ로占有홈에不過ᄒᆞ니一次占有ᄒᆞᄂᆞᆫ以上은其物에受託者오其物은受託物이成홈이라然이나其受託은所有者或占有者의依賴에因홈이아니오事務管理의地位에立홈이니故로其本主가見出ᄒᆞᄂᆞᆫ時ᄂᆞᆫ受託者가返還홈이當然ᄒᆞ고若其一定ᄒᆞᆫ年限을經過ᄒᆞ야도不

법으로 넘기는 것이 보통이다.

그러나 우리 법에는 아직 이들 규정이 없으므로 이제 일본법에 따르면, 민법에서는 유실물은 특별법이 정하는 바에 따라 공고한 후 1년 내에 그 소유자를 알지 못할 때에는 습득자가 그 소유권을 취득한다고 하였다. 또 유실물처리규칙 제2조에서 "유실물을 습득하면 5일 내에 그 소유자에게 돌려주고 그 소유자가 불분명하면 관서로 보내고 관서는 이를 게시판에 공고하여 1년 내에 그 소유자가 없을 때에는 습득자에게 준다"고 하고, 제4조에서는 "유실물을 습득하면 이를 그 주인에게 돌려주되 그 비용을 상환할 수 있게 하고 또 습득자의 수고를 갚기 위하여 그 물건 가액의 100분의 5 이상 20 이하의 금원을 지급하되 만약 물건의 주인과 습득자가 그 가액을 다툴 때에는 관이 이를 평가자에게 맡겨 그 가액을 정한다"고 하였다. 따라서 이 규정을 볼지라도 유실물은 본래 소유자가 현존하는 것이다. 그러므로 이를 습득하여도 습득자는 타인의 소유물을 타인의 소유물대로 점유하는 데 불과한데, 일단 점유한 이상 그 물건에 관하여 수탁자이고 그 물건은 수탁물이 된다. 그러나 그 수탁은 소유자 또는 점유자의 의뢰로 인한 것이 아니고 사무관리의 지위에 서는 것이다. 그러므로 그 본래의 소유자가 찾아낸 때에는 수탁자가 반환하는 것이 당연하고, 만약 그 일정한 연한을 경과하여도

見ᄒᆞᆯ時ᄂᆞᆫ拾得者로ᄒᆞ야곰所有權을取得케ᄒᆞᆷ은發見에因ᄒᆞᄂᆞᆫ法律의特典이라可謂ᄒᆞᆯ지니라

漂流物의遺失物成否에關ᄒᆞ야ᄂᆞᆫ多少論議가有ᄒᆞᆫ바ㅣ나然이나吾人의信ᄒᆞᄂᆞᆫ바ᄅᆞᆯ據ᄒᆞᆫ즉此亦遺失物됨이無疑ᄒᆞ니盖漂流物은船中이나水岸에서墮落ᄒᆞᆫ物이나波浪을因ᄒᆞ야見失ᄒᆞᆫ物이나雖波船中에在ᄒᆞᆫ物이나海嘯ᄅᆞᆯ因ᄒᆞ야失ᄒᆞᆫ物等이是라此等物은其本來의性質로言ᄒᆞᆫ즉道路에墮落ᄒᆞᆫ遺失物과無異ᄒᆞ니然則漂流物도遺失物과同視ᄒᆞᆷ이當然ᄒᆞ니라

第三節　埋藏物의發見

埋藏物은人의見ᄒᆞ기未易ᄒᆞᆫ處所에藏匿ᄒᆞᆫ物로何人의所爲에屬ᄒᆞᆷ을未知ᄒᆞᄂᆞᆫ物이라盖此物은其性質이遺失物과近似ᄒᆞᆷ으로遺失物에關ᄒᆞᆫ規定을適用ᄒᆞ고只其相異ᄒᆞᆫ바ᄂᆞᆫ發見者의所有權取得期限을遺失物에比ᄒᆞ야短少케ᄒᆞᆯᄲᅮᆫ이라即日本遺失物處理規則을依ᄒᆞᆯ진ᄃᆡ其第六條에云官私地內에서埋藏物을堀得ᄒᆞᄂᆞᆫ者ᄂᆞᆫ此ᄅᆞᆯ官으로送ᄒᆞ야其主가不分明ᄒᆞᆫ者ᄂᆞᆫ地主의所有을屬ᄒᆞ되若借地人이其借地에서堀得ᄒᆞᆫ時ᄂᆞᆫ其地主와中分ᄒᆞ라ᄒᆞ고其民法에ᄂᆞᆫ云埋藏物은特

찾아내지 못한 때에는 습득자가 소유권을 취득하게 하는 것은 발견으로 인한 법률의 특전이라고 말할 수 있다.

표류물(漂流物)이 유실물인지 여부에 관하여는 다소 논의가 있는 바이다. 그러나 내가 믿는 바에 근거하면 이 또한 유실물임에 의문이 없다. 대개 표류물은 배 안이나 물가에서 떨어진 물건이나 파도로 인하여 잃어버린 물건, 난파선 안에 있던 물건이나 해일로 인하여 잃어버린 물건 등이 그것이다. 이들 물건은 그 본래의 성질로 말하면 도로에 떨어진 유실물과 다르지 않다. 그래서 표류물도 유실물과 동일시하는 것이 당연하다.

제3절 매장물의 발견

매장물은 사람이 발견하기 쉽지 않은 장소에 숨어 있는 물건으로, 누구의 소유에 속하는지 알지 못하는 물건이다. 대개 이 물건은 그 성질이 유실물과 유사하므로 유실물에 관한 규정을 적용하고, 다만 다른 점은 발견자의 소유권 취득 기한을 유실물에 비하여 짧게 할 뿐이라는 데 있다. 곧 일본 유실물처리규칙에 따르면 제6조에서 "관서나 사인의 토지 내에서 매장물을 파낸 자는 이를 관서로 보내어, 그 소유자가 불분명한 것은 토지소유자의 소유에 속하되 만약 토지 임차인이 그 임차 토지에서 파낸 때에는 그 토지소유자와 반으로 나누라"고 한다. 그리고 일본 민법에서는 "매장물은 특

別法의定ᄒᆞᄂᆞᆫ바ᄅᆞᆯ從ᄒᆞ야公告ᄒᆞᆫ後六個月內에其所有者ᄅᆞᆯ不知ᄒᆞᆯ時ᄂᆞᆫ發見者가其所有權을取得ᄒᆞ고但他人의物中에셔發見ᄒᆞᆫ埋藏物은發見者及其物의所有者가折半ᄒᆞ야其所有權을取得ᄒᆞᆷ이라ᄒᆞᄂᆞ니라

玆에他人의所有地中에셔發見ᄒᆞᆫ時ᄂᆞᆫ其發見者가所有權을獨得지못ᄒᆞ고土地所有者와不可不折半ᄒᆞᄂᆞᆫ所以ᄅᆞᆯ論究ᄒᆞ건ᄃᆡ凡埋藏物은其多數가土地所有者의祖先이나前所有者가埋藏ᄒᆞᆷ에係ᄒᆞᄂᆞ니或은土地所有者가其物의眞所有者가되며又或은土地ᄅᆞᆯ讓受ᄒᆞᄂᆞᆫ時에其地에附着ᄒᆞᆫ利益은悉皆倂得ᄒᆞᆫ者로認定ᄒᆞ기可得ᄒᆞ며又一便으로論ᄒᆞᆫ즉所有者ᄂᆞᆫ其土地ᄅᆞᆯ自由로處分ᄒᆞᄂᆞ니然則其土地의發掘은所有者의權內에屬ᄒᆞᆫ바ㅣ라其發見이一日이라도遲緩ᄒᆞ얏더면所有者가自由로發見ᄒᆞᆯ지未測ᄒᆞᆷ이어ᄂᆞᆯ偶然의事實을因ᄒᆞ야他人이發見ᄒᆞ얏다ᄒᆞᄂᆞᆫ理由로ᄡᅥ其物의全部ᄅᆞᆯ他人에게付與ᄒᆞᆷ은其當을稍失ᄒᆞᄂᆞᆫ嫌이不無ᄒᆞ며又況其發見者ᄂᆞᆫ所有者의命令에依ᄒᆞ거나其承諾을經ᄒᆞ야其土地에工作을施ᄒᆞᆷ이居多ᄒᆞᆷ에因ᄒᆞᆷ이니라

論者或云此에關ᄒᆞᆫ理論이果然如右ᄒᆞᆯ진ᄃᆡ其全部ᄅᆞᆯ所有者가取得ᄒᆞᆷ이可ᄒᆞ거

별법이 정하는 바에 따라 공고한 후 6개월 내에 그 소유자를 알지 못할 때에는 발견자가 그 소유권을 취득하고, 다만 타인의 물건 안에서 발견한 매장물은 발견자 및 그 물건의 소유자가 절반씩 그 소유권을 취득한다"고 하였다.

여기서 타인 소유의 토지 안에서 발견한 때는 그 발견자가 소유권을 홀로 취득하지 못하고 토지소유자와 절반씩 취득할 수밖에 없는 까닭을 탐구해보면, 매장물은 다수가 토지소유자의 선조이거나 전 소유자가 매장한 것과 관계가 있다. 따라서 더러는 토지소유자가 그 물건의 진정한 소유자가 되고, 더러는 토지를 양수한 때에 그 토지에 붙은 이익은 모두 함께 취득한 것으로 인정할 수 있으며, 또 한편으로 논하면 소유자는 그 토지를 자유로이 처분할 수 있다. 그렇다면 그 토지의 발굴은 소유자의 권한 내에 속한 것이어서 그 발견이 하루라도 늦었더라면 소유자가 스스로 발견하였을지 알 수 없다. 그런데 우연한 사실로 인하여 타인이 발견하였다는 이유로 그 물건 전부를 타인에게 주는 것은 부당하다는 의문이 없지 않다. 더구나 그 발견자는 소유자의 명령에 따르거나 그 승낙을 거쳐 그 토지에서 작업하는 경우가 대부분이기 때문이다.

논자들은 더러, "이에 관한 이론이 과연 위와 같다면 그 전부를 소유자가 취득하는 것이 옳은눈其半을發見者에게付與홈은何오ᄒᆞ나此는不然ᄒᆞ니所有者ㅣ라도發見者의發見이無ᄒᆞ얏스면畢竟其物을發見치못홈도豫想홀바ㅣ라然則其半은發見者에게所有權을付與ᄒᆞ고其半은所有者가取得케홈이立法上其當을得ᄒᆞᆫ바ㅣ라可謂홀지니라

以上說明은地中에埋藏ᄒᆞᆫ物만豫想ᄒᆞᆫ바ㅣ니盖多數의境遇가此에屬홈에因홈이나然이나動産中에도發見이絶無홈은아니니假令衣襟中에縫入ᄒᆞᆫ貨幣와屛風中에粧入ᄒᆞᆫ寶物類가是며又家屋中에埋藏도其類가不少ᄒᆞ니假令壁中에塗入ᄒᆞᆫ物이며廳下에隱在ᄒᆞᆫ物等이是니라

第四節 添附

添附는一個有形의物과他有形의物이合倂ᄒᆞ거나有形의物에人工을加ᄒᆞᆫ時에其一個物의所有者나加工者가其全部의所有權을取得ᄒᆞ는方法이니此는羅馬法以來各國法律에所有權의一個取得方法으로認定ᄒᆞ는바ㅣ라然而此에는三種이有ᄒᆞ니(一)附合(二)混和(三)製作이是라今에此를分析說明ᄒᆞ건ᄃᆡ

第一、附合

데 그 절반을 발견자에게 주는 까닭은 무엇인가?" 라고 하나, 이는 그렇지 않다. 소유자라도 발견자의 발견이 없었다면 마침내 그 물건을 발견하지 못하는 경우도 예상할 수 있다. 그렇다면 그 절반은 발견자에게 소유권을 부여하고 절반은 소유자가 취득하게 하는 것이 입법상 마땅하다고 말할 수 있다.

이상의 설명은 땅속에 매장된 물건만 예상한 것으로, 대개 다수의 경우가 여기에 속하기 때문이다. 그러나 동산 중에서도 발견이 절대로 없지는 않다. 가령 옷깃 속에 꿰매어 넣은 화폐와 병풍 속에 꾸며 넣은 보물류가 그것이며, 또 가옥 안에 묻힌 것도 그 종류가 적지 않은데 가령 벽 안에 칠해 넣은 물건이나 마루 아래 숨겨진 물건 등이 그것이다.

제4절 첨 부

첨부는 하나의 유형물과 다른 유형물이 병합하거나 유형물에 인공의 힘을 가한 때에 그 한 물건의 소유자나 가공자가 그 전부의 소유권을 취득하는 방법이다. 이는 로마법 이래 각국의 법률에서 소유권 취득의 한 방법으로 인정하는 바이다. 그런데 여기에는 세 가지가 있는데 바로 부합(附合), 혼화(混和), 제작*이다. 이제 이를 분석하여 설명하면

제1관 부 합

* 역자주: 오늘날의 가공에 해당함.

附合은一個有形의物과他有形의物이互相附着ᄒᆞ야可히分離치못ᄒᆞᆷ에至ᄒᆞᆫ時에其一物의所有者가吻의全部所有權을取得ᄒᆞᆷ이니此에ᄂᆞᆫ不動産과他物이附合ᄒᆞᄂᆞᆫ境遇及動産과動産이附合ᄒᆞᄂᆞᆫ境遇의二種이有ᄒᆞᆷ이라

(一)不動産의附合

(甲)建造物의附合　土地上에建築物을設ᄒᆞ거나建物上에工作物을加ᄒᆞ얏스면其建築物及工作物은土地나建築物의一部를成ᄒᆞ야其所有權이主되ᄂᆞᆫ物의所有權으로合倂ᄒᆞ야主되ᄂᆞᆫ物의所有者가此를取得ᄒᆞᄂᆞ니其附着케ᄒᆞᆷ은主되ᄂᆞᆫ不動産의所有者自身되고否ᄒᆞᆷ을不問ᄒᆞ며又其行爲도故意와偶然을不問ᄒᆞᄃᆡ但其附着ᄒᆞᆫ物이不動産所有者의所有가아님은豫想ᄒᆞᄂᆞᆫ바ㅣ니라蓋此境遇에若其附着ᄒᆞᆫ物을不動産과分離ᄒᆞᆯ진ᄃᆡ其物의價値를大損ᄒᆞᆯ뿐아니라少動ᄒᆞ면原不動産에도損害가大及ᄒᆞᆯ지니然則法律의力을依ᄒᆞ야其附着物은不動産과一体를成ᄒᆞᆫ者로看作ᄒᆞ야不動産의所有者로ᄒᆞ야곰其物의所有權을取得케ᄒᆞᆷ만不如ᄒᆞ니라

論者或云此規定됨이他人이其不動産에附着케ᄒᆞᆫ時나若其不動産의所有

부합은 하나의 유형물과 다른 유형물이 서로 부착되어 분리하지 못하게 된 때에 그 한 물건의 소유자가 물건의 소유권을 전부 취득하는 것이다. 여기에는 부동산과 다른 물건이 부합하는 경우 및 동산과 동산이 부합하는 경우의 두 가지가 있다.

I. 부동산의 부합

〈1〉 건조물의 부합: 토지 위에 건축물을 짓거나 건물 위에 공작물을 설치하였다면 그 건축물 및 공작물은 토지나 건축물의 일부를 이루어 그 소유권이 주된 물건의 소유권으로 병합되어, 주된 물건의 소유자가 이를 취득한다. 그 부착하게 한 사람이 부동산 소유자 자신이고 아니고를 불문하며, 또 그 행위도 고의와 우연을 불문한다. 다만 그 부착된 물건이 부동산 소유자의 소유가 아님은 예상할 수 있다. 대개 이 경우에 만약 그 부착된 물건을 부동산과 분리한다면 그 물건의 가치를 크게 훼손할 뿐 아니라 조금만 움직여도 원래의 부동산에도 손해가 크게 미칠 것이다. 그래서 법률의 힘에 의해 그 부착된 물건은 부동산과 일체를 이룬 것으로 간주하여 부동산 소유자가 그 물건의 소유권을 취득하게 하는 것만 못하다.

논자들은 더러, 이 규정이 타인이 그 부동산에 부착하게 한 때나 만약 그 부동산의 소유

者가附着케혼境遇라도其善意時에는適用홈이可홀지나不動産의所有者가附着케혼境遇에其人이惡意로ᄒᆞ얏스면此는惡意者를保護ᄒᆞ는不當의規定이라ᄒᆞ니此論이一理가無홈은아니로ᄃᆡ此에는不然혼理由가更有ᄒᆞ니(一)此境遇에는附着物은其性質을旣變혼바ㅣ라可謂홀지며(二)此規定은不動産의所有者를保護코져홈이아니라經濟上비物을分離홈이甚히不利益ᄒᆞ니即此를分離홀진ᄃᆡ國家의損害됨을不免홈이라故로其分離를不許ᄒᆞ며又惡意者의制裁에關ᄒᆞ야는民法上不法行爲에關혼損害賠償의規定이更有ᄒᆞ니라

玆에一個問題는不動産과附着혼物이라홈은果然如何혼程度를云홈이뇨即其物은一物을成홈이뇨將又二物을成홈이뇨홈이是라盖添付의性質로論혼즉一物을成혼바ㅣ라홀지나然이나實際上別物로觀察홈이多ᄒᆞᄂᆞ니假令土地에建築혼家屋과栽植혼草本과如홈이是오又二物로看作ᄒᆞ기不得홀境遇도有ᄒᆞ니假令木材를家屋의一部에使用ᄒᆞ며壁土或漆物을建物과其他工作에使用ᄒᆞ는類가是라故로法律上此等境遇에는動産附合의境

자가 부착하게 한 경우라도 선의인 때에는 적용하는 것이 옳으나 부동산 소유자가 부착하게 한 경우에 그 사람이 악의로 하였다면 이는 악의자를 보호하는 부당한 규정이라고 한다. 이 견해가 일리가 없지는 않은데, 여기에는 다시 그렇지 않은 이유가 있다. 이 경우에는 부착물은 이미 그 성질이 변경되었다고 말할 수 있으며, 아울러 이 규정은 부동산 소유자를 보호하고자 하는 것이 아니라 경제적으로 그 물건을 분리하는 것이 매우 불리하여, 곧 이를 분리한다면 국가에 손해가 될 수밖에 없으므로 그 분리를 허용하지 않는 것이다. 또 악의자의 제재에 관하여는 다시 민법상 불법행위에 관한 손해배상의 규정이 있다.

여기서 하나의 문제는, 부동산과 부착된 물건이란 과연 어떠한 정도를 말하는가 하는 것이다. 곧 그 물건은 하나의 물건을 이루는가, 아니면 두 개의 물건을 이루는가 하는 것이 그것이다. 대개 첨부의 성질로 논하면 하나의 물건을 이룬다고 할 수 있다. 그러나 실제로 별개의 물건으로 보는 경우가 많다. 가령 토지에 건축된 가옥과 심겨진 초목과 같은 것이 그것이고, 또 두 개의 물건으로 간주할 수 없는 경우도 있는데 가령 목재를 가옥의 일부로 사용하며 벽토(壁土)나 도료를 건물과 기타 작업에 사용하는 부류가 그것이다. 그러므로 법률상 이들 경우에는 동산 부합의 경

遇와ᄀᆞᆺ치合成物이라不云ᄒᆞ고附着이라ᄒᆞ야從物은主物處分에從케ᄒᆞᄂᆞᆫ原則을適用ᄒᆞ고其一物成否ᄂᆞᆫ不問ᄒᆞᄂᆞ니라(但家屋은土地의從物로不認ᄒᆞᆷ)

最後에附合에關ᄒᆞᆫ例外를一言코져ᄒᆞ노니即附合의原則은權原에因ᄒᆞ야其物을附屬케ᄒᆞᆫ他人의權利를妨害치못ᄒᆞᆷ이라假令地上權者永小作人貰借人及使用借主等이其權利目的物에對ᄒᆞ야自己의費用으로他物을附屬케ᄒᆞᆫ時에ᄂᆞᆫ其物은權利目的物의所有者에게直歸치아니ᄒᆞᆷ이原則이니此等權利者ᄂᆞᆫ自己의附屬物을分離ᄒᆞ야撤去ᄒᆞ거나放賣ᄒᆞᆷ이其自由오只其責任은權利의目的物을原狀에復케ᄒᆞᆷ을要ᄒᆞᆯ뿐이니라

(乙)土地의附合　此ᄂᆞᆫ河海에沿ᄒᆞᆫ土地에生ᄒᆞᄂᆞᆫ바ㅣ니羅馬法에ᄂᆞᆫ一個河川이人의所有에係ᄒᆞᆫ土地에漸次附加ᄒᆞᆯ時ᄂᆞᆫ其者에게屬ᄒᆞ되此를漸積地라云ᄒᆞ야土地의覺知치못ᄒᆞᄂᆞᆫ擴張이라ᄒᆞ니學者此를細說ᄒᆞ야漸積地가人爲의境界로圍繞ᄒᆞᆫ土地에附加ᄒᆞᆫ境遇와特別ᄒᆞᆫ人爲의境界物이無ᄒᆞᆫ一定ᄒᆞᆫ土地에附加ᄒᆞᆫ境遇及天然的의物로境界ᄒᆞᆫ土地에附加ᄒᆞᆫ境遇로區

우와 같이 합성물이라고 하지 않고 부착이라고 하여 종물은 주물의 처분에 따르게 하는 원칙을 적용하고 하나의 물건이 되는지 아닌지는 불문한다(다만 가옥은 토지의 종물로 인정되지 않는다).

마지막으로 부합에 관한 예외를 한 마디 말하고자 한다. 곧 부합의 원칙은 권원에 따라 그 물건을 부속시킨 타인의 권리를 방해하지 못한다. 가령 지상권자, 영소작인, 임차인 및 사용차주 등이 그 권리의 목적물에 대하여 자기의 비용으로 다른 물건을 부속하게 한 때에는 그 물건은 권리의 목적물이 소유자에게 곧바로 귀속되지 않는 것이 원칙이다. 이들 권리자가 자기의 부속물을 분리하여 철거하거나 매각하는 것은 그의 자유이고, 다만 그 책임은 권리의 목적물을 원상으로 회복하게 하여야 할 뿐이다.

〈2〉 토지의 부합: 이는 강과 바다에 닿아 있는 토지에서 발생하는 것이다. 로마법에서는 하나의 하천이 사람이 소유한 토지에 점차 붙을 때에는 그 자에게 속하되 이를 충적지(沖積地)*라고 하여 시나브로 일어난 토지의 확장이라고 한다. 학자들은 이를 자세히 설명하여 충적지가 인위적인 경계로 둘러싸인 토지에 붙은 경우와 특별한 인위적인 경계물이 없는 일정한 토지에 붙은 경우 및 자연의 물건으로 경계지어진 토지에 붙은 경우로 구

* 역자주: 漸積地는 로마법상 alluvio로서 오늘날에는 충적지(沖積地)로 불림. 프랑스 민법 제556조 이하도 함께 참조.

別ᄒᆞ야第一第二의境遇에ᄂᆞᆫ漸積地가境界外에在ᄒᆞ니其土地所有者에不屬ᄒᆞᆷ이라ᄒᆞ고第三의境遇에ᄂᆞᆫ漸積地가生ᄒᆞᆷ과同時에土地境界가擴張ᄒᆞᆫ者ㅣ라ᄒᆞ야土地所有者에게歸케ᄒᆞ니此ᄅᆞᆯ寄洲라도稱ᄒᆞ고此外에干瀉가有ᄒᆞ니河川이漸次乾涸ᄒᆞ야現出ᄒᆞᆫ土地라此ᄂᆞᆫ漸積地와同一케ᄒᆞ고又中洲가有ᄒᆞ니大川中에生ᄒᆞᆫ者ᄂᆞᆫ國有라ᄒᆞ고細流中에生ᄒᆞᆫ者ᄂᆞᆫ沿岸土地所有者에게屬케ᄒᆞ고其中洲兩岸中央에生ᄒᆞᆫ者ᄂᆞᆫ兩岸土地所有者가水流中心을沿ᄒᆞ야各岸의部分을取得케ᄒᆞ고其他水路變換을因ᄒᆞ야生ᄒᆞᄂᆞᆫ侵沒地及舊川底地도其中心을沿ᄒᆞ야兩岸土地所有者가分割케ᄒᆞ얏더라

(丙)植物의附合　土地의所有者ㅣ나占有者가他人의植物을其土地內에栽植ᄒᆞᆯ지라도植物은槪其除去가容易ᄒᆞᄂᆞ니其栽植과同時에附合의事實이有ᄒᆞ다未稱ᄒᆞᆯ지라然則其植物에對ᄒᆞ야ᄂᆞᆫ所有者의變更이無ᄒᆞ니其結果로所有者ᄂᆞᆫ栽植者ᄅᆞᆯ對ᄒᆞ야返還을可히主張ᄒᆞᆷ이라然이나其栽植後多少의日月을經過ᄒᆞ야其根이地中에固着ᄒᆞᆫ진ᄃᆡ法律은附合의事實이有ᄒᆞᆫ바로認定ᄒᆞ야植物의所有權을土地所有者가取得케ᄒᆞᄂᆞ니라

별한다. 여기서 첫째와 둘째 경우에는 충적지가 경계 밖에 있어 그 토지소유자에게 속하지 않는다고 하고, 셋째 경우에는 충적지가 생김과 동시에 토지 경계가 확장된 것이라고 하여 토지소유자에게 귀속되게 하는데 이를 사주(沙洲)라고도 부른다. 그 외에 간석지(干潟地)가 있는데 하천이 점차 말라서 나타난 토지로 이는 충적지와 동일하게 한다. 또 모래등이 있는데 큰 하천 안에 생긴 것은 국유로 하고 작은 냇물 안에 생긴 것은 연안의 토지소유자에게 속하게 한다. 모래등이 양안의 중앙에 생긴 것은 양안의 토지소유자가 물 흐름의 중심을 따라 각 기슭의 부분을 취득하게 하였다. 기타 수로의 변경으로 인하여 발생하는 침몰지 및 구 하천의 바닥도 그 중심을 따라 양안의 토지소유자가 분할하게 하였다.

〈3〉 식물의 부합: 토지의 소유자나 점유자가 타인의 식물을 그 토지 안에 심었을지라도 식물은 대개 그 제거가 용이하다. 따라서 그것을 심은 동시에 부합의 사실이 있다고 할 수 없을 것이다. 그렇다면 그 식물에 대하여는 소유자의 변경이 없어 그 결과 소유자는 식재자에 대하여 반환을 주장할 수 있다. 그러나 그 식재 후 다소의 시간이 지나 그 뿌리가 땅속에 굳게 박혔다면 법률은 부합의 사실이 있다고 인정하여 식물의 소유권을 토지소유자가 취득하게 한다.

(二)動産의附合　別異ᄒᆞᆫ所有者에게屬ᄒᆞᆫ數個의動産이附合에因ᄒᆞ야毀損ᄒᆞᆷ이아니면分離ᄒᆞ기不能ᄒᆞ거나分離ᄒᆞ기可得ᄒᆞᆯ지라도過分의費用을要ᄒᆞᆷ에至ᄒᆞᆫ時는其合成物의所有權은主되는動産所有者에게屬ᄒᆞᆷ이라

夫動産의附合은二個以上動産이附着合併ᄒᆞ야一物을成ᄒᆞ야毀損ᄒᆞᆷ이아니면分離ᄒᆞ기不能ᄒᆞᆷ에至ᄒᆞᆫ者ㅣ니其物을合成物이라云ᄒᆞᆷ이라此境遇에는最初二個以上의物이合ᄒᆞ야一個가됨이니其附合物이各異ᄒᆞᆫ人의所有物이면此를毀損分離ᄒᆞ야復舊ᄒᆞᆷ이아니면其各自의所有權은不可不消滅ᄒᆞᆫ者로看作ᄒᆞᆯ지라然而此를毀損ᄒᆞᆷ은國家經濟上에甚히不利益ᄒᆞᆯ뿐아니라各所有者로言ᄒᆞ야도不利益ᄒᆞᆷ이居多ᄒᆞᄂᆞ니故로立法者는各所有者의權利가一次消滅ᄒᆞᆫ者로看作ᄒᆞ야合成物의權利가更生케ᄒᆞᆷ이라此新生所有權은其所有者中一人에게付與ᄒᆞᆯ가將又二人의共有로作ᄒᆞᆯ가ᄒᆞ는問題가生ᄒᆞ나此에關ᄒᆞ야는原則上物의主從을區分ᄒᆞ야主物의所有者가取得ᄒᆞ고若其主從을區分ᄒᆞ기不能ᄒᆞᆯ진ᄃᆡ其附合當時의價値를從ᄒᆞ야共有케ᄒᆞᆷ이라今에第一의境遇로브터分說코저ᄒᆞ노니

II. 동산의 부합

다른 소유자에게 속한 여러 개의 동산이 부합으로 인하여 훼손되지 않으면 분리할 수 없거나 분리할 수 있더라도 과다한 비용이 필요하게 된 때에는 그 합성물의 소유권은 주된 동산 소유자에게 속한다.

동산의 부합은 둘 이상의 동산이 부착, 병합되어 하나의 물건을 이루어 훼손되지 않으면 분리할 수 없게 된 것으로, 그 물건을 합성물이라고 한다. 이 경우에는 처음에 둘 이상의 물건이 합하여 하나가 되는 것으로 그 부합물이 각각 다른 사람의 소유물이면 이를 훼손, 분리하여 복구하지 않으면 각자의 소유권은 소멸하였다고 간주할 수밖에 없을 것이다. 그러나 이를 훼손하는 것은 국가경제적으로 매우 불리할 뿐 아니라, 각 소유자로 말하여도 불리한 경우가 대부분이다. 그러므로 입법자는 각 소유자의 권리가 일단 소멸하였다고 간주하여 합성물의 권리가 다시 발생하게 하는 것이다. 이 새로 발생한 소유권은 그 소유자 중 1인에게 부여할지, 또는 2인의 공유로 삼을지 하는 문제가 발생한다. 이에 관하여는 원칙상 물건의 주종을 구분하여 주물의 소유자가 취득하고 만약 그 주종을 구분할 수 없으면 그 부합 당시의 가치에 따라 공유하게 한다. 이제 첫째 경우부터 분설하고자 하는데,

合成物의所有權은原則上其附合物中主되ᄂᆞᆫ物의所有者가取得케ᄒᆞᄂᆞᆫ所以ᄂᆞᆫ元來共有ᄂᆞᆫ不便이許多ᄒᆞ야經濟上希望ᄒᆞᆯ바ㅣ아니라故로此法을務避ᄒᆞ고一人으로ᄒᆞ야곰其物의全部를所有케ᄒᆞ기企圖ᄒᆞᆷ에基ᄒᆞᆷ이니라

然則主되ᄂᆞᆫ物이라ᄒᆞᆷ은何오此ᄂᆞᆫ民法總則上所謂主物이아니오只其合成物의主되ᄂᆞᆫ部分을成ᄒᆞᆫ物이니其如何ᄒᆞᆫ標準에依ᄒᆞ야定ᄒᆞᆯ고ᄒᆞᆷ은法律上其例를定ᄒᆞᆷ이自來에不少ᄒᆞ얏스나然이나此ᄂᆞᆫ畢竟謬柱의譏를未免ᄒᆞᆯ지라故로近世에ᄂᆞᆫ此를法官의認定에一任ᄒᆞᄂᆞ니라今에法官의標準ᄒᆞᆯ바를槪擧ᄒᆞ건ᄃᆡ物의便益或裝飾又保管을爲ᄒᆞ야附合ᄒᆞᆫ者ᄂᆞᆫ從되ᄂᆞᆫ物이오此에因ᄒᆞ야便益을得ᄒᆞ거나裝飾又保管을受ᄒᆞᄂᆞᆫ物은主되ᄂᆞᆫ物이니假令書籍을裝釘ᄒᆞ기爲ᄒᆞ야用ᄒᆞᆫ革具와指環에附ᄒᆞᆫ寶石과如ᄒᆞᆷ은從되ᄂᆞᆫ物이오其假綴의書籍과無飾의指環은主되ᄂᆞᆫ物이라但此等標準은絶對가아니니物의便益과裝飾及保管을爲ᄒᆞᆫ附合의物이主되ᄂᆞᆫ物을反成ᄒᆞᆷ도有ᄒᆞᆷ이라假令外飾을嗜ᄒᆞᄂᆞᆫ人이書案에備附ᄒᆞ기爲ᄒᆞᄂᆞᆫ書籍은其種類의如何를不問ᄒᆞ고裝釘의美麗만擇ᄒᆞᆷ도有ᄒᆞ니此等境遇에ᄂᆞᆫ美麗의表紙를附ᄒᆞ야無

합성물의 소유권은 원칙상 그 합성물 중 주된 물건의 소유자가 취득하게 하는 까닭은, 원래 공유는 불편이 매우 많아 경제적으로 바람직한 것이 아니다. 그러므로 이 법은 힘써 피하고 1인이 그 물건의 전부를 소유하게 하기를 꾀하는 데서 기인한다.

그렇다면 주된 물건이란 무엇인가? 이는 민법총칙상 이른바 주물(主物)이 아니고 다만 그 합성물의 주된 부분을 이루는 물건이다. 그것을 어떠한 기준에 따라 정할지는 법률상 그 예를 정하는 경우가 종래에는 적지 않았다. 그러나 이는 마침내 잘못되었다는 비웃음을 받을 것이다. 그러므로 근세에는 이를 법관이 인정하도록 일임한다. 이제 법관이 기준으로 삼을 것을 개략적으로 들면, 물건의 편익 또는 장식이나 보관을 위하여 부합된 것은 종된 물건이고 이로 인하여 편익을 얻거나 장식 또는 보관을 받는 물건은 주된 물건이다. 가령 책의 표지를 정하여 제본하기 위하여 쓴 혁구(革具)와 반지에 붙은 보석과 같은 것은 종된 물건이고, 임시로 묶인 책과 반지는 주된 물건이다. 다만 이들 기준은 절대적이지는 않은데, 물건의 편익과 장식 및 보관을 위하여 부합시킨 물건이 도리어 주된 물건이 될 수도 있다. 가령 바깥 장식을 좋아하는 사람이 책상에 갖추어두기 위한 책은 그 종류가 어떠한지를 불문하고 제본의 아름다움만 택할 수도 있는데, 이들 경우에는 아름다운 표지를 붙여서

値의書籍을裝釘ᄒᆞᆷ이오又或은高價의金剛石을利用ᄒᆞ가爲ᄒᆞ야指環을別造ᄒᆞᆷ도有ᄒᆞᆷ이라然이나物의價値ᄲᅮᆫ으로써主從을區分ᄒᆞᆷ은普通人情에不適ᄒᆞᄂᆞ니只其物의性質을依ᄒᆞ야區分ᄒᆞ기難ᄒᆞᆫ境遇에價値를從ᄒᆞᆯᄲᅮᆫ이라然則標準의法定主義를不取ᄒᆞ고法官의認定에委任ᄒᆞ야事實問題에一任ᄒᆞᆷ이得當ᄒᆞ다ᄒᆞᆯ지니라

次에物의主從을區分ᄒᆞ기不能ᄒᆞᆫ境遇의所有權取得方法을論述코저ᄒᆞ노니假令書籍과其表紙며指環과其寶石ᄀᆞᆺ치其間에何物이主며何物이從인지識別ᄒᆞ기難ᄒᆞᆫ等境遇에ᄂᆞᆫ各所有者로ᄒᆞ야곰其合成物을共有케ᄒᆞ고其共有의比例ᄂᆞᆫ附合의事實이有ᄒᆞᆫ時의價値를從ᄒᆞ야定케ᄒᆞᄂᆞ니即指環에寶石을添入ᄒᆞᆫ當時의指環價가五圓이오寶石價가十圓이면合成物의所有權은指環의所有者ᄂᆞᆫ其三分一을持ᄒᆞ고寶石의所有者ᄂᆞᆫ其三分二를持ᄒᆞᆷ과如ᄒᆞ며且其附合後其價에高下가生ᄒᆞᆯ지라도以上比例를亦從ᄒᆞ야共有ᄒᆞᄂᆞ니라

第二、混和

가치가 없는 책을 제본하는 것이고, 또 더러는 고가의 다이아몬드를 이용하기 위하여 반지를 따로 만들 수도 있다. 그러나 물건의 가치만으로 주종을 구분하는 것은 보통인의 감정에 맞지 않는데, 다만 그 물건의 성질에 따라 구분하기 어려운 경우에 가치에 따를 뿐이다. 그래서 기준의 법정주의를 취하지 않고 법관이 인정하는 대로 맡겨 사실문제로 일임하는 것이 마땅하다고 할 수 있다.

다음에 물건의 주종을 구분할 수 없는 경우의 소유권 취득 방법을 논술하고자 한다. 가령 책과 그 표지나 반지와 그 보석과 같이 그 사이에 어느 물건이 주이며 어느 물건이 종인지 식별하기 어려운 등의 경우에는, 각 소유자가 그 합성물을 공유하게 하고 그 공유의 비율은 부합의 사실이 있는 때의 가치에 따라 정하게 한다. 곧 반지에 보석을 끼워 넣은 당시의 반지 가액이 5원이고 보석 가액이 10원이면 합성물의 소유권은 반지의 소유자는 3분의 1을 갖고 보석의 소유자는 3분의 2를 갖는 것과 같으며, 또 그 부합 후 가액이 높아지거나 낮아지더라도 또한 이상의 비율에 따라 공유한다.

제2관 혼 화

混和는數人의所有에屬ᄒᆞᄂᆞᆫ物이互相混合ᄒᆞ야其何物이何人에게屬홈을識別ᄒᆞ기不能홈에至ᄒᆞᆫ事實이니假令金屬、液体、穀物等이混合或融和ᄒᆞ야到底히此를辨別ᄒᆞ기不能홈에至ᄒᆞᆫ類가是라此境遇는學理上附合과無異ᄒᆞ되但附合은有體上此를辨別ᄒᆞ기不能홈이아니오此를辨別홀時는經濟上不利益홈에因ᄒᆞ야法律이辨別의不能과ᄀᆞᆺ치看作ᄒᆞ야一物로處理홈이나是와相反ᄒᆞ야混和는事實上此를辨別ᄒᆞ기不能ᄒᆞᆫ者ㅣ니라

然이나法律上附合에關ᄒᆞᆫ規定은混和에도適用홀必要가甚多ᄒᆞᄂᆞ니故로民法上附合과混和間에는差別의規定이無ᄒᆞ고附合에關ᄒᆞᆫ規定을混和에准用케ᄒᆞᄂᆞ니라然而其所有權取得의方法은其物의主從을可히識別ᄒᆞ기得홀境遇에는主되는部分의所有者가混和物全體의所有者가되고若其主從을辨別ᄒᆞ기不能홀境遇에는其物混和當時의價値를應ᄒᆞ야各所有者가共有者로變ᄒᆞᄂᆞ니라

第三、製作

製作은或稱加工이라ᄒᆞᄂᆞ니即一個의固有性이有ᄒᆞᆫ新物을製出ᄒᆞᄂᆞᆫ事實이

혼화는 수인(數人)의 소유에 속한 물건이 서로 혼합되어 어느 물건이 누구에게 속하는지 식별할 수 없게 된 사실이다. 가령 금속, 액체, 곡물 등이 혼합 또는 융화되어 도저히 이를 가려낼 수 없게 된 부류가 그것이다. 이 경우에는 학리상 부합과 다르지 않다. 다만 부합은 물건을 가려낼 수 없는 것이 아니고 이를 가려낼 때에는 경제적으로 불리하기 때문에 법률이 가려낼 수 없다고 간주하여 하나의 물건으로 처리하는 것이다. 그러나 이와 반대로 혼화는 사실상 이를 가려낼 수 없는 것이다.

그러나 법률상 부합에 관한 규정은 혼화에도 적용할 필요가 매우 많다. 그러므로 민법상 부합과 혼화 사이에는 다른 규정이 없고 부합에 관한 규정을 혼화에 준용하게 한다. 그러나 그 소유권 취득의 방법은 그 물건의 주종을 식별할 수 있는 경우에는 주된 부분의 소유자가 혼화물 전체의 소유자가 되고, 만약 그 주종을 가려낼 수 없는 경우에는 그 물건이 혼화될 당시의 가치에 따라 각 소유자가 공유자로 변한다.

제3관 제 작

제작은 가공이라고도 부른다. 곧 하나의 고유성이 있는 새로운 물건을 만들어내는 사실이라假令他人의所有象牙를取ᄒᆞ야此에彫刻을施ᄒᆞ거나綴屬을取ᄒᆞ야此에文字를書ᄒᆞ거나木板을取ᄒᆞ야器具를製ᄒᆞ거나穀類를取ᄒᆞ야酒類나醬類를製ᄒᆞᄂᆞᆫ類가是니라

此境遇即他人의動產에工作을加ᄒᆞᆫ時ᄂᆞᆫ其加工物의所有權은材料所有者가取得ᄒᆞ고但其工作에因ᄒᆞ야生ᄒᆞᆫ價額이材料의價額보다現著히超過ᄒᆞᆯ時ᄂᆞᆫ工作者가其物의所有權을取得ᄒᆞ며若其加工者가材料의一部를供ᄒᆞᆫ時ᄂᆞᆫ其價額에工作을因ᄒᆞ야生ᄒᆞᆫ價額을合算ᄒᆞᆫ額이他人의材料價額에超過ᄒᆞᆯ時에限ᄒᆞ야加工者가其物의所有權을取得ᄒᆞᄂᆞ니라

製作即加工의境遇ᄂᆞᆫ此를價額으로立論ᄒᆞᆫ즉材料의價가工作의價에不及ᄒᆞᆷ이恒多ᄒᆞᆯ지나然이나此를物의性質로立論ᄒᆞᆫ즉材料에工作을加ᄒᆞᆫ者ㅣ라ᄒᆞᆯ지오工作을爲ᄒᆞ야材料를用ᄒᆞᆫ者ㅣ라ᄒᆞᆷ이常少ᄒᆞᆯ지라故로法律上加工物全體의所有權은工作者에不屬ᄒᆞ고材料所有者에屬케ᄒᆞᆷ이原則이오只其工作의價가材料의價에甚히超過ᄒᆞᆯ時ᄂᆞᆫ工作을爲ᄒᆞ야材料를用ᄒᆞᆫ者로看作ᄒᆞ야加工者로ᄒᆞ야곰其物의所有權을取得케ᄒᆞᆯ뿐이라假令有名ᄒᆞᆫ彫刻師가象牙

다. 가령 타인 소유의 상아를 가지고 조각을 하거나 신발을 가지고 문자를 새기거나 목판을 가지고 도구를 만들거나 곡류를 가지고 주류나 장류(醬類)를 만드는 부류가 그것이다.

이 경우, 곧 타인의 동산에 작업을 한 때에는 그 가공물의 소유권은 재료 소유자가 취득하고, 다만 그 작업으로 인하여 발생한 가액이 재료의 가액을 현저히 초과할 때에는 작업자가 그 물건의 소유권을 취득한다. 만약 가공자가 재료의 일부를 제공한 때에는 그 가액에 작업으로 인하여 발생한 가액을 합산한 가액이 타인의 재료 가액을 초과할 때에 한하여 가공자가 그 물건의 소유권을 취득한다.

제작, 곧 가공의 경우에는 가액으로 논하면 재료의 가치가 작업의 가치에 미치지 못하는 경우가 언제나 많을 것이다. 그러나 물건의 성질로 논하면 재료에 작업을 가했다고 할 수 있고 작업을 위하여 재료를 썼다고 하는 경우는 애초에 적을 것이다. 그러므로 법률상 가공물 전체의 소유권은 작업자에게 속하지 않고 재료 소유자에게 속하게 하는 것이 원칙이고 다만 그 작업의 가치가 재료의 가치를 매우 크게 초과할 때에는 작업을 위하여 재료를 쓴 것으로 간주하여 가공자가 그 물건의 소유권을 취득하게 할 뿐이다. 가령 유명한 조각가가 상아에精巧ᄒᆞᆫ彫刻을施ᄒᆞ거나畵工이繪絹에美麗ᄒᆞᆫ繪畵를寫ᄒᆞ거나木工이木板을利用ᄒᆞ야巧妙ᄒᆞᆫ器具를造成ᄒᆞᄂᆞᆫ類가是니라

然而其工作과材料의價額比例ᄂᆞᆫ如何ᄒᆞᆫ標準에依ᄒᆞᆯ고ᄒᆞᄂᆞᆫ問題가生ᄒᆞ나然이나要ᄒᆞ건ᄃᆡ此ᄂᆞᆫ畢竟事實問題에全屬ᄒᆞ니裁判官의認定에一任ᄒᆞᆯ지오但其工作의價가材料의價에超過ᄒᆞᆷ이幾許에不過ᄒᆞᆯ진대原則을從ᄒᆞᆷ이勿論이니라

加工은附合과合倂ᄒᆞᆷ이間有ᄒᆞ니假令他人의銀物에金字를刻入ᄒᆞ거나織物을金絲로繡飾ᄒᆞ거나木材에自己의木材를加ᄒᆞ고兼ᄒᆞ야自己의靑貝나象牙等을鏤ᄒᆞᆫ境遇等에ᄂᆞᆫ附合과倂合ᄒᆞᆷ이라然이나此ᄂᆞᆫ附合으로不作ᄒᆞ고加工으로看作ᄒᆞᄂᆞ니其故ᄂᆞᆫ加工의價가附合ᄒᆞᆫ自己의材料보다高貴ᄒᆞᆫ所以며又此境遇에ᄂᆞᆫ原則으로主되ᄂᆞᆫ物의所有者를加工物의所有者로ᄒᆞ고例外로工作의價에加工者의加ᄒᆞᆫ材料의價를合ᄒᆞ야其共計價가主되ᄂᆞᆫ材料의價에超過ᄒᆞᄂᆞᆫ境遇에加工者를加工物의所有者로ᄒᆞᄂᆞ니是實當然ᄒᆞᆫ바ㅣ라可謂ᄒᆞᆯ지오但其實際上加工의境遇와附合의境遇를識別ᄒᆞ기難ᄒᆞ거든裁判官이事

에 정교한 조각을 하거나 화가가 비단에 아름다운 그림을 그리거나 목공이 목판을 이용하여 아주 색다른 도구를 만들어내는 부류가 그것이다.

그런데 그 작업과 재료의 가액 비율은 어떠한 기준에 의하는가 하는 문제가 발생한다. 그러나 요컨대 이는 전적으로 마침내 사실문제에 속하여 법관이 인정하는 대로 일임하여야 한다. 다만 그 작업의 가치가 재료의 가치를 불과 얼마만큼만 초과한다면 원칙을 따르는 것은 물론이다.

가공은 부합과 병합되는 경우가 간혹 있다. 가령 타인의 은 제품에 금으로 된 글자를 새겨 넣거나 직물을 금실로 수놓아 꾸미거나 목재에 자기의 목재를 더하고 아울러 자기의 청패(靑貝)나 상아 등을 새기는 경우 등에는 부합과 병합되는 것이다. 그러나 이는 부합으로 삼지 않고 가공으로 간주되는데, 그 까닭은 가공의 가치가 부합한 자기의 재료보다 고귀하기 때문이다. 또 이 경우에는 원칙으로 주된 물건의 소유자를 가공물의 소유자로 하고 예외로 작업의 가치에 가공자가 가한 재료의 가치를 합하여 모두를 계산한 가치가 주된 재료의 가치를 초과하는 경우에 가공자를 가공물의 소유자로 하는데, 이는 실로 당연하다고 말할 수 있다. 다만 실제로 가공의 경우와 부합의 경우를 식별하기 어렵다면 재판관이 사

情을斟酌ᄒᆞ야決定홈은他添付에關ᄒᆞᆫ規定과無異ᄒᆞᆯ지니라

第三章　所有權의制限

第一節　任意에因ᄒᆞᄂᆞᆫ制限

普通學者의說을從ᄒᆞᆫ즉所有權의制限에ᄂᆞᆫ二種이有ᄒᆞ니任意制限과强制制限이是라然而此二個制限中後者가法律上所謂眞個制限이오前者ᄂᆞᆫ一便으로言ᄒᆞᆫ즉所有權의一部分되ᄂᆞᆫ處分權의實行으로從生ᄒᆞᄂᆞᆫ當然의結果라此ᄅᆞᆯ制限이라홈은不穩의嫌이不無ᄒᆞ니何者오自己에固有ᄒᆞᆫ處分權을使行ᄒᆞᄂᆞᆫ結果가制限이反成ᄒᆞᆫ다홈은理論上不合ᄒᆞᆯᄲᅮᆫ아니라設或制限이反成ᄒᆞᆯ지라도正當ᄒᆞᆫ制限이아닌所以라然이나各國의法制ᄅᆞᆯ依ᄒᆞᆯ진대强制制限外에合意或遺言으로自己의所有權을制限홈이不無ᄒᆞ니故로玆에叅考上其大要ᄅᆞᆯ說明코져ᄒᆞ노라

即任意制限이라홈은假令甲이自己의所有物에地上權을設定ᄒᆞ야乙에게付與ᄒᆞᆯ진대甲은自己의所有物됨에不拘ᄒᆞ고其地上權繼續間은其物에對ᄒᆞ야使用權을行使ᄒᆞ기不得ᄒᆞ며又甲이自己의所有物을典執ᄒᆞ고乙에게債務ᄅᆞᆯ負擔홈

정을 참작하여 결정하는 것은 다른 첨부에 관한 규정과 다르지 않다.

제3장 소유권의 제한

제1절 임의로 인한 제한

보통 학자의 학설을 따르면 소유권의 제한에는 두 가지가 있다. 임의적 제한과 강제적 제한이 그것이다. 그러나 이 두 개의 제한 가운데 후자가 법률상 이른바 진정한 제한이고, 전자는 한편으로 말하면 소유권의 일부분인 처분권의 실행에 따라 발생하는 당연한 결과로 이를 제한이라고 하는 것은 온당치 못하다는 의문이 있다. 왜냐하면 자기에게 고유한 처분권을 행사하는 결과가 도리어 제한이 된다는 것은 이론상 맞지 않을 뿐 아니라, 설령 도리어 제한이 된다고 할지라도 정당한 제한이 아니기 때문이다. 그러나 각국의 법제에 따르면 강제적 제한 외에 합의 또는 유언으로 자기의 소유권을 제한하는 경우가 없지 않다. 그러므로 여기서 참고로 그 대강을 설명하고자 한다.

곧 임의적 제한이란 가령 甲이 자기의 소유물에 지상권을 설정하여 乙에게 준다면 甲은 자기의 소유물임에도 불구하고 그 지상권이 계속되는 동안에는 그 물건에 대하여 사용권을 행사할 수 없으며, 또 甲이 자기의 소유물을 담보로 삼아 乙에게 채무를 부담한

젼대甲은其債務辨償前에ᄂᆞᆫ其物을自由使用ᄒᆞ기不得ᄒᆞ며又甲이自己의所有地內에地役權을設定ᄒᆞ야乙에게通行權을許與ᄒᆞᆯ진ᄃᆡ其地役權의附隨間은乙의通行을禁止치못ᄒᆞᆷ과如ᄒᆞ니라

以上說明ᄒᆞᆫ外에條件附帶의所有權을認定ᄒᆞᆷ도有ᄒᆞ니現今英米等法律에ᄂᆞᆫ所有權中土地所有權을他人에게讓與ᄒᆞᆷ에當ᄒᆞ야某特異ᄒᆞᆫ方法으로使用ᄒᆞ거나使用치못ᄒᆞ게ᄒᆞᄂᆞᆫ條件을附케ᄒᆞᆷ이通例라假令吾人의所有土地를誰某에게讓與ᄒᆞᆷ에當ᄒᆞ야其讓受人은該土地에家屋을建築ᄒᆞ라ᄒᆞᄂᆞᆫ條件을附ᄒᆞ거나其土地內에在ᄒᆞ야ᄂᆞᆫ氣險ᄒᆞᆫ食料를賣買치못ᄒᆞᄂᆞᆫ條件을附ᄒᆞᆷ과如ᄒᆞᆷ이니如斯ᄒᆞᆫ條件을附ᄒᆞᆫ境遇에若其讓受人이條件에違背ᄒᆞ야家屋을未建ᄒᆞ거나食料를行賣ᄒᆞᆫ時ᄂᆞᆫ其土地所有權이消滅ᄒᆞ야前所有者에게復歸ᄒᆞ고其前所有者가既已死亡ᄒᆞᆫ時ᄂᆞᆫ其相續人에게復歸케ᄒᆞᆷ이라

又英米法律에在ᄒᆞ야ᄂᆞᆫ普通境遇에ᄂᆞᆫ解除條件에違背ᄒᆞᆫ즉其所有權이前所有主에게直歸ᄒᆞᆷ이아니오槪其條件을破ᄒᆞᆫ時에前所有主가其財產을占有ᄒᆞᆷ에足ᄒᆞᆯ行爲가有ᄒᆞᆫ後에權利가復歸케호ᄃᆡ事의便利를爲ᄒᆞ야最初條件을附ᄒᆞᆯ時에

다면 甲은 그 채무를 변제하기 전에는 그 물건을 자유로이 사용할 수 없으며, 또 甲이 자기 소유의 토지 내에 지역권을 설정하여 乙에게 통행권을 허여한다면 그 지역권이 붙은 동안에는 乙의 통행을 금지하지 못하는 것과 같다.

이상에서 설명한 것 외에 조건이 붙은 소유권을 인정할 수도 있는데, 오늘날 영미 등의 법률에서는 소유권 가운데 토지 소유권을 타인에게 양도할 때 어떤 특이한 방법으로 사용하거나 사용하지 못하게 하는 조건을 붙이는 것이 통례이다.* 가령 우리가 소유한 토지를 누구에게 양도할 때, 그 양수인은 그 토지에 가옥을 건축하라고 하는 조건을 붙이거나 그 토지 안에서는 냄새가 심한 식료품을 매매하지 못하게 하는 조건을 붙이는 것과 같다. 이러한 조건을 붙인 경우에 만약 그 양수인이 조건을 위반하여 가옥을 짓지 않기나 식료품을 판 때에는 그 토지 소유권이 소멸하여 전 소유자에게 복귀하고 그 전 소유자가 이미 사망한 때에는 그 상속인에게 복귀하게 한다.

또 영미의 법률에서는 보통의 경우에는 해제조건에 위배되면 그 소유권이 전 소유자에게 곧바로 돌아가지 않고 대개 그 조건을 깬 때에 전 소유자가 그 재산을 점유하는 데 충분한 행위가 있은 뒤에 권리가 복귀하게 한다. 그런데 일의 편리를 위하여 맨 처음 조건을 붙일 때에

* 역자주: 영미법에서 이러한 제한이 붙은 부동산을 "defeasible estate"라고 함.

豫約을結ᄒᆞ야何時던지條件에違背ᄒᆞ면前所有者ᄂᆞᆫ別般節次ᄅᆞᆯ不要ᄒᆞ고所有權을直復케홈도有ᄒᆞ니此ᄅᆞᆯ條件上制限이라云홈이라

日本民法에ᄂᆞᆫ所有權을停止와解除兩條件에附케ᄒᆞ얏스니停止條件의附帶ᄂᆞᆫ假令甲이乙과契約호ᄃᆡ余가外國旅行을作ᄒᆞ거던余의土地ᄅᆞᆯ汝에게賣ᄒᆞ리라홈과如홈이니甲은土地의放賣ᄅᆞᆯ停止條件에附ᄒᆞᆫ者ㅣ라其讓與ᄂᆞᆫ外國旅行을作ᄒᆞᄂᆞᆫ條件의發生時ᄭᆞ지停止홈이오又解除條件의附帶ᄂᆞᆫ假令前示ᄒᆞᆫ例에甲이歸朝ᄅᆞᆯ豫料ᄒᆞ고乙과契約호ᄃᆡ余의歸朝時에ᄂᆞᆫ本土地ᄅᆞᆯ還退ᄒᆞ리라ᄒᆞ고賣홈과如홈이니甲은土地의放賣ᄅᆞᆯ解除條件에附ᄒᆞᆫ者ㅣ라其契約은歸朝條件의發生時에解除홈이니即前例ᄂᆞᆫ甲이停止條件附帶의所有權者오後例ᄂᆞᆫ乙이解除條件附帶의所有權者ㅣ니라

又所有權에ᄂᆞᆫ期限을附ᄒᆞ기得不得의問題가有ᄒᆞ니學者皆云所有權에ᄂᆞᆫ有期가無ᄒᆞ다ᄒᆞ야曰凡所有權은其性質이自由의全權이어ᄂᆞᆯ此에期限이附有ᄒᆞᆯ진ᄃᆡ其性質을完全케ᄒᆞ기不得ᄒᆞ리라ᄒᆞ나然이나余輩ᄂᆞᆫ有期의所有權이라도讓與人의權利ᄅᆞᆯ不害홀以上은其期限內에在ᄒᆞ야ᄂᆞᆫ自由의全權됨이無妨홈을信

예약을 맺어 언제든지 조건에 위배되면 전 소유자는 다른 절차를 거칠 필요 없이 소유권을 곧바로 복귀하게 할 수도 있어 이를 조건상 제한이라고 한다.

일본 민법에서는 소유권을 정지조건과 해제조건이라는 두 조건을 붙일 수 있게 하였다. 정지조건을 붙이는 것은 가령 甲이 乙과 계약을 하는데 내가 외국 여행을 하면 나의 토지를 너에게 팔겠다고 하는 것과 같은데, 甲은 토지의 매각을 정지조건으로 붙인 것이어서 그 양도는 외국 여행을 한다는 조건의 발생시까지 정지되는 것이다. 또 해제조건을 붙이는 것은 가령 앞에 보인 예에서 甲이 귀국을 예상하고 乙과 계약을 하면서 내가 귀국할 때에는 이 토지를 돌려받으리라 하면서 파는 것과 같다. 甲은 토지의 매각을 해제조건으로 붙인 것인데, 그 계약은 귀국이라는 조건의 발생시에 해제되는 것이다. 곧 앞의 예는 甲이 정지조건부 소유권자이고 뒤의 예는 乙이 해제조건부 소유권자이다.

또 소유권에는 기한을 붙일 수 있는지 없는지의 문제가 있다. 학자들은 모두 소유권에는 기한이 없다고 하여, 소유권은 그 성질이 자유롭고 완전한 권리인데 여기에 기한이 붙어 있으면 그 성질을 완전하게 할 수 없다고 한다. 그러나 우리는 기한이 있는 소유권이라도 양도인의 권리를 해하지 않는 이상 그 기한 내에서는 자유롭고 완전한 권리라고 해도 무방하다고 믿

ᄒᆞ노니假令甲이自己의所有土地를五個年의期限으로乙에게讓與ᄒᆞᆯ진ᄃᆡ乙은其五個年範圍內에在ᄒᆞ야ᄂᆞᆫ此를丙에게讓與ᄒᆞ던지抵當ᄒᆞ던지皆其全權이오但其期限의到來後에ᄂᆞᆫ所有權을甲에게返還ᄒᆞᆷ에不過ᄒᆞᆷ과如ᄒᆞ니라

第二節 强制에因ᄒᆞᄂᆞᆫ制限

所有權은物上에對ᄒᆞᄂᆞᆫ全權이니此를侵害치못ᄒᆞᆷ은自來諸國法律에認定ᄒᆞᄂᆞᆫ바ㅣ라故로公益을爲ᄒᆞ야法律에因ᄒᆞᄂᆞᆫ外에ᄂᆞᆫ決斷코侵害가無ᄒᆞᄂᆞ니此公益上法律의處分이即强制制限이니라更論ᄒᆞᆫ즉所有權은法律에因ᄒᆞᆷ이아니면制限ᄒᆞ기不得ᄒᆞᆯ뿐아니라設或法律에依ᄒᆞᆯ지라도公益을爲ᄒᆞᆷ이아니면制限을得爲치못ᄒᆞᄂᆞ니라此强制制限은此를以下數欵으로分說ᄒᆞᆷ이便利ᄒᆞ니

第一欵 徵收的制限

徵收的制限은法律의强制로一私人의所有權을收取ᄒᆞᆷ이니此制限에ᄂᆞᆫ二種이有ᄒᆞ니라即(一)은公用을爲ᄒᆞᄂᆞᆫ者오(二)ᄂᆞᆫ刑罰을因ᄒᆞᄂᆞᆫ者ㅣ니此後者도徵收的制限은無疑호ᄃᆡ此ᄂᆞᆫ刑法에關ᄒᆞᆫ바ㅣ니民法에無關ᄒᆞ며前者도其本來의性質로言ᄒᆞᆫ즉公法에屬ᄒᆞᄂᆞᆫ行政法에關ᄒᆞᆫ바ㅣ라民法에說明ᄒᆞᆷ必要가無ᄒᆞ나

는다. 가령 甲이 자기 소유 토지를 5년 기한으로 乙에게 양도하다면 乙은 그 5년 범위 내에서는 이를 丙에게 양도하든지 저당권을 설정하든지 모두가 그 완전한 권리이고, 다만 그 기한이 도래한 후에는 소유권을 甲에게 반환하는 데 불과한 것과 같다.

제2절 강제로 인한 제한

소유권은 물건 위에 대한 완전한 권리로 이를 침해하지 못함은 종래 여러 나라 법률에서 인정되는 바이다. 그러므로 공익을 위하여 법률로 인한 것 외에는 결코 침해가 없다. 이 공익상 법률의 처분이 곧 강제적 제한이다. 다시 말하면 소유권은 법률로 인하지 않으면 제한할 수 없을 뿐 아니라 설령 법률에 따를지라도 공익을 위하는 경우가 아니면 제한을 하지 못한다. 이 강제적 제한은 아래에서 여러 관(款)으로 분설하는 것이 편리하다.

제1관 징수적 제한

징수적 제한은 법률상 강제로 한 사인의 소유권을 거두어들이는 것으로 이 제한에는 두 가지가 있다. ①은 공용을 위한 것이고, ②는 형벌로 인한 것이다. 이 후자도 징수적 제한임에는 의문이 없는데, 이는 형법에 관한 것이어서 민법과는 무관하며, 전자도 본래의 성질로 말하면 공법에 속하는 행정법에 관한 것이어서 민법에서 설명할 필요가 없다.

然이나國을因ᄒᆞ야所有權의性質로觀察ᄒᆞ야民法에規定ᄒᆞᆫ例도不無ᄒᆞ기玆에叅考上其大要ᄅᆞᆯ說明코저ᄒᆞ노라

此種의制限은法律上普通으로公用徵收라稱ᄒᆞᄂᆞ니此ᄂᆞᆫ歐洲諸國에서自來에慣用ᄒᆞᆫ語辭라然이나徵收的制限은公益을爲ᄒᆞᄂᆞᆫ目的만有ᄒᆞ면公用을必爲치아니ᄒᆞ야도可ᄒᆞᄂᆞ니然則公用의語辭ᄂᆞᆫ文字上未穩의嫌이不無ᄒᆞ니라何故오公益上一私人의所有權을徵收ᄒᆞ면公用을不爲ᄒᆞ야도公用의意味가其中에包含ᄒᆞᄂᆞ니即道路ᄅᆞᆯ新築ᄒᆞ거나鐵道ᄅᆞᆯ敷設ᄒᆞ기爲ᄒᆞ야徵收ᄒᆞᆷ은正當ᄒᆞᆫ公用徵收라ᄒᆞᆯ지라도砲臺ᄅᆞᆯ建築ᄒᆞ거나燈臺ᄅᆞᆯ設置ᄒᆞ기爲ᄒᆞ야徵收ᄒᆞᆷ은公用徵收라ᄒᆞᆷ보다公益徵收라ᄒᆞᆷ이可ᄒᆞ니何者오砲臺나燈臺ᄂᆞᆫ一般公衆의使用이아니오公益을全爲ᄒᆞᆷ이니公用을爲ᄒᆞᄂᆞᆫ中에ᄂᆞᆫ公益의伴隨가居多ᄒᆞ되公益을爲ᄒᆞᄂᆞᆫ中에ᄂᆞᆫ公用이不伴ᄒᆞᆷ이常多ᄒᆞᆫ所以니라

然而其徵收의目的物은動產과不動產을不問ᄒᆞ며又其主體도公人과私人을不問ᄒᆞ나然이나其徵收의節次方法은動不動產을隨ᄒᆞ야各異ᄒᆞᄂᆞ니今에其大要ᄅᆞᆯ說明ᄒᆞ되其詳細에至ᄒᆞ야ᄂᆞᆫ行政法으로讓ᄒᆞ노라

그러나 나라에 따라 소유권의 성질로 관찰하여 민법에 규정한 예도 없지 않아 여기에 참고로 그 대강을 설명하고자 한다.

이 종류의 제한은 법률상 보통 공용징수라고 부르는데 이는 유럽 여러 나라에서 종래 관용적으로 쓰이던 말이다. 그러나 징수적 제한은 공익을 위한 목적만 있으면 반드시 공용을 위한 것이 아니어도 된다. 그렇다면 공용이라는 말은 문자상 온당치 못하다는 의문이 있다.

왜냐하면 공익상 한 사인의 소유권을 징수하면 공용을 위한 것이 아니어도 공용의 의미가 그 안에 포함된다. 곧 도로를 신설하거나 철도를 부설하기 위하여 징수하는 것은 정당한 공용징수라고 할지라도, 포대(砲臺)를 건설하거나 등대를 설지하기 위하여 징수하는 것은 공용징수라고 하기보다 공익징수라고 하는 것이 옳다. 왜냐하면 포대나 등대는 일반 공중의 사용이 아니고 전적으로 공익을 위한 것으로, 공용을 위한 것 중에는 공익이 따라오는 경우가 대부분이지만 공익을 위한 것 중에는 애초에 공용이 따르지 않는 것이 많기 때문이다.

그런데 그 징수의 목적물은 동산과 부동산을 불문하며, 또 그 주체도 공인과 사인을 불문한다. 그러나 그 징수의 절차, 방법은 동산인지 부동산인지에 따라 각기 다른데, 이제 그 대강을 설명하되 상세한 것은 행정법으로 넘긴다.

(一)不動産의徵收的制限　此境遇에關ᄒᆞ야ᄂᆞᆫ其所有者ᄂᆞᆫ此ᄅᆞᆯ適法으로信ᄒᆞ며且一定ᄒᆞᆫ方法에依ᄒᆞ야宣言ᄒᆞᆫ公益됨을要ᄒᆞ고其外에公用徵收法을依ᄒᆞ야一定ᄒᆞᆫ償金의支給을預受ᄒᆞᆷ이아니면其土地傳致의强要ᄅᆞᆯ不受ᄒᆞᄂᆞ니其徵收의目的은公益되ᄂᆞᆫ工事設爲에在ᄒᆞ니라

然而其適法으로認ᄒᆞᄂᆞᆫ方法에至ᄒᆞ야ᄂᆞᆫ甚히困難을未免ᄒᆞ니何者오徵收의目的이果然公益의爲不爲ᄅᆞᆯ判定ᄒᆞᆷ에當ᄒᆞ야一步ᄅᆞᆯ若誤ᄒᆞᆯ진ᄃᆡ其結果가人民의所有權을濫侵ᄒᆞᆷ이便成ᄒᆞ야人民에게不少ᄒᆞᆫ影響이及ᄒᆞᆷ이라故로此ᄂᆞᆫ一二個人에게委任치못ᄒᆞᄂᆞ니現今日本國의法規ᄅᆞᆯ依ᄒᆞᆯ진ᄃᆡ此ᄅᆞᆯ閣議로써決定케ᄒᆞᄂᆞ니라

此方法도理論上完全無欠의方法이라ᄒᆞ기難ᄒᆞ나然이나現今該國의程度로ᄂᆞᆫ滿足ᄒᆞᆫ方法이라可謂ᄒᆞᆯ지며又理論은如何ᄒᆞ던지實際上閣議로判定ᄒᆞᆫ以上은適法ᄒᆞᆫ바로看作ᄒᆞᄂᆞᆫ外에他道가無ᄒᆞ며且所有者ᄂᆞᆫ此에對ᄒᆞ야異議ᄅᆞᆯ提起ᄒᆞ기不得ᄒᆞ고其宣言의方法은官報로써公衆에게知케ᄒᆞ며公布가既有ᄒᆞᆫ즉所有者에게償金을支給ᄒᆞᄂᆞ니此主義ᄂᆞᆫ各國이並取ᄒᆞᄂᆞᆫ바ㅣ니라

〈1〉 부동산의 징수적 제한: 이 경우와 관련, 공익은 그 소유자가 이를 적법하다고 믿었으며 또 일정한 방법에 따라 선언된 것이어야 한다. 그리고 그 밖에 공용징수법에 따라 일정한 보상금의 지급을 미리 받지 않으면 그 토지를 인도하여 줄 것을 강요받지 않는다. 그 징수의 목적은 공익적인 공사를 하는 데 있다.

그러나 적법하다고 인정되는 방법에 이르러서는 곤란할 수밖에 없다. 왜냐하면 징수의 목적이 과연 공익을 위한 것인지를 판정할 때 만약 한 걸음이라도 잘못된다면 그 결과가 곧장 사람들의 소유권을 과도하게 침해하게 되어 사람들에게 적지 않은 영향을 미치기 때문이다. 그러므로 이는 개인 한둘에게 위임할 수 없는데, 오늘날 일본의 법규에 따르면 이를 내각회의에서 결정하게 한다.

이 방법도 이론상 완전무결한 방법이라고 하기는 어렵다. 그러나 오늘날 그 나라 수준에서는 만족할 만한 방법이라고 말할 수 있으며, 또 이론이 어떻든 간에 실제로 내각회의에서 판정한 이상 적법하다고 간주할 수밖에는 다른 도리가 없다. 그리고 소유자는 이에 대하여 이의를 제기할 수 없고 그 선언의 방법은 관보로 일반인이 알게 하며, 공포하고 나면 소유자에게 보상금을 지급한다. 이 태도는 각국이 모두 취하는 것이다.

又日本國土地收用法에ᄂᆞᆫ償金은熟議로써定ᄒᆞᄃᆡ若熟議가未定ᄒᆞᆯ時ᄂᆞᆫ土地收用審査委員會의裁定에從ᄒᆞ고又其裁定에不服ᄒᆞᆯ時ᄂᆞᆫ裁判所에起訴ᄒᆞ야判決을請ᄒᆞ라ᄒᆞ얏더라.

以上은土地所有權의全體를徵收ᄒᆞᄂᆞᆫ境遇ㅣ나其以外에도土地에添附ᄒᆞ거나土地의產出이土地의一部로看作ᄒᆞ기可得ᄒᆞᆯ强制的制限도有ᄒᆞ니假令物料의採堀과道路의劃線과樹木의伐採와用水及其他物의徵收가是라此等은純然ᄒᆞᆫ不動產이라未稱ᄒᆞᆯ뿐아니라使用的制限에屬ᄒᆞᆷ도有ᄒᆞ니蓋物料의採堀은石材或土砂類를採堀ᄒᆞᄂᆞᆫ意오道路의劃線은自來에有ᄒᆞ던道路의幅員을擴張ᄒᆞ거나其方向을變更ᄒᆞᄂᆞᆫ意오樹木의伐採ᄂᆞᆫ私人의所有樹木을伐採ᄒᆞ거나所有者의伐採를禁止ᄒᆞᄂᆞᆫ意오用水의收取ᄂᆞᆫ飮用水或地用水等을要ᄒᆞᄂᆞᆫ境遇에其水源이一私人의所有라고此를收用ᄒᆞᄂᆞᆫ類ㅣ니此等은皆行政法에規定ᄒᆞᄂᆞ니라

(二)動產의徵收的制限　此徵收에關ᄒᆞ야ᄂᆞᆫ不動產과異ᄒᆞ야一定ᄒᆞᆫ法規가無ᄒᆞ고每回에定ᄒᆞᄂᆞᆫ特別法을依케ᄒᆞᄂᆞ니其理由ᄂᆞᆫ徵收의濫行을制止코져ᄒᆞᆷ

또 일본 토지수용법에서는 보상금은 신중히 의논하여 정하되 만약 신중히 의논하여도 정할 수 없을 때에는 토지수용심사위원회(土地收用審査委員會)의 재정(裁定)에 따르고 또 그 재정에 불복할 때에는 재판소에 소를 제기하여 판결을 청하라고 하였다.

이상은 토지소유권 전체를 징수하는 경우이다. 그러나 그 이외에도 토지에 첨부되었거나 토지의 산출물이 토지의 일부로 간주될 수 있는 강제적 제한도 있다. 가령 자원의 채굴과 도로의 변경, 수목의 벌채와 용수 및 기타 물건의 징수가 그것이다. 이들은 순수한 부동산이라고 할 수 없을 뿐 아니라 사용적 제한에 속하는 것도 있다. 대개 자원의 채굴은 석재나 토사류를 채굴한다는 뜻이고 도로의 변경은 종래부터 있던 도로의 폭을 확장하거나 그 방향을 변경한다는 뜻이다. 그리고 수목의 벌채는 어떤 사인 소유의 수목을 벌채하거나 소유자의 벌채를 금지한다는 뜻이고, 용수의 수취는 음용수 또는 농업용수 등이 필요한 경우에 그 수원(水源)이 어떤 사인의 소유라도 이를 받아서 쓰는 부류이다. 따라서 이들은 모두 행정법에서 규정한다.

〈2〉 동산의 징수적 제한: 이 경우는 부동산과 달라서 일정한 법규가 없고 때마다 정하는 특별법에 따르게 한다. 그 이유는 징수를 함부로 행하는 것을 제지하려는에在ᄒᆞᆷ이라更論ᄒᆞᆫ즉動產의徵收ᄂᆞᆫ不動產과ᄀᆞᆺ치著大ᄒᆞᆫ事業이아닌즉其費用을國庫에서負擔ᄒᆞᄂᆞᆫ等事가少ᄒᆞᄂᆞ니行政官은此ᄅᆞᆯ利用ᄒᆞ야其收取ᄅᆞᆯ過度히執行ᄒᆞᆯ가ᄒᆞᄂᆞᆫ虞慮가有ᄒᆞ며又此收取ᄂᆞᆫ一般의利益됨을理會ᄒᆞᄂᆞᆫ人이罕稀ᄒᆞ다ᄒᆞᆷ에在ᄒᆞ니此ᄂᆞᆫ日本舊民法의採川ᄒᆞᆫ主義나然이나此理由됨이欠點이不無ᄒᆞᆷ으로各國에採用例가甚少ᄒᆞ니라

ᄯᅩ該國法을依ᄒᆞᆯ지ᄃᆡ國或官廳에屬ᄒᆞᄂᆞᆫ先買權及徵發令으로定ᄒᆞᄂᆞᆫ物의徵收와凶災時에行ᄒᆞᄂᆞᆫ物의徵收ᄂᆞᆫ此限에不在라ᄒᆞ얏스니其故ᄂᆞᆫ徵發令에因ᄒᆞᄂᆞᆫ徵收ᄂᆞᆫ假令戰時ᄅᆞᆯ當ᄒᆞ야軍用上必要로戰地附近人民에게物件을徵收ᄒᆞ거나凶災時에行ᄒᆞᄂᆞᆫ徵收ᄂᆞᆫ假令饑饉과其他地震洪水等을際ᄒᆞ야飮食物을徵收ᄒᆞᄂᆞᆫ等이니此亦動產의徵收됨은無疑ᄒᆞ나此事가非常ᄒᆞᆫ變例에屬ᄒᆞᆷ인즉普通一般의徵收와同視ᄒᆞᆯ바ㅣ아니라ᄒᆞᆷ에在ᄒᆞᆷ이라但先買權은其本質이動產徵收와全異ᄒᆞ야一種賣買에不過ᄒᆞᄂᆞ니然則此ᄅᆞᆯ民法或行政法에規定ᄒᆞᆷ은不可ᄒᆞ고其實例ᄂᆞᆫ彼稅關에在ᄒᆞ야間有ᄒᆞ니라

以上은所有權徵收에關ᄒᆞᆫ大要ᄅᆞᆯ說明ᄒᆞᆫ바ㅣ니此로써其性質을大略理解ᄒᆞᆯ지

데 있다. 다시 말하면 동산의 징수는 부동산과 같이 현저하게 큰 사업이 아니어서 그 비용을 국고에서 부담하는 등의 일이 적다. 따라서 행정관이 이를 이용하여 그 수취를 과도하게 집행하리라는 우려가 있으며, 또 이 수취가 일반의 이익이 된다고 이해하는 사람이 드물다는 데 있다. 이는 일본 구 민법에서 채용하던 태도이나, 그 이유에 결점이 없지 않아 각국에서 채용된 예가 매우 적다.

또 그 나라 법에 따르면 국가 또는 관청에 속하는 우선매수권 및 징발령(徵發令)으로 정하는 물건의 징수와 재난시에 행하는 물건의 징수는 그러하지 않다고 하였다. 그 까닭은 징발령으로 인한 징수란 가령 전시에 군사상의 필요로 싸움터 부근의 사람에게 물건을 징수하는 것이고, 재난시에 행하는 징수란 가령 기근과 기타 지진, 홍수 등이 있는 때에 음식물을 징수하거나 하는 등으로 이 또한 동산의 징수임에는 의문이 없으나 이 일들이 비상시의 이례적인 일들이어서 보통의 일반적인 징수와 동일시할 것이 아니라는 데 있다. 다만 우선매수권은 본질이 동산의 징수와 전혀 달라서 일종의 매매에 불과하다. 그래서 민법이나 행정법에 규정하는 것은 옳지 않고 그 실례(實例)로는 저 세관에서 간혹 있다.

이상에서 소유권 징수에 관한 대강을 설명하였다. 이로써 그 성질을 대략 이해할 수 있을 것

니라然而公益을爲ᄒᆞᆷ에ᄂᆞᆫ一私人의所有權을可히徵收ᄒᆞᆯ진ᄃᆡ其所有物의使用을徵收ᄒᆞᆷ도勿論이니라

然이나其使用權을絶對的으로徵收ᄒᆞᆷ은其結果가所有權의徵收와同一ᄒᆞᄂᆞ니故로公益上一私人의所有物을永遠히使用ᄒᆞᆯ必要가有ᄒᆞᆯ진ᄃᆡ徵收法을依ᄒᆞ야徵收ᄒᆞ고但其一時必要에因ᄒᆞ야其使用을强制ᄒᆞᆷ은其時에만限ᄒᆞᄂᆞ니라卽鐵道의敷設이나道路의修築等을當ᄒᆞ야其接近地에工作物을設ᄒᆞ거나事務所를置ᄒᆞᄂᆞᆫ等이是니此等境遇에도其所有者ᄂᆞᆫ相當ᄒᆞᆫ償金을受ᄒᆞᆷ은所有權의徵收와無異ᄒᆞ니라

第二欵　禁止的制限

禁止的制限은法律의力을依ᄒᆞ야一私人所有權의處分或使用上에加ᄒᆞᄂᆞᆫ消極的制限이라此에ᄂᆞᆫ二種이有ᄒᆞ니(一)은所有物의自由處分을禁止ᄒᆞᆷ이오(二)ᄂᆞᆫ所有物의自由使用을禁止ᄒᆞᆷ이라假令一私人의所有山林이라도公益上保存을要ᄒᆞᆯ時ᄂᆞᆫ其伐採를法律(隆熙二年一月二十一日法律第一號森林法第五條乃至第七條叅照)로써禁ᄒᆞ며又風俗妨害의物件은賣買贈與等을禁ᄒᆞ며其他現在訴訟中物件은其傳授를禁ᄒᆞᄂᆞᆫ

이다. 그런데 공익을 위하여 한 사인의 소유권을 징수할 수 있는데, 그 소유물의 사용을 징수하는 것도 물론 가능하다.

그러나 그 사용권을 절대적으로 징수하는 것은 결과적으로 소유권의 징수와 동일하다. 그러므로 공익상 한 사인의 소유물을 영원히 사용할 필요가 있다면 징수법에 따라 징수하고, 일시적인 필요만 있어서 그 사용을 강제하는 것은 그 때로만 한정된다. 곧 철도의 부설이나 도로의 보수 등을 할 때 그 근접한 땅에 공작물을 설치하거나 사무소를 두는 등이 그것으로, 이들 경우에도 그 소유자가 상당한 보상금을 받음은 소유권의 징수와 다르지 않다.

제2관 금지적 제한

금지적 제한은 법률의 힘에 따라 한 사인의 소유권의 처분이나 사용에 가하는 소극적인 제한이다. 여기에는 두 가지가 있는데, ①은 소유물의 자유로운 처분을 금지하는 것이고, ②는 소유물의 자유로운 사용을 금지하는 것이다. 가령 한 사인이 소유한 산림이라도 공익상 보존이 필요할 때에는 그 벌채를 법률(융희 2년(1908) 1월 21일 법률 제1호 삼림법 제5조 내지 제7조 참조)로써 금지하는 것, 또 풍속에 방해되는 물건의 매매, 증여 등을 금지하는 것, 기타 현재 소송 중인 물건의 인도를 금지하는 것

等은所有物處分上에加ᄒᆞᄂᆞᆫ限制이오又屋上制限規則을依ᄒᆞ야家屋上에用ᄒᆞᄂᆞᆫ物料를制限ᄒᆞ며衛生規則을依ᄒᆞ야厠間과其他塵芥場等搆造를制限ᄒᆞᄂᆞᆫ等은所有物使用上에加ᄒᆞᄂᆞᆫ制限이라然而此等制限은皆警察衛生等規則(隆熙二年四月二日警視廳令第二號除穢規則參照)을依ᄒᆞ야定ᄒᆞᆷ이多ᄒᆞᄂᆞ니其本來의性質은行政法規에屬ᄒᆞᄂᆞ니라

我現行法에ᄂᆞᆫ土地의處分及使用에關ᄒᆞ야一定ᄒᆞᆫ法規가姑無ᄒᆞ나鐵道用地作收用에關ᄒᆞ야隆熙二年五月二十七日에內部告示第十三號로平壤甑南浦間卽平壤江西龍岡三和四郡中幾個坊에限ᄒᆞ야土地家屋의賣買交換讓與貸與及典當과家屋或塚墓의新建을其收用畢了間禁止ᄒᆞᆷ이有ᄒᆞ니라

第三款 相隣地에關ᄒᆞᄂᆞᆫ制限

第一項 總說

元來權利의行使上他人에게貽害가有ᄒᆞᆯ지라도一般으로其責을不任ᄒᆞᆷ은法理의認定ᄒᆞᄂᆞᆫ바ㅣ며又土地의所有者ᄂᆞᆫ其土地에對ᄒᆞ야全權이有ᄒᆞᄂᆞ니然則其土地를自로由使用處分ᄒᆞᆷ은勿論이오此로因ᄒᆞ야可生ᄒᆞᆯ他人의利害得失은顧

등은 소유물의 처분에 가하는 제한이다. 또 옥상제한규칙(屋上制限規則)에 따라 가옥에 쓰이는 자재를 제한하고 위생규칙에 따라 화장실과 기타 쓰레기장 등의 구조를 제한하는 등은 소유물의 사용에 가하는 제한이다. 그러나 이들 제한은 모두 경찰위생등규칙(융희 2년(1908) 4월 2일 경시청령 제2호 제예규칙(除穢規則) 참조)에 따라 정한 경우가 많은데, 그 본래의 성질은 행정법규에 속한 것이다.

우리 현행법에는 토지의 처분 및 사용에 관하여 일정한 법규가 아직 없으나, 철도용지의 가수용(假收用)에 관하여 융희 2년(1908) 5월 27일에 내부(內部)고시 제13호로 평양-진남포간, 곧 평양, 강서(江西), 용강(龍岡), 삼화(三和)의 4개 군 중 몇 개 방(坊)에 한하여 토지와 가옥의 매매, 교환, 양도, 대여 및 담보설정과 가옥 또는 분묘의 신설을 수용이 완료되는 동안 금지한 일이 있다.

제3관 상린지에 관한 제한

I. 총설

원래 권리의 행사로 타인에게 손해를 끼치는 경우가 있을지라도 일반적으로 그 책임을 지지 않음은 법리가 인정하는 바이다. 또 토지의 소유자는 그 토지에 대하여 전권을 가진다. 그래서 그 토지를 자유로이 사용, 처분함은 물론이고 이로 인하여 발생할 수 있는 타인의 이해득실은 고

慮ᄒᆞᆯ바ㅣ아니라即自己의屋上에烟突을築ᄒᆞ야鄰地에烟氣를散布ᄒᆞ거나地上에塵芥를積ᄒᆞ야隣人에게惡臭를傳播ᄒᆞ거나高大ᄒᆞᆫ建物을立ᄒᆞ야隣家에射入ᄒᆞᄂᆞᆫ光線을遮防ᄒᆞᄂᆞᆫ等如何ᄒᆞᆫ所爲를行ᄒᆞ던지苟其土地使用上에可히欠缺치못ᄒᆞᆯ所爲될진ᄃᆡ隣人에게防害가及ᄒᆞ야도隣人은此에對ᄒᆞ야如何치못ᄒᆞᆷ과如ᄒᆞ니라

然이나其土地所有者가權利의範圍를超過ᄒᆞᄂᆞᆫ所爲를行ᄒᆞᄂᆞᆫ時即隣地에突出ᄒᆞ야建物을築造ᄒᆞᄂᆞᆫ等事가有ᄒᆞᆯ진ᄃᆡ其隣人은自己의獨斷으로權利侵害에涉ᄒᆞᄂᆞᆫ部分을毀壞ᄒᆞᄂᆞᆫ等處分을行ᄒᆞ기可得ᄒᆞᄂᆞ니라然이나此權利의關ᄒᆞᆫ法理로ᄒᆞ야곰社會에直接實行케ᄒᆞᆯ진ᄃᆡ人民互相間의紛爭이恒常不絶ᄒᆞ야德義가掃地ᄒᆞᄂᆞᆫ結果가生ᄒᆞᆯ지니故로法律은公益을維持ᄒᆞᄂᆞᆫ目的으로法理의如何를不拘ᄒᆞ고相隣地의利益을恒爲ᄒᆞ야所有權의行使를制限ᄒᆞᄂᆞᆫ制度를設ᄒᆞ야相隣者로ᄒᆞ야곰各其制限에服從케ᄒᆞᄂᆞ니所爲相隣地에關ᄒᆞᆫ制限이即此를謂ᄒᆞᆷ이니라

第二項 土地使用에關ᄒᆞᄂᆞᆫ制限

려할 바가 아니다. 곧 자기 집 옥상에 굴뚝을 지어 이웃 토지에 연기를 퍼뜨리거나 땅 위에 쓰레기를 쌓아 이웃 사람에게 악취를 풍기거나 높고 큰 건물을 세워 이웃집에 비추이는 광선을 차단하는 등의 어떠한 행위를 하든지 진실로 그 토지 사용에서 없을 수 없는 행위일 텐데, 이웃 사람에게 방해가 되더라도 이웃 사람은 이에 대하여 어쩌지 못할 것 같다.

그러나 그 토지소유자가 권리의 범위를 초과하는 행위를 행할 때, 곧 이웃 토지로 돌출되도록 건물을 축조하는 등의 일이 있으면 그 이웃 사람은 자기 단독으로 권리 침해에 이른 부분을 철거하는 등의 처분을 행할 수 있다. 그러나 사회에서 이 권리에 관한 법리를 직접 실행하게 하면 사람들 상호 간의 분쟁이 항상 끊이지 않아 도덕과 신의가 사라지는 결과를 낳을 것이다. 그러므로 법률은 공익을 유지할 목적으로, 법리가 어떠한지에 관계없이 언제나 상린지의 이익을 위하여 소유권의 행사를 제한하는 제도를 마련하여 상린자가 각기 제한에 복종하게 하는데, 이른바 상린지에 관한 제한이 곧 이를 말하는 것이다.

II. 토지 사용에 관한 제한

法律은某格段ᄒᆞᆫ境遇에ᄂᆞᆫ必要ᄒᆞᆫ範圍ᄅᆞᆯ限ᄒᆞ야土地所有者에게各其隣地使用의權ᄅᆞᆯ認許ᄒᆞᄂᆞ니蓋吾人이某區域의土地ᄅᆞᆯ所有ᄒᆞᆯ진ᄃᆡ其隣地境界線에接ᄒᆞ기ᄭᆞ지此ᄅᆞᆯ使用取益及處分ᄒᆞ기得ᄒᆞᆷ은所有權의自然ᄒᆞᆫ性質이라然則其境界線에接ᄒᆞ야墻壁或建物을築造ᄒᆞ거나修繕ᄒᆞ기可得ᄒᆞᆷ은勿論이오又其築造或修繕을當ᄒᆞ야某範圍內又지隣地使用의必要가有ᄒᆞᆷ도世間에常有ᄒᆞᆫ事實이라然而其所有權을尊重케ᄒᆞᄂᆞᆫ極端으로如何ᄒᆞᆫ境遇던지其隣地人의承諾을得ᄒᆞᆷ이아니면使用ᄒᆞ기不得ᄒᆞᆫ다ᄒᆞᆯ진ᄃᆡ其結果가墻壁或建物을築造或修繕ᄒᆞᆷ에ᄂᆞᆫ必其境界線으로브터若干의距離ᄅᆞᆯ餘存ᄒᆞ야其間에不用의空地가生ᄒᆞᆯ지라事實이果然此境遇에至ᄒᆞᆯ진ᄃᆡ土地所有權의効力을完全케ᄒᆞ기不能ᄒᆞᆯᄲᅮᆫ아니라國家經濟上에不利益이生ᄒᆞᆷ은勿論이라故로法律은此點을特慮ᄒᆞ야某特定의境遇에ᄂᆞᆫ幾多의制限下에在ᄒᆞ야隣地使用權을各所有者에게共與ᄒᆞ야隣人互相間의利益을保護케ᄒᆞᄂᆞ니라

玆에墻壁或建物이라特稱ᄒᆞ고他境遇ᄅᆞᆯ不言ᄒᆞᄂᆞᆫ所以로元來境界線에ᄂᆞᆫ墻壁의必要가有ᄒᆞᆷ은勿論이오且建物의築造에ᄂᆞᆫ多數의地面을使用ᄒᆞᆷ은理數에自

법률은 어느 특별한 경우에는 필요한 범위에 한하여 토지 소유자에게 각각 그 이웃 토지를 사용할 권리를 인정한다. 대개 우리가 어느 구역의 토지를 소유한다면 그 이웃 토지의 경계선에 접하는 곳까지 이를 사용, 수익 및 처분할 수 있음은 소유권의 자연스러운 성질이다. 그래서 그 경계선에 접하여 담이나 벽 또는 건물을 축조하거나 수선할 수 있음은 물론이고 또 그 축조 또는 수선을 할 때 그 범위 내에서 이웃 토지를 사용할 필요가 있는 것도 세간에서 늘 있는 사실이다. 그러나 그 소유권을 존중하여 극단적으로 어떠한 경우든 그 이웃 토지 소유자의 승낙을 얻어야만 사용할 수 있게 한다면 결과적으로 담이나 벽 또는 건물을 축조 또는 수선하려면 반드시 그 경계선으로부터 약간의 거리를 남겨 두게 되어 그 사이에 사용할 수 없는 공지(空地)가 발생할 것이다. 사실이 과연 이렇다면 토지 소유권의 효력을 완전하게 할 수 없을 뿐 아니라 국가경제적으로도 불이익이 발생함은 물론이다. 그러므로 법률은 이 점을 특히 고려하여 어느 특정한 경우에는 여러 가지 제한 하에서 인지사용권(隣地使用權)을 각 소유자에게 모두 주어 이웃 사람 상호간의 이익을 보호하게 한다.

여기서 특별히 담이나 벽 또는 건물이라고 하고 다른 경우를 언급하지 않은 까닭은, 원래 경계선에는 담이나 벽이 필요함은 물론이고 또 건물 축조에 여러 땅을 사용하는 것은 자

然ᄒᆞᆫ結果뿐아니라隣地使用權과如ᄒᆞᆷ은所有權의原理에對ᄒᆞᄂᆞᆫ一個例外인즉人生々活上에必要不得已ᄒᆞᆫ境遇外에ᄂᆞᆫ此ᄅᆞᆯ不許코져ᄒᆞᆷ에基因ᄒᆞᆷ이니라然이나其築造或修繕은土地에境界나其近傍에서行ᄒᆞᆷ을必要ᄒᆞ고又此境遇라도自已土地內에工事의可足ᄒᆞᆯ餘地가有ᄒᆞᆯ진ᄃᆡ使用權을不許ᄒᆞᄂᆞ니라

今에法律上制限을擧ᄒᆞ건ᄃᆡ

第一、隣地의使用이墻壁建物의築造修繕에必要ᄒᆞᆷ을要ᄒᆞᆷ

故로其使用이便宜에不過ᄒᆞ거나使用치아니ᄒᆞ고도其築造修繕을可히得爲ᄒᆞᆯ진ᄃᆡ敢히隣地에侵入ᄒᆞ기不得ᄒᆞ고又其使用의時期와處所等에至ᄒᆞ야도必要ᄒᆞᆫ範圍內에在ᄒᆞ야만許ᄒᆞᄂᆞ니라

第二、隣地使用에ᄂᆞᆫ其旨ᄅᆞᆯ隣人에게先通ᄒᆞ야許可ᄅᆞᆯ請ᄒᆞ기要ᄒᆞᆷ

此ᄂᆞᆫ他人의所有地에侵入ᄒᆞᆷ인즉其所有主에게使用을請求ᄒᆞᆷ은勿論이오若其隣人이不聽ᄒᆞᆯ진ᄃᆡ法廷에訴ᄒᆞ야法律의力을借ᄒᆞᄂᆞᆫ外에他道가無ᄒᆞᄂᆞ니其隣人의承諾與否에不拘ᄒᆞ고腕力에訴ᄒᆞ야闖入ᄒᆞ기不得ᄒᆞᆷ은定論이니라

第三、右第二의境遇ᄂᆞᆫ隣人의庭園或田畓等에侵入ᄒᆞᆷ에適用ᄒᆞᆯ規定이나其住

연스러운 이치의 결과이다. 뿐만 아니라 인지사용권과 같은 것은 소유권의 원리에 대한 하나의 예외이다. 따라서 인간의 생활에 필요하고 부득이한 경우가 아니면 이를 허용하지 않으려는 데 기인한다. 그러나 그 축조 또는 수선은 토지의 경계나 그 근방에서 행해져야 하고 또 이 경우라도 자기 토지 내에 공사에 충분한 여유 토지가 있으면 사용권은 허용될 수 없다.

이제 법률상 제한을 들면

① 이웃 토지의 사용이 담이나 벽, 건물의 축조, 수선에 필요한 것이어야 한다. 그러므로 그 사용이 편의에 불과하거나 사용하지 않고도 그 축조나 수선을 할 수 있으면 감히 이웃 토지에 침입할 수 없고, 또 그 사용의 시기와 장소 등도 필요한 범위 내에서만 허용된다.

② 이웃 토지를 사용하려면 그 취지를 이웃 사람에게 먼저 통지하여 승낙을 요청하여야 한다. 이는 타인 소유 토지에 침입하는 것이다. 따라서 그 소유자에게 사용을 청구함은 물론이고 만약 그 이웃 사람이 듣지 않는다면 법정에 소를 제기하여 법률의 힘을 빌리는 수밖에는 다른 도리가 없다. 따라서 그 이웃 사람의 승낙 여부와 관계없이 완력에 호소하여 갑자기 침입할 수는 없다는 것이 정설이다.

③ 위 둘째의 경우는 이웃 사람의 정원 또는 논밭 등에 침입하는 데에 적용되는 규정이나, 그의 주

家에侵入ᄒᆞᆷ은隣人의承諾이아니면不許ᄒᆞᆷ

此ᄂᆞᆫ無他라人의住居ᄂᆞᆫ可히侵害치못ᄒᆞᆷ은憲法及刑法에保証ᄒᆞᄂᆞᆫ바ㅣ니卽住家ᄂᆞᆫ人의家族이住居ᄒᆞᄂᆞᆫ建物이거ᄂᆞᆯ此ᄅᆞᆯ凡常ᄒᆞᆫ土地와ᄀᆞᆺ치他人이侵入케ᄒᆞᆯ진ᄃᆡ其家의安寧과秘密은可히維持치못ᄒᆞᆷ에至ᄒᆞᆯ지니然則此보다多大ᄒᆞᆫ損害가無ᄒᆞᆯ지라故로建築或修繕을當ᄒᆞ야住家侵入의必要가設有ᄒᆞᆯ지라도其隣人이此ᄅᆞᆯ許ᄒᆞᆫ즉其人의厚誼어니와若不許ᄒᆞᆫ즉其請求人은其境界線으로브터一部無用의空地ᄅᆞᆯ除存ᄒᆞᆯ지언졍其隣人에게對ᄒᆞ야奈何치못ᄒᆞᄂᆞ니라

第四、其使用에因ᄒᆞ야隣人에게損害ᄅᆞᆯ及ᄒᆞ얏스면此ᄅᆞᆯ賠償ᄒᆞ기要ᄒᆞᆷ

此使用權을許ᄒᆞᆷ은實로必要不得已ᄒᆞᆷ에出ᄒᆞᆷ이나然이나他人의所有權을侵害ᄒᆞᆷ은勿論이니故로法律은此로因ᄒᆞ야利益을得ᄒᆞᄂᆞᆫ者로ᄒᆞ야곰損害賠償의責을負擔케ᄒᆞᄂᆞ니라

第三項 通行에關ᄒᆞᄂᆞᆫ制限

法律은某特別ᄒᆞᆫ境遇에ᄂᆞᆫ土地所有者에게隣地通行의權을許與ᄒᆞᄂᆞ니此亦使

거에 침입하려면 이웃 사람의 승낙이 없으면 허용되지 않는다. 이는 다른 것이 아니라, 사람의 주거를 침해하지 못함은 헌법 및 형법에서 보장되는 바이다. 곧 주거는 사람의 가족이 거주하는 건물인데, 이를 평범한 토지와 같이 타인이 침입할 수 있게 하면 그 가정의 평온과 비밀은 유지할 수 없게 되어 이보다 더 큰 손해가 없을 것이다. 그러므로 건축 또는 수선을 할 때에 설령 주거를 침입할 필요가 있을지라도, 그 이웃 사람이 이를 허용하면 그 사람의 두터운 인정이겠지만 만약 허용하지 않으면 그 청구인은 그 경계선으로부터 일부 쓰이지 않는 공지를 남겨둘지언정 그 이웃 사람에 대하여 어쩌지는 못하는 것이다.

④ 그 사용으로 인하여 이웃 사람에게 손해를 입혔으면 이를 배상하여야 한다. 이 사용권을 허용하는 까닭은 실로 필요하고 부득이한 데서 나오지만 타인의 소유권을 침해하는 것은 물론이다. 그러므로 법률은 이로 인하여 이익을 얻는 자로 하여금 손해배상의 책임을 부담하게 한다.

III. 통행에 관한 제한

법률은 어느 특별한 경우에는 토지소유자에게 이웃 토지를 통행할 권리를 허여한다. 이 또한 사

用에關ᄒᆞᆫ制限과ᄀᆞᆺ치所有權의原理에對ᄒᆞᄂᆞᆫ一個例外라然이나一個土地가他鄰地ᄅᆞᆯ通行ᄒᆞᆷ이아니면公路에達ᄒᆞ기不能ᄒᆞ거나池沼河渠或海洋을由ᄒᆞᆷ이아니면他에通ᄒᆞ기不能ᄒᆞ거나崖岸이有ᄒᆞ야土地와公路間에高低가現著ᄒᆞ야通行이不能ᄒᆞᆷ과如ᄒᆞᆫ境遇에도一々히其隣地所有者의承諾을得ᄒᆞᆫ後에通行케ᄒᆞᆯ진ᄃᆡ如斯ᄒᆞᆫ地位에在ᄒᆞᆫ土地ᄂᆞᆫ其利用이隣人의意見如何에左右ᄒᆞ야其承諾이有ᄒᆞᆫ즉已어니와無ᄒᆞᆫ즉該土地의利用을不可不廢止ᄒᆞᄂᆞᆫ境遇에至ᄒᆞ야其結果가國家經濟上에不少ᄒᆞᆫ損害가生ᄒᆞᆯ지라故로法律은如斯ᄒᆞᆫ境遇에ᄂᆞᆫ隣地所有權에制限을加ᄒᆞ야其承諾이無ᄒᆞ야도通行을得케ᄒᆞᄂᆞ니라

此種制限은以下三種으로區別說明ᄒᆞᆷ이便利ᄒᆞ니

第一、他土地에被圍ᄒᆞ야公路ᄅᆞᆯ通ᄒᆞ기不能ᄒᆞᆫ境遇

土地가他土地에被圍ᄒᆞ야公路ᄅᆞᆯ通ᄒᆞ기不得ᄒᆞᆯ신ᄃᆡ其土地ᄂᆞᆫ出入의路가元無ᄒᆞᆷ이니其用을不成ᄒᆞ야畢竟天物을暴殄ᄒᆞᆷ에至ᄒᆞᆯ지라然則此ᄂᆞᆫ經濟上에不許ᄒᆞᄂᆞᆫ바ㅣ니立法者ᄂᆞᆫ玆에所見이有ᄒᆞ야如斯ᄒᆞᆫ境遇에ᄂᆞᆫ被圍地의所有者로ᄒᆞ야곰圍繞地ᄅᆞᆯ通行ᄒᆞ기可得케ᄒᆞᄂᆞ니라是乃各國法律에共認ᄒᆞᄂᆞᆫ바

용에 관한 제한과 같이 소유권의 원리에 대한 하나의 예외이다. 그러나 하나의 토지가 다른 이웃 토지를 통행하지 않으면 공로(公路)에 이를 수 없거나 연못이나 늪, 하천이나 도랑 또는 바다를 거치지 않으면 다른 곳으로 통할 수 없거나 벼랑이 있어 토지와 공로 사이에 고저차가 현저하여 통행할 수 없는 것과 같은 경우에도 일일이 그 이웃 토지 소유자의 승낙을 얻은 뒤에 통행하게 하면, 이러한 지위에 있는 토지는 그 이용이 이웃 사람의 의견에 좌우된다. 그의 승낙이 있으면 그만이지만 없으면 그 토지의 이용을 그만둘 수밖에 없어져 그 결과 국가경제적으로 적지 않은 손해가 발생할 것이다. 그러므로 법률은 이러한 경우에는 이웃 토지의 소유권에 제한을 가하여 그 승낙이 없더라도 통행할 수 있게 한다.

이 제한은 아래의 세 가지로 구별하여 설명하는 것이 편리한데

〈1〉 다른 토지에 둘러싸여 공로로 통할 수 없는 경우: 토지가 다른 토지에 둘러싸여 공로로 통할 수 없다면 그 토지는 출입하는 길이 전혀 없어 제대로 사용될 수 없고, 마침내 하늘이 낸 만물을 함부로 써 버리게 된다. 그래서 이는 경제적으로 허용될 수 없다. 따라서 입법자는 여기에 생각이 있어 이러한 경우에는 피포위지의 소유자가 위요지(圍繞地)를 통행할 수 있게 한다. 이는 곧 각국 법률에서 모두 인정하는 바

ㅣ나然이나但其地가袋地即公路를不通ᄒᆞᄂᆞᆫ土地됨에因ᄒᆞ야此權利가生ᄒᆞᆷ이니若其土地가袋地됨을免ᄒᆞᆫ즉消滅에自歸ᄒᆞᄂᆞ니라

第二、池沼河渠或海洋을由ᄒᆞᆷ이아니면他에通行ᄒᆞ기不能ᄒᆞᆫ境遇

公路ᄂᆞᆫ公共의道를謂ᄒᆞᆷ이니水路도公路됨은勿論이라然則此境遇ᄂᆞᆫ道路가全無ᄒᆞᆷ은아니나然이나其情況의如何를因ᄒᆞ야不可不被圍地와同視ᄒᆞᆯ境遇가有ᄒᆞ니即池沼或河海와ᄀᆞ치其幅員이稍大ᄒᆞ야此에橋梁을架코저ᄒᆞ야도實際에不能ᄒᆞᆷ도有ᄒᆞ며又或架設ᄒᆞ기得ᄒᆞᆯ지라도費用이巨大ᄒᆞ야到低히其負擔에不堪ᄒᆞᆷ도有ᄒᆞᆯ지며又平時에ᄂᆞᆫ舟筏의便이有ᄒᆞ야도季節을因ᄒᆞ야其便이亦絕ᄒᆞᆷ도有ᄒᆞᄂᆞ니然則如斯ᄒᆞᆫ地位에在ᄒᆞᆫ土地의所有者ᄂᆞᆫ隣地가有ᄒᆞᆷ에不拘ᄒᆞ고其土地의利用을廢止ᄒᆞᆷ에至ᄒᆞᆯ지라故로如斯ᄒᆞᆫ土地所有者에게ᄂᆞᆫ法律이公路通行의便이有ᄒᆞᆷ에不拘ᄒᆞ고此를不通으로看作ᄒᆞ야他人의土地通行權을許與호ᄃᆡ但其土地와公路間에小渠가有ᄒᆞ야此에小橋或板橋를架ᄒᆞ야通行ᄒᆞ기可得ᄒᆞᆯ境遇에ᄂᆞᆫ此限에不在ᄒᆞᄂᆞ니라

第三、崖岸이有ᄒᆞ야土地와公路間에高低가現著ᄒᆞᆫ境遇

이다. 그러나 그 토지가 다만 맹지,* 곧 공로로 통하지 못하는 토지가 됨에 따라 이 권리가 발생하는 것이므로 만약 그 토지가 맹지에서 벗어나면 자연히 소멸된다.

〈2〉 연못이나 늪, 하천이나 도랑 또는 바다를 거치지 않으면 다른 곳으로 통할 수 없는 경우: 공로는 공공의 길을 말하므로 수로도 공로임은 물론이다. 그래서 이 경우는 도로가 전혀 없는 것은 아니다. 그러나 그 사정이 어떠한지에 따라 피포위지와 동일시할 수밖에 없는 경우가 있다. 곧 연못이나 늪, 또는 하천이나 바다와 같이 그 폭이 매우 커서 다리를 놓고자 해도 실제로 불가능한 경우도 있으며, 또 더러 가설할 수 있을지라도 비용이 너무 커서 도저히 그 부담을 감당하지 못할 경우도 있다. 또 평소에는 배편이 있어도 계절에 따라 끊기는 경우도 있다. 그래서 이러한 지위에 있는 토지의 소유자는 이웃 토지가 있음에도 불구하고 그 토지의 이용을 그만두게 될 것이다. 그러므로 이러한 토지의 소유자에게는 법률이 공로를 통행할 방법이 있음에도 불구하고 통행할 수 없는 것으로 간주하여 타인 토지의 통행권을 허여한다. 다만 그 토지와 공로 사이에 작은 도랑이 있어 여기에 작은 다리나 널다리를 놓아 통행할 수 있는 경우에는 그렇지 않다.

〈3〉 벼랑이 있어 토지와 공로 사이에 고저차가 현저한 경우:

* 역자주: 원문은 '대지(袋地)'로 되어 있으나, 오늘날 '대지(袋地)'는 도로에 접하는 곳이 자루의 입구처럼 좁게 생긴 토지를 일컫는 용어로 쓰이는 점을 고려하여 '맹지(盲地)'로 번역함.

此境遇ᄂᆞᆫ土地와公路가相接홈은勿論이되其地形을因ᄒᆞ야其間에高低가現著홀진ᄃᆡ不可不所有地의一部ᄅᆞᆯ絶斷ᄒᆞ야階段을造ᄒᆞ거나其一部上에階段을設홈이아니면公路ᄅᆞᆯ通ᄒᆞ기不能ᄒᆞ리니此ᄂᆞᆫ地形을因ᄒᆞ야設爲가不能홀뿐아니라或設ᄒᆞ기得홀지라도費用이巨大ᄒᆞ고且土地의一部ᄅᆞᆯ無益에使用ᄒᆞᄂᆞᆫ結果가生ᄒᆞ리니故로如斯ᄒᆞᆫ境遇에ᄂᆞᆫ法律이此ᄅᆞᆯ被圍地로同視ᄒᆞ야他人의土地로由ᄒᆞ야公路ᄭᆞ지通行케ᄒᆞᄂᆞ니라

以上三個의境遇ᄂᆞᆫ皆土地所有者에게隣地通行權을給與ᄒᆞᄂᆞᆫ境遇나然이나其第二及第三은第一과其本이大異ᄒᆞ니即第一은絶對的被圍地라該土地所有者ᄂᆞᆫ如何ᄒᆞᆫ境遇던지通行權이有ᄒᆞ되第二第三은被圍地로看作홀뿐이오絶對的이아니니此境遇ᄅᆞᆯ當ᄒᆞ야被圍地로看作與否ᄂᆞᆫ其土地의利用方法及實際情形을斟酌ᄒᆞ야裁判所에서定ᄒᆞᄂᆞ니라

玆에利用이라홈은其被圍地需用에相應케홈이니假令農工業等에用ᄒᆞᄂᆞᆫ時면車輛의出入ᄭᆞ지豫料홀지오住居用에供홀時면車馬의來往ᄭᆞ지想像ᄒᆞᄂᆞ니라

又圍繞地가數處가有ᄒᆞ면此時에ᄂᆞᆫ其如何ᄒᆞᆫ部分으로通路ᄅᆞᆯ定홀고홀진ᄃᆡ此

이 경우에는 토지와 공로가 서로 접한 것은 물론이지만, 지형으로 인하여 그 사이에 고저차가 현저하다면 소유지의 일부를 절단하여 계단을 만들 수밖에 없거나 그 일부 위에 계단을 설치하지 않으면 공로에 통할 수 없을 것이다. 이는 지형으로 인하여 설치할 수 없을 뿐 아니라 더러 설치할 수 있을지라도 비용이 너무 크고 또 토지의 일부를 무익한 곳에 사용하는 결과를 낳을 것이다. 그러므로 이러한 경우에는 법률이 이를 피포위지와 동일시하여 타인의 토지를 거쳐 공로까지 통행하게 한다.

이상 세 가지 경우는 모두 토지소유자에게 이웃 토지의 통행권을 주는 경우이다. 그러나 둘째와 셋째는 첫째 경우와 그 본질이 크게 다르다. 곧 첫째 경우는 절대적 피포위지여서 그 토지소유자는 어떠한 경우든지 통행권이 있는데, 둘째와 셋째 경우는 피포위지로 간주될 뿐이고 절대적이지는 않다. 따라서 이 경우에 피포위지로 간주되는지 여부는 그 토지의 이용 방법 및 실제의 상황을 참작하여 재판소에서 정한다.

여기서 이용이란 그 피포위지의 수요에 상응하게 하는 것으로, 가령 농업, 공업 등에 쓰이는 때에는 차량의 출입까지 미리 헤아리는 것이고, 주거용인 때에는 수레나 말의 왕래까지 생각하는 것이다. 또 위요지가 여러 곳 있으면 이때에는 어떠한 부분으로 통로를 정하는가 하면, 이

ᄂᆞᆫ當事者의協議에一任홈이原則이오若其協議가不調홀진ᄃᆡ法律의規定을從ᄒᆞ야裁判所가干涉케ᄒᆞᄂᆞ니然則其干涉에ᄂᆞᆫ被圍地의便利가最多ᄒᆞ고圍繞地의損害가最小ᄒᆞᆫ部分으로選定ᄒᆞᄂᆞ니라

法律上圍繞地所有者로ᄒᆞ야곰被圍地所有者에게通行權을許與ᄒᆞᄂᆞᆫ義務를負케ᄒᆞᄂᆞᆫ所以ᄂᆞᆫ被圍地의利益을爲홈에出홈인즉其開設及保存의工事와此에要ᄒᆞᄂᆞᆫ費用은毋論其利益을受ᄒᆞᄂᆞᆫ者가負擔ᄒᆞ며又此로因ᄒᆞ야生ᄒᆞᄂᆞᆫ圍繞地의損害도賠償케ᄒᆞᄂᆞ니라

然이나元來圍繞地가受ᄒᆞᄂᆞᆫ바損害ᄂᆞᆫ每日通行에因ᄒᆞ야生ᄒᆞᄂᆞᆫ者오一朝에盡生홈이아니니故로被圍地의所有者가巨額의償金을一時에支出코져ᄒᆞᆫ즉支出홈이無妨ᄒᆞᄃᆡ若此方法을不願홀진ᄃᆡ每年에其所生의損害를應ᄒᆞ야支出ᄒᆞᄂᆞ니라但其開設時에ᄂᆞᆫ隣地의植物을除去ᄒᆞ거나作物을刈取ᄒᆞᄂᆞᆫ等特別의損害도多生ᄒᆞᄂᆞ니如斯ᄒᆞᆫ損害ᄂᆞᆫ每年에生ᄒᆞᄂᆞᆫ損害와可히同視홀바ㅣ아니라故로此에對ᄒᆞ야ᄂᆞᆫ其償金을一時에辨給ᄒᆞᄂᆞ니라

但土地의分割이나其一部의讓與를因ᄒᆞ야公路에不通ᄒᆞᄂᆞᆫ地가生ᄒᆞᆫ時ᄂᆞᆫ其土

는 당사자의 협의에 일임하는 것이 원칙이고 만약 협의가 이루어지지 않으면 법률의 규정에 따라 재판소가 간섭하게 한다. 그래서 그 간섭에는 피포위지의 편익이 가장 크고 위요지의 손해가 가장 적은 부분으로 선정한다.

법률상 위요지 소유자로 하여금 피포위지의 소유자에게 통행권을 허여할 의무를 지게 하는 까닭은 피포위지의 이익을 위하는 데서 나온 것이다. 따라서 그 개설 및 보존의 공사와 이에 필요한 비용은 물론 그 이익을 받는 자가 부담하며 또 이로 인하여 발생하는 위요지의 손해도 배상하게 한다.

그러나 원래 위요지가 받는 손해는 매일 통행함에 따라 발생하는 것이고 하루아침에 모두 발생하는 것이 아니다. 그러므로 피포위지의 소유자가 거액의 보상금을 일시에 지출하고자 하면 지출할 수 있으나 만약 이 방법을 원하지 않으면 매년 발생되는 손해에 따라 지출한다. 다만 통로를 개설할 때에는 이웃 토지의 식물을 제거하거나 작물을 베어내는 등 특별한 손해도 많이 발생하는데, 이러한 손해는 매년 발생하는 손해와 동일시할 바가 아니다. 그러므로 이에 대하여는 그 보상금을 일시에 지급한다.

다만, 토지의 분할이나 그 일부의 양도로 인하여 공로에 통하지 않는 땅이 발생한 때에는 그 토

地所有者ᄂᆞᆫ公路에至ᄒᆞ기爲ᄒᆞ야他分割者의所有地ᄲᅮᆫ通行ᄒᆞ기得ᄒᆞᄂᆞ니元來通行權은必要不得已ᄒᆞᆷ에因ᄒᆞ야付與ᄒᆞᆷ인즉若其土地所有者의行爲ᄅᆞᆯ因ᄒᆞ야其地가被圍地가될진ᄃᆡ圍繞地에對ᄒᆞ야通行을求치못ᄒᆞᆷ은當然ᄒᆞᆫ事理라故로共有地ᄅᆞᆯ分割ᄒᆞᆷ에當ᄒᆞ야其各部分이公路에通ᄒᆞ도록分割치아니ᄒᆞ야其結果로一部分이被圍地가될진ᄃᆡ他土地의通行을求치못ᄒᆞ고設或多少의迂回ᄅᆞᆯ經ᄒᆞᆯ지라도其分割ᄒᆞᆫ他部分을通行ᄒᆞ야公路에必至ᄒᆞᆯ지며又土地의所有者가其一部ᄅᆞᆯ讓與ᄒᆞᆷ에當ᄒᆞ야其部分及殘部가皆公路에通ᄒᆞ도록分割치아니ᄒᆞ고其部分이나殘部가公路에不通ᄒᆞᆷ에至ᄒᆞᆯ진ᄃᆡ其被圍地所有者ᄂᆞᆫ他地通行權이無ᄒᆞ고設或迂回ᄒᆞᆷ이有ᄒᆞᆯ지라도本所有者에게屬在ᄒᆞᆫ他部分ᄲᅮᆫ通行ᄒᆞᄂᆞ니라右分割或讓與境遇ᄅᆞᆯ當ᄒᆞ야甲의部分所有者가乙의部分을通行ᄒᆞᆷ은法律規定에因ᄒᆞᆷ인즉其分割或讓與ᄅᆞᆯ當ᄒᆞ야當事者ᄂᆞᆫ此ᄅᆞᆯ豫期ᄒᆞ야分割의部分을定ᄒᆞ지오又其代價ᄅᆞᆯ定ᄒᆞᄂᆞᆫ等도毋論其行爲中에含入ᄒᆞᆷ으로豫度ᄒᆞᆯ바ㅣ니故로其通行地의所有者ᄂᆞᆫ損害ᄅᆞᆯ被ᄒᆞᆫ다藉托지못ᄒᆞᆯ지라因ᄒᆞ야此에對ᄒᆞ야ᄂᆞᆫ償金의辨給을不要ᄒᆞᄂᆞ니라

지 소유자는 공로에 이르기 위하여 다른 분할자의 소유지로만 통행할 수 있다. 원래 통행권은 필요하고 부득이하기 때문에 부여되는 것이다. 따라서 만약 그 토지소유자의 행위로 인하여 그 토지가 피포위지가 된다면 위요지에 대하여 통행을 청구하지 못함은 당연한 사리이다. 그러므로 공유지를 분할할 때 그 각 부분이 공로에 통할 수 있도록 분할하지 않은 결과로 일부분이 피포위지가 된다면 다른 토지의 통행을 청구하지 못하고, 설령 다소의 우회를 거칠지라도 반드시 그 분할된 다른 부분을 통행하여 공로에 이르러야 한다. 또 토지의 소유자가 그 일부를 양도할 때 그 부분 및 나머지 부분이 모두 공로에 통하도록 분할하지 않고 그 부분이나 나머지 부분이 공로에 통하지 않게 된다면, 그 피포위지의 소유자는 다른 토지의 통행권이 없고 설령 우회하게 될지라도 본래의 소유자에게 속한 다른 부분만을 통행하여야 한다.

위의 분할 또는 양도의 경우에 甲 부분의 소유자가 乙 부분을 통행하는 것은 법률 규정에 따른 것이다. 따라서 그 분할 또는 양도를 할 때 당사자는 이를 예상하여 분할할 부분을 정하여야 하고, 또 그 대가를 정하는 등도 물론 그 행위 안에 포함된다고 예측하여야 한다. 그러므로 그 통행지의 소유자는 손해를 입는다는 구실을 댈 수 없을 것이다. 따라서 이에 대하여는 보상금의 지급이 필요 없다.

第四項 通水에關ᄒᆞᄂᆞᆫ制限

此制限에ᄂᆞᆫ二種이有ᄒᆞ니

第一、水의疏通에關ᄒᆞᄂᆞᆫ制限

(一)水의自然流下 土地所有者ᄂᆞᆫ隣地로브터水의自然流來ᄒᆷ을妨害ᄒᆞ기不得ᄒᆞᄂᆞ니元來水ᄂᆞᆫ低處로向ᄒᆞ야流ᄒᆷ이其本性이是故로低地가高地에서流來ᄒᆞᄂᆞᆫ水를甘受ᄒᆷ은當然ᄒᆞᆫ事理오若低地에서高地의流來水를阻礙ᄒᆞ기得케ᄒᆯ진ᄃᆡ高地ᄂᆞᆫ此로因ᄒᆞ야水의疏通에妨害를當ᄒᆞ야耕作과衛生에大損害가生ᄒᆯ뿐아니라甚ᄒᆞᆫ즉其高地ᄂᆞᆫ何等의利用도不成ᄒᆷ에至ᄒᆞ리니然則此ᄂᆞᆫ經濟上에甚히不利益ᄒᆞᆫ바ㅣ라土地所有者가接地生活ᄒᆷ에ᄂᆞᆫ不可不此等事實이無ᄒᆷ을要ᄒᆯ지니故로法律은低地者로ᄒᆞ야곰高地의自然流來水를甘受ᄒᆞ야此를阻礙치못ᄒᆞ게ᄒᆞᄂᆞ니라

以上은土地에高低가有ᄒᆷ을豫想ᄒᆷ이나此ᄂᆞᆫ普通의事例오土地가互相平均ᄒᆞᆫ境遇에隣地水의自然流來도不無ᄒᆞ며甚ᄒᆞᆫ즉低陷ᄒᆞᆫ隣地에서高燥ᄒᆞᆫ隣地에逆流ᄒᆷ도有ᄒᆞ니假令隣地에噴水等이有ᄒᆞᆫ境遇가是라故로法律에

IV. 물의 흐름에 관한 제한

이 제한에는 두 가지가 있는데, 물의 소통에 관한 제한과 물의 사용에 관한 제한이 그것이다.

1. 물의 소통에 관한 제한

〈1〉 물의 자연유하(自然流下): 토지소유자는 이웃 토지로부터 물이 자연스럽게 흘러오는 것을 방해할 수 없다. 원래 물은 낮은 곳을 향하여 흐르는 것이 그 본성이다. 그러므로 저지(低地)에서 고지(高地)로부터 흘러온 물을 막을 수 있게 하면, 고지는 이로 인하여 물의 소통에 방해를 받아 경작과 위생에 큰 손해가 발생할 뿐만 아니라 심지어 그 고지는 어떠한 이용도 하지 못하게 될 것이다. 그렇다면 이는 경제적으로 매우 불이익하다. 토지소유자가 땅을 맞대며 생활하려면 이러한 사실이 없어야만 할 것이다. 따라서 법률은 저지 소유자로 하여금 고지에서 자연스럽게 흘러오는 물을 감수하여 이를 막지 못하게 한다.

이상은 토지에 고저가 있음을 예상한 것이나 이는 보통의 사례이고, 토지가 서로 평탄한 경우에 이웃 토지의 물이 자연스레 흘러오는 경우도 없지 않으며 심지어 낮고 오목한 이웃 토지에서 높고 메마른 이웃 토지로 역류하는 경우도 있다. 가령 이웃 토지에 용출수* 등이 있는 경우가 그것이다. 그러므로 법률에

* 역자주: 원문은 '噴水'로 되어 있으나, 오늘날 분수는 인공적 시설물을 가리키는 말로 사용되므로 용출수로 번역함.

ᄂᆞᆫ高低라特稱치아니ᄒᆞ고隣地라汎稱ᄒᆞᄂᆞ니라

玆에說明ᄒᆞᄂᆞᆫ바ᄂᆞᆫ自然流水ᄅᆞᆯ妨害치못ᄒᆞᄂᆞᆫ境遇니即雨水泉水等天然으로隣地에落ᄒᆞ거나隣地로브터來ᄒᆞᄂᆞᆫ水ᄅᆞᆯ妨害치못ᄒᆞᆷ이로ᄃᆡ人工을因ᄒᆞ야隣地에서生ᄒᆞᄂᆞᆫ水ᄂᆞᆫ他隣地所有者가其流ᄅᆞᆯ受ᄒᆞᆯ義務가無ᄒᆞᄂᆞ니假令隣人이人工으로噴水ᄅᆞᆯ設ᄒᆞ거나泉池ᄅᆞᆯ鑿ᄒᆞ야其噴水或泉池의水가溢出ᄒᆞᄂᆞᆫ時면此ᄅᆞᆯ甘受ᄒᆞᆯ義務가無ᄒᆞ며其他隣地에서過量의水ᄅᆞᆯ撒布ᄒᆞᄂᆞᆫ時에도亦同ᄒᆞᆯ지니라

(二)水의自然阻塞　低地所有者ᄂᆞᆫ水의流來ᄅᆞᆯ阻礙치못ᄒᆞᄂᆞᆫ義務ᄂᆞᆫ有ᄒᆞᄃᆡ其水路가阻塞ᄒᆞᆫ境遇에工作을設施ᄒᆞ야其流來ᄅᆞᆯ容易케ᄒᆞᄂᆞᆫ義務ᄂᆞᆫ無ᄒᆞᄂᆞ니然則其水路가年久ᄒᆞ거나又地震洪水等事變을因ᄒᆞ야低地에障礙物이生ᄒᆞ야水流가阻塞ᄒᆞᆯ진ᄃᆡ此境遇에ᄂᆞᆫ其工事ᄅᆞᆯ如何히ᄒᆞᆯ고即其水가高地에渟溜ᄒᆞ야大損害가生ᄒᆞᆯ진ᄃᆡ此ᄅᆞᆯ如何히措處ᄒᆞᆯ고如斯ᄒᆞᆫ境遇에ᄂᆞᆫ高地의所有者가其自費로疏通에關ᄒᆞᆫ必要工事ᄅᆞᆯ設行ᄒᆞ고低地所有者ᄂᆞᆫ其工事의設施ᄅᆞᆯ妨害치못ᄒᆞᆯᄲᅮᆫ이니라

서는 고저라고 특별히 부르지 않고 이웃 토지라고 두루 부른다.

여기서 설명하는 것은 자연적으로 흘러오는 물을 방해하지 못하는 경우이다. 곧 빗물, 샘물 등 자연적으로 이웃 토지에 떨어지거나 이웃 토지로부터 오는 물을 방해하지 못하는 것이고, 인공적으로 이웃 토지에서 발생하는 물은 다른 이웃 토지 소유자가 그 흐름을 받을 의무가 없다. 가령 이웃 사람이 인공적으로 분수를 설치하거나 연못을 파서 그 분수나 연못의 물이 넘쳐흐르는 때에는 이를 감수할 의무가 없으며, 기타 이웃 토지에서 과량의 물을 뿌리는 때에도 또한 같다.

〈2〉 물의 자연 폐색(閉塞): 저지 소유자는 물이 흘러오는 것을 막지 못할 의무는 있지만 그 수로가 막힌 경우에 공작물을 설치하여 그 흐름을 용이하게 할 의무는 없다. 그렇다면 그 수로가 오래되었거나 지진, 홍수 등의 사태로 인하여 저지에 장애물이 발생하여 물의 흐름이 막힌 경우에는 그 공사를 어떻게 할 것인가? 곧 그 물이 고지에서 고여 큰 손해가 발생할 것인데 이를 어떻게 조치하여야 하는가? 이러한 경우에는 고지의 소유자가 자비로 소통에 관하여 필요한 공사를 시행하고 저지 소유자는 그 공사의 실시를 방해하지 못할 뿐이다.

(三) 水의疏通設備　甲地에서貯水排水又引水를爲ᄒᆞ야設ᄒᆞᆫ工作物의破潰나阻塞을因ᄒᆞ야乙地에損害가及ᄒᆞ거나及ᄒᆞᆯ虞慮가有ᄒᆞᆯ時ᄂᆞᆫ乙地所有者ᄂᆞᆫ甲地所有者로ᄒᆞ야곰修繕或疏通케ᄒᆞ거나又必要ᄒᆞᆯ時ᄂᆞᆫ豫防工事를作爲케ᄒᆞ기得ᄒᆞᆷ이라

第二의境遇ᄂᆞᆫ障礙物이臨時에生ᄒᆞᆫ事實을說明ᄒᆞᆫ바ㅣ나今에說明코져ᄒᆞᄂᆞᆫ바ᄂᆞᆫ其障礙物이本來特設된工作物에係ᄒᆞᄂᆞᆫ境遇니盖土地所有者ᄂᆞᆫ其土地上에如何ᄒᆞᆫ工作物을設ᄒᆞ던지自由로ᄃᆡ此로由ᄒᆞ야隣地所有者에게貽害치못ᄒᆞᆷ은事實이니然則其工作物의破潰或阻塞을因ᄒᆞ야隣地에莫大ᄒᆞᆫ水量을流下케ᄒᆞ거나流來를渟溜케ᄒᆞ거나아즉此等損害가不生ᄒᆞᆯ지라도將生ᄒᆞᆯ虞慮가有ᄒᆞᆯ진ᄃᆡ隣地所有者ᄂᆞᆫ此損害를甘受ᄒᆞᆯ義務가無ᄒᆞ니其工作物의修繕或疏通을請求치아니치못ᄒᆞᆯ지라假令甲地에池를穿ᄒᆞ거나提防을築ᄒᆞ거나水道를設ᄒᆞᆫ等境遇에此等工作物이破潰或阻塞ᄒᆞ야莫大ᄒᆞᆫ水量이乙地에一時流溢ᄒᆞᆯ虞慮가有ᄒᆞ거나又其甲地가低地되ᄂᆞᆫ境遇에流水를阻塞ᄒᆞᆷ에因ᄒᆞ야其餘水가乙地ᄭᆞ지浸溢ᄒᆞᄂᆞᆫ事도不無ᄒᆞᄂᆞ니此等

〈3〉 물의 소통 설비: 甲 토지에서 저수, 배수 또는 인수(引水)를 위하여 설치한 공작물의 파손 또는 막힘으로 인하여 乙 토지에 손해가 미치거나 미칠 우려가 있을 때에는 乙 토지 소유자는 甲 토지 소유자에게 수선 또는 소통하게 하거나 필요한 때에는 예방공사를 하게 할 수 있다.

둘째 경우는 장애물이 임시로 발생한 사실을 설명한 것이나, 이제 설명하고자 하는 바는 그 장애물이 본래 특별히 설치된 공작물과 관계된 경우이다. 대개 토지소유자는 그 토지 위에 어떠한 공작물을 설치하든 자유이지만, 이로 말미암아 이웃 토지 소유자에게 손해를 끼치지 못함은 사실이다. 그렇다면 그가 설치한 공작물의 파손 또는 막힘으로 인하여 이웃 토지에 막대한 양의 물을 흘러내리게 하거나 흘러오는 것을 고이게 하거나 아직 이들 손해가 발생하지 않았을지라도 장래 발생할 우려가 있을 것인데, 이웃 토지 소유자는 이 손해를 감수할 의무가 없다. 따라서 그 공작물의 수선 또는 소통을 청구하지 않을 수 없다. 가령 甲 토지에 연못을 파거나 제방을 쌓거나 수로를 설치한 등의 경우에 이들 공작물이 파손되거나 막혀 막대한 양의 물이 乙 토지에 일시적으로 흘러넘칠 우려가 있다. 또는 그 甲 토지가 저지인 경우에 흘러오는 물을 막아서 그 남은 물이 乙 토지까지 넘쳐 잠기게 하는 일도 없지 않다. 따라서 이들

境遇에는乙地所有者는甲地所有者로ᄒᆞ야곰其工作物의修繕或疏通工事ᄅᆞᆯ作爲케ᄒᆞ기得ᄒᆞᄂᆞ니라

以上은工作物이既已破潰ᄒᆞ거나阻塞ᄒᆞᆫ境遇ᄅᆞᆯ豫想ᄒᆞᆷ이나然이나其工作物이아즉破潰或阻塞치아니ᄒᆞ야도大雨等境遇에는破潰或阻塞의虞가必有ᄒᆞᆯ時는乙地所有者는甲地所有者로ᄒᆞ야곰工事을豫施ᄒᆞ야禍ᄅᆞᆯ未發에防케ᄒᆞᄂᆞ니假令甲地에大池ᄅᆞᆯ穿ᄒᆞᆫ境遇에在ᄒᆞ야此에水量을恒常充滿케ᄒᆞᆯ진ᄃᆡ降雨時마다其水가奔溢ᄒᆞ야乙地ᄅᆞᆯ浸害ᄒᆞᆷ이分明ᄒᆞᆯ진ᄃᆡ乙地所有者는或隄防을築ᄒᆞ거나或池水가他에奔溢ᄒᆞ기前에適當ᄒᆞᆫ方向으로流下ᄒᆞᆯ水路ᄅᆞᆯ設爲케ᄒᆞᆷ을得ᄒᆞᆯ지오又甲地가沿海或沿河地에在ᄒᆞ야海水나河水의流溢ᄒᆞᆯ虞慮가有ᄒᆞᆷ으로隄防을特設ᄒᆞᆫ境遇에其隄防工事가疏畧ᄒᆞ야激浪大雨等時에는破潰ᄒᆞᆷ이分明ᄒᆞᆯ진ᄃᆡ其工事ᄅᆞᆯ改良ᄒᆞ야崩潰의虞가無케ᄒᆞᆷ을得ᄒᆞᆯ지오且甲地에서下水道ᄅᆞᆯ穿ᄒᆞᆫ境遇에其覆盖ᄅᆞᆯ不設ᄒᆞᆷ에因ᄒᆞ야砂土塵埃等이其中에堆積ᄒᆞ야下水의阻塞을致ᄒᆞᆷ이分明ᄒᆞᆯ진ᄃᆡ甲地所有者로ᄒᆞ야곰其覆盖ᄅᆞᆯ設ᄒᆞ야弊害가無케ᄒᆞᆷ과如ᄒᆞ니라

경우에는 乙 토지 소유자는 甲 토지 소유자로 하여금 그 공작물의 수선 또는 소통공사를 하게 할 수 있다.

이상은 공작물이 이미 파손되거나 막힌 경우를 예상한 것이다. 그러나 공작물이 아직 파손되거나 막히지 않았어도 큰비 등의 경우에는 파손되거나 막힐 우려가 틀림없이 있을 때에는, 乙 토지의 소유자는 甲 토지의 소유자로 하여금 공사를 미리 실시하여 재앙을 미연에 방지하게 한다. 가령 甲 토지에 큰 연못을 판 경우에 수량을 항상 가득 채운다면 비가 올 때마다 그 물이 빠르게 넘쳐 乙 토지를 잠기게 할 것이 분명하다. 그렇다면 乙 토지 소유자는 더러는 제방을 쌓거나 더러는 연못물이 다른 토지로 빠르게 넘치기 전에 적당한 방향으로 흘러내릴 수로를 설치하게 할 수 있을 것이다. 또는 甲 토지가 바다나 강 옆에 있어 바닷물이나 강물이 흘러넘칠 우려가 있으므로 특별히 제방을 쌓은 경우에, 그 제방공사가 부실하여 큰 파도나 큰비 등이 오면 파손될 것이 분명하다면 그 공사를 개량하여 붕괴의 우려가 없게 할 수 있다. 또 甲 토지에서 하수도를 뚫은 경우에 복개(覆蓋)를 하지 않아 토사와 흙먼지 등이 그 안에 쌓여 하수를 막히게 할 것이 분명하다면 甲 토지 소유자로 하여금 하수도를 복개하도록 하여 폐해가 없게 하는 것과 같다.

(四)水의注瀉制限　土地所有者는雨水를隣地에直接注瀉케ᄒᆞᆯ屋上이나其他工作物을設施ᄒᆞ기不得ᄒᆞᄂᆞ니盖鄰地所有者는雨水의自然流來를妨害치못ᄒᆞ는義務는有ᄒᆞᆯ지라도他隣地의所有者가屋上이나其他工作物을設施ᄒᆞ야雨水를一處에集合ᄒᆞ야自己의土地로注瀉케ᄒᆞᆷ을受ᄒᆞᆯ義務는無ᄒᆞ니라

第二、水의使用에關ᄒᆞ는制限

(一)水路의變更　溝渠나其他水流地의所有者는對岸土地가他人의所有에屬ᄒᆞᆯ진ᄃᆡ其水路나幅員을變更ᄒᆞ기不得호ᄃᆡ兩岸土地가皆自己의所有에屬ᄒᆞᆯ진ᄃᆡ其水路及幅員을自由變更ᄒᆞ기可得ᄒᆞ고但其下口에至ᄒᆞ야自然의水路로復케ᄒᆞᆯ뿐이니라

此는水流地의所有者가其水流를如意히變更ᄒᆞ기得否의問題니凡舟筏의通ᄒᆞ는河川運河及其底地는公有物이라私有物되기不得ᄒᆞ나然이나此等舟筏의不通ᄒᆞ는溝渠及運河는私有物됨을得ᄒᆞᆷ이라然則其所有者는其物을隨意變更ᄒᆞᆷ은其權內에例屬ᄒᆞᆷ과如ᄒᆞ나然이나此는其性質上純然ᄒᆞᆫ私

〈4〉 물의 흘려보냄에 관한 제한: 토지소유자는 빗물을 이웃 도지에 직접 흘러내리게 할 옥상이나 기타 공작물을 설치할 수 없다. 대개 이웃 토지 소유자는 빗물이 자연적인 흐름을 방해하지 못하는 의무는 있을지라도, 다른 이웃 토지 소유자가 옥상이나 기타 공작물을 설치하여 빗물을 한 곳에 모아 자기 토지로 흘려보내는 것을 받아들일 의무는 없다.

2. 물의 사용에 관한 제한

〈1〉 수로의 변경: 도랑이나 기타 수류지(水流地)의 소유자는 대안(對岸)의 토지가 타인의 소유에 속하면 그 수로나 폭을 변경할 수 없다. 그렇지만 양안의 토지가 모두 자기의 소유이면 그 수로 및 폭을 자유로이 변경할 수 있고, 다만 그 하구는 자연의 수로로 돌아가게 하여야 할 뿐이다.

이는 수류지의 소유자가 그 물의 흐름을 뜻대로 변경할 수 있는지의 문제인데, 일반적으로 배가 통행하는 하천, 운하 및 그 바닥은 공유물이고 사유물이 될 수 없다. 그러나 이들 배가 통하지 못하는 도랑 및 운하는 사유물이 될 수 있다. 그렇다면 그 소유자가 그 물건을 마음대로 변경하는 것은 흔히 그 권한 내에 속할 것 같다. 그러나 이는 그 성질상 순수한 사

有物과不同홈이有ᄒᆞ니即水流ᄂᆞᆫ山上으로自ᄒᆞ야海中에達ᄒᆞ기ᄭᆞ지能히流下ᄒᆞᆫ後에야其効力을完全케홈인즉甲地所有者가若其水流ᄅᆞᆯ如意케ᄒᆞ기可得ᄒᆞᆯ진ᄃᆡ其水流의他部分所有者ᄂᆞᆫ其利益을失ᄒᆞ거나不然則不慮의損失을被홈이有ᄒᆞ리니事實이如斯ᄒᆞᆯ진ᄃᆡ甲地所有者ᄂᆞᆫ自己의權利ᄲᅮᆫ行使홈이아니오此와同時에乙丙丁等의權利ᄅᆞᆯ侵害홈이될지라故로法律은此等境遇ᄅᆞᆯ顧慮ᄒᆞ야特別ᄒᆞᆫ規定을設ᄒᆞ야兩岸土地의所有者가各異ᄒᆞᆯ진ᄃᆡ其水流ᄅᆞᆯ共有로看作ᄒᆞ야一便所有者의自意로他便所有者의權利ᄅᆞᆯ妨害치못ᄒᆞ게ᄒᆞᄂᆞ니라

然而其水流地의一部가一人의所有에全屬ᄒᆞ고且其人이兩岸의土地ᄭᆞ지並有ᄒᆞᆯ진ᄃᆡ此境遇에ᄂᆞᆫ他所有者에게利害가不及ᄒᆞᄂᆞ니故로原則上其水路及幅員을變更홈이其自由에屬ᄒᆞᄂᆞ니라然이나其水路變更을因ᄒᆞ야下口의水路ᄭᆞ지變更ᄒᆞᆯ진ᄃᆡ此ᄂᆞᆫ其下流地의所有權을侵害홈이니故로其下口에至ᄒᆞ야ᄂᆞᆫ自然의水路로必復ᄒᆞ야下流地의所有者로ᄒᆞ야곰損害ᄅᆞᆯ不被케ᄒᆞ기期ᄒᆞᄂᆞ니라

유물과 다른 점이 있다. 곧 물의 흐름은 산 위에서 시작하여 바다에 이르기까지 흘러내린 뒤에야 그 효력을 완전하게 하는 것이다. 따라서 甲 토지 소유자가 만약 그 물의 흐름을 뜻대로 할 수 있게 한다면, 그 물이 흐르는 다른 부분의 소유자는 그 이익을 잃거나 아니면 생각지 못한 손실을 입을 수도 있다. 사실이 이러하다면 甲 토지 소유자는 자기의 권리만 행사하는 것이 아니고 이와 동시에 乙, 丙, 丁 등의 권리를 침해하게 될 것이다. 그러므로 법률은 이들 경우를 고려하여 특별한 규정을 마련하여, 양안의 토지소유자가 각기 다르면 그 흐르는 물을 공유로 간주하여 한쪽 소유자 혼자만의 의사로 다른 쪽 소유자의 권리를 방해하지 못하게 한다.

그런데 그 수류지의 일부가 모두 1인의 소유에 속하고 그 사람이 양안의 토지까지 모두 가졌다면 이 경우에는 다른 소유자에게 이해가 미치지 않는다. 그러므로 원칙상 그 수로 및 폭을 변경하는 것은 소유자의 자유이다. 그러나 그 수로 변경으로 인하여 하구의 수로까지 변경한다면 이는 그 하류 토지의 소유권을 침해하는 것이다. 그러므로 그 하구에서는 반드시 자연의 수로로 돌아가게 하여 하류 토지의 소유자가 손해를 입지 않도록 하려는 것이다.

以上은普通一般의境遇를想像홈이나若其地方을因ᄒᆞ야特異ᄒᆞᆫ慣習이有ᄒᆞᆯ진ᄃᆡ此에從홈은勿論이니라

玆에水流地라홈은單其水流만言홈이아니며又其底地만指홈도아니오此兩者를合併ᄒᆞ야云홈이니라

(二)水路의通過　高地의所有者ᄂᆞᆫ浸水地를乾燥케ᄒᆞ거나家用或農工業用의餘水를排泄ᄒᆞ기爲ᄒᆞ야公路公流或下水道에至ᄒᆞ기ᄭᆞ지低地로由ᄒᆞ야水를通過케ᄒᆞ기得홈이라

盖高地所有者ᄂᆞᆫ其土地의水를低地로自然流下케홈은得ᄒᆞᆯ지라도人工을因ᄒᆞ야故意로流下케홈은不得홈이原則이라然이나高地가元來濕地됨에因ᄒᆞ야此를乾燥케홈에ᄂᆞᆫ相當의工事를設施ᄒᆞ야其水를低地로流下케홈이아니면經濟上及衛生上에甚히不利益ᄒᆞᆫ情況에在ᄒᆞ거나又廚房與沐浴用等汚穢水나其他農工業에使用ᄒᆞᆫ水(田畓以外의水車와其他水力을用ᄒᆞᄂᆞᆫ機械等에對ᄒᆞ야云홈)ᄂᆞᆫ此를低地로流下케홈이아니면生活或農工業等을營爲ᄒᆞ기不得ᄒᆞᆯ事實이有ᄒᆞᆯ진ᄃᆡ此境遇에ᄂᆞᆫ原則上公路公流(公

이상은 일반적이고 보통의 경우를 상상한 것이나, 만약 지방에 따라 특이한 관습이 있다면 이에 따름은 물론이다.

여기서 수류지란 단순히 흐르는 물만 말하는 것이 아니며 또 그 바닥만 가리키는 것도 아니고 이 양자를 함께 아울러 이르는 것이다.

〈2〉 수로의 통과: 고지의 소유자는 침수지를 말리거나 가정용 또는 농공업용의 여수(餘水)를 소통하기 위하여 공로, 공류(公流) 또는 하수도에 이르기까지 저지로 물을 통과하게 할 수 있다.

대개 고지 소유자는 그 토지의 물을 저지로 자연적으로 흘러내리게 할 수는 있을지라도 인공적으로 고의로 흘러내리게 할 수는 없는 것이 원칙이다. 그러나 고지가 원래 습지여서 이를 말리는 데 상당한 공사를 실시하여 그 물을 저지로 흘러내리게 하지 않으면 경제적으로나 위생적으로 매우 불이익한 상황에 있거나, 또는 주방용, 목욕용 등의 오수(汚水)나 기타 농공업에 사용한 물(논밭 이외의 수차와 기타 수력을 쓰는 기계 등에 대하여 말함)을 저지로 흘러내리게 하지 않으면 생활 또는 농공업 등을 영위할 수 없는 사실이 있을 것이다. 그렇다면 이 경우에는 원칙상 공로, 공류(공

流ᄂᆞᆫ多數의境遇로論ᄒᆞᆫ즉公路가되나然이나舟楫의不通ᄒᆞᄂᆞᆫ者ᄂᆞᆫ公路라ᄒᆞ기難ᄒᆞ니故로公流라別稱흠）或下水道로其水를流下케ᄒᆞᆯ지라然而此를流下케흠에當ᄒᆞ야直流케흠이不能ᄒᆞᆯ진ᄃᆡ他人의所有低地를通過ᄒᆞ기得ᄒᆞᄂᆞ니라

但此境遇에도低地의損害가最少ᄒᆞᆫ處所及方法을選擇ᄒᆞᄂᆞ니假令家屋의中央이나庭園의中央等은此를務避ᄒᆞ야最離ᄒᆞᆫ處所오且邸宅의裝飾等을不害ᄒᆞᄂᆞᆫ處所를選擇ᄒᆞ기要ᄒᆞᄂᆞ니라

（三）工作物의使用　土地所有者ᄂᆞᆫ其所有地의水를通過케ᄒᆞ기爲ᄒᆞ야高地或低地所有者가設置ᄒᆞᆫ工作物을使用ᄒᆞ기得ᄒᆞᄂᆞ니此ᄂᆞᆫ隣地所有者를因ᄒᆞ야損害를受ᄒᆞᄂᆞᆫ所有者를保護ᄒᆞ야其利益을受ᄒᆞᄂᆞᆫ所有者가設置ᄒᆞᆫ工作物을使用ᄒᆞ기得케ᄒᆞᄂᆞᆫ바ㅣ라

蓋甲地所有者가自己用에供ᄒᆞ기爲ᄒᆞ야乙地에工作物을設ᄒᆞᆫ時에ᄂᆞᆫ乙地所有者도亦其不用의水를流下케ᄒᆞ기爲ᄒᆞ야工作物設置의必要가多有ᄒᆞᄂᆞ니此境遇를當ᄒᆞ야乙地所有者가其所有地의一部를使用ᄒᆞ야工作物을

류는 많은 경우 공로가 되나 배가 통하지 못하는 것은 공로라고 하기 어려우므로 공류라고 따로 부름) 또는 하수도로 그 물을 흘러내리게 한다. 그러나 이를 흘러내리게 할 때 곧바로 흐르게 할 수 없다면 타인 소유의 저지를 통과시킬 수 있다.

다만 이 경우에도 저지의 손해가 가장 적은 장소 및 방법을 선택하여야 한다. 가령 가옥의 한가운데나 정원의 한가운데 등을 반드시 피하여 가장 떨어진 장소로 선택하여야 하며, 또 저택의 장식 등을 해하지 않는 장소를 선택하여야 한다.

〈3〉 공작물의 사용: 토지소유자는 그 소유지의 물을 통과시키기 위하여 고지 또는 저지 소유자가 설치한 공작물을 사용할 수 있다. 이는 이웃 토지 소유자로 인하여 손해를 받는 소유자를 보호하여, 그 이익을 받는 소유자가 설치한 공작물을 사용할 수 있게 하는 것이다.

대개 甲 토지 소유자가 자기가 사용하기 위하여 乙 토지에 공작물을 설치한 때에는 乙 토지 소유자도 甲 토지 소유자가 사용하지 않는 물을 흘러내리게 하기 위하여 공작물을 설치할 필요가 많이 있다. 이 경우에 乙 토지 소유자가 그 소유지의 일부를 사용하여 공작물을

更設ᄒᆞᆷ은土地를無益에使用ᄒᆞᄂᆞᆫ不利가有ᄒᆞᆯᄲᅮᆫ아니라工作物을疊設ᄒᆞ야費用을徒費ᄒᆞᄂᆞᆫ不利가生ᄒᆞ나然이나其已設ᄒᆞᆫ工作物은一人이使用ᄒᆞ던지數人이使用ᄒᆞ던지甲地所有者에關ᄒᆞ야ᄂᆞᆫ損害가無ᄒᆞᆯ지니故로乙地所有者로ᄒᆞ야곰其工作物을共用케ᄒᆞᄂᆞ니라

但乙地所有者ᄂᆞᆫ此로因ᄒᆞ야工作物新設의費用을省略ᄒᆞ리니其利用의限度를應ᄒᆞ야工作物의設置及保存費用을分擔ᄒᆞᄂᆞ니라

以上說明ᄒᆞᆫ바ᄂᆞᆫ損害를受ᄒᆞᄂᆞᆫ者가利益을受ᄒᆞᄂᆞᆫ者의設置ᄒᆞᆫ工作物을使用ᄒᆞ기得ᄒᆞᄂᆞᆫ境遇나高地所有者도低地所有者의已設ᄒᆞᆫ工作物을使用ᄒᆞ야同一工作物疊設의費用을省略ᄒᆞ기可得ᄒᆞᄂᆞ니此ᄂᆞᆫ低地所有者에게便利됨을反有ᄒᆞᆯ지언뎡不利됨은決無ᄒᆞᆯ지라故로工作物使用의規定은此境遇에도適用ᄒᆞᄂᆞ니라

右ᄂᆞᆫ甲乙二地가有ᄒᆞᆫ境遇에甲地所有者가其餘水를乙地로通過케ᄒᆞᄂᆞᆫ事實을論ᄒᆞᆫ바ㅣ나甲乙丙丁等多數의土地가高低를互成ᄒᆞᄂᆞᆫ境遇에乙地所有者가丙地丁地等에設置ᄒᆞᆫ工作物을甲地所有者가使用ᄒᆞᄂᆞᆫ境遇에도亦

다시 설치하는 것은 토지를 무익하게 사용하는 불이익이 있을 뿐만 아니라 공작물을 거듭 설치하여 비용을 헛되이 쓰는 불이익이 발생한다. 그러나 이미 설치된 공작물은 1인이 사용하든 수인이 사용하든 甲 토지 소유자에 관하여는 손해가 없을 것이다. 그러므로 乙 토지 소유자로 하여금 공작물을 함께 쓰게 한다.

다만 乙 토지 소유자는 이로 인하여 공작물을 새로 설치할 비용을 절약할 것이다. 따라서 그 이용의 한도에 따라 공작물 설치 및 보존비용을 분담한다.

이상에서 설명한 바는 손해를 받는 자가 이익을 받는 자가 설치한 공작물을 사용할 수 있는 경우이다. 그러나 고지 소유자도 저지 소유자가 이미 설치한 공작물을 사용하여 동일한 공작물을 거듭 설치하는 비용을 절약할 수 있는데, 이는 저지 소유자에게 도리어 편익이 있을지언정 불이익은 결코 없을 것이다. 그러므로 공작물 사용의 규정은 이 경우에도 적용된다.

위의 설명은 甲, 乙 두 토지가 있는 경우에 甲 토지 소유자가 그 여수를 乙 토지로 통과시키는 사실을 논한 것이다. 그러나 甲, 乙, 丙, 丁 등 다수의 토지가 서로 고저를 이루는 경우에 乙 토지 소유자가 丙 토지, 丁 토지 등에 설치한 공작물을 甲 토지 소유자가 사용하는 경우에도 또한

同ᄒᆞ고又其理由도前述ᄒᆞᆫ바와同ᄒᆞ니라

(四)堤堰의築造　水流地所有者ᄂᆞᆫ堤堰의必要가有ᄒᆞᆯ진ᄃᆡ其堰을對岸에附着케ᄒᆞ기得ᄒᆞᄂᆞ니蓋水流地의全部或一部가甲의所有오其對岸이乙의所有에屬ᄒᆞᄂᆞᆫ境遇에甲이其流水를利用ᄒᆞ기爲ᄒᆞ야堤堰의必要가有ᄒᆞᆫ時에此를對岸에附着케ᄒᆞᆷ이아니면其目的을充分히未達ᄒᆞᆯ진ᄃᆡ其對岸을使用ᄒᆞ기得ᄒᆞᆷ이라

元來理論으로言ᄒᆞᆫ즉對岸은他人의所有니其承諾이아니면堤堰을附着케ᄒᆞ기不能ᄒᆞᆯ지나然이나此ᄂᆞᆫ經濟上甚히不利益ᄒᆞᆫ바ㅣ니故로法律上此를特許ᄒᆞᄂᆞ니라但甲의此權利行使ᄂᆞᆫ乙의所有權을侵害ᄒᆞᆷ이甚大ᄒᆞᄂᆞ니故로此에因ᄒᆞ야生ᄒᆞᄂᆞᆫ損害ᄂᆞᆫ賠償케ᄒᆞᄂᆞ니라

甲이水流地의全部所有者되ᄂᆞᆫ時에ᄂᆞᆫ乙이其水를使用ᄒᆞ기不得ᄒᆞᆷ은勿論이나若乙이其地의一部를所有ᄒᆞᄂᆞᆫ時에ᄂᆞᆫ乙도堰을築ᄒᆞ야其水를使用ᄒᆞ기得ᄒᆞᆯ지라然而甲이自己用에供ᄒᆞ기爲ᄒᆞ야乙의所有對岸에堤堰을附着ᄒᆞ얏슬진ᄃᆡ乙은此를利用ᄒᆞ고新築의費用을省略ᄒᆞ기得(時或新築不能

같고 또 그 이유도 전술한 바와 같다.

〈4〉 둑의 설지: 수류지 소유자는 둑의 필요가 있으면 그 둑을 대안에 닿게 할 수 있다. 대개 수류지의 전부 또는 일부가 甲의 소유이고 그 대안이 乙의 소유에 속하는 경우에 甲이 그 흐르는 물을 이용하기 위하여 둑의 필요가 있는 때에 이를 대안에 닿게 하지 않으면 그 목적을 충분히 달성하지 못한다면 그 대안을 사용할 수 있다.

원래 이론적으로 말하면 대안은 타인의 소유이므로 그의 승낙이 없으면 둑을 닿게 할 수 없을 것이나 이는 경제적으로 매우 불이익하다. 그러므로 법률상 이를 특별히 허용한다. 다만 甲의 이 권리 행사는 乙의 소유권을 매우 크게 침해하는 것이다. 그러므로 이로 인하여 발생하는 손해는 배상하게 한다.

甲이 수류지 전부의 소유자인 때에는 乙이 그 물을 사용할 수 없음은 물론이나, 만약 乙이 그 땅의 일부를 소유한 때에는 乙도 둑을 쌓아 그 물을 사용할 수 있을 것이다. 그러나 甲이 자기가 사용하기 위하여 乙 소유의 대안에 둑을 닿게 하였다면 乙이 이를 이용하고 새로 짓는 비용을 절약할 수 있(때로는 새로 지을 수 없는

의境遇도多ᄒᆞᆷ) ᄒᆞᆷ은便益이大有ᄒᆞᆯᄲᅮᆫ아니라甲의利益도不害ᄒᆞᄂᆞ니故로此境遇에ᄂᆞᆫ工作物에關ᄒᆞᆷ과ᄀᆞᆺ치其堰을共用ᄒᆞ고費用을分擔ᄒᆞᄂᆞ니라

第五項　彊界에關ᄒᆞᄂᆞᆫ制限

第一、界標의設置

凡動產物은各自一個ᄅᆞᆯ成ᄒᆞᆷ이로ᄃᆡ土地에至ᄒᆞ야ᄂᆞᆫ全地球가即一体니各其所有者ᄂᆞᆫ人爲ᄅᆞᆯ因ᄒᆞ야彊界ᄅᆞᆯ分明케ᄒᆞᆷ이아니면相隣者ᄂᆞᆫ互相侵害가常有ᄒᆞ고又或侵害가無ᄒᆞᆯ지라도紛議의原因을常作ᄒᆞᆯ지라故로法律은土地所有者에게界標設置의權을各與ᄒᆞ야相隣者間에侵害或紛議가不生ᄒᆞ기期ᄒᆞᄂᆞ니라

界標設置의權은相隣者가共有ᄒᆞ며又其設置ᄂᆞᆫ兩處의便益을俱爲ᄒᆞᆷ이니其費用及保存의費用도共同ᄒᆞ야平均分擔ᄒᆞᆷ이事理의當然ᄒᆞᆫ바ㅣ라然則此ᄅᆞᆯ法律에認定ᄒᆞᆯ必要가無ᄒᆞ나然이나法律의規定이若無ᄒᆞᆯ진ᄃᆡ土地의大小ᄅᆞᆯ應ᄒᆞ야比較分擔ᄒᆞᆯ바ㅣ라主張ᄒᆞᆷ이不無ᄒᆞᆯ지라然이나界標設寘에因ᄒᆞ야便益을得ᄒᆞᆷ은兩便이均一ᄒᆞ고土地의大小로區別ᄒᆞᆯ理由가無ᄒᆞᄂᆞ니故로法律

경우도 많음)게 하는 것은 편익이 클 뿐 아니라 甲의 이익도 해하지 않는다. 그러므로 이 경우에는 공작물에 관한 것과 같이 그 둑을 함께 쓰고 비용을 분담한다.

V. 경계에 관한 제한

1. 경계표의 설치

일반적으로 동산은 각각 하나의 물건을 이루지만 토지는 전 지구가 곧 일체이다. 따라서 그 소유자는 인위적으로 경계를 분명히 하지 않으면 상린자는 언제나 서로 침해가 있고 또는 침해가 없을지라도 언제나 분쟁의 원인이 될 것이다. 그러므로 법률은 토지소유자에게 경계표 설치의 권한을 각각 주어 상린자 간에 침해나 분쟁이 발생하지 않도록 한다.

경계표 설치의 권리는 상린자가 함께 가지며 또 그 설치는 양쪽의 편익을 모두 위한 것이다. 따라서 그 비용 및 보존의 비용도 공동으로 균등하게 부담하는 것이 당연한 사리이다. 그렇다면 이를 법률에서 인정할 필요가 없으나, 만약 법률의 규정이 없다면 토지의 크기에 따라 비례하여 분담하여야 한다고 주장하는 수도 없지 않다. 그러나 경계표 설치로 인하여 편익을 얻는 것은 양쪽이 동일하고 토지의 크기로 구별할 이유가 없다. 그러므로 법률

에平均分擔ᄒᆞ라ᄒᆞᄂᆞᆫ規定을豫定홈이必要ᄒᆞ니라

但測量費에至ᄒᆞ야ᄂᆞᆫ實際上土地의大小로由ᄒᆞ야差異가有ᄒᆞᆯᄲᅮᆫ아니라差異가無ᄒᆞᆯ지라도地形을因ᄒᆞ야各異홈이有ᄒᆞᄂᆞ니然則其費用은相隣者가平均分擔ᄒᆞᆯ바ㅣ아니오各所有者가比例ᄒᆞ야所擔部分을定ᄒᆞᆯ지니라何故오測量에因ᄒᆞ야生ᄒᆞᄂᆞᆫ利益은相隣者가共受홈이아니오各其土地의利益되ᄂᆞᆫ所以니라

設置及保存費用의分擔은如右ᄒᆞ나若其相隣者中一人의過失로界標를毁損ᄒᆞᄂᆞᆫ等事가有ᄒᆞᆯ진ᄃᆡ其改設或修繕의費用은如何ᄒᆞᆯ고此境遇의費用은其過失者가獨擔ᄒᆞᄂᆞ니此ᄂᆞᆫ不正損害의原則上當然ᄒᆞᆫ事理오決斷코以上說明ᄒᆞᆫ平均分擔主義의例外가아니니라

疆界를標示홈에可足ᄒᆞᆯ物은樹石、墻壁及溝渠의類니其何物을取用ᄒᆞ던지此ᄂᆞᆫ其地의慣習을從ᄒᆞᆯ바ㅣ라要ᄒᆞ건ᄃᆡ疆界를表示홈에足홈을要ᄒᆞᆯᄲᅮᆫ이니라

此界標에關ᄒᆞᆫ權은即經界權이니歐洲에在ᄒᆞ야ᄂᆞᆫ自來에此를土地所有에關

에 균등하게 부담하라는 규정을 미리 정하는 것이 필요하다.

다만 측량비용은 실제로 토지의 크기에 따라 차이가 있을 뿐 아니라 차이가 없을지라도 지형에 따라 각기 다르기도 한다. 그래서 그 비용은 상린자가 균등하게 분담할 것이 아니고, 각 소유자가 비례하여 부담할 부분을 정하여야 할 것이다. 왜냐하면 측량으로 인하여 발생하는 이익은 상린자가 함께 받는 것이 아니고 각 토지의 이익이 되기 때문이다.

설치 및 보존비용의 분담은 위와 같으나, 만약 상린자 중 1인의 과실로 경계표를 훼손하는 등의 일이 있으면 그 개설(改設) 또는 수선의 비용은 어떻게 할 것인가? 이 경우의 비용은 과실이 있는 자가 단독으로 부담한다. 이는 과실책임의 원칙*상 당연한 사리이고 결코 이상에서 설명한 균등분담주의의 예외가 아니다.

경계를 표시하는 데 족한 물건은 나무나 돌, 담이나 벽 및 도랑의 부류이다. 따라서 그 가운데 어떤 물건을 취하든지 이는 그 지역의 관습을 따를 것이다. 요컨대 경계를 충분히 표시할 수 있어야 할 뿐이다.

이 경계표에 관한 권리는 곧 경계권인데, 유럽에서는 종래 이를 토지 소유에 관

---

* 역자주: 원문은 '不正損害의 原則'으로 표현함.

ᄒᆞᆫ一大要素로作ᄒᆞᆫ바ㅣ라然而其疆界ᄂᆞᆫ元來兩地를俱爲ᄒᆞ야必要ᄒᆞᆫ者오一地만裨益ᄒᆞᆷ이아닌즉一便所有者가此를設置코저ᄒᆞᆯ진ᄃᆡ自己의費用을獨費치아니ᄒᆞ고隣地所有者로ᄒᆞ야곰其費用의分擔을必要ᄒᆞᆷ은自然의性質이오又其相對者가承諾을不與ᄒᆞᆯ진ᄃᆡ遲滯의責을任ᄒᆞᄂᆞᆫ制限이有ᄒᆞ니라

第二。圍障의設置

二座의建物이其所有者가相異ᄒᆞ고且其間에空地가有ᄒᆞᆯ진ᄃᆡ各所有者ᄂᆞᆫ他所有者와共同의費用으로其疆界에圍障을設ᄒᆞ기得ᄒᆞᄂᆞ니蓋相隣地가住居地가各成ᄒᆞᆯ진ᄃᆡ人의往來가不絶ᄒᆞ리니然則圍障을設ᄒᆞ야相隣者의擅相出入과互相觀望을防禦ᄒᆞ야邸宅의安全과家內의情況을保維ᄒᆞᆷ에必要ᄒᆞ며其他理由에도必要가不少ᄒᆞᆷ이라故로甲乙兩人의家屋과其他建物이全然相接ᄒᆞᄂᆞᆫ境遇外에ᄂᆞᆫ各所有者ᄂᆞᆫ疆界線上에圍障을設ᄒᆞ고他所有者로ᄒᆞ야곰其費用及保存費用을分擔케ᄒᆞᄃᆡ其負擔方法은界標에關ᄒᆞᆷ과無異ᄒᆞ니라

然이나圍障의種類에ᄂᆞᆫ其種이許多ᄒᆞ니卽土屛도有ᄒᆞ며板屛도有ᄒᆞ며竹垣도有ᄒᆞ며生垣도有ᄒᆞ고又其高에도高低가有ᄒᆞ야其間에費用의差가懸殊ᄒᆞ

한 하나의 큰 요소로 삼았다. 그러나 토지의 경계는 원래 양 토지 모두를 위하여 필요한 것이고 한 토지에만 치우쳐 이익을 주는 것이 아니다. 따라서 한쪽 소유자가 이를 설치하고자 하면 자기의 비용을 홀로 쓰지 않고 이웃 토지 소유자로 하여금 반드시 그 비용을 분담하게 하는 것은 자연스러운 성질이다. 또 그 상대방이 승낙하지 않는다면 지체의 책임을 지는 제한이 있다.

2. 담의 설치

건물 두 채의 소유자가 서로 다르고 그 사이에 공지가 있다면 각 소유자는 다른 소유자와 공동의 비용으로 그 경계에 담을 설치할 수 있다. 대개 상린지가 각기 주거지로 이루어져 있다면 사람의 왕래가 끊이지 않을 것이다. 그렇다면 담을 설치하는 것은 상린자가 서로 함부로 출입하거나 서로를 바라보지 못하게 막음으로써 저택의 안전과 집안의 상황을 보호, 유지하는 데 필요하고, 다른 이유에서도 필요성이 적지 않다. 그러므로 甲과 乙 두 사람의 가옥과 기타 건물이 완전히 서로 붙어 있는 경우 외에는 각 소유자는 경계선상에 담을 설치하고 다른 소유자로 하여금 그 비용 및 보존비용을 분담하게 하되, 그 부담 방법은 경계표에 관한 것과 다르지 않다.

그러나 담의 종류는 매우 많은데, 곧 흙담도 있고 널판장도 있으며 대나무담도 있고 생울타리도 있다. 또 그 높이에도 고저가 있어 그 사이에 비용의 차가 매우 크다.

ᄂᆞ니若其各所有者로ᄒᆞ야곰自己의所欲을從ᄒᆞ야如何ᄒᆞᆫ材料를用ᄒᆞ던지如何ᄒᆞᆫ高制를設ᄒᆞ던지其自由에放任ᄒᆞ고其費用은隣人으로ᄒᆞ야곰分擔ᄒᆞ기可得케ᄒᆞᆯ진ᄃᆡ此ᄂᆞᆫ隣地間의必要畛域을踰越ᄒᆞ야一個所有者의嗜好를從ᄒᆞ야他人은不必要ᄒᆞᆫ外額의費用을負擔케ᄒᆞᄂᆞᆫ不幸을見ᄒᆞᆷ에至ᄒᆞᆯ지라故로法律上此事에關ᄒᆞ야ᄂᆞᆫ當事者의協議에專任ᄒᆞ고若不幸히協議가不調ᄒᆞᆯ진ᄃᆡ其材料를豫定ᄒᆞ야此에服從케ᄒᆞᄂᆞ니라

此에關ᄒᆞᆫ日本民法을依ᄒᆞᆯ진ᄃᆡ其材料ᄂᆞᆫ板屛或竹垣으로ᄒᆞ고其高ᄂᆞᆫ六尺으로ᄒᆞ얏스니是盖材料의費用은相隣者의分擔인즉其費用을輕減코져ᄒᆞᆷ이오又其高가短ᄒᆞ야도六尺에未滿ᄒᆞᆫ즉互相觀望을防ᄒᆞ기不足ᄒᆞᆷ에因ᄒᆞᆷ이라然而其板竹의選擇은請求를受ᄒᆞᆫ所有者에게在ᄒᆞ니其所有者ᄂᆞᆫ何材料를取ᄒᆞ던지自由오兼ᄒᆞ야法律上義務를盡ᄒᆞᆫ者ㅣ라謂ᄒᆞᆯ지니라

然이나當事者의一便이其費用의分擔을相隣者에게請求치아니ᄒᆞ고築造或修繕을自行ᄒᆞᆯ진ᄃᆡ其費用의分擔을他相隣者에게請求치못ᄒᆞᄂᆞ니其由ᄂᆞᆫ無他라相隣地에居ᄒᆞᄂᆞᆫ義務上圍障의築造或修繕에ᄂᆞᆫ相隣者와協議ᄒᆞᆷ이事理

따라서 만약 각 소유자로 하여금 자기의 바람에 따라 어떠한 재료를 쓰고 어떠한 높이로 설치하든 그들 자유에 맡겨 두고 그 비용은 이웃 사람으로 하여금 분납시길 수 있게 한다면, 이는 이웃 토지 간에 필요한 한계를 넘어 한 소유자의 기호에 따라 타인이 불필요하게 다액의 비용을 부담하도록 하는 불행을 보게 할 것이다. 그러므로 법률상 이 일에 관하여는 당사자의 협의에만 맡겨 두고 불행히도 협의가 이루어지지 않으면 그 재료를 미리 정하여 이에 복종하게 한다.

이에 관한 일본 민법에 따르면, 그 재료는 널판장 또는 대나무 담으로 하고 그 높이는 여섯 자*로 하였다. 이는 대개 재료의 비용은 상린자의 분담이므로 그 비용을 경감하고자 하는 것이고, 또 그 높이가 여섯 자보다 낮다면 서로를 바라보는 것을 막을 수 없기 때문이다. 그러나 널판이나 대나무 가운데에서 선택은 청구를 받은 소유자가 하는데, 그 소유자는 어느 재료를 취하든 자유이고 아울러 법률상 의무를 다하였다고 말할 수 있다.

그러나 한쪽 당사자가 그 비용의 부담을 상린자에게 청구하지 않고 설치 또는 수선을 스스로 행한다면 그 비용의 부담을 다른 상린자에게 청구하지 못한다. 그 까닭은 다른 것이 아니라, 상린지에 거주하는 의무상 담의 설치 또는 수선은 상린자와 협의하는 것이 사리

* 역자주: 일본 메이지(明治) 시대 1척(尺)은 약 30.3cm로, 6척은 약 1.82m임. 현행 일본 민법 제225조 제2항은 2m로 규정하고 있음.

에當然ᄒᆞᆯ뿐아니라請求가有ᄒᆞᆯ진ᄃᆡ其相隣者도自己의意見을十分陳述ᄒᆞ야兩處의便利를某樣計圖ᄒᆞ야彼此에權衡을不失ᄒᆞᆯ지어ᄂᆞᆯ一應의請求가無ᄒᆞ고自行ᄒᆞᆷ은其專橫이라可謂ᄒᆞᆯ뿐아니라又其費用의全部를負擔ᄒᆞᆯ意思가有ᄒᆞᆷ으로推測ᄒᆞᆷ에足ᄒᆞᆯ지라故로如斯ᄒᆞᆫ境遇에ᄂᆞᆫ其設行者가費用의全部를負擔ᄒᆞ고相隣者에게分擔을請求치못ᄒᆞᄂᆞ니라

但相隣者의一人이法律에制限ᄒᆞᆫ以外의好材料를用ᄒᆞ며又其高도增設코져ᄒᆞᄂᆞᆫ境遇에ᄂᆞᆫ相對者와協議가不調ᄒᆞᆯ진ᄃᆡ其人은自己의費用으로材料와其高를自由로ᄒᆞ기可得ᄒᆞᄂᆞ니蓋法律에材料와尺數를限給ᄒᆞᆷ은相隣者의協議가不調ᄒᆞᄂᆞᆫ境遇를當ᄒᆞ야如斯히限定ᄒᆞᆫ즉普通思想에相應ᄒᆞ리라ᄒᆞᆷ에不過ᄒᆞᆷ이나當事者의身分과建築物의構造를因ᄒᆞ야法律에限給ᄒᆞᄂᆞᆫ材料와尺數로ᄂᆞᆫ圍障에不足ᄒᆞᆷ도不無ᄒᆞᄂᆞ니假令貴顯、紳士ᄂᆞᆫ土屏或石垣으로其高를丈餘에達코져ᄒᆞᆷ도有ᄒᆞᆯ지오又二層家屋에ᄂᆞᆫ圍障이特高ᄒᆞᆷ이아니면其設備의効가殆無ᄒᆞᆷ에至ᄒᆞᆷ도有ᄒᆞ리니如斯ᄒᆞᆫ境遇에ᄂᆞᆫ當事者一便의需要를應ᄒᆞ야高價의圍障을設備ᄒᆞ고其費用을隣人으로ᄒᆞ야곰分擔케ᄒᆞᆷ은不可ᄒᆞᄂᆞ니法律

에 당연하다. 뿐만 아니라 청구가 있으면 그 상린자도 자기의 의견을 충분히 진술하여 양 당사자의 편익을 도모하고 서로간에 균형을 잃지 않을 것이다. 그런데 청구를 해 보지도 않고 스스로 행하는 것은 가히 전횡이라고 말할 수 있을 뿐 아니라, 그 비용 전부를 부담할 의사가 있다고 충분히 추측할 수 있다. 그러므로 이러한 경우에는 그 시행자가 비용 전부를 부담하고 상린자에게 분담을 청구하지 못한다.

다만 상린자 중 1인이 법률에서 제한된 것 이외의 좋은 재료를 쓰고 또 그 높이도 높이고자 하는 경우에 상대방과 협의가 이루어지지 않으면, 그 사람은 자기의 비용으로 재료와 그 높이를 자유로이 할 수 있다. 대개 법률에 재료와 높이를 한정하여 준 것은, 상린자 간의 협의가 이루어지지 않는 경우에 이렇게 한정하면 보통의 생각과 상응하리라는 데 불과하다. 그러나 당사자의 신분과 건축물의 구조에 따라 법률에서 한정해 준 재료와 높이로는 담으로 삼기에 부족한 경우도 없지 않다. 가령 이름 높은 유지들은 흙담 또는 돌담으로 하고 그 높이를 한 장(丈)* 남짓까지 하려는 경우도 없지 않을 것이다. 또 2층 가옥에서는 담이 특별히 높지 않으면 담을 설치해 둔 효과가 거의 없게 될 수도 있다. 이러한 경우에는 한쪽 당사자의 수요에 따라 고가의 담을 설치하고 그 비용을 이웃 사람이 분담하게 하는 것은 옳지 않으므로 법률

* 역자주: 10자로, 약 3m임.

에不許ᄒᆞᄂᆞᆫ바ㅣ라然이나若其需要의當事者가費用의增加額을自擔ᄒᆞᆯ진ᄃᆡ許ᄒᆞᆷ이可ᄒᆞ고一便의當事者도此ᄅᆞᆯ拒絕ᄒᆞᆯ理由가無ᄒᆞᆷ이라若不然ᄒᆞ야當事者의一便이此ᄅᆞᆯ拒絕ᄒᆞ기可得케ᄒᆞᆯ진ᄃᆡ法律이相隣者에게給與ᄒᆞᆫ圍障設置權도其効用이無ᄒᆞᆷ에至ᄒᆞᆯ지未測ᄒᆞᆯ바ㅣ라故로法律은當事者의自意로材料와尺數ᄅᆞᆯ設行케ᄒᆞ고其增加費用을自擔케ᄒᆞᆷ과同時에一便의當事者ᄂᆞᆫ法律에普通으로認定ᄒᆞᆫ設置費用의半分만負擔케ᄒᆞᄂᆞ니라

疆界線上에設置ᄒᆞᆫ界標圍障墻壁及溝渠ᄂᆞᆫ此ᄅᆞᆯ相隣者의共有로推定ᄒᆞᄂᆞ니蓋疆界線上에此等物은數十年前으로브터創設됨이許多ᄒᆞ야畢竟其何人의所設을推知ᄒᆞ기不能ᄒᆞᆷ도多ᄒᆞᄂᆞ니此等境遇ᄅᆞᆯ當ᄒᆞ야其所有權에關ᄒᆞ야紛議가有ᄒᆞᆯ진ᄃᆡ法律은一定의推定方法을設ᄒᆞᆷ이아니면實際에其所有權을証明ᄒᆞ기不能ᄒᆞ야其結果가相隣者間의爭鬩을釀成ᄒᆞ고兼ᄒᆞ야公益上可慮ᄒᆞᆯ바ㅣ不無ᄒᆞᆷ에至ᄒᆞᆯ지라故로何國을不問ᄒᆞ고此에關ᄒᆞ야ᄂᆞᆫ皆所謂互有權을認定ᄒᆞ니即此等物은反實의証據가無ᄒᆞᆯ진ᄃᆡ相隣者의共有로推定ᄒᆞᄂᆞ니라

此推定은其當을頗得ᄒᆞᆫ바ㅣ라謂ᄒᆞᆯ지니何者오疆界線上의界標圍障等은皆

에서 허용하지 않는 것이다. 그러나 만약 그 수요가 있는 당사자가 비용의 증가액을 스스로 부담한다면 허용함이 옳고 다른 한쪽 당사자도 이를 거절할 이유가 없다. 만약 그렇지 않고 한쪽 당사자가 이를 거절할 수 있게 한다면 법률이 상린자에게 준 담의 설치권도 그 효용이 없게 될 지도 모른다. 그러므로 법률은 당사자 스스로의 의사로 재료와 높이를 설정하여 시행하도록 하고 그 증가 비용을 스스로 부담하게 함과 동시에, 다른 한쪽 당사자는 법률에서 보통으로 인정한 설치비용의 절반만 부담하게 한다.

경계선상에 설치한 경계표, 담 및 도랑은 상린자의 공유로 추정한다. 대개 경계선상에 있는 이들 물건은 수십 년 전부터 만들어진 것이 매우 많아서 마침내 누가 설치하였는지 알아낼 수 없는 경우가 많나. 이들 경우에 그 소유권에 관하여 분쟁이 있을 텐데, 법률이 일정한 추정 방법을 마련하지 않으면 실제로 그 소유권을 증명할 수 없는 결과 상린자 간의 다툼을 빚어내고 아울러 공익상 우려가 없지 않게 될 것이다. 그러므로 어느 나라를 막론하고 이에 관하여는 모두 이른바 호유권(互有權)을 인정한다. 곧 이들 물건은 반대의 증거가 없으면 상린자의 공유로 추정한다. 이 추정은 자못 타당하다고 할 수 있다. 왜냐하면 경계선상의 경계표, 담 등은 모두

相隣者兩便을爲ᄒᆞ야必要及有益ᄒᆞᆷ은無疑ᄒᆞᆫ事實이니然則此에因ᄒᆞ야利益을受ᄒᆞᄂᆞᆫ者가共同ᄒᆞ야設置ᄒᆞᆫ者로推定ᄒᆞᆷ은事理에當然ᄒᆞᆫ所以니라然이나其相隣者의一便이費用을自擔ᄒᆞ야其高를增高케ᄒᆞᆫ部分은其人의專有로歸ᄒᆞᄂᆞ니라

第三、建物距離

建物을築造ᄒᆞᆷ에ᄂᆞᆫ其疆界線으로브터一定ᄒᆞᆫ距離(日本則一尺五寸以上)를存餘ᄒᆞ기要ᄒᆞᄂᆞ니盖疆界의附近에셔建物을築造ᄒᆞᆷ에當ᄒᆞ야幾分의餘地를存置치아니ᄒᆞᆯ진ᄃᆡ隣地에셔同樣의工事를作爲ᄒᆞᆷ에當ᄒᆞ야餘地가無ᄒᆞᆷ으로不可不自己의土地를充分히存餘ᄒᆞᆷ에至ᄒᆞ리니然則其結果가間接으로隣地의所有權을侵害ᄒᆞᆷ에至ᄒᆞᆯ지라然이나此餘地를存置ᄒᆞᆷ은兩便의利益이니兩便이其半을存置ᄒᆞᆷ은至當ᄒᆞᆫ事理오又其存餘에當ᄒᆞ야ᄂᆞᆫ日本法으로言ᄒᆞᆫ즉三尺에餘地가有ᄒᆞ면可足ᄒᆞᆯ바로認定ᄒᆞ야各其一尺五寸式을存餘케ᄒᆞᆷ이니라

以上規定에不依ᄒᆞ고建物을築造ᄒᆞᆯ진ᄃᆡ此ᄂᆞᆫ違法의行爲니隣地所有者ᄂᆞᆫ何時던지其建物을廢止ᄒᆞ거나變更케ᄒᆞ기得ᄒᆞᆷ이라然이나如斯히事實을不顧

상린자 양쪽을 위하여 필요하고도 유익함은 의문이 없는 사실이다. 그렇다면 이로 인하여 이익을 받는 자가 공동으로 설치한 것으로 추정함이 사리에 당연하기 때문이다.

그러나 한쪽 상린자가 비용을 스스로 부담하여 그 높이를 높인 부분은 그 사람의 단독소유가 된다.

3. 건물의 거리

건물을 축조하려면 그 경계선으로부터 일정한 거리(일본에서는 한 자 다섯 치* 이상)를 남겨두어야 한다. 대개 경계의 부근에서 건물을 축조할 때에 얼마간의 여지(餘地)를 두지 않으면 이웃 토지에서 같은 공사를 할 때에 여지가 없기 때문에 자기의 토지를 충분히 남겨둘 수밖에 없다. 그렇다면 그 결과 간접적으로 이웃 토지의 소유권을 침해하게 될 것이다. 그러나 이 여지를 두면 양쪽의 이익이 되므로 양쪽이 반씩 여지를 두는 것은 지당한 사리이다. 또 그 여지는 일본법으로 말하면 세 자가 있으면 충분하다고 인정되므로 각자 한 자 다섯 치씩을 남겨두게 하는 것이다.

이상의 규정에 따르지 않고 건물을 축조하면 이는 위법한 행위이다. 따라서 이웃 토지 소유자는 언제든지 그 건물을 철거하거나 변경하게 할 수 있을 것이다. 그러나 이렇게 사실을 돌보지 않

* 역자주: 약 45cm

ᄒᆞᆫ單純理만從ᄒᆞᆯ진ᄃᆡ一般經濟上에不利益이生ᄒᆞᄂᆞ니故로法律은此에關ᄒᆞ야도一定ᄒᆞᆫ期間(日本則落成後或着手時로브터一個年)을定給ᄒᆞ야其期間內에在ᄒᆞ야ᄂᆞᆫ廢止變更을隣地所有者의自意로主張케호ᄃᆡ其期間이經過ᄒᆞ도록一言의抗議가無ᄒᆞ얏슬진ᄃᆡ此에關ᄒᆞᆫ損害賠償은請求ᄒᆞᆯ지라도其建物의廢止變更은得行치못ᄒᆞ게ᄒᆞᄂᆞ니라

又窓牖或邊退를設홈에도其疆界線으로브터一定ᄒᆞᆫ距離(日本則三尺以上)를存餘ᄒᆞ고若其遵守ᄒᆞ기不便ᄒᆞᆫ層節이有ᄒᆞᆯ진ᄃᆡ此에目遮를設ᄒᆞ기要ᄒᆞᄂᆞ니蓋窓牖나邊退ᄂᆞᆫ其本質이他人의土地을觀望ᄒᆞ기易ᄒᆞᆫ物인즉其隣地所有者ᄂᆞᆫ此로因ᄒᆞ야自己地內의情形을暴露ᄒᆞ야他人의窺覗ᄒᆞᄂᆞᆫ바가되야不愉快ᄒᆞᆫ感情이不無ᄒᆞ리니然則其人은土地의所有權을充分히行使치못ᄒᆞᄂᆞᆫ結果가生ᄒᆞᆯ지라故로法律은以上과如ᄒᆞᆫ制限을設ᄒᆞᄂᆞᆫ不得已홈에至ᄒᆞᄂᆞ니라

然이나此制限됨이其嚴에失ᄒᆞᆯ진ᄃᆡ其設爲코져ᄒᆞᄂᆞᆫ所有者의權利도侵害에至ᄒᆞ리니故로立法者ᄂᆞᆫ兩便의利害를較計ᄒᆞ야最公平ᄒᆞᆫ程度로制限을設ᄒᆞᄂᆞ니即(一)은疆界線과一定ᄒᆞᆫ距離未滿地에서設爲ᄒᆞᄂᆞᆫ境遇오(二)ᄂᆞᆫ隣地

고 순리만을 따른다면 일반 경제적으로 불이익이 발생한다. 그러므로 법률은 이에 관하여도 일정한 기간(일본에서는 완성 후까지, 또는 착수시로부터 1년)을 정하여 그 기간 내에는 철거나 변경을 이웃 토지 소유자 혼자만의 의사로 주장할 수 있게 한다. 그렇지만 그 기간이 경과하도록 한마디의 항의가 없었다면 이에 관한 손해배상은 청구할지라도 그 건물의 철거나 변경은 하게 할 수 없도록 한다.

또 창 또는 마루를 설치할 때에도 그 경계선으로부터 일정한 거리(일본에서는 세 자* 이상)를 남겨두고 만약 이를 준수하기 불편한 사정이 있으면 여기에 차면시설을 설치하여야 한다. 대개 창이나 마루는 그 본질이 타인의 토지를 바라보기 쉬운 물건이어서, 그 이웃 토지 소유자는 이로 인하여 자기 토지 안의 사정이 드러나고 타인으로부터 엿보이게 되어 유쾌하지 않은 감정이 없지 않을 것이다. 그렇다면 그 사람은 토지의 소유권을 충분히 행사하지 못하는 결과를 낳을 것이다. 그러므로 법률은 부득이 이상과 같은 제한을 마련하기에 이른다.

그러나 이 제한을 엄격하게 하면 창이나 마루를 설치하고자 하는 소유자의 권리도 침해받게 될 것이다. 그러므로 입법자는 양쪽의 이해를 비교하고 헤아려 가장 공평한 정도로 제한을 마련하였다. 곧 ①은 경계선과 일정한 거리 안에서 설치하는 경우이고, ②는 이웃 토지

* 역자주: 三尺은 약 90cm.

가宅地되는境遇에限ᄒᆞᄂᆞ니故로若其隣地가山林田畓等境遇에는制限을不設ᄒᆞ며(三)은以上二條件을具備ᄒᆞᆫ境遇라도絶對的으로禁ᄒᆞᆷ은아니니此境遇에는目遮를設ᄒᆞ기要ᄒᆞᆯ뿐이니라但其材料에至ᄒᆞ야는法律에定ᄒᆞᆯ바ㅣ아니오其地慣習에任ᄒᆞᆯ바ㅣ니何等物을用ᄒᆞ던지窓牖와邊退의前面을掩蔽ᄒᆞ면足ᄒᆞᆯ지라

其距離測量에關ᄒᆞ야는窓牖或邊退가隣地와最近ᄒᆞᆫ點으로브터起算ᄒᆞ야直角線으로疆界線에至ᄒᆞ기ᄭᆞ지測量ᄒᆞᆷ이라

第四、某種工作物의距離

家屋以外의工作物을設爲ᄒᆞᆷ에도衞生과其他의必要를應ᄒᆞ야隣地와相當ᄒᆞᆫ距離를存餘ᄒᆞ기要ᄒᆞᄂᆞ니即日本法으로論ᄒᆞᆫ즉泉井、用水溜、下水溜及肥料溜를穿ᄒᆞᆷ에는疆界線으로브터六尺以上이오池、地窖及厠坑을穿ᄒᆞᆷ에는三尺以上이오水樋을埋ᄒᆞ거나溝渠를穿ᄒᆞᆷ에는疆界線으로브터其深의半以上의距離를要ᄒᆞᆷ이라ᄒᆞ얏스니盖地面을穿ᄒᆞ거나地中에工事를施ᄒᆞᆯ진ᄃᆡ隣地에損害를貽及ᄒᆞᆷ은得免치못ᄒᆞ는事實이니故로立法者는此에所觀이有ᄒᆞ야

가 택지인 경우에 한한다. 그러므로 만약 그 이웃 토지가 산림이나 논밭 등인 경우에는 제한을 두지 않는다. 그리고 ③은 이상의 두 조건을 갖춘 경우라도 절대적으로 금지하지는 않는데, 이 경우에는 차면시설을 설치하여야 할 뿐이다. 다만 그 재료는 법률에서 정할 것은 아니고 그 지역의 관습에 맡겨둘 것이다. 따라서 어떤 물건을 사용하든 창과 마루의 앞면을 가리면 충분하다.

그 거리와 측량에 관하여는 창 또는 마루가 이웃 토지와 가장 가까운 곳으로부터 기산하여 직각선으로 경계선에 이르기까지 측량한다.

4. 어떠한 공작물의 거리

가옥 이외의 공작물을 설치할 때에도 위생과 기타의 필요에 따라 이웃 토지와 상당한 거리를 남겨두어야 한다. 곧 일본법으로 논하면 우물, 저수조, 하수조 및 퇴비장을 파려면 경계선으로부터 여섯 자 이상을, 연못, 지하실 및 화장실을 파려면 세 자 이상을, 그리고 수도관을 매설하거나 도랑을 파려면 경계선으로부터 그 깊이의 반 이상의 거리를 두어야 한다고 하였다. 대개 지면을 파거나 지하에 공사를 시행하면 이웃 토지에 손해를 끼칠 수밖에 없는 것이 사실이다. 그러므로 입법자는 여기에 생각이 있어

疆界線으로브터相當훈距離를存餘홈이아니면此等工事를設行치못호게홈이라然而其距離는工事의性質을因호야均同치아니호니

(一)泉井用水溜下水溜及肥料溜를穿홈에는其距離를他에比호야一層廣濶케호느니盖此等工事는槪其土地를崩壞호거나近傍에濕氣를貽及호야隣地가此로因호야損害를受홀危險이極多호느니故로此等工事에는其距離를他에比호야一層廣濶케홈이라

(二)池(塗池、養魚池等幷)地窖(穴藏穴室)及厠坑을穿홈에는其累를隣地에貽及홈이前項에比홀바ㅣ아니니故로此等工事에는其距離를半減홈이라

(三)水樋을埋호거나溝渠를穿홈에는其深의半以上距離를要홈은盖此等工事는其深을因호야危險의程度를不同히홈으로立法者는其距離를前項과곳치一定치아니호고又其距離가其深의半以上에達홀진딕危險이更無홈으로認定홈이라

但此等工事는前二項에比호야槪其危險이鮮少호느니故로其深이六尺에

경계선으로부터 상당한 거리를 남겨두지 않으면 공사를 시행하지 못하게 한다. 그러나 그 거리는 공사의 성질에 따라 같지 않은데,

① 우물, 저수조, 하수조 및 퇴비장을 팔 때에는 그 거리를 다른 경우에 비하여 한층 넓게 한다. 내개 이들 공사는 그 토지를 붕괴시키거나 근방에 습기가 차게 하여 이웃 토지가 이로 인하여 손해를 받을 위험이 극도로 크다. 그러므로 이들 공사에는 그 거리를 다른 경우에 비하여 한층 넓게 하는 것이다.

② 연못(진흙연못, 양어지(養魚池) 등 모두), 지하실(시하창고, 토굴) 및 화장실을 팔 때에는 이웃 토지에 누를 끼치는 정도가 앞 항에 비할 바는 아니다. 그러므로 이들 공사에서는 그 거리를 반으로 줄인 것이다.

③ 수도관을 매설하거나 도랑을 파려면 그 깊이의 반 이상의 거리를 두어야 한다는 것은, 대개 이들 공사는 그 깊이에 따라 위험의 정도가 달라진다. 따라서 입법자가 그 거리를 앞 항과 같이 하나로 정하지 않고, 또 그 거리가 깊이의 반 이상에 이르면 위험이 더는 없다고 인정한 것이다.

다만 이들 공사는 앞 두 항에 비하여 대개 그 위험이 아주 적다. 그러므로 그 깊이가 여섯 자를

超過ᄒᆞᄂᆞᆫ時가有ᄒᆞᆯ지라도此에例外ᄅᆞᆯ設ᄒᆞ야其距離ᄂᆞᆫ三尺에超過ᄒᆞᆷ을不要ᄒᆞᄂᆞ니라

溝渠의深에至ᄒᆞ야ᄂᆞᆫ疑点이槪無ᄒᆞᆯ지로ᄃᆡ水樋의深에至ᄒᆞ야ᄂᆞᆫ疑点이不無ᄒᆞ나然이나何如間其地面으로始ᄒᆞ야水樋의下部에至ᄒᆞ기ᄭᆞ지測筭ᄒᆞ면足ᄒᆞᆯ지니라

以上各項의工事ᄅᆞᆯ設爲ᄒᆞᆷ에當ᄒᆞ야ᄂᆞᆫ土砂의崩壞와水或汚液의滲漏ᄅᆞᆯ防ᄒᆞᆷ에必要ᄒᆞᆫ注意ᄅᆞᆯ要ᄒᆞᄂᆞ니盖此等工事ᄅᆞᆯ設爲ᄒᆞᆷ에當ᄒᆞ야相當ᄒᆞᆫ距離ᄅᆞᆯ存餘ᄒᆞᆯ지라도此等距離로ᄂᆞᆫ不足이尙有ᄒᆞ니何者오法定의距離가設有ᄒᆞᆯ지라도相當ᄒᆞᆫ注意ᄅᆞᆯ兼要ᄒᆞᆷ이아니면隣地의損害가判然ᄒᆞᆫ所以라假令泉井을穿ᄒᆞᆷ에當ᄒᆞ야相當ᄒᆞᆫ水道ᄅᆞᆯ埋ᄒᆞᆷ이아니면其近傍의土砂가次第로崩壞ᄒᆞᆯ虞慮가有ᄒᆞᆯ뿐아니라其水가次第로滲漏ᄒᆞ야損害가隣地에波及ᄒᆞᆯ지라故로此에關ᄒᆞ야ᄂᆞᆫ特別ᄒᆞᆫ規定을設ᄒᆞᄂᆞ니라

第四章　所有權의消滅

所有權의消滅은一般物權의消滅原因을准ᄒᆞᆯ지오別로他原因을不要ᄒᆞᆷ이라然

초과하는 때가 있을지라도 이에 예외를 마련하여 그 거리가 세 자를 넘을 필요가 없다.

도랑의 깊이에는 의문점이 거의 없지만 수도관의 깊이에는 의문점이 없지 않다. 그러나 어쨌든 간에 그 지면으로부터 수도관의 하부에 이르기까지 측정하면 족할 것이다.

이상 각 항의 공사를 할 때에는 토사의 붕괴와 물이나 오염된 액체의 누출을 막는 데 필요한 주의를 하여야 한다. 대개 이들 공사를 할 때 상당한 거리를 남겨둘지라도 이들 거리로는 오히려 부족하다. 왜냐하면 설령 법정 거리가 있을지라도 상당한 주의를 아울러 요구하지 않는다면 이웃 토지의 손해가 확연하기 때문이다. 가령 우물을 팔 때 상당한 수도를 매설하지 않으면 그 근방의 토사가 차례로 붕괴될 우려가 있을 뿐 아니라 그 물이 차례로 누출되어 손해가 이웃 토지에 미칠 것이다. 그러므로 이에 관하여는 특별한 규정을 마련하였다.

제4장 소유권의 소멸

소유권의 소멸은 일반 물권의 소멸원인을 따라야 하고 다른 원인이 필요 없다. 그

이나學者或所有權消滅의原因은所有權取得의原因을必成ᄒᆞᆷ은아니로되一便의取得原因은他便의消滅原因을必成ᄒᆞᆷ이라ᄒᆞ니此ᄂᆞᆫ誤解의說이라其取得原因도消滅原因을必成치아니ᄒᆞᆷ을注意ᄒᆞᆯ지니라即先占은一個取得의原因은될지라도消滅의原因은不成ᄒᆞᄂᆞ니何者오先占의目的物은恒常無主物되ᄂᆞᆫ所以니라

所有權의消滅原因에關ᄒᆞ야ᄂᆞᆫ各種의立法例와學說이有ᄒᆞ나然이나玆에一一論究ᄒᆞᆯ餘隙이無ᄒᆞᆷ으로省略ᄒᆞ고其所有權에固有ᄒᆞᆫ消滅原因의重要ᄒᆞᆫ點만略揭코져ᄒᆞ노니卽(一)物体의脫遁(二)物体의發見(三)物体의附合(四)物体의混和(五)物体의製作이是라

右第一의境遇ᄂᆞᆫ家畜에關ᄒᆞᆫ消滅의原因이니即人의家畜이他人의誘引或執留에不依ᄒᆞ고他家로移去ᄒᆞ야本主가一定ᄒᆞᆫ期間(日本則魚類鳩種은一週日以內오馴養ᄒᆞ야도逃去ᄒᆞ기易ᄒᆞᆫ野棲禽獸ᄂᆞᆫ一個月以內但動產으로看作ᄒᆞᄂᆞᆫ家畜은此限에不在)內에要求치아니ᄒᆞ면消滅ᄒᆞᆷ이오第二의境遇ᄂᆞᆫ遺失物埋藏物及漂流物의發見이所有權의取得原因이될진ᄃᆡ其物이有主物이면發見者의所有權取得과同時에舊所有者ᄂᆞᆫ所有權을喪失ᄒᆞᆷ이오第三乃至第

러나 학자들은 더러 소유권 소멸의 원인은 반드시 소유권 취득의 원인을 이루지는 않지만 한쪽의 취득 원인은 반드시 다른 쪽의 소멸 원인을 이룬다고 하는데, 이는 질못 이해한 학설이다. 소유권 취득 원인도 반드시 소멸 원인을 이루지는 않음을 주의하여야 할 것이다. 곧 선점은 하나의 취득 원인은 될지라도 소멸의 원인은 이루지 않는다. 왜냐하면 선점의 목적물은 항상 무주물이기 때문이다.

소유권의 소멸 원인에 관하여는 갖가지 입법례와 학설이 있다. 그러나 여기서 일일이 탐구할 여유가 없으므로 생략하고, 소유권에 고유한 소멸 원인에서 중요한 점만 간략히 적고자 한다. 곧 ① 물건의 탈주(脫遁), ② 물건의 발견, ③ 물건의 부합, ④ 물건의 혼화, ⑤ 물건의 제작이 그것이다.

위 첫째 경우는 가축에 관한 소멸의 원인이다. 곧 사람의 가축이 타인의 유인 또는 압류에 의하지 않고 다른 집으로 옮겨간 경우에 본래의 주인이 일정한 기간(일본에서는 어류나 조류는 1주일 이내, 사육하여도 도망가기 쉬운 야생동물은 1개월 이내. 다만 동산으로 간주되는 가축은 그렇지 않다.) 내에 요구하지 않으면 소멸하는 것이다. 둘째 경우는 유실물, 매장물 및 표류물의 발견이 소유권의 취득 원인이 된다면, 그 물건이 유주물(有主物)이면 발견자의 소유권 취득과 동시에 구 소유자는 소유권을 상실하는 것이다. 셋째부터

五의境遇ᄂᆞᆫ從되ᄂᆞᆫ物이主되ᄂᆞᆫ物에合併ᄒᆞ야所有者가新生ᄒᆞᆯ인즉其舊所有者의權利가消滅ᄒᆞᆷ은勿論이니라

以上第三乃至第五의境遇卽添附에因ᄒᆞ야物의所有權이消滅ᄒᆞᆯ진ᄃᆡ其物上에存ᄒᆞ던他權利도消滅ᄒᆞᄂᆞ니卽動産不動産의添附에關ᄒᆞᆫ規定을因ᄒᆞ야一物의所有權이消滅ᄒᆞᄂᆞᆫ境遇更論ᄒᆞᆫ즉從되ᄂᆞᆫ部分의所有權이主되ᄂᆞᆫ部分의所有權과合併ᄒᆞᆫ境遇에ᄂᆞᆫ其物上에存ᄒᆞ던他權利도消滅에歸ᄒᆞᆷ이라假令自己의木材로써他人의土地上에建築을施ᄒᆞᆫ者가有ᄒᆞᆫ境遇에ᄂᆞᆫ其木材의所有權은消滅ᄒᆞ고家屋의所有權이更生ᄒᆞᆯ뿐이오又其家屋은土地所有者에게屬ᄒᆞᆷ이原則이라此境遇에ᄂᆞᆫ木材의賣主가其木材上에先取特權이有ᄒᆞᆯ지라도其先取特權은消滅ᄒᆞᆯ뿐이오(但此境遇에ᄂᆞᆫ其木材가土地所有者의所有物이라도同一ᄒᆞᆫ結果가生ᄒᆞᆷ)又他人을爲ᄒᆞ야質物로米穀을受置ᄒᆞᆫ者가自己의所有米穀과混和ᄒᆞ야畢竟其米穀全部의所有者가된境遇에ᄂᆞᆫ質權도自然消滅ᄒᆞᆷ과如ᄒᆞ니라

然이나此規定을絶對的으로如何ᄒᆞᆫ境遇에던지適用ᄒᆞᆯ진ᄃᆡ他人의權利를侵害ᄒᆞᄂᆞᆫ結果가生ᄒᆞᆯ지니故로右例示ᄒᆞᆫ境遇에其債務者가添附에因ᄒᆞ야成ᄒᆞᆫ物의

다섯째 경우는 종된 물건이 주된 물건과 병합하여 소유자가 새로 생긴 것으로 구 소유자의 권리가 소멸함은 물론이다.

이상 셋째부터 다섯째 경우, 곧 첨부로 인하여 물건의 소유권이 소멸한다면 그 물건 위에 존재하던 다른 권리도 소멸한다. 곧 동산, 부동산의 첨부에 관한 규정에 따라 한 물건의 소유권이 소멸하는 경우, 다시 말하면 종된 부분의 소유권이 주된 부분의 소유권과 병합되는 경우에는 그 물건 위에 존재하던 다른 권리도 소멸하게 된다. 가령 자기의 목재로 타인의 토지 위에 건축을 한 자가 있는 경우에는, 그 목재의 소유권은 소멸하고 가옥의 소유권이 다시 발생할 뿐이고 또 그 가옥은 토지소유자에게 속하는 것이 원칙이다. 이 경우에는 목재의 매도인이 그 목재 위에 선취특권이 있을지라도 그 선취특권은 소멸할 뿐이고(다만 이 경우에는 그 목재가 토지소유자의 소유물이라도 동일한 결과가 발생함), 또 타인을 위하여 질물로 쌀을 수치(受置)한 자가 자기 소유의 쌀과 혼화를 하여 마침내 그 쌀 전부의 소유자가 된 경우에는 질권도 자연히 소멸하는 것과 같다.

그러나 이 규정을 절대적으로 어떠한 경우에든 적용한다면 타인의 권리를 침해하는 결과를 낳을 것이다. 그러므로 위에 예시한 경우에 그 채무자가 첨부로 인하여 이루어진 물건의

單獨所有者가될진대舊先取特權과質權等의目的이되얏던物의消滅을因ᄒᆞ야其上에存ᄒᆞ던先取特權或質權은消滅ᄒᆞᆯ지라도添附에因ᄒᆞ야更生ᄒᆞᆫ物上에同一ᄒᆞᆫ權利나仍存케ᄒᆞᄂᆞ니假令指環에寶石을添入ᄒᆞᆫ境遇에其寶石의所有者가指環全體의所有者가될진대其寶石上에先取特權이有ᄒᆞ얏스면其先取特權은寶石에對ᄒᆞ야ᄂᆞᆫ一次消滅ᄒᆞᆫ바ㅣ라謂ᄒᆞᆯ지라何者오寶石은其本來의名義로ᄂᆞᆫ所在를既失ᄒᆞ고指環의一部로更存ᄒᆞᄂᆞᆫ所以라然이나其先取特權은指環全體上에更存ᄒᆞ야其權利者ᄂᆞᆫ利益을反受ᄒᆞᆷ에至ᄒᆞᆯ지오又質權者가質物로受取ᄒᆞᆫ木板으로器具를製造ᄒᆞᆫ境遇에其器具가木板의本主即質權設定者의所有로歸ᄒᆞᆯ진대其質權은木板에對ᄒᆞ야ᄂᆞᆫ一次消滅ᄒᆞᆯ지라도其器具에對ᄒᆞ야更存ᄒᆞ야質權者ᄂᆞᆫ損失을不受ᄒᆞᆷ과如ᄒᆞ니라

但其合成物混和物及工作物이各所有者의共有物이됨도有ᄒᆞᄂᆞ니此境遇에ᄂᆞᆫ先取特權或質權等은其物의全部에對ᄒᆞ야存ᄒᆞ기不能ᄒᆞᆷ은勿論이나然이나其債務者의所持分上에存ᄒᆞᆷ은得ᄒᆞᄂᆞ니此ᄂᆞᆫ理論의當然ᄒᆞᆫ바오說明을不要ᄒᆞᆯ바ㅣ니라

단독소유자가 된다면 구 선취특권과 질권 등의 목적이 되었던 물건의 소멸로 인하여 그 위에 존재하던 선취특권 또는 질권은 소멸할지라도 첨부로 인하여 나시 생긴 물건 위에 동일한 권리가 여전히 존재하게 한다. 가령 반지에 보석을 끼워 넣은 경우에 그 보석의 소유자기 반지 전체의 소유자가 된다면, 그 보석 위에 선취특권이 있었으면 그 선취특권은 보석에 대하여는 일단 소멸한 것이라고 말할 수 있다. 왜냐하면 보석은 그 본래의 이름으로는 이미 존재를 잃고 빈지의 일부로 다시 존재하기 때문이다. 그러나 그 선취특권은 반지 전체 위에 다시 존재하여 그 권리자는 도리어 이익을 받게 될 것이다. 또 질권자가 질물로 수취한 목판으로 도구를 제작한 경우에 그 도구가 목판의 본래 주인, 곧 질권설정자의 소유가 되면 그 실권은 목판에 대하여는 일단 소멸할지라도 그 도구에 대하여 다시 존재하여 질권자는 손실을 받지 않는 것과 같다.

다만 그 합성물, 혼화물 및 공작물이 각 소유자의 공유물이 되는 경우도 있는데, 이 경우에는 선취특권 또는 질권 등은 그 물건의 전부에 대하여 존재할 수 없음은 물론이다. 그러나 그 채무자의 지분 위에 존재할 수는 있는데, 이는 이론상 당연한 바이고 설명이 필요 없다.

以上은主되는部分이先取特權或質權等의目的된境遇에關ᄒᆞ야主論ᄒᆞᆫ바ㅣ나若其從되는部分이此等權利의目的된境遇에는其債權者는所有者가受ᄒᆞ는償金上에對ᄒᆞ야其權을行使ᄒᆞᄂᆞ니라

第五章 共有

共有는數人이所有權을持ᄒᆞ는事實이니其原因에至ᄒᆞ야는不一ᄒᆞ나大凡以下四種에不出ᄒᆞᄂᆞ니라(一)相續(家督相續人은一人됨이常例로ᄃᆡ家族의遺產相續에는分割主義를多取ᄒᆞᆷ)(二)組合(三)夫婦財產契約(所謂共產制를取ᄒᆞ는時)(四)共同契約(假令二人이共同ᄒᆞ야一個不動產을買收ᄒᆞᆷ과如ᄒᆞᆷ)이是라此中에도民法上特別規定이不少ᄒᆞ나然이나其別規定을除ᄒᆞᆫ外에는皆本章에說明ᄒᆞ는法理를從ᄒᆞᄂᆞ니라

第一節 共有者의權利義務

第一、權利

(一)使用 各共有者는共有物全部에對ᄒᆞ야其所持分을應ᄒᆞ야使用ᄒᆞ기得ᄒᆞᄂᆞ니盖物은數人이同時에使用ᄒᆞ기不得ᄒᆞᆷ이本來의性質이라然則各共

이상은 주된 부분이 선취특권 또는 질권 등의 목적이 된 경우에 관하여 주로 논하였다. 그러나 만약 그 종된 부분이 이들 권리의 목적이 된 경우에는 그 채권자는 소유자가 받는 보상금에 대하여 그 권리를 행사한다.

제5장 공유

공유는 수인(數人)이 소유권을 갖는 사실이다. 그 원인은 하나가 아니지만 대체로 이하의 네 가지밖에 없다. ① 상속(호주상속인*은 1인인 것이 상례이지만 가족의 유산상속에서는 분할주의를 많이 취함), ② 조합,** ③ 부부재산계약(이른바 공유재산제를 취하는 때), ④ 공동계약(가령 2인이 공동으로 하나의 부동산을 매수하는 것과 같음)이 그것이다. 이 중에서도 민법상 특별한 규정이 적지 않으나, 그 다른 규정을 제외하면 모두 이 장에서 설명하는 법리를 따른다.

제1절 공유자의 권리의무

I. 권 리

〈1〉 사용: 각 공유자는 공유물 전부에 대하여 그 지분에 따라 사용할 수 있다. 대개 물건은 수인이 동시에 사용할 수 없는 것이 본래의 성질이다. 그렇다면 각 공

---

* 역자주: 원문은 '家督相續人'으로 표현함.
** 역자주: 현행 민법상 조합재산이 합유(제271조)인 것과 비교.

有者ᄂᆞᆫ完全ᄒᆞᆫ所有者와ᄀᆞᆺ치使用ᄒᆞᆷ은不得ᄒᆞᆯ지나然이나他共有者의權利ᄅᆞᆯ不害ᄒᆞᆯ範圍內에在ᄒᆞ야ᄂᆞᆫ此ᄅᆞᆯ使用ᄒᆞᆯ지오其程度에關ᄒᆞ야ᄂᆞᆫ或各共有者의所持分에不拘ᄒᆞ고使用케ᄒᆞᄂᆞᆫ主義와事實도有ᄒᆞ나然이나此ᄂᆞᆫ不公平을未免ᄒᆞᆯ지라故로各共有者ᄂᆞᆫ其所持分을應ᄒᆞ야使用ᄒᆞᄂᆞ니라

但共有權은元來物의全部上에存ᄒᆞᆷ인즉各共有者ᄂᆞᆫ物의一部만使用ᄒᆞᆯᄲᅮᆫ아니라其全部ᄅᆞᆯ使用ᄒᆞᆷ도有ᄒᆞᄂᆞ니假令家屋에關ᄒᆞ야ᄂᆞᆫ各共有者ᄂᆞᆫ其一室或數室만使用ᄒᆞ고全部ᄅᆞᆯ使用치못ᄒᆞᆷ이아니라然이나家屋이라도數人中一人만恒常獨占ᄒᆞ고他所有者ᄂᆞᆫ使用ᄒᆞ기不得ᄒᆞᆯ理由ᄂᆞᆫ無ᄒᆞ며又或其所持分이均一치아니ᄒᆞ야甲은三分의二오乙은三分의一을持ᄒᆞᄂᆞᆫ境遇에ᄂᆞᆫ甲은其家屋의二倍ᄅᆞᆯ使用ᄒᆞᄂᆞᆫ權利가有ᄒᆞᆯ지니假令甲은自己의居室及書齋等을爲ᄒᆞ야二室을占有ᄒᆞ되乙은一室만占有ᄒᆞ고客室과其他ᄂᆞᆫ皆甲이使用ᄒᆞ야乙의二倍됨과如ᄒᆞᆫ類오又假令乘馬ᄅᆞᆯ共有ᄒᆞᄂᆞᆫ境遇에甲乙이其全部ᄅᆞᆯ使用ᄒᆞ기共得ᄒᆞᆷ은勿論이나然이나此等物은家屋과ᄀᆞᆺ치同時에使用ᄒᆞᆷ은不得ᄒᆞᄂᆞ니甲이三分의二ᄅᆞᆯ持ᄒᆞ고乙이三分의一을持ᄒᆞᆯ진대甲

유자는 완전한 소유자와 같이 사용할 수는 없을 것이다. 그러나 다른 공유자의 권리를 해하지 않는 범위 내에서는 이를 사용할 수 있을 것이다. 그 정도에 관하여는 더러 각 공유자의 지분과 관계없이 사용하게 하는 견해와 사실도 있다. 그러나 이는 불공평할 수밖에 없다. 그러므로 각 공유자는 그 지분에 따라 사용하는 것이다.

다만 공유권은 원래 물건 전부의 위에 존재하므로 각 공유자는 물건의 일부만 사용할 뿐 아니라 그 전부를 사용하기도 한다. 가령 가옥에 관하여는 각 공유자는 하나 또는 여러 개의 방만 사용하고 전부를 사용하지 못하는 것이 아니다. 그러나 가옥이라도 수인 중 1인만 항상 독점하고 다른 소유자는 사용하지 못할 이유는 없다. 또 더러 지분이 동일하지 않아서 甲은 3분의 2이고 乙은 3분의 1을 가지는 경우에는 甲은 그 가옥의 2배를 사용할 권리가 있을 것이다. 가령 甲은 자기의 거실 및 서재 등을 위하여 두 방을 점유하고, 乙은 한 방만 점유하고 각 방과 다른 곳은 모두 甲이 사용하여 乙의 두 배가 되는 것과 같은 부류이다. 또 가령 타고 다니는 말을 공유하는 경우에 甲과 乙이 모두 그 전부를 사용할 수 있음은 물론이다. 그러나 이들 물건은 가옥과 같이 동시에 사용할 수 없다. 따라서 甲의 지분이 3분의 2이고 乙의 지분이 3분의 1이라면 甲

은二日間을使用ᄒᆞ고乙은一日間을使用홈과如홈이라然이나其實際에至ᄒᆞ야ᄂᆞᆫ共有者間에規約을特設ᄒᆞ야使用方法을定홈이多ᄒᆞ니라

(一)推定　各共有者의所持分은法律上互相均等ᄒᆞᆫ者로推定ᄒᆞᄂᆞ니盖所持分은共有의原因을因ᄒᆞ야各自分定홈이原則이나然이나時或所持分이分明치아니ᄒᆞᆫ境遇도不無ᄒᆞᄂᆞ니如斯ᄒᆞᆫ境遇에ᄂᆞᆫ法律上其所持分이互相均等ᄒᆞᆫ바로推定ᄒᆞᄂᆞ니라假令組合財産에關ᄒᆞ야別規定이無ᄒᆞᆯ진대出資의比例를應ᄒᆞ야各組合員의所持分을定ᄒᆞᆯ지오又共産制에關ᄒᆞ야別契約이無ᄒᆞᆯ진대夫婦平等의比例로其財産을共有홈과如ᄒᆞ니라

(二)變更　各共有者ᄂᆞᆫ他共有者의同意가아니면共有物에對ᄒᆞ야變更을加치못ᄒᆞ고他共有者의同意를必要ᄒᆞᄂᆞ니盖物의變更은即物의處分이어ᄂᆞᆯ他共有者의同意를不得ᄒᆞ고一個人의自意로變更ᄒᆞ기可得ᄒᆞᆯ진대此ᄂᆞᆫ他人의權利를侵害ᄒᆞᄂᆞᆫ바ㅣ라謂ᄒᆞᆯ지라故로法律上此制限을特設ᄒᆞᄂᆞ니라各共有者ᄂᆞᆫ共有物各部에對ᄒᆞ야所有權을持ᄒᆞᄂᆞ니其所有權의特質되ᄂᆞᆫ處分權도持홈은勿論이라然이나若其共有者間에意見이衝突ᄒᆞᆯ진대其權

은 이틀 동안 사용하고 乙은 하루 동안을 사용하는 것과 같다. 그러나 실제로는 공유자 간에 규약을 특별히 마련하여 사용 방법을 정하는 경우가 많나.

〈2〉 추정: 각 공유사의 지분은 법률상 서로 균등한 것으로 추정한다. 대개 지분은 공유의 원인에 따라 각자 나누어 정하는 것이 원칙이다. 그러나 때로는 지분이 분명하지 않은 경우도 없지 않다. 이러한 경우에는 법률상 그 지분이 서로 균등한 것으로 추정한다. 가령 조합재산에 관하여 다른 규정이 없으면 출자의 비율에 따라 각 조합원의 지분을 정하여야 하고, 또 공유재산제에 관하여 다른 계약이 없으면 부부가 평등한 비율로 그 재산을 공유하는 것과 같다.

〈3〉 변경: 각 공유자는 다른 공유자의 동의가 없으면 공유물에 대하여 변경을 가하지 못하고 반드시 다른 공유자의 동의가 있어야 한다. 대개 물건의 변경은 곧 물건의 처분인데, 다른 공유자의 동의를 얻지 않고 한 개인 혼자만의 의사로 변경할 수 있게 한다면 이는 타인의 권리를 침해하는 것이라고 할 수 있다. 그러므로 법률상 이 제한을 특별히 마련하였다. 각 공유자는 공유물 각 부분에 대하여 소유권을 가지는데, 소유권의 특질인 처분권도 가짐은 물론이다. 그러나 만약 공유자 간에 의견이 충돌한다면 그 권리을行使치못ᄒᆞᄂᆞ니假令甲의意見을從ᄒᆞᆫ즉乙丙等의處分權을害ᄒᆞ고乙丙等의意見을從ᄒᆞᆫ즉甲의處分權을害ᄒᆞᆷ과如ᄒᆞᆷ이라故로如斯ᄒᆞᆫ境遇에ᄂᆞᆫ共有者全體의意見을要ᄒᆞᄂᆞ니라

(四)管理　共有物管理에關ᄒᆞᄂᆞᆫ事項은右第三의境遇外에ᄂᆞᆫ各共有者所持分의價値를從ᄒᆞ야其過半數로써決定ᄒᆞ고但其保存行爲에至ᄒᆞ야만各其自爲ᄒᆞᆷ을得ᄒᆞᄂᆞ니蓋共有物도適當ᄒᆞᆫ方法으로管理ᄒᆞᆷ이아니면破壞耗損等의虞慮가有ᄒᆞᆷ이라故로原則上其保管은共有者의全數同意를不要ᄒᆞ고過半數로써決定케ᄒᆞᄂᆞ니라

但物을變更ᄒᆞᆷ은設或其目的이管理(保存利用改良)에在ᄒᆞᆯ지라도全數同意를要ᄒᆞ고又其保存行爲에至ᄒᆞ야ᄂᆞᆫ多數決도不要ᄒᆞ고各共有者의專斷으로得爲케ᄒᆞᄂᆞ니若不然ᄒᆞᆯ진대物의毁損耗損을未免ᄒᆞᆯ지니라 (假令家屋의小修繕과損敗ᄒᆞ기易ᄒᆞᆫ物의放賣等과如ᄒᆞᆷ)

玆에過半數라ᄒᆞᆷ은人의頭數로言ᄒᆞᆷ이아니오各共有者의所持分價値를從ᄒᆞ야定ᄒᆞᆷ이니假令五人의共有者中甲은三分一이오乙은四分一이오丙은

를 행사하지 못한다. 가령 甲의 의견에 따르면 乙, 丙 등의 처분권을 해하고 乙, 丙 등의 의견에 따르면 甲의 처분권을 해하는 것과 같다. 그러므로 이러한 경우에는 공유자 전체의 의견이 필요하다.

〈4〉 관리: 공유물 관리에 관한 사항은 위 셋째 경우 외에는 각 공유자 지분의 가치에 따라 과반수로 결정하고, 다만 보존행위에서만 각기 스스로 할 수 있다. 대개 공유물도 적당한 방법으로 관리하지 않으면 파괴되거나 손상되는 등의 우려가 있다. 그러므로 원칙상 그 보관은 공유자 전부의 동의가 요구되지 않고 과반수로 결정하게 한다.

다만 물건을 변경하는 것은 설령 그 목적이 관리(보존, 이용, 개량)에 있을지라도 전부의 동의가 필요하고, 또 보존행위는 다수결도 요구되지 않고 각 공유자가 혼자서도 할 수 있게 한다. 이는 만약 그렇지 않다면 물건의 훼손이나 손상될 수밖에 없다(가령 가옥의 소수선과 부패하기 쉬운 물건의 매각 등과 같음).

여기서 과반수란 사람의 머릿수로 말하는 것이 아니고 각 공유자의 지분 가치에 따라 정하는 것이다. 가령 5인의 공유자 중 甲의 지분은 3분의 1, 乙의 지분은 4분의 1, 丙의 지분은

五分一을持ᄒᆞ고丁戊ᄂᆞᆫ其殘餘ᄅᆞᆯ折半ᄒᆞ야持ᄒᆞᆯ진대甲乙의意見과丙丁戊의意見이衝突ᄒᆞᄂᆞᆫ境遇에ᄂᆞᆫ頭數로言ᄒᆞᆫ즉丙丁戊의意見을從ᄒᆞᆯ지로ᄃᆡ所持分의價値ᄅᆞᆯ從ᄒᆞᄂᆞᆫ結果로甲乙의意見을從ᄒᆞᆷ과如ᄒᆞᆷ이니라

第二、義務

各共有者ᄂᆞᆫ其所持分을應ᄒᆞ야管理의費用과其他共有物의負擔을任ᄒᆞᄂᆞ니盖物의管理에ᄂᆞᆫ相當ᄒᆞᆫ費用을要ᄒᆞ고其他不動產에ᄂᆞᆫ租稅가有ᄒᆞᆷ이라此等費用及租稅ᄂᆞᆫ物의全部ᄅᆞᆯ爲ᄒᆞᆷ이니各共有者가分擔ᄒᆞᆷ은勿論이니라

共有者中以上義務ᄅᆞᆯ不履行ᄒᆞᆷ이如有ᄒᆞᆯ진대毋論普通의方法으로其履行을强制ᄒᆞᆯ지로ᄃᆡ如斯히ᄒᆞᆷ은勞費가不少ᄒᆞᆯᄲᅮᆫ아니라共有者ᄂᆞᆫ其共有物에關ᄒᆞ야勿論何事ᄒᆞ고共同作爲ᄒᆞᆷ이其本分이어ᄂᆞᆯ若其一人이義務ᄅᆞᆯ不履行ᄒᆞᆯ진ᄃᆡ其人은共有ᄅᆞᆯ永遠維持치못ᄒᆞᆷ이多ᄒᆞᆯ지라故로如斯ᄒᆞᆫ境遇에ᄂᆞᆫ法律上一定ᄒᆞᆫ期間(日本則一個年)을設ᄒᆞ야其期間內에義務ᄅᆞᆯ不履行ᄒᆞᆯ진ᄃᆡ他共有者ᄂᆞᆫ相當ᄒᆞᆫ償金을支給ᄒᆞ고其者의所持分을取得케ᄒᆞᄂᆞ니라

盖此規定은法律의力으로共有者의權利ᄅᆞᆯ奪ᄒᆞᆷ이니故로其取得權을容易히

5분의 1이고 丁, 戊는 그 나머지의 반반씩을 지분으로 가진다면, 甲, 乙의 의견과 丙, 丁, 戊의 의견이 충돌하는 경우에는 머릿수로 말하면 丙, 丁, 戊의 의견에 따라야겠지만 지분 가치에 따르는 결과 甲, 乙의 의견에 따르는 것과 같다.

II. 의 무

각 공유자는 그 지분에 따라 관리의 비용과 기타 공유물의 부담을 맡는다. 대개 물건의 관리에는 상당한 비용이 필요하고 기타 부동산에는 조세가 있다. 이들 비용 및 조세는 물건 전부를 위한 것이므로 각 공유자가 분담함은 물론이다.

만약 공유자 중에서 이상의 의무를 이행하지 않는 경우가 있으면 물론 보통의 방법으로 그 이행을 강제하여야 할 것이다. 그런데 이렇게 하는 것은 비용과 노력이 적지 않게 들 뿐 아니라, 공유자는 그 공유물에 관하여 어떤 일인지를 막론하고 공동으로 행하는 것이 그 본분인데 만약 그 중 1인이 의무를 이행하지 않는다면 그 사람은 공유를 영원히 유지하지 못하는 경우가 많을 것이다. 그러므로 이러한 경우에는 법률상 일정한 기간(일본에서는 1년)을 두어 그 기간 내에 의무를 이행하지 않으면 다른 공유자는 상당한 보상금을 지급하고 그 자의 지분을 취득하게 한다.

대개 이 규정은 법률의 힘으로 공유자의 권리를 박탈하는 것이다. 그러므로 그 취득권을 용이하게

行使치아니ᄒᆞ고一定ᄒᆞᆫ期間을限給ᄒᆞ야履行을懈怠케ᄒᆞᄂᆞᆫ者에만對ᄒᆞ야制裁로加ᄒᆞᄂᆞ니라

次에共有者中一人이共有物에關ᄒᆞ야他共有者에게對ᄒᆞᄂᆞᆫ債權關係를一言코져ᄒᆞ노니共有者中一人이共有物에關ᄒᆞ야他共有者에對ᄒᆞᄂᆞᆫ債權은其特定承繼人을對ᄒᆞ야도行ᄒᆞ기得ᄒᆞᆷ이라

蓋債權은其性質上第三者에게對抗ᄒᆞ기不得ᄒᆞᄂᆞᆫ者인즉共有者中一人이其所持分을他人에게讓與ᄒᆞ얏스면他共有者ᄂᆞᆫ其人을對ᄒᆞ야有ᄒᆞᆫ바債權은其讓受人에게對抗치못ᄒᆞᆷ이原則이니라

然이나此原則을何如ᄒᆞᆫ境遇에던지適用케ᄒᆞᆯ진대共有者中一人은自己의所持分을他人에게讓與ᄒᆞ야其義務를可히得免ᄒᆞ야此로因ᄒᆞ야他共有者ᄂᆞᆫ損害를受ᄒᆞᆷ이不少ᄒᆞᆯ지라學者或云其讓受人은義務를承繼ᄒᆞᆷ이無ᄒᆞᆯ지라도其讓與人도讓與에因ᄒᆞ야其義務를免ᄒᆞ지못ᄒᆞ리니然則他共有者에게損害가不及ᄒᆞ리라ᄒᆞ나然이나共有物에關ᄒᆞᄂᆞᆫ債權은旣已共有者가아닌者에對ᄒᆞ야行ᄒᆞ기不得ᄒᆞᆷ이不少ᄒᆞ고又此境遇에ᄂᆞᆫ讓與人의義務ᄂᆞᆫ損害賠償에止ᄒᆞᆯ뿐이오他共有

행사하게 하지 않고 일정한 기간을 주어 이행을 게을리하는 자에 대하여만 제재로 가하는 것이다.

다음으로 공유물에 관하여 공유자 중 1인의 다른 공유자에 대한 채권관계를 말하고자 한다. 공유자 중 1인이 공유물에 관하여 다른 공유자에 대한 채권은 그 특정승계인에 대하여도 행사할 수 있다.

대개 채권은 그 성질상 제3자에게 대항할 수 없는 것이다. 따라서 공유자 중 1인이 그 지분을 타인에게 양도하였다면 다른 공유자는 그 사람에 대하여 가지는 채권은 양수인에게 대항하지 못하는 것이 원칙이다.

그러나 이 원칙을 어떠한 경우이든 적용하게 한다면 공유자 중 1인은 자기의 지분을 타인에게 양도하여 그 의무를 면할 수 있게 되어, 이로 인하여 다른 공유자는 손해를 적지 않게 받을 것이다. 학자들은 더러, 양수인은 의무를 승계하지 않을지라도 양도로 인하여 그 의무를 면하지 못할 것이고, 그렇다면 다른 공유자에게 손해가 미치지 않을 것이라고 한다. 그러나 공유물에 관한 채권은 이미 공유자가 아닌 자에 대하여 행할 수 없는 경우가 적지 않다. 또 이 경우에는 양도인의 의무는 손해배상에 그칠 뿐이고 다른 공유

者의權利ᄂᆞᆫ十分行使ᄒᆞ기不得ᄒᆞᆯ지니故로現在의共有者된讓受人을對ᄒᆞ야도其債權을行使ᄒᆞ기得케ᄒᆞᆷ이니라

如斯히理論을不拘ᄒᆞ고其讓受人을對ᄒᆞ야도行ᄒᆞ기得케ᄒᆞᄂᆞᆫ理由ᄂᆞᆫ他共有者ᄅᆞᆯ爲ᄒᆞ야便利ᄒᆞᆯᄲᅮᆫ아니라其讓受人은讓與人의義務ᄅᆞᆯ詳悉ᄒᆞᆫ後에야讓受ᄒᆞ리니受損의虞慮가毫無ᄒᆞ며或其不注意에因ᄒᆞ야義務의存否ᄅᆞᆯ不知ᄒᆞᆫ者가設在ᄒᆞᆯ지라도其讓與人을對ᄒᆞ야求償權이有ᄒᆞᆷ은勿論이니然則其讓受人은多大의損害ᄂᆞᆫ不受ᄒᆞᆯ지니라

玆에所謂債權이라ᄒᆞᆷ은共有物에關ᄒᆞᄂᆞᆫ債權이니假令物의使用이나管理의方法에關ᄒᆞᆫ契約으로브터生ᄒᆞᄂᆞᆫ者와管理의費用이나其他共有物의負擔에關ᄒᆞ야分擔의比例ᄅᆞᆯ定ᄒᆞᆫ契約으로브터生ᄒᆞᄂᆞᆫ者와他共有者가先下ᄒᆞᆫ費用이나其他의負擔或期間分割을不爲ᄒᆞᆯ契約으로브터生ᄒᆞᄂᆞᆫ者와(其詳細ᄂᆞᆫ次節에示ᄒᆞᆷ) 分割에關ᄒᆞᄂᆞᆫ契約으로브터生ᄒᆞᄂᆞᆫ者等이是니라

又特定承繼人이라ᄒᆞᆷ은共有者의所持分讓受人을主指ᄒᆞᆷ이니玆에說明ᄒᆞᄂᆞᆫ規定은其債務가特定承繼人에게依例移轉이라ᄒᆞᆷ이아니오只其他共有者의權利

자의 권리는 충분히 행사할 수 없을 것이다. 그러므로 현재의 공유자인 양수인에 대하여도 그 채권을 행사할 수 있게 하는 것이다.

이렇게 이론에 구애받지 않고 그 양수인에 대하여도 행할 수 있게 하는 이유는, 다른 공유자를 위하여 편리할 뿐 아니라 그 양수인은 양도인의 의무를 상세히 숙지한 뒤에야 양수할 것이므로 손해를 받을 우려가 전혀 없다. 그리고 설령 양수인이 부주의로 인하여 의무의 존부를 알지 못한 경우가 있더라도 양도인에 대하여 구상권을 가짐은 물론이다. 그렇다면 양수인은 아주 큰 손해는 받지 않을 것이다.

여기서 이른바 채권이란 공유물에 관한 채권으로, 가령 물건의 사용이나 관리의 방법에 관한 계약으로부터 발생한 것과 관리의 비용이나 기타 공유물의 부담에 관하여 분담의 비율을 정한 계약으로부터 발생한 것, 그리고 다른 공유자가 먼저 지출한 비용이나 기타 부담, 또는 일정한 기간 동안 분할을 금지하는 계약으로부터 발생한 것과(상세한 것은 다음 절에서 보임) 분할에 관한 계약으로부터 발생한 것 등이 그것이다.

또 특정승계인이란 주로 공유자의 지분 양수인을 가리키는데, 여기서 설명하는 규정은 그 채무가 특정승계인에게 으레 이전된다는 것이 아니고 다만 기타 공유자의 권리로特定承繼人에게對ᄒᆞ야도其債權의履行을求ᄒᆞ기得홈에不過홈이라故로讓與人은其義務를得免치못홈은勿論이오他共有者는自己의選擇을從ᄒᆞ야或은讓與人에게對ᄒᆞ고或은讓受人에게對ᄒᆞ고又或은同時에兩人에게對ᄒᆞ야其履行을請求ᄒᆞ기皆得ᄒᆞᄂᆞ니라

次에共有者中一人이其所持分을抛棄ᄒᆞ거나相續人이無ᄒᆞ고死亡ᄒᆞᆫ境遇에其所持分의歸屬處를論코져ᄒᆞ노니此境遇에ᄂᆞᆫ其所持分이無主物이不成ᄒᆞ고他共有者에게歸屬홈이라

蓋此等規定이無홀진ᄃᆡ共有者中一人이其所持分을抛棄ᄒᆞᆫ즉其所持分은無主物이되야其物이動產이면先占人이所有者가될지오不動產이면國의所有로歸홀ᄲᅮᆫ이니라

然이나此ᄂᆞᆫ人情에違背홀ᄲᅮᆫ아니라實際에도必要가無ᄒᆞ니其物이動產이면理論上先占을因ᄒᆞ야所有權을取得홀지라도實際에ᄂᆞᆫ他共有者가既有ᄒᆞᆫ즉他人이占有ᄒᆞ기不能홈은勿論이오又其共有者中에도先占의意思가有ᄒᆞᆫ者도有홀지나然이나其上에權利가既有ᄒᆞᆫ즉抛棄者의所持分에對ᄒᆞ야占有의意思를更

로 특정승계인에 대하여도 그 채권의 이행을 청구할 수 있는 데 불과하다. 그러므로 양도인은 그 의무를 면하지 못함은 물론이고 다른 공유자는 자기의 선택에 따라 더러는 양도인에 대하여, 더러는 양수인에 대하여, 더러는 동시에 두 사람에 대하여 그 이행을 청구하는 것이 모두 가능하다.

다음으로 공유자 중 1인이 그 지분을 포기하거나 상속인 없이 사망한 경우에 그 지분의 귀속을 논하고자 한다. 이 경우에는 그 지분이 무주물이 되지 않고 다른 공유자에게 귀속된다.

대개 이들 규정이 없다면 공유자 중 1인이 그 지분을 포기하면 그 지분은 무주물이 되어 그 물건이 동산이면 선점자가 소유자가 될 것이고 부동산이면 국가의 소유가 될 뿐이다.

그러나 이는 사람의 마음에 거슬릴 뿐 아니라 실제로도 필요가 없다. 그 물건이 동산이면 이론상 선점으로 인하여 소유권을 취득할지라도 실제로는 이미 다른 공유자가 있으면 타인이 점유할 수 없음은 물론이다. 또 그 공유자 중에도 선점의 의사가 있는 자도 있을 것이나, 공유물 위에 권리가 이미 있으면 포기자의 지분에 대하여 점유의 의사를 다시

表ᄒᆞᆷ도罕稀ᄒᆞᆯ지오且共有者가數人되ᄂᆞᆫ境遇에ᄂᆞᆫ其數人이同時에占有의意思를表示ᄒᆞᆷ도得爲치못ᄒᆞᆯ事實이오其事實이設有ᄒᆞᆯ지라도何人이先發ᄒᆞᆷ을知得ᄒᆞ기極難ᄒᆞᆯ지며若其物이不動産이면國의所有로歸ᄒᆞᆯ지나然이나元來此規定은實로不得已ᄒᆞᆷ에出ᄒᆞᆫ바ㅣ니適用의必要가無ᄒᆞᆯ진ᄃᆡ其適用을避ᄒᆞᆷ이可ᄒᆞ며特又共有物은國의所有로歸케ᄒᆞᆯ지라도實際의不便이不少ᄒᆞᄂᆞ니然則此를他共有者에게給與ᄒᆞᆷ이便利ᄒᆞ며且無主의不動産을國의所有로歸케ᄒᆞᄂᆞᆫ主義ᄂᆞᆫ先占에關ᄒᆞᄂᆞᆫ爭鬪를避코져ᄒᆞᆷ도一個方策이나然이나此共有境遇에ᄂᆞᆫ國의所有로不歸ᄒᆞ야도他弊害가別無ᄒᆞᆯ지니라

又共有者의相續人이無ᄒᆞᆫ境遇에ᄂᆞᆫ設或其物이動産이라도相續財産의一部가되ᄂᆞ니然則相續法의規定으로論ᄒᆞᆫ즉國의所有로歸ᄒᆞᆯ바와如ᄒᆞ나然이나此ᄂᆞᆫ不動産에關ᄒᆞ야說明ᄒᆞᆷ과同一ᄒᆞᆫ理由로他共有者에게歸케ᄒᆞᆷ이可ᄒᆞ며共有者가二人되ᄂᆞᆫ境遇에ᄂᆞᆫ其共有物이專有物이되ᄂᆞ니經濟上의結果로論ᄒᆞ야도此方法이可ᄒᆞ며共有者가三人以上되ᄂᆞᆫ境遇에ᄂᆞᆫ漸次共有가變ᄒᆞ야專有로歸ᄒᆞᄂᆞᆫ傾向이有ᄒᆞᆯ뿐아니라共有者의數가漸減ᄒᆞᆫ즉弊害도亦減ᄒᆞᄂᆞ니然則何點으

표시하는 경우도 매우 드물 것이다. 그리고 공유자가 수인인 경우에는 그 수인이 동시에 점유의 의사를 표시할 수도 없고, 설령 그런 사실이 있을지라도 누가 먼저 표시하였는지 알아내기도 극히 어려울 것이다. 만약 그 물건이 부동산이면 국가의 소유가 될 것이다. 그러나 원래 이 규정은 실로 부득이하게 나온 것이어서 적용할 필요가 없으면 그 적용을 피하는 것이 옳으며, 특히 공유물은 국가의 소유로 되게 할지라도 실제로 불편이 적지 않다. 그렇다면 이를 다른 공유자에게 주는 것이 편리하다. 또한 무주의 부동산을 국가의 소유가 되게 하는 태도는 선점에 관한 다툼을 피하고자 하는 하나의 방책이다. 그러나 이 공유의 경우에는 국가의 소유가 되지 않게 하여도 다른 폐해가 별로 없을 것이다.

또한 공유자의 상속인이 없는 경우에는 설령 그 물건이 동산이라도 상속재산의 일부가 된다. 그렇다면 상속법의 규정으로 논하면 국가의 소유가 될 것 같다. 그러나 이는 부동산에 관한 설명과 동일한 이유로 다른 공유자에게 귀속되게 하는 것이 옳으며, 공유자가 2인인 경우에는 그 공유물이 단독소유물이 되는데 경제적인 결과로 논하여도 이 방법이 옳다. 공유자가 3인 이상인 경우에는 점차 공유가 변하여 단독소유로 되는 경향이 있을 뿐 아니라 공유자의 수가 점차 감소하면 폐해도 역시 감소한다. 그렇다면 어떤 점에

로觀察ᄒᆞ던지他共有者의所有로歸屬ᄒᆞ고無主物로不作ᄒᆞᄂᆞᆫ主義ᄂᆞᆫ理論을貫徹ᄒᆞᆫ바ㅣ라謂ᄒᆞᆯ지니라

第二節　共有物의分割

各共有者ᄂᆞᆫ何時던지共有物의分割을請求ᄒᆞ기得ᄒᆞᄂᆞ니此ᄂᆞᆫ無他라元來共有ᄂᆞᆫ經濟上甚히不利益됨에因홈이니라何者오共有者의意見이恒常合致홈이아니면充分히物의利用及改良이不能ᄒᆞᆯᄲᅮᆫ아니라各共有者ᄂᆞᆫ自己의專有物과ᄀᆞᆺ치利害ᄅᆞᆯ不感홈에因ᄒᆞ야其物의利用及改良에熱心치아니홈은人情의自然ᄒᆞᆫ바ㅣ라故로共有物은充分ᄒᆞᆫ利用과改良을不受홈이多ᄒᆞ니라是乃各國의立法者가皆共有ᄅᆞᆯ迅速히終了ᄒᆞ고分割을容易케홈에勉力ᄒᆞᄂᆞᆫ바ㅣ니即原則上各共有者一人의意思로何時던지分割을請求ᄒᆞ고設或反對의契約을締結홈이有ᄒᆞᆯ지라도其契約은無效에歸케ᄒᆞᄂᆞ니라

但法定ᄒᆞᆫ期間內日本則五個年에在ᄒᆞ야ᄂᆞᆫ分割不爲의契約을許홈도有ᄒᆞᄂᆞ니此ᄂᆞᆫ共有者間의需要ᄅᆞᆯ從ᄒᆞ거나物의價格高低ᄅᆞᆯ因ᄒᆞ야分割치아니홈이一時利益됨도有홈이라即此境遇에ᄂᆞᆫ短期의不分割을契約ᄒᆞᆯ지라도國益上에大害의虞慮

서 보든 다른 공유자의 소유로 귀속하고 무주물로 삼지 않는 태도는 이론을 관철한 것이라고 말할 수 있다.

제2절 공유물의 분할

각 공유자는 언제든지 공유물의 분할을 청구할 수 있다. 이는 다른 것이 아니라 원래 공유는 경제적으로 매우 불이익하기 때문이다. 왜냐하면 공유자의 의견이 항상 합치되지 않으면 충분히 물건의 이용 및 개량을 할 수 없다. 뿐만 아니라 각 공유자가 자기의 단독소유물과 같은 이해관계를 느끼지 못함으로 인하여 그 물건의 이용 및 개량을 열심히 하지 않는 것이 사람의 자연스러운 마음이다. 그러므로 공유물은 충분한 이용과 개량을 받지 못하는 경우가 많다. 이에 각국의 입법자가 모두 공유를 신속히 종료시키고 분할을 용이하게 하는 데 힘쓰고 있다. 곧 원칙상 공유자 1인의 의사로 언제든지 분할을 청구하고, 설령 반대의 계약을 체결하였더라도 그 계약이 무효가 되게 한다.

다만 법정기간 내(일본에서는 5년)에는 분할을 금지하는 계약을 허용하기도 한다. 이는 공유자 간의 수요에 따르거나 물건의 가격 수준에 따라 분할하지 않는 것이 한때의 이익이 되기도 하는 것이다. 곧 이 경우에는 단기의 불분할(不分割)을 계약할지라도 국익에 큰 손해가 될 우려도無ᄒᆞ고又當事者의便으로ᄂᆞᆫ甚히便利ᄒᆞᄂᆞ니故로法律上에此ᄅᆞᆯ特許ᄒᆞᄂᆞ니라然이나若其期間이長大ᄒᆞᆯ진ᄃᆡ其結果로畢竟法律의精神을水泡에歸케ᄒᆞᄂᆞᆫ虞慮가不無ᄒᆞ리니故로其期間에超過ᄒᆞᄂᆞᆫ契約이有ᄒᆞᆯ진ᄃᆡ此ᄂᆞᆫ不法이라ᄒᆞ야無効에歸케ᄒᆞᄂᆞ니라（但其契約의更新은無妨ᄒᆞ고又其計算은更新日로브터始ᄒᆞᆷ）

以上說明ᄒᆞᆫ바ᄂᆞᆫ界標圍障及溝渠의共有에ᄂᆞᆫ適用치아니ᄒᆞᄂᆞ니其故ᄂᆞᆫ此等物은共有에因ᄒᆞ야其用을成ᄒᆞᄂᆞᆫ者인즉此ᄅᆞᆯ分割ᄒᆞᆯ진ᄃᆡ其利用을反失ᄒᆞᆷ에至ᄒᆞᆯ지라故로此에ᄂᆞᆫ例外ᄅᆞᆯ特設ᄒᆞᄂᆞ니라

分割을當ᄒᆞ야共有者의協議가不調ᄒᆞᆯ진ᄃᆡ此ᄅᆞᆯ裁判所에請求ᄒᆞ고裁判所ᄂᆞᆫ此ᄅᆞᆯ現物로分割ᄒᆞᆷ이原則이되若不能ᄒᆞ거나分割ᄒᆞ기可得ᄒᆞᆯ지라도其價額을現著히損失ᄒᆞᆯ虞慮가有ᄒᆞᆯ진ᄃᆡ競賣ᄅᆞᆯ命ᄒᆞᄂᆞ니此ᄂᆞᆫ其方法과效力에關ᄒᆞᆫ바ㅣ니라

分割의方法은共有者의協議로行ᄒᆞᆷ이原則이니其協議가調定ᄒᆞᆯ진ᄃᆡ何如ᄒᆞᆫ方法을取ᄒᆞ던지可ᄒᆞᆫ바ㅣ라卽或은實物ᄃᆡ로所持分의比例ᄅᆞᆯ應ᄒᆞ야分割ᄒᆞᆷ도有

도 없고 또 당사자 입장에서는 매우 편리하다. 그러므로 법률상 이를 특별히 허용한다. 그러나 만약 그 기간이 지나치게 길면 그 결과 마침내 법률의 정신을 물거품으로 만들 우려가 없지 않다. 그러므로 그 기간을 초과하는 계약이 있으면 이는 불법이라고 하여 무효가 되게 한다(다만 그 계약의 갱신은 무방하고 또 그 계산은 갱신일로부터 시작함).

이상에서 설명한 바는 경계표, 담 및 도랑의 공유에는 적용하지 않는다. 그 까닭은 이들 물건은 공유로 인하여 그 쓰임을 이루는 것인데 이를 분할하면 도리어 그 효용을 잃게 될 것이다. 그러므로 여기에는 특별히 예외를 마련한다.

분할을 할 때 공유자의 협의가 이루어지지 않으면 재판소에 분할을 청구하고, 재판소는 이를 현물로 분할하는 것이 원칙이다. 그렇지만 만약 현물로 분할할 수 없거나 분할할 수 있더라도 그 가액이 현저히 낮아질 우려가 있으면 경매를 명한다. 이는 분할의 방법과 효력에 관한 것이다.

분할의 방법은 공유자의 협의로 행하는 것이 원칙이다. 그 협의가 이루어지면 어떠한 방법을 취하여도 된다. 곧 더러는 실물 그대로 지분 비율에 따라 분할할 수도 있

ᄒᆞᆯ지오或은其物이二個以上境遇에는一個는甲이持ᄒᆞ고一個는乙이持ᄒᆞᆷ도有ᄒᆞᆯ지오或은物의全部를甲이持ᄒᆞ고其代로相當ᄒᆞᆫ金錢을乙에게支給ᄒᆞᆷ도有ᄒᆞᆯ지오或은其物을放賣ᄒᆞ야代價를分ᄒᆞᆷ도有ᄒᆞᆯ지라然이나若其當事者間의協議가不調ᄒᆞᆯ진대裁判所에請求ᄒᆞ야裁判所에서分割ᄒᆞ되現物로分割ᄒᆞ기不能ᄒᆞ거나不能ᄒᆞᆷ은아니로되分割ᄒᆞᆫ즉其價額을現著히損失ᄒᆞᆯ虞慮가有ᄒᆞᆫ즉競賣方法을取ᄒᆞᄂᆞ니라

分割을際ᄒᆞ야共有者中一人이他共有者를對ᄒᆞ야共有에關ᄒᆞᆫ債權이有ᄒᆞᆯ진대債權者는其債務者에게歸ᄒᆞᆯ共有物의部分으로써辨償케ᄒᆞ거나放賣의必要가有ᄒᆞᆯ진대放賣를請求ᄒᆞ기得ᄒᆞᄂᆞ니盖此境遇에는原則上一般規定을從ᄒᆞ야債務者로ᄒᆞ야곰其債務를履行케ᄒᆞᆷ이正當ᄒᆞ나然이나若其債務者가無資力者가될진대債權者는損失을受ᄒᆞᆯᄲᅮᆫ아니라設或損失을不被ᄒᆞᆯ지라도不少ᄒᆞᆫ勞費를盡ᄒᆞ고ᄯᅩ迅速ᄒᆞᆫ辨償을不得ᄒᆞᆷ도有ᄒᆞᆯ지니故로債權者護保의方法을不可不設ᄒᆞᆯ지라

然而其方法에는二種이有ᄒᆞ니(一)은共有者間에優先權을給與ᄒᆞ야債權者된

을 것이고 더러는 그 물건이 두 개 이상인 경우에는 한 개는 甲이 갖고 한 개는 乙이 가질 수도 있다. 또 더러는 물건 전부를 甲이 갖고 그 대가로 상당한 금전을 乙에게 지급할 수도 있을 것이고, 더러는 그 물건을 매각하여 대가를 나눌 수도 있을 것이다. 그러나 만약 그 당사자 간의 협의가 이루어지지 않으면 재판소에 청구하여 재판소에서 분할하되, 현물로 분할할 수 없거나 분할할 수 없지는 않지만 분할하면 그 가액이 현저히 낮아질 우려가 있으면 경매의 방법을 취한다.

분할할 때 공유자 중 1인이 다른 공유자에 대하여 공유에 관한 채권이 있으면 채권자는 그 채무자에게 돌아갈 공유물의 부분으로 변제하게 하거나, 매각할 필요가 있으면 매각을 청구할 수 있다. 대개 이 경우에는 원칙상 일반규정에 따라 채무자로 하여금 그 채무를 이행하게 하는 것이 정당하다. 그러나 만약 그 채무자가 무자력자가 된다면 채권자는 손실을 받을 뿐 아니라, 설령 손실을 입지 않더라도 적지 않은 노력과 비용을 쓸 것이고 또 신속한 변제를 받지 못할 수도 있다. 그러므로 채권자 보호의 방법을 마련할 수밖에 없다.

그런데 그 방법에는 두 가지가 있다. ①은 공유자 간에 우선권을 주어 채권자인

共有者ᄂᆞᆫ債務者된共有者의可受ᄒᆞᆯ物에對ᄒᆞ야優先權으로其辨償을受케ᄒᆞᆷ이오(二)ᄂᆞᆫ分割을始ᄒᆞ기前에其共有物의一部로辨償에直充케ᄒᆞᆷ이라然而自來民法上第一의方法을取ᄒᆞᆫ例도不少ᄒᆞ나然이나此ᄂᆞᆫ甚히煩雜ᄒᆞ야不便에不堪ᄒᆞᆯ뿐아니라動産에至ᄒᆞ야ᄂᆞᆫ到底히此方法에依ᄒᆞ기不能ᄒᆞᆷ도有ᄒᆞᄂᆞ니故로近世에至ᄒᆞ야ᄂᆞᆫ第二의方法을概取ᄒᆞᆷ이라盖此方法은甚히簡便ᄒᆞ고且債權者保護에도極히確實ᄒᆞᆫ所以니假令共有者中一人甲某가管理費用의全部ᄅᆞᆯ支撥ᄒᆞᆫ境遇에他共有者乙某니아즉其負擔部分을辨償ᄒᆞ기前에際ᄒᆞ야分割을行ᄒᆞᆯ진대此際ᄅᆞᆯ當ᄒᆞ야甲은其先下의費用額을應ᄒᆞ야乙보다多大ᄒᆞᆫ部分을受ᄒᆞ거나不然則共有物이數個가有ᄒᆞᆫ時면乙의受ᄒᆞᆫ一個ᄅᆞᆯ放賣ᄒᆞ야其中에서自己의受ᄒᆞᆯ金額을控除ᄒᆞᆷ과如ᄒᆞᆷ이라

共有物에關ᄒᆞ야權利가有ᄒᆞ거나各共有者ᄅᆞᆯ對ᄒᆞ야債權이有ᄒᆞᆫ者ᄂᆞᆫ自己의費用으로其分割에參加ᄒᆞᆷ도得ᄒᆞᄂᆞ니盖分割은共有者以外人에對ᄒᆞ야도利害의波及이不無ᄒᆞᆫ즉此等利害關係人도分割에對ᄒᆞ야意見을陳述ᄒᆞ고又共有者間不正或不當의處置ᄅᆞᆯ不可不干涉케ᄒᆞᆯ지라故로此等利害關係人은其自費로分

공유자는 채무자인 공유자가 받을 물건에 대하여 우선권으로 그 변제를 받게 하는 것이고, ②는 분할을 개시하기 전에 그 공유물의 일부로 변제에 직섭 충당하게 하는 것이다. 그러나 종래 민법상 첫째 방법을 취한 예도 적지 않으나 이는 매우 번잡하여 불편을 감당할 수 없다. 뿐만 아니라 동산은 도저히 이 방법에 의할 수 없는 경우도 있다. 그러므로 근세에는 대부분 둘째 방법을 취한다. 대개 이 방법은 매우 간편하고 또 채권자 보호에도 극히 확실하기 때문이다. 가령 공유자 중 1인인 甲 아무개가 관리비용 전부를 지급한 경우에 다른 공유자 乙 아무개가 아직 그 부담부분을 변제하기 전에 분할을 행한다면, 이때 甲은 먼저 지출한 비용액에 따라 乙보다 많은 부분을 받을 수 있다. 아니면 공유물이 여러 개가 있는 때라면 乙이 받은 한 개를 매각하여 그 중에서 자기가 받을 금액을 공제하는 것과 같다.

공유물에 관하여 권리가 있거나 각 공유자에 대하여 채권이 있는 자는 자기의 비용으로 그 분할에 참가할 수도 있다. 대개 분할은 공유자 이외의 사람에 대하여도 이해관계가 미치는 경우가 없지 않다. 따라서 이들 이해관계인도 분할에 대하여 의견을 진술하고 또 공유자 간에 부정 또는 부당한 조치에 간섭하게 할 수밖에 없을 것이다. 그러므로 이들 이해관계인은 자비로 분

割에叅加케ᄒᆞ고若其請求가有ᄒᆞᆫ境遇에叅加를不待ᄒᆞ고各共有者가分割을擅行ᄒᆞᆯ진ᄃᆡ其處置ᄂᆞᆫ利害關係人에게對抗ᄒᆞᆷ을不得케ᄒᆞᄂᆞ니라

玆에利害關係人이라ᄒᆞᆷ은共有物에關ᄒᆞ야權利가有ᄒᆞᆫ者即地上權者永小作人地役權者留置權者先取特權者質權者抵當權者及貰借人等이오其他各共有者의債權者ㅣ니此等人은現物로써分割與否와又其各自의部分이公平與否에因ᄒᆞ야利害가大有ᄒᆞᆷ이라故로特別이叅加의必要가有ᄒᆞ니라

最後에臨ᄒᆞ야各共有者의分割에關ᄒᆞᆫ擔負의義務를一言코져ᄒᆞ노니各共有者ᄂᆞᆫ他共有者가分割에因ᄒᆞ야得ᄒᆞᆫ物에對ᄒᆞ야賣主와ᄀᆞᆺ치其所持分의比例로擔保의責을任ᄒᆞᆷ이라盖分割은元來甲共有者의得ᄒᆞᆫ部分은乙丙共有者가甲에게讓與ᄒᆞ고乙丙의得ᄒᆞᆫ部分은甲이讓與ᄒᆞᄂᆞᆫ者인즉賣買와其他雙務契約과ᄀᆞᆺ치各共有者ᄂᆞᆫ他共有者를對ᄒᆞ야其所持分의讓與義務를負擔ᄒᆞᆷ이라故로若其義務를完全히履行코져ᄒᆞᆯ진ᄃᆡ此에對ᄒᆞ야充分ᄒᆞᆫ責任을負ᄒᆞᆷ은勿論이니此責任을名ᄒᆞ야擔保의義務라ᄒᆞ고又其擔保에ᄂᆞᆫ追奪과瑕疵의二種이有ᄒᆞ니라

分割이結了ᄒᆞᆫ진ᄃᆡ各共有者ᄂᆞᆫ其所受物의權利를主張코져ᄒᆞᄂᆞᆫ証據로証書를

할에 참가하게 하고, 만약 그 청구가 있는 경우에 참가를 기다리지 않고 각 공유자가 분할을 함부로 행하면 그 조치는 이해관계인에게 대항하지 못하게 한다.

여기서 이해관계인이란 공유물에 관하여 권리가 있는 자, 곧 지상권자, 영소작인, 지역권자, 유치권자, 선취특권자, 질권자, 저당권자 및 임차인 등이고 기타 각 공유자의 채권자인데, 이들 사람은 현물로 분할 여부와 각자의 분할 부분이 공평한지 여부에 따라 이해관계가 매우 크다. 그러므로 특별히 참가의 필요가 있다.

마지막으로 각 공유자의 분할에 관하여 지는 의무를 한마디 하고자 한다. 각 공유자는 다른 공유자가 분할로 인하여 얻은 물건에 대하여 매도인과 같이 그 지분의 비율로 담보책임을 진다. 대개 분할은 원래 甲 공유자가 얻은 부분은 乙, 丙 공유자가 甲에게 양도하고 乙, 丙이 얻은 부분은 甲이 양도하는 것이다. 따라서 매매와 기타 쌍무계약과 같이 각 공유자는 다른 공유자에 대하여 그 지분의 양도의무를 부담하는 것이다. 그러므로 만약 그 의무를 완전히 이행하고자 하면 이에 대하여 충분한 책임을 져야 함은 물론이다. 이 책임을 이름하여 담보의 의무라고 하고 또 그 담보에는 추탈(追奪)과 하자의 두 가지가 있다.

분할이 완결되면 각 공유자는 그들이 받은 물건의 권리를 주장하고자 하는 증거로 증서를

作成保存호ᄃᆡ其保存者ᄂᆞᆫ最大部分의所受者오部分이均同ᄒᆞᆯ진ᄃᆡ各共有者의協議로定ᄒᆞ고若協議가不調ᄒᆞᆯ진ᄃᆡ裁判所에서指定ᄒᆞᄂᆞ니라

第三節 入會權

入會權에ᄂᆞᆫ此種이多有ᄒᆞ야其性質에至ᄒᆞ야도各自不同ᄒᆞ나然이나某種을槪言ᄒᆞᆫ즉共有의性質이有ᄒᆞᆫ入會權及共有의性質이無ᄒᆞᆫ入會權의二種에不出ᄒᆞᄂᆞ니라

然而共有의性質이有ᄒᆞᆫ入會權에ᄂᆞᆫ共有에關ᄒᆞᆫ規定을適用ᄒᆞ고不然ᄒᆞᆫ入會權에ᄂᆞᆫ地役에關ᄒᆞᆫ規定을准用ᄒᆞ고其以外에至ᄒᆞ야ᄂᆞᆫ其地의慣習을一從ᄒᆞᄂᆞ니라

其共有의性質이有ᄒᆞᆫ入會權의效用을論ᄒᆞᆫ즉假令入會權者가共有의山林에至ᄒᆞ야各其相當ᄒᆞᆫ條件으로或은樹木을伐採ᄒᆞ며或은落葉을拾取ᄒᆞ며或은草芥를刈取ᄒᆞᄂᆞᆫ等權과如ᄒᆞᆷ이오

次에地役에性質이有ᄒᆞᆫ入會權의效用을論ᄒᆞᆫ즉假令草芥刈取權採薪權及放牧權等과如ᄒᆞᆷ이니此等權은其多數가人의利益을爲ᄒᆞ야設ᄒᆞᄂᆞᆫ者ㅣ라然則其性

작성, 보존하되 그 보존자는 가장 큰 부분을 받은 자이다. 그 부분이 균등하면 각 공유자의 협의로 정하고 만약 협의가 이루어지지 않으면 재판소에서 지정한다.

제3절 입회권

입회권(入會權)에는 그 종류가 많아 그 성질도 각각 다르다. 그러나 그 종류를 개괄하여 말하면 공유의 성질이 있는 입회권 및 공유의 성질이 없는 입회권의 두 가지밖에 없다.

그런데 공유의 성질이 있는 입회권에는 공유에 관한 규정을 적용하고 그렇지 않은 입회권에는 역권에 관한 규정을 준용하고 그 이외에는 그 지역의 관습을 일단 따른다.

공유의 성질이 있는 입회권의 효용을 논하면, 가령 입회권자가 공유하는 산림에서 각사 상당한 조건으로 더러는 수목을 벌채하며 더러는 낙엽을 줍고 더러는 잡초를 베어내는 등의 권리와 같은 것이다.

다음으로 지역권의 성질이 있는 입회권의 효용을 논하면, 가령 초개예취권(草芥刈取權),* 채신권(採薪權)** 및 교목권(交牧權)*** 등과 같은 것으로 이들 권리는 많은 경우 사람의 이익을 위하여 마련된 것이다. 그렇다면 그 성

* 역자주: 잡초를 베어낼 권리
** 역자주: 땔감을 채취할 권리
*** 역자주: 번갈아가며 목축할 권리

質이地役權과不同ᄒᆞ니故로地役에關ᄒᆞᆫ規定을適用치못ᄒᆞ고準用ᄒᆞᆷ에過ᄒᆞᆷ이라然이나元來地役의性質됨이地의利益만爲ᄒᆞᆷ이아니오人의利益도爲ᄒᆞᆷ이多ᄒᆞ니故로此를準用케ᄒᆞᄂᆞ니라

入會權의性質에至ᄒᆞ야ᄂᆞᆫ甚模糊ᄒᆞᆷ을未免ᄒᆞ니卽此權은共有權도아니오地役權도아니라然則民法上何如ᄒᆞᆫ權利中으로編入ᄒᆞᆯ고債權中에編入지못ᄒᆞᆷ은勿論이오其多數의境遇로論ᄒᆞᆫ즉物權中에編入ᄒᆞᆷ이可ᄒᆞᆯ바와如ᄒᆞ나然이나民法上特別認定ᄒᆞᄂᆞᆫ物權은占有以下九個權에不過ᄒᆞᄂᆞᆫ中에도其四個權은債權을擔保ᄒᆞᄂᆞᆫ從되ᄂᆞᆫ物權이니入會權이此中에未入ᄒᆞᆷ도勿論이니라

玆에至ᄒᆞ야說明이一層困難ᄒᆞ니不得已ᄒᆞ야入會權은住居權의一種效果로看作ᄒᆞ야民法上特別ᄒᆞᆫ物權으로認定ᄒᆞᄂᆞᆫ外에他道가無ᄒᆞᆷ이라卽入會權이有ᄒᆞᆫ者ᄂᆞᆫ一定ᄒᆞᆫ土地에住居ᄒᆞᄂᆞᆫ者ㅣ니乙地에住居ᄒᆞᄂᆞᆫ故로甲林에入會ᄒᆞ기得ᄒᆞ며丁地에住居ᄒᆞᄂᆞᆫ故로丙野에牧畜ᄒᆞ기得ᄒᆞ고若乙地或丁地를一次穩去ᄒᆞᆯ진ᄃᆡ其退去와同時에當然히入會權을喪失ᄒᆞ고乙丁地에後來ᄒᆞᄂᆞᆫ者ᄂᆞᆫ其權을代得ᄒᆞᄂᆞ니因ᄒᆞ야住民權에從되ᄂᆞᆫ財産權이라云ᄒᆞᆷ이라

질이 지역권과 같지 않다. 그러므로 지역권에 관한 규정을 적용하지 못하고 준용하는 데 불과한 것이다. 그러나 원래 지역권의 성질이 있다는 것은 땅의 이익만을 위한 것이 아니고 사람의 이익도 위하는 경우가 많으므로 이를 준용하게 한다.

입회권의 성질은 매우 모호할 수밖에 없다. 곧 이 권리는 공유권도 아니고 지역권도 아니다. 그래서 민법상 어떠한 권리 안으로 편입할까? 채권 안에 편입하지 못함은 물론이고 많은 경우로 논하면 물권 안에 편입함이 옳을 것 같다. 그러나 민법상 특별히 인정되는 물권은 점유 이하의 9개 권리에 불과하고 그 가운데서도 4개의 권리는 채권을 담보하는 종된 물권이므로 입회권이 이 안에 들어가지 못하는 것도 물론이다.

여기서 설명이 한층 곤란해지므로 부득이 입회권은 주민권(住民權)의 한 가지 효과로 간주하여 민법상 특별한 물권으로 인정할 수밖에 다른 도리가 없는 것이다. 곧 입회권이 있는 자는 일정한 토지에 거주하는 자로, 乙 토지에 거주하기 때문에 甲 산림에 입회할 수 있으며, 丁 토지에 거주하기 때문에 丙 들판에서 목축을 할 수 있다. 만약 乙 토지나 丁 토지를 일단 떠나면 그 퇴거와 동시에 당연히 입회권을 상실하고 그 후에 乙 또는 丁 토지로 오는 자는 그 권리를 대신 취득한다. 따라서 주민권에 종된 재산권이라고 말하는 것이다.

又特別ᄒᆞᆫ規定이나慣習或契約을因ᄒᆞ야公民權이無ᄒᆞ면入會權이無ᄒᆞ다ᄒᆞᆯ진
ᄃᆡ其入會權은公民權의從되ᄂᆞᆫ財產權이라云ᄒᆞᆷ이라
然而住民權과公民權이皆土地에有關ᄒᆞᆫ權利됨은無疑ᄒᆞ나然이나此ᄂᆞᆫ土地所
有者만限ᄒᆞ야得ᄒᆞᆷ이아닌즉純然ᄒᆞᆫ土地所有權의從되ᄂᆞᆫ權이라ᄒᆞ기難ᄒᆞ고其
名을強借ᄒᆞᆯ진ᄃᆡ地役權과如ᄒᆞᆫ者로認定ᄒᆞ야地役權의規定을准用ᄒᆞᆯ바ㅣ라ᄒᆞ
야准地役權의名稱을附ᄒᆞᆯ바와如ᄒᆞ니라然이나地役權에ᄂᆞᆫ屬人的과屬地的이
有ᄒᆞᄂᆞ니土地所有權에無關ᄒᆞᆫ地役權이有ᄒᆞᆯ진ᄃᆡ此ᄂᆞᆫ屬人的地役權으로入ᄒᆞᆯ
지나此亦屬人的地役權이無ᄒᆞᆫ立法例에至ᄒᆞ야ᄂᆞᆫ如何치못ᄒᆞᆷ에至ᄒᆞᆯ지라
以上說明ᄒᆞᆫ바에依ᄒᆞ야所謂入會權을概括的으로定義ᄒᆞᆯ진ᄃᆡ入會權은某一定
ᄒᆞᆫ土地에住居ᄒᆞᄂᆞᆫ人民이一定ᄒᆞᆫ土地에入ᄒᆞ야此를使用收益ᄒᆞᄂᆞᆫ權이니其性
質이判然치못ᄒᆞᆫ民法以外의財產權이라ᄒᆞᆷ에歸ᄒᆞᆯ지니라此를詳細히區別ᄒᆞᆯ진
ᄃᆡ入會權의某種은共有에屬ᄒᆞ고某種은地役에屬ᄒᆞ고某種은舊日所謂用益에
屬ᄒᆞᄂᆞᆫ民法上特殊의規定이無ᄒᆞᆫ一種財產權이라ᄒᆞᆷ에歸着ᄒᆞᆯ지니라

第四節 所有權以外의共有

또 특별한 규정이나 관습 또는 계약에 따라 공민권(公民權)이 없으면 입회권이 없다고 하면, 그 입회권은 공민권의 종된 재산권이라고 말할 수 있다.

그런데 주민권과 공민권이 모두 토지와 관계 있는 권리임은 의문이 없다. 그러나 이는 토지소유자에 한하여만 취득하는 것이 아니어서 순수하게 토지 소유권의 종된 권리라고 하기 어렵다. 그리고 그 이름을 억지로 빌려 쓰면 지역권과 같은 것으로 인정하여 지역권의 규정을 준용하여야 한다고 하면서 준지역권의 명칭을 붙여야 할 것 같다. 그러나 지역권에는 속인적(屬人的)인 것과 속지적(屬地的)인 것이 있는데, 토지 소유권과 무관한 지역권이 있으면 이는 속인적 지역권으로 편입하겠지만 이 역시 속인적 지역권이 없는 입법례에서는 어쩌지 못하게 될 것이다.

이상에서 설명한 바에 따라 이른바 입회권을 개괄적으로 정의하면, 입회권은 어떤 일정한 토지에 거주하는 사람이 일정한 토지에 들어가 이를 사용, 수익할 권리이다. 그 성질이 확연하지 못한 민법 이외의 재산권이라고 하게 될 것이다. 이를 상세히 구별하면 어떤 입회권은 공유에 속하고 어떤 것은 지역권에 속하고 어떤 것은 옛날의 이른바 용익권에 속하는, 민법상 특수한 규정이 없는 일종의 재산권이라고 하게 될 것이다.

제4절 소유권 이외의 공유

共有에關ᄒᆞᆫ規定은所有權以外의財産權을數人이持ᄒᆞᄂᆞᆫ境遇에此를准用ᄒᆞᄂᆞ니蓋數人이權利를享有ᄒᆞᆷ은所有權에不限ᄒᆞᄂᆞᆫ바ㅣ라然則所有權以外의財産權을數人이享有ᄒᆞᄂᆞᆫ境遇에도共有에關ᄒᆞᆫ法律關係가生ᄒᆞᆷ은勿論이니如斯ᄒᆞᆫ境遇에ᄂᆞᆫ所謂眞個共有가아니라도共有의規定을准用ᄒᆞᆷ은事理의當然ᄒᆞᆫ바ㅣ니라

卽數人이所有權을持ᄒᆞᆫ境遇에共有의規定이必要ᄒᆞ다ᄒᆞᆯ진ᄃᆡ數人이地上權을持ᄒᆞ거나永小作權을持ᄒᆞᄂᆞᆫ境遇에도同一ᄒᆞᆫ規定이必要ᄒᆞᆯ지오又數人이家屋을買受ᄒᆞ기可得ᄒᆞᆯ진ᄃᆡ數人이土地의耕作을約得ᄒᆞᆷ도得ᄒᆞᆯ뿐아니라近來에ᄂᆞᆫ數人이共同ᄒᆞ야一畔의土地를借得ᄒᆞ야其上에家屋을建築ᄒᆞ거나開墾을共營ᄒᆞᆷ도多ᄒᆞ니此等境遇에關ᄒᆞᆫ共同地上權者及共同永小作權者間의關係를定ᄒᆞᆷ이必要ᄒᆞ며又此外에도數人이一物을占有ᄒᆞᆯ진ᄃᆡ共同의占有權이有ᄒᆞᆯ지오質權或投當權이有ᄒᆞᆯ진ᄃᆡ共同의質權或抵當權이有ᄒᆞᆯ뿐아니라債權에關ᄒᆞ야도其例가不少ᄒᆞ니假令三人이共同ᄒᆞ야金一百圓을貸ᄒᆞᆯ진ᄃᆡ其三人은共同債權者오人五이共同ᄒᆞ야逸樂興行의目的으로俳優를雇入ᄒᆞᆯ진ᄃᆡ其五人은俳優

공유에 관한 규정은 소유권 이외의 재산권을 수인이 가지는 경우에 준용한다. 대개 수인이 권리를 향유하는 것은 소유권에 한하지 않는다. 그렇다면 소유권 이외의 재산권을 수인(數人)이 향유하는 경우에도 공유에 관한 법률관계가 발생하는 것은 물론이다. 이러한 경우에는 이른바 진정한 공유가 아니라도 공유의 규정을 준용하는 것은 당연한 사리이다.

곧 수인이 소유권을 갖는 경우에 공유의 규정이 필요하다면 수인이 지상권을 갖거나 영소작권을 갖는 경우에도 동일한 규정이 필요할 것이고, 또 수인이 가옥을 매수할 수 있다면 수인이 토지의 경작을 약정할 수도 있을 뿐 아니라 근래에는 수인이 공동으로 하루갈이* 토지를 임차하여 그 위에 가옥을 건축하거나 함께 개간을 영위하는 경우도 많다. 따라서 이들 경우에 관한 공동지상권자 및 공동영소작권자 간의 관계를 정하는 것이 필요하며, 또 이밖에도 수인이 하나의 물건을 점유한다면 공동의 점유권이 있을 것이고 질권 또는 저당권이 있으면 공동의 질권 또는 저당권이 있을 것이다. 뿐만 아니라 채권에 관하여도 그 예가 적지 않은데, 가령 3인이 공동으로 금 1백 원을 빌려 준다면 그 3인은 공동채권자이고 5인이 공동으로 공연을 즐길 목적으로 배우를 고용한다면 그 5인은 배우

* 역자주: 소 한 마리가 하루에 갈 만한 논밭의 넓이.

에게舞蹈을强要ᄒᆞᄂᆞᆫ債權者며被會社의股本은一人의一股式數十數百股를持ᄒᆞᆷ이常例로ᄃᆡ數人이此를共有ᄒᆞ고其中一人의名義를股主되도多有ᄒᆞ고設或數人이一股를共有ᄒᆞᆷ이極稀ᄒᆞ다ᄒᆞᆯ지라도數人이共同ᄒᆞ야千股萬股를買占ᄒᆞᆷ은事實에多有ᄒᆞᄂᆞ니如斯ᄒᆞᆫ境遇에ᄂᆞᆫ共同權利者間의關係ᄂᆞᆫ如何히ᄒᆞᆯ고ᄒᆞᆯ진ᄃᆡ共有에關ᄒᆞᆫ規定을總准케ᄒᆞᄂᆞ니라

所有權以外諸種財產權에ᄂᆞᆫ共有에關ᄒᆞᆫ規定을准用ᄒᆞᆷ이原則이되特別法에至ᄒᆞ야特別ᄒᆞᆫ規定이有ᄒᆞᆯ진ᄃᆡ毋論此를從ᄒᆞᆯ지니假令鑛業法에在ᄒᆞ야其採取權者의使用及處分方法을特設ᄒᆞ거나版權或專賣法에在ᄒᆞ야其各權利者間의行使法을別定ᄒᆞ거나民法에在ᄒᆞ야도不可分債權에關ᄒᆞ야別規定이有ᄒᆞ거나質權或抵當權等擔保權에關ᄒᆞ야別方法이有ᄒᆞᆷ과如ᄒᆞ니라

第四編　借地權

本編에在ᄒᆞ야ᄂᆞᆫ他人의土地를借用ᄒᆞᄂᆞᆫ權利即地上權과永小作權의意義를說明코져ᄒᆞ노니其本來의性質及講義의體裁로ᄂᆞᆫ兩權을各編에分ᄒᆞᆷ이可ᄒᆞ나然이나此兩權은使用의目的及方法의相異ᄒᆞᆯᄲᅮᆫ이오他人의土地를借用ᄒᆞᆷ은一般

에게 춤을 추게끔 하는 채권자이다. 또 저 회사의 자본금은 1인에게 1주씩 수십, 수백 주를 갖게 하는 것이 상례인데 수인이 이를 공유하고 그 가운데 1인의 명의를 주주로 하는 경우도 많이 있고, 설령 수인이 1주를 공유하는 것이 극히 드물다 할지라도 수인이 공동으로 천 주, 만 주를 사 두는 일이 많이 있는 것은 사실이다. 이러한 경우에 그 공동 권리자 간의 관계를 어떻게 하는가 하면 공유에 관한 규정을 모두 준용하게 하는 것이다.

소유권 이외의 여러 가지 재산권에는 공유에 관한 규정을 준용하는 것이 원칙이지만, 특별법에서 특별한 규정이 있으면 물론 이에 따라야 한다. 가령 광업법에서 채취권자의 사용 및 처분 방법을 특별히 마련하거나, 저작권 또는 특허법* 에서 그 권리자 간의 행사 방법을 달리 정하는 것, 그리고 민법에서도 불가분채권에 관하여 다른 규정이 있거나 질권 또는 저당권 등 담보권에 관하여 다른 방법이 있는 것과 같다.

제4편 차지권(借地權)

이 편에서는 타인의 토지를 차용할 권리, 곧 지상권과 영소작권의 의의를 설명하고자 한다. 차지권 본래의 성질 및 강의의 체재로는 두 권리를 각 편으로 나누는 것이 옳다. 그러나 이 두 권리는 사용의 목적 및 방법이 서로 다를 뿐이고 타인의 토지를 차용하는 것은 똑같

* 역자주: 원문은 '專賣法'으로 표현함.

이기便宜上借地權이라名稱ᄒᆞ야一編에編入ᄒᆞ고各編을不設ᄒᆞ노라

第一章 地上權

第一節 地上權의定義

地上權의定義를示ᄒᆞᆫ즉如左ᄒᆞᆷ이라

地上權은他人의土地上에工作物이나竹木을所有ᄒᆞ기爲ᄒᆞ야其土地를使用ᄒᆞᄂᆞᆫ權을云ᄒᆞᆷ이라

地上權은他人의土地를使用ᄒᆞᄂᆞᆫ權利니凡自己의土地를使用ᄒᆞᆷ은所有權의効果라此에何等의名義를不附ᄒᆞ야도無妨ᄒᆞᄃᆡ他人의所有地를使用ᄒᆞᆷ에ᄂᆞᆫ不可不特別의名義를要ᄒᆞᄂᆞ니其名義에ᄂᆞᆫ貸借權或使用權等의債權이有ᄒᆞ고又地上權或永小作權等의物權이有ᄒᆞ나此아說明코져ᄒᆞᄂᆞᆫ바ᄂᆞᆫ以上四個權利中其一되ᄂᆞᆫ地上權에限ᄒᆞᆷ이라

然而此에關ᄒᆞ야法國某一派의學者及日本舊民法에ᄂᆞᆫ地上權은他人의土地에써建物或竹木을完全ᄒᆞᆫ所有權으로占有ᄒᆞᄂᆞᆫ權利라ᄒᆞ얏스니其權이果然建物或竹木의所有權인지將又占有權인지不分明ᄒᆞᆯᄲᅮᆫ아니라地上權으로써建物或

기 때문에 편의상 차지권이라고 이름하여 한 편에 편입하고 각각의 편을 두지 않는다.

제1장 지상권

제1절 지상권의 정의

지상권의 정의를 보이면 다음과 같다.

지상권은 타인의 토지 위에 공작물이나 수목을 소유하기 위하여 그 토지를 사용할 권리를 말한다.

지상권은 타인의 토지를 사용할 권리이다. 자기 토지를 사용하는 것은 소유권의 효과이므로 여기에 어떠한 권원을 붙이지 않아도 무방하지만, 타인 소유의 토지를 사용하는 데에는 특별한 권원이 필요할 수밖에 없다. 그 권원에는 임차권 또는 사용권 등의 채권이 있고 또 지상권 또는 영소작권 등의 물권이 있으나 여기에 설명하고자 하는 것은 이상의 네 가지 권리 중 하나인 지상권에 한한다.

그런데 이에 관하여 프랑스 어떤 학파의 학자 및 일본 구민법에서는 지상권은 타인의 토지에서 건물 또는 수목을 완전한 소유권으로 점유할 권리라고 하였다. 그러나 그 권리가 과연 건물 또는 수목의 소유권인지 아니면 점유권인지 불분명할 뿐 아니라 지상권을 건물 또는

竹本의所有權이라홀진디此는地上權이라ᄒᆞ는特別의物權을認定홈이아니오別種의所有權을認定홈에不過홀ᄲᅮᆫ아니라此所有權은地上權中에包含홀가將又分離ᄒᆞ야도想像ᄒᆞ기得홀가不分明을未免홈이라故로余輩는此所有權說에는贊同치아니ᄒᆞ노라

然則土地를占有ᄒᆞ는權이라홈이可홀가此亦事實上近理ᄒᆞᆫ事도多홀지나然이나單純ᄒᆞᆫ土地의占有權ᄲᅮᆫ으로는建築者或栽植者의利益을十分保護ᄒᆞ기不得ᄒᆞ리니一步를更進ᄒᆞ야人의土地를使用ᄒᆞ는權利라홈만不如홀지니라夫他人의土地에建築ᄒᆞ는者는毋論其地를占有홀지라도此는單純ᄒᆞᆫ占有에不止ᄒᆞ고或은其地를鑿掘ᄒᆞ며或은其地에各種의物件을積置ᄒᆞ리니期即其地의使用이라然而地上權으로써他人의土地를占有ᄒᆞ는權利라單稱홀진디其權利者는果然此等事爲의得行與否가一個疑問이라然則地上權者는此等權能이有ᄒᆞ리라假定홈보다他人의土地를使用ᄒᆞ는權利가有ᄒᆞ다認定홈이寧可홀지니라

地上權은工作物或竹木을所有ᄒᆞ기爲ᄒᆞ야他人의土地를使用ᄒᆞ는權利니是即

수목의 소유권이라고 하면 이는 지상권이라는 특별한 물권을 인정하는 것이 아니고 다른 종류의 소유권을 인정하는 데 불과하다. 뿐만 아니라 이 소유권은 지상권 안에 포함되는지, 아니면 분리하여도 상상할 수 있는지가 불분명할 수밖에 없다. 그러므로 우리는 이 소유권설에 찬동하지 않는다.

그렇다면 토지를 점유할 권리라고 하는 것이 옳은가? 이 또한 사실상 이치에 가까운 경우가 많을 것이다. 그러나 단순한 토지의 점유권만으로는 건축자 또는 식재자의 이익을 충분히 보호할 수 없을 것이다. 따라서 한 걸음 더 나아가 사람의 토지를 사용할 권리라고 하는 것만 같지 못하다.

일반적으로 타인의 토지에 건축하는 자는 물론 그 토지를 점유하지만, 이는 단순한 점유에 그치지 않고 더러는 그 토지를 굴착하며 더러는 그 토지에 갖가지 물건을 쌓아 둘 것이다. 이것이 곧 그 토지의 사용이다. 그러나 지상권을 단순히 타인의 토지를 점유할 권리라고 부른다면 그 권리자는 과연 이들 행위를 할 수 있는지 여부가 하나의 의문이 된다. 그렇다면 지상권자는 이들 권능이 있다고 가정하기보다 오히려 타인의 토지를 사용할 권리가 있다고 인정함이 옳을 것이다.

지상권은 공작물 또는 수목을 소유하기 위하여 타인의 토지를 사용할 권리이다. 이는 곧

地上權의特質일뿐아니라此로因ᄒᆞ야權利의範圍도自然得定ᄒᆞᄂᆞᆫ바ㅣ라工作物의最重ᄒᆞᆫ者ᄂᆞᆫ家屋倉庫等建物이니某立法例에ᄂᆞᆫ建物或竹木의所有라云云ᄒᆞ얏스나然이나此ᄂᆞᆫ工作物이라ᄒᆞᆷ이反勝ᄒᆞ니其故ᄂᆞᆫ建物外에도遺山或池沼等이有ᄒᆞᆫ所以라假令家屋은自己에所有地의在ᄒᆞ야ᄂᆞᆫ庭園은他人의所有地에在ᄒᆞ야此ᄅᆞᆯ所欲ᄒᆞᄃᆡ其人이不給ᄒᆞᆷ으로不得已地上權을設定ᄒᆞ야庭園을築造ᄒᆞᆷ과如ᄒᆞᆷ이라

但竹木만所有ᄒᆞ기爲ᄒᆞ야他人의土地ᄅᆞᆯ使用ᄒᆞᆷ은極히稀少ᄒᆞᆫ事實일듯ᄒᆞ나然이나世에其例가全無ᄒᆞᆷ은아니니然則法律上工作物의所有ᄅᆞᆯ爲ᄒᆞ야地上權을設定ᄒᆞᆯ以上은其範圍ᄅᆞᆯ一層擴張ᄒᆞ야竹木의所有ᄅᆞᆯ爲ᄒᆞᆷ에도此ᄅᆞᆯ許ᄒᆞᆷ이必要ᄒᆞᆫ지라故로民法上何國이던지此ᄅᆞᆯ兼ᄒᆞ야許ᄒᆞᄂᆞ니라

地上權의性質에關ᄒᆞ야ᄂᆞᆫ自來에議論이大有ᄒᆞ야諸國의法例도其規가不一ᄒᆞ니卽羅馬法에在ᄒᆞ야도土地上에在ᄒᆞᆫ定着物은土地의一部로着作ᄒᆞ야土地所有者가其物을所有ᄒᆞ거나占有ᄒᆞ더니社會의發達과同時에土地의價額도漸次騰貴ᄒᆞ야土地及定着物을兼倂ᄒᆞ야所有ᄒᆞᆷ이甚히容易치아니ᄒᆞ야其所有者ᄅᆞᆯ

지상권의 특질일 뿐 아니라 이로 인하여 권리의 범위도 자연스레 정해질 수 있다. 공작물에서 가장 중요한 것은 가옥, 창고 등의 건물인데, 어떤 입법례에서는 건물 또는 수목의 소유라고 하였으나 이는 공작물이라고 하는 것이 도리어 뛰어나다. 그 까닭은 건물 외에도 인공산이나 연못이나 늪 등이 있기 때문이다. 가령 가옥은 자기에게 소유권이 있더라도 정원은 타인 소유 토지에 있어 이를 소유하려 해도 그 사람이 주지 않아 부득이 지상권을 설정하여 정원을 축조하는 것과 같다.

다만 수목만 소유하기 위하여 타인의 토지를 사용하는 경우는 극히 드문 사실일 듯하나 세상에 그 예가 전혀 없지는 않다. 그렇다면 법률상 공작물의 소유를 위하여 지상권을 설정하는 이상 그 범위를 한층 확장하여 수목의 소유를 위하여도 이를 허용하는 것이 필요하다. 그러므로 민법상 어느 나라든지 이를 아울러 허용한다.

지상권의 성질에 관하여는 종래에 논의가 크게 있어 여러 나라의 입법례도 그 규정이 하나가 아니다. 곧 로마법에서도 토지 위에 있는 정착물은 토지의 일부로 간주하여 토지 소유자가 그 물건을 소유하거나 점유하였다. 그러다가 사회의 발전과 동시에 토지의 가액도 점차 뛰어올라 토지 및 정착물을 함께 소유하는 것이 매우 용이하지 않게 되어 그 소유자를

區別ᄒᆞᆷ에至ᄒᆞᆫ지라於是乎羅馬法에도他人의土地上에家屋或木石等을完全ᄒᆞᆫ所有者의資格으로占有ᄒᆞᄂᆞᆫ物權을認定ᄒᆞᆷ에至ᄒᆞ니是實地上權觀念의始初라此權은其地로브터云ᄒᆞᆫ즉地表를占有ᄒᆞ며使用ᄒᆞᆷ에不過ᄒᆞ나其定着物로브터云ᄒᆞᆫ즉其物의所有者로此를使用ᄒᆞ며處分ᄒᆞᄂᆞ니期間에制限이無ᄒᆞ고又自由로他人에게移轉ᄒᆞᆷ을得ᄒᆞᄂᆞ니라

但地上權은其性質上無償도有ᄒᆞ나然이나實際上에ᄂᆞᆫ其例가甚少ᄒᆞ기로玆에ᄂᆞᆫ其有償의部分만主論ᄒᆞ노라

地上權으로써建物或竹木의所有로不作ᄒᆞᆯ以上은其設定에ᄂᆞᆫ此等物의現存을不要ᄒᆞ고將來에此를築造ᄒᆞ거나栽植ᄒᆞᆯ目的으로取得ᄒᆞ야도無妨ᄒᆞ며又其目的이工作物이나竹木의所有로土地를借入ᄒᆞᆫ以上은設或其工作物이나竹木의周圍에多少의空地가有ᄒᆞ야도地上權은其全面積에及ᄒᆞᆷ이勿論이니라

今에實際研究ᄒᆞ기爲ᄒᆞ야均是土地의借用이라도地上權과賃借權의差異를擧示코저ᄒᆞ노니此ᄂᆞᆫ當事者의意思로物權과債權의關係를發生케ᄒᆞᆯ뿐이라即其使用의名稱及登記의有無等으로區別ᄒᆞ나然이나法律上의差異로言ᄒᆞᆫ즉地上

구별하게 되었다. 여기서 로마법에서도 타인의 토지 위에 가옥 또는 나무와 돌 등을 완전한 소유자의 자격으로 점유하는 물권을 인정하기에 이르렀다. 이것이 실로 지상권 관념의 시초이다. 이 권리는 그 토지로부터 말하면 지표를 점유하고 사용하는 데 불과하다. 그러나 그 정착물로부터 말하면 그 물건의 소유자로 이를 사용하며 처분하는데, 기간에 제한이 없고 또 자유로이 타인에게 이전할 수 있다.

다만 지상권은 그 성질상 무상도 있으나 실제로는 그 예가 매우 적으므로 여기에서는 유상의 부분만 주로 논한다.

지상권을 건물 또는 수목의 소유로 삼지 않는 이상 그 설정에는 이들 물건의 현존이 필요하지 않고 장래에 이를 축조하거나 식재할 목적으로 취득하여도 무방하다. 또 그 목적인 공작물이나 수목의 소유로 토지를 빌린 이상 설령 그 공작물이나 수목의 주위에 다소의 공지(空地)가 있더라도 지상권은 그 전체 면적에 미치는 것은 물론이다.

이제 실제로 연구하기 위하여 같은 토지의 차용이라도 지상권과 임차권의 차이를 들어 보이고자 한다. 이는 당사자의 의사로 물권과 채권의 관계를 발생하게 할 뿐이다. 곧 사용하는 이름 및 등기의 유무 등으로 구별한다. 그러나 법률상의 차이로 말하면 지상

權者는他人의土地를使用ᄒᆞ는權利가有홀ᄲᅮᆫ이오敢히土地所有者를對ᄒᆞ야其土地를使用케 홈을請求ᄒᆞ는債權이無호ᄃᆡ 是와相反ᄒᆞ야 貰借人은直接으로其土地를使用ᄒᆞ는權利가有ᄒᆞ다홈보다土地所有者를對ᄒᆞ야其土地를使用케홈을請求ᄒᆞ는債權이有ᄒᆞᄂᆞ니其結果로(一)土地가修繕을要홀진ᄃᆡ地上權者는所有者를對ᄒᆞ야修繕을請求ᄒᆞ기不得호ᄃᆡ貰借人은特約이나別般慣習이無홀以上은所有者로ᄒᆞ야곰此를修繕케ᄒᆞ기得ᄒᆞ고(二)地上權은物權이니可히第三者에게對抗ᄒᆞ기得ᄒᆞ고但其對抗의條件으로登記를要홀ᄲᅮᆫ이로ᄃᆡ貰借權은債權이니原則上第三者에게對抗ᄒᆞ기不得ᄒᆞ고但其登記ᄒᆞᆫ時에만對抗ᄒᆞ기始得ᄒᆞᄂᆞ니라但此點은理論上差異에止ᄒᆞ고實際上에ᄂᆞᆫ略同一ᄒᆞᆫ效力이有홈

第二節 地上權의取得

地上權의取得에ᄂᆞᆫ二種이有ᄒᆞ니一曰創設에因ᄒᆞᄂᆞᆫ者오二曰繼受에因ᄒᆞᄂᆞᆫ者ㅣ라

其創設에因ᄒᆞᄂᆞᆫ取得에ᄂᆞᆫ三種의原因이有ᄒᆞ니(一)契約이오(二)遺言이오(三)時效라契約은土地所有者와地上權設定者의雙面的行爲오遺言은土地所

권자는 타인의 토지를 사용할 권리가 있을 뿐이고 감히 토지소유자에 대하여 그 토지를 사용하게 할 것을 청구하는 채권이 없다. 그런데 이와 반대로 임차인은 직접적으로 그 토지를 사용할 권리가 있다기보다는 토지소유자에 대하여 그 토지를 사용하게 할 것을 청구하는 채권이 있다. 그 결과로 ① 토지가 수선을 필요로 한다면 지상권자는 소유자에 대하여 수선을 청구할 수 없는데 임차인은 특약이나 다른 관습이 없는 이상 소유자로 하여금 이를 수선하게 할 수 있다. 그리고 ② 지상권은 물권이므로 제3자에게 대항할 수 있고, 다만 그 대항 조건으로 등기를 하여야 할 뿐이다.* 그런데 임차권은 채권이므로 원칙상 제3자에게 대항할 수 없고 다만 그 등기를 한 때에만 비로소 대항할 수 있다. 다만 이 점은 이론상 차이에 그치고 실제로는 대략 동일한 효력이 있다.

제2절 지상권의 취득

지상권의 취득에는 두 가지가 있는데, 하나는 창설로 인한 것이고 둘은 승계로 인한 것이다.

창설로 인한 취득에는 세 가지 원인이 있는데, ① 계약, ② 유언, ③ 취득시효가 그것이다. 계약은 토지소유자와 지상권설정자의 쌍면적 행위이고 유언은 토지소

* 역자주: 오늘날 우리나라에서 지상권 등기는 지상권을 취득하기 위한 요건인 것과 비교.

有者가行ᄒᆞᄂᆞᆫ最終의片面的行爲오時效ᄂᆞᆫ自己ᄅᆞᆯ爲ᄒᆞᄂᆞᆫ意思로平穩又公然히地上權을行使호ᄃᆡ其占有의始에善意오過失이無ᄒᆞ고一定ᄒᆞᆫ年限間(日本則十年及二十年)其行使ᄅᆞᆯ繼續ᄒᆞ야取得ᄒᆞᄂᆞᆫ바ᄅᆞᆯ云ᄒᆞᆷ이라

繼受에因ᄒᆞᄂᆞᆫ取得에도三種의原因이有ᄒᆞ니(一)契約이오(二)遺言이오(三)時效라此契約은創設에關ᄒᆞᆫ契約과性質은同호ᄃᆡ事實은少異ᄒᆞ니即此契約은地上權을既已設定ᄒᆞ야享有ᄒᆞᆫ者가今에新設코져ᄒᆞᄂᆞᆫ者에게其已設權을讓與ᄒᆞᄂᆞᆫ事實이오遺言及時效ᄂᆞᆫ創設에關ᄒᆞᆫ境遇와同ᄒᆞ고但其相異ᄒᆞᆫ바ᄂᆞᆫ其目的ᄒᆞᄂᆞᆫ權利가既已成立ᄒᆞᆫ바에在ᄒᆞᆯᄲᅮᆫ이라

第三節　地上權의效果

地上權은工作物이나竹木을所有ᄒᆞ기爲ᄒᆞ야他人의土地ᄅᆞᆯ使用ᄒᆞᄂᆞᆫ權利니其權의体ᄂᆞᆫ使用權이나然이나又其權의用으로使用者가享有ᄒᆞᄂᆞᆫ權利와負擔ᄒᆞᄂᆞᆫ義務가有ᄒᆞ니今에略擧ᄒᆞ건ᄃᆡ

第一、權利

(一)使用地ᄅᆞᆯ占有ᄒᆞᄂᆞᆫ權利　此占有權은地上權者가享有ᄒᆞᆯᄲᅮᆫ將又土地所

유자가 행하는 최후의 편면적 행위이다. 그리고 시효는 자기를 위할 의사로 평온, 공연히 지상권을 행사하되 그 점유를 개시할 때 선의이고 과실 없이 일정한 연한 동안(일본에서는 10년 및 20년) 계속하여 행사함으로써 취득하는 것을 말한다.

승계로 인한 취득에도 세 가지 원인이 있는데, ① 계약, ② 유언, ③ 취득시효이다. 이 계약은 창설에 관한 계약과 성질은 같은데 사실은 조금 다르다. 곧 이 계약은 지상권을 이미 설정하여 향유하던 자가 이제 새로 설정하고자 하는 자에게 이미 설정된 권리를 양도하는 사실이다. 그리고 유인 및 시효는 창설에 관한 경우와 같고 다만 다른 것은 그 목적인 권리가 이미 성립하였다는 점에 있을 뿐이다.

제3절 지상권의 효과

지상권은 공작물이나 수목을 소유하기 위하여 타인의 토지를 사용할 권리이므로 그 권리의 요체는 사용권이다. 그러나 또한 그 권리의 작용으로 사용자가 향유하는 권리와 부담하는 의무가 있으므로 여기에 간략히 들면

I. 권 리

〈1〉 사용하는 토지를 점유할 권리: 이 점유권을 지상권자가 향유할 것인지 아니면 토지소

有者가享有ᄒᆞᆯ셔ᄒᆞᆷ에關ᄒᆞ야ᄂᆞᆫ學者間에異論이不無ᄒᆞ나然이나各國의立法例中所有者에게有ᄒᆞ다ᄒᆞᆷ은無ᄒᆞ니要ᄒᆞ건ᄃᆡ地上權者가其使用地에對ᄒᆞ야占有權이有ᄒᆞ다ᄒᆞᆷ은學者의通論이라ᄒᆞ야도可ᄒᆞᆯ지라此에關ᄒᆞ야ᄂᆞᆫ今日이라도批評이全無ᄒᆞᆷ은아니나然이나아즉其確實ᄒᆞᆫ理由ᄅᆞᆯ不聞ᄒᆞᆯ뿐아니라地上權者ᄂᆞᆫ其結果로占有訴權을持ᄒᆞᆷ이라

(二)其權利ᄅᆞᆯ讓與ᄒᆞ거나典質ᄒᆞ거나其他負擔을設定ᄒᆞ기得ᄒᆞᄂᆞᆫ權利　元來地上權者ᄂᆞᆫ其使用地에對ᄒᆞ야ᄂᆞᆫ處分權이無ᄒᆞᆫ바인즉毋論其現時享有ᄒᆞᄂᆞᆫ權利에對ᄒᆞ야도自由의處分權은無ᄒᆞᆯ지나然이나其設定行爲에約定ᄒᆞᆫ契約範圍內에在ᄒᆞ야ᄂᆞᆫ自由로此ᄅᆞᆯ利用ᄒᆞ기得ᄒᆞᆷ이라

(三)其使用地에設施ᄒᆞᆫ工作物이나栽植ᄒᆞᆫ竹木에對ᄒᆞ야完全ᄒᆞᆫ所有權을持ᄒᆞᄂᆞᆫ權利　元來土地의定着物은添付의原理上土地所有者가其所有權을取得ᄒᆞᄂᆞᆫ바ㅣ나然이나前已略論ᄒᆞᆷ과ᄀᆞᆺ치社會의經濟上土地와定着物의所有權을區別ᄒᆞᆷ에至ᄒᆞᆷ은實로不得已ᄒᆞᆷ에至ᄒᆞᆫ事實이니彼法國와一部學者가地上權으로써建物又竹木의所有權이라主張ᄒᆞᆷ도此에職由ᄒᆞᆷ이라

유자가 향유할 것인지에 관하여 이견이 없지 않으나 각국의 입법례 가운데 소유자에게 있다고 하는 경우는 없다. 요컨대 지상권자가 사용하는 토지에 대하여 점유권이 있다는 것은 학자들의 통설이라고 해도 될 것이다. 이에 관하여는 오늘날에도 비판이 전혀 없지는 않으나 아직 그 확실한 이유를 듣지 못하였을 뿐 아니라 지상권자는 그 결과로 점유소권을 가진다.

〈2〉 그 권리를 양도하거나 질권을 설정하거나 기타 부담을 설정할 권리: 원래 지상권자는 사용하는 토지에 대하여는 처분권이 없다. 따라서 현재 향유하는 권리에 대하여도 자유로운 처분권이 없을 것임은 물론이다. 그러나 설정행위에서 약정한 계약 범위 내에서는 자유로이 이를 이용할 수 있다.

〈3〉 지상권자가 사용하는 토지에 설치한 공작물이나 식재한 수목에 대하여 완전한 소유권을 갖는 권리: 원래 토지의 정착물은 첨부의 원리상 토지소유자가 그 소유권을 취득하는 것이다. 그러나 앞서 이미 간략히 논한 바와 같이 사회경제적으로 토지와 정착물의 소유권을 구별하게 된 것은 실로 부득이해진 사실이다. 저 프랑스의 일부 학자들이 지상권을 건물 또는 수목의 소유권이라고 주장하는 까닭도 주로 여기에서 말미암은 것이다.

(四)正當ᄒᆞᆫ理由가有ᄒᆞᆯ時ᄂᆞᆫ其權을抛棄ᄒᆞ기得ᄒᆞᄂᆞᆫ權利 此ᄂᆞᆫ永小作權에關ᄒᆞᆫ規定의准用이니卽不可抗力을因ᄒᆞ야一定ᄒᆞᆫ年限間(日本則三年以上)繼續ᄒᆞ야收益을全然不得ᄒᆞ거나若地代ᄅᆞᆯ支撥ᄒᆞᄂᆞᆫ境遇에一定ᄒᆞᆫ年限間(日本則五年以上)繼續ᄒᆞ야其支撥ᄒᆞᄂᆞᆫ地代보다寡少의收益을得ᄒᆞᆫ時ᄂᆞᆫ設或設定行爲에契約의存續年限이有ᄒᆞᆯ지라도此에不拘ᄒᆞ고其權을抛棄ᄒᆞ기得ᄒᆞᆷ이라

(五)土地所有者와ᄀᆞᆺ치相隣地에對ᄒᆞᄂᆞᆫ權利 彼土地所有者가相隣者間利益을爲ᄒᆞ야互相負擔ᄒᆞᄂᆞᆫ權義ᄂᆞᆫ地上權者互相間이나地上權者와土地所有者間에도准用ᄒᆞᄂᆞ니蓋地上權者ᄂᆞᆫ工作物이나竹木을所有ᄒᆞ기爲ᄒᆞ야他人의土地ᄅᆞᆯ其所有者와ᄀᆞᆺ치使用ᄒᆞᄂᆞᆫ者인즉地上權者와土地所有者의關係나又相隣地의地上權者間關係ᄂᆞᆫ相隣地의土地所有者間關係와無異ᄒᆞᆫ지라故로此ᄅᆞᆯ准用ᄒᆞᆷ이라

但疆界線上에設置ᄒᆞᆫ界標圍障墻壁及溝渠의共有에關ᄒᆞ야ᄂᆞᆫ地上權設定後에起工ᄒᆞᆫ部分에對ᄒᆞ야만共有權을認定ᄒᆞᆷ

第二、義務

〈4〉 정당한 이유가 있을 때에는 그 권리를 포기할 수 있는 권리: 이는 영소작권에 관한 규정의 준용이다. 곧 불가항력으로 인하여 일정한 연한 동안(일본에서는 3년 이상) 계속하여 수익을 전혀 얻지 못하거나 만약 지료(地料)를 지급하는 경우에 일정한 연한 동안(일본에서는 5년 이상) 계속하여 그 지급하는 지료보다 현저히 적은 수익을 얻은 때에는 설령 설정행위에 계약의 존속 연한이 있을지라도 이에 구애받지 않고 그 권리를 포기할 수 있다.

〈5〉 토지소유자와 같이 상린지에 대한 권리: 토지소유자가 상린자와 사이에서의 이익을 위하여 서로 부담하는 의무는 지상권자 상호 간이나 지상권자와 토지소유자 간에도 준용된다. 내개 지상권자는 공작물이나 수목을 소유하기 위하여 타인의 토지를 그 소유자와 같이 사용하는 자이다. 따라서 지상권자와 토지소유자의 관계나 상린지의 지상권자 사이의 관계는 상린지의 토지소유자 사이의 관계와 다를 것이 없다. 그러므로 이를 준용하는 것이다.

다만 경계선상에 설치한 경계표, 담, 벽 및 도랑의 공유에 관하여는 지상권 설정 후에 착공한 부분에 대하여만 공유권을 인정한다.

II. 의 무

(一)地代支撥의義務　地代의支撥은元來地上權의要素가아니니地上權者는土地所有者에게報酬를必出ᄒᆞᄂᆞᆫ義務가無ᄒᆞᆫ바ㅣ라故로所有者가其好意上他人으로ᄒᆞ야곰自己의土地上에工作物이나竹木을所有ᄒᆞ기爲ᄒᆞ야此를使用케ᄒᆞᄂᆞᆫ境遇에도法律上此를無効로不作홈이라然이나事의實際를見ᄒᆞ건ᄃᆡ無償의境遇ᄂᆞᆫ極히稀少ᄒᆞ고有償ᄒᆞᆫ境遇가甚히多數ᄒᆞᄂᆞ니故로地上權者ᄂᆞᆫ土地所有者에게報酬를必出홈이라然而其報酬에ᄂᆞᆫ二種이有ᄒᆞ니一은一時의若干의金額을支撥ᄒᆞ야其存續期限間은報酬를不要ᄒᆞᄂᆞᆫ者오一은年年이나月月의定期로支撥ᄒᆞᄂᆞᆫ者ㅣ니其十中八九ᄂᆞᆫ定期에依홈이라

(二)不可抗力으로收益의損失을當ᄒᆞᆫ境遇라도地代의免除나減額을請求ᄒᆞ기不得ᄒᆞᄂᆞᆫ義務　彼貰借權에在ᄒᆞ야ᄂᆞᆫ貰借人이如斯ᄒᆞᆫ境遇에ᄂᆞᆫ借貰의免除나減額을請求호ᄃᆡ地上權이나永小作權에在ᄒᆞ야ᄂᆞᆫ請求를不得ᄒᆞᄂᆞ니其所以ᄂᆞᆫ無他라貰借權의境遇에ᄂᆞᆫ貰貸人이貰借人으로ᄒᆞ야곰其土地를使用收益케ᄒᆞᄂᆞᆫ義務가有호ᄃᆡ地上權이나永小作權의境遇에ᄂᆞᆫ地主에

〈1〉 지료 지급의 의무: 지료의 지급은 원래 지상권의 요소가 아니므로 지상권자는 토지소유자에게 보수를 반드시 줄 의무가 없다. 그러므로 소유자가 호의로 타인으로 하여금 자기의 토지 위에 공작물이나 수목을 소유하기 위하여 이를 사용하게 하는 경우에도 법률상 이를 무효로 삼지 않는다.

그러나 사안의 실제를 보면 무상의 경우는 극히 드물고 유상인 경우가 매우 다수이다. 그러므로 지상권자는 토지소유자에게 보수를 반드시 주어야 하는 것이다. 그러나 그 보수에는 두 가지가 있는데, 하나는 일시에 얼마의 금전을 지급하여 그 존속기한 동안은 보수 지급이 필요 없는 것이고 다른 하나는 해마다 또는 다달이 정기로 지급하는 것으로, 십중팔구는 정기로 지급한다.

〈2〉 불가항력으로 수익의 손실을 당한 경우라도 지료의 면제나 감액을 청구할 수 없는 의무: 임차권에서는 임차인이 이러한 경우에는 차임의 면제나 감액을 청구할 수 있다. 그렇지만 지상권이나 영소작권에서는 청구할 수 없다. 그 까닭은 다른 것이 아니라 임차권의 경우에는 임대인이 임차인으로 하여금 그 토지를 사용, 수익하게 할 의무가 있다. 그런데 지상권이나 영소작권의 경우에는 토지소유자에게如斯ᄒᆞᆫ義務가無ᄒᆞ니即其土地의收益得否ᄂᆞᆫ地主의一切不關ᄒᆞᄂᆞᆫ바오且其地代나小作料로論ᄒᆞ야도普通의貰貸借에比ᄒᆞᆫ즉甚히低廉ᄒᆞᄂᆞ니然則地上權者ㅣ나永小作人은平年의所得으로써凶年의所失을補償ᄒᆞ고도剩餘가尙有ᄒᆞᆷ이通例오且地主로論ᄒᆞᆫ즉貰金의高貴ᄒᆞᆫ貰貸借를捨ᄒᆞ고低廉ᄒᆞᆫ地上權이나永小作權을取ᄒᆞᆷ은年의豐凶을因ᄒᆞ야地代에差異가不生ᄒᆞ고恒常安全ᄒᆞᆫ收益을得코져ᄒᆞᆷ이어ᄂᆞᆯ年의凶作을理由ᄒᆞ야地代나小作料의免除나減額을請求ᄒᆞᆯ진ᄃᆡ此ᄂᆞᆫ最初低廉에安心ᄒᆞᆫ本旨에違反ᄒᆞᄂᆞᆫ지라故로法律上此를不許ᄒᆞᆷ이라

（三）　定ᄒᆞᆫ年限間（日本則二年以上）地代의支撥을懈怠케ᄒᆞ거나破產宣告를當ᄒᆞᆫ時ᄂᆞᆫ地主에게權利消滅의請求를受ᄒᆞᄂᆞᆫ義務　此ᄂᆞᆫ前項의反對로地主가解約을請求ᄒᆞᄂᆞᆫ바ㅣ나此亦普通의貰貸借와其趣가少異ᄒᆞ니卽貰貸借에在ᄒᆞ야ᄂᆞᆫ日本法으로論ᄒᆞᆫ즉貰借人이一回의貰金을懈怠케ᄒᆞ야도契約의解除를得爲ᄒᆞ거ᄂᆞᆯ地上權이나永小作權에在ᄒᆞ야ᄂᆞᆫ一定ᄒᆞᆫ年限을寬恕ᄒᆞᄂᆞᆫ所以ᄂᆞᆫ此等權利ᄂᆞᆫ其期間이長久ᄒᆞ며且其權利가稍大ᄒᆞᆫ즉莫大의費用을

게 이러한 의무가 없다. 곧 그 토지에서 수익을 얻는지 여부는 토지소유자가 일절 관여하지 않는 것이다. 또 그 지료나 소작료로 논하더라도 보통의 임대차에 비하면 매우 저렴하다. 그렇다면 지상권자나 영소작인은 평년의 소득으로 흉년의 손실을 보상받고도 남는 것이 통례이다. 그리고 토지소유자로 논하면 차임이 비싼 임대차를 버리고 저렴한 지상권이나 영소작권을 취한 까닭은, 해마다의 풍흉에 따라 지료에 차이를 두지 않고 항상 안정적인 수익을 얻고자 하는 것이다. 그런데 한 해의 흉작을 이유로 지료나 소작료의 면제나 감액을 청구한다면 이는 최조의 서럼한 지료에 안심한 본래 취지에 어긋나는 것이다. 그러므로 법률상 이를 허용하지 않는다.

〈3〉 일정한 연한 동안(일본에서는 2년 이상) 지료의 지급을 게을리 하거나 파산선고를 받은 때에는 토지소유자에게 권리 소멸의 청구를 받을 의무: 이는 앞 항의 반대로, 토지소유자가 계약 해지를 청구하는 것이다. 그러나 이 또한 보통의 임대차와 그 취지가 조금 다르다. 곧 임대차에서는 일본법으로 논하면 임차인이 한 번 차임 지급을 게을리 하여도 계약의 해지를 할 수 있는데 지상권이나 영소작권에서는 일정한 연한을 너그럽게 허용하는 까닭은, 이들 권리는 그 기간이 아주 길고 또 그 권리가 매우 커서 막대한 비용을

投費ᄒᆞ고도數年後에야利益을僅收ᄒᆞᆷ이多ᄒᆞᆫ지라然而其一時의地代나小作料의懈怠ᄅᆞᆯ理由ᄒᆞ야契約의解除ᄅᆞᆯ請求ᄒᆞᆯ진ᄃᆡ其設定者ᄂᆞᆫ投費의宿功이水泡에忽歸ᄒᆞᆯ지라故로普通의貰貸借와此ᄅᆞᆯ區別ᄒᆞᆷ이라

破産宣告에當ᄒᆞ야도普通의貰貸借와差異가有ᄒᆞ니卽貰貸借境遇에ᄂᆞᆫ貰借人이破産宣告ᄅᆞᆯ當ᄒᆞ야도契約의解除請求가直無ᄒᆞ고貰貸人이나破産管財人이解約을申請ᄒᆞ야其申請後一定ᄒᆞᆫ年限(日本則一年)을經過後解除에始至ᄒᆞ거ᄂᆞᆯ地上權이나永小作權의境遇에ᄂᆞᆫ不然ᄒᆞ야破産의宣告와同時에地主ᄂᆞᆫ契約의消滅을請求ᄒᆞ고破産管財人이地上權者ㅣ나永小作人을代ᄒᆞ야其權을抛棄ᄒᆞ야地代나小作料의義務ᄅᆞᆯ免ᄒᆞ기不得케ᄒᆞᆷ이라

右理論은一見ᄒᆞᆫ즉甚히怪異ᄒᆞᆷ과如ᄒᆞ니何者오彼地上權이나永小作權의境遇에ᄂᆞᆫ地代나小作料ᄅᆞᆯ懈怠히ᄒᆞ야도解約의請求ᄅᆞᆯ貰貸借의境遇보다寬限ᄒᆞᆷ을見ᄒᆞᆯ진ᄃᆡ其破産의境遇에도此ᄅᆞᆯ貰貸借보다寬限ᄒᆞᆷ이可ᄒᆞ거ᄂᆞᆯ寬限은置之ᄒᆞ고一層迅速케ᄒᆞᆷ과同時에管財人도關係가無케ᄒᆞᆷ이是라然이나詳細히其兩者의內容을考察ᄒᆞᆯ진ᄃᆡ可히其不然ᄒᆞᆫ바ᄅᆞᆯ推知ᄒᆞ리니

투입하고도 몇 년 뒤에야 간신히 이익을 얻는 경우가 많다. 그런데 일시적으로 지대나 소작료 지급을 게을리 했다는 이유로 계약의 해지를 청구한다면 그 권리자*가 비용을 투입한 오랜 공이 갑자기 물거품이 될 것이다. 그러므로 보통의 임대차와 이를 구별한다

파산선고에서도 보통의 임대차와 차이가 있다. 곧 임대차의 경우에는 임차인이 파산선고를 받아도 계약 해지를 직접 청구하지 않고 임대인이나 파산관재인이 계약 해지를 청구한 후 일정한 연한(일본에서는 1년)을 경과한 후에 비로소 해지가 된다. 그런데 지상권이나 영소작권의 경우에는 그렇지 않아서 파산의 선고와 동시에 토지소유자는 계약의 소멸을 청구하고 파산관재인이 지상권자나 영소작인에 갈음하여 그 권리를 포기하여 지료나 소작료 지급의 의무를 면할 수 없게 한다.

위 이론은 일견 매우 이상한 것 같다. 왜냐하면 지상권이나 영소작권의 경우에는 지료나 소작료 지급을 게을리 하여도 계약 해지의 청구를 임대차의 경우보다 널리 제한한 것을 보았다면 파산의 경우에도 이를 임대차보다 널리 제한하는 것이 옳을 텐데, 넓은 제한은 그대로 두고 한층 신속하게 하는 것과 동시에 파산관재인도 관계가 없도록 하기 때문이다.

그러나 상세히 이 양자의 내용을 고찰한다면 그렇지 않음을 미루어 알 수 있을 것이다.

---

* 역자주: 원문은 '設定者'로 되어 있으나, 지상권자 또는 영소작권자를 가리키는 것으로 보임.

彼貰貸借에在ᄒᆞ야도貰貸人은貰借人을多少信任ᄒᆞ야土地를貰貸홈은勿論이나然이나此를地上權이나永小作權에比ᄒᆞᆯ진ᄃᆡ霄壤의差가有ᄒᆞ니盖地上權이나永小作이라ᄒᆞᄂᆞᆫ權은地主가其設定者를十分信用ᄒᆞ야此에土地를放任ᄒᆞ고長時期의期限間을安心ᄒᆞ야小作料를年年收取ᄒᆞ고兼ᄒᆞ야土地의保存과改良에至ᄒᆞ야도關心이少無ᄒᆞ거ᄂᆞᆯ不意에其設定者의破産宣告가有ᄒᆞᆯ진ᄃᆡ其人의信用이消滅ᄒᆞᆯ뿐아니라其土地가面目不知의破産管財人의手로歸ᄒᆞ야競賣로更進ᄒᆞ야何人의手로歸ᄒᆞ야何如ᄒᆞᆫ管財를受ᄒᆞᆯ지未知ᄒᆞ니然則地主ᄂᆞᆫ契約의消滅을請求ᄒᆞ야此를他有信의人에게貸與홈만不如홈이라

以上二及三의義務ᄂᆞᆫ皆永小作權에關ᄒᆞᆫ規定의准用이니凡地上權永小作權及貰貸借ᄂᆞᆫ立法上理由로ᄂᆞᆫ區別이有ᄒᆞ되實地上理由로ᄂᆞᆫ其性質이同一ᄒᆞ다ᄒᆞ야도可ᄒᆞ니故로此를准用홈이오又地代에關ᄒᆞ야ᄂᆞᆫ貰貸借의規定을准用ᄒᆞᄂᆞ니假令地代의支撥時期와地代에關ᄒᆞᆫ先取特權等이是라

地代ᄂᆞᆫ金錢에不限ᄒᆞ고其收獲으로充홈도得ᄒᆞᄂᆞ니彼部分林은林地上에地

임차권에서도 임대인은 임차인을 다소 믿어 토지를 임대하는 것은 물론이다. 그러나 이를 지상권이나 영소작권에 비한다면 하늘과 땅만큼 차이가 있다. 대개 지상권이나 영소작권이라는 권리는 토지소유자가 권리자를 충분히 신용하여 토지를 맡겨 놓고 오랜 기간 동안 안심하면서 소작료를 해마다 거두고 아울러 토지의 보존과 개량에도 관심을 거의 두지 않는다. 그런데 뜻밖에 권리자가 파산선고를 받으면, 그 사람의 신용이 소멸할 뿐 아니라 그 토지가 얼굴도 알지 못하는 파산관재인의 손에 들어가고 다시 경매로 넘어가서 누구의 손으로 들어가 어떠한 관리를 받을지 알 수 없다. 그렇다면 토지소유자는 계약의 소멸을 청구하여 이를 다른 신용 있는 사람에게 대여하는 것만 같지 못하다.

이상의 둘째와 셋째 의무는 모두 영소작권에 관한 규정의 준용이다. 일반적으로 지상권, 영소작권 및 임대차는 입법상 이유로는 구별이 있지만 실제의 이유로는 그 성질이 동일하다고 하여도 좋으므로 이를 준용하는 것이다. 또 지료에 관하여는 임대차의 규정을 준용하는데, 가령 지료의 지급 시기와 지료에 관한 선취특권 등이 그것이다.

지료는 금전에 한하지 않고 수확물로 충당할 수도 있는데, 분수림(分收林)* 은 임야지 위에 지

---

* 역자주: 원문은 '部分林'. 국가가 토지를 제공하고 조림자(造林者)가 자금과 노동력을 제공하여 조림사업을 시행하고 그 사업의 성패에 따른 수익과 손실을 나누는 제도.

上權을設定ᄒᆞ야其材木의一部로써此에充ᄒᆞᆷ을得ᄒᆞᆷ이라我現行森林法에在ᄒᆞ야ᄂᆞᆫ部分林은國과造林者의共有로ᄒᆞ야其收益을均分케ᄒᆞ얏스니此에ᄂᆞᆫ地代의問題가無ᄒᆞᆯ지며又森林法施行細則에ᄂᆞᆫ國有森林山野ᄅᆞᆯ三十年以上一百年以下의期限으로貸付ᄒᆞ고貸付料의徵收規定은有ᄒᆞ되收獲으로貸付料에代充云云의事ᄂᆞᆫ別無ᄒᆞ니라

第四節 地上權의消滅

地上權의消滅에ᄂᆞᆫ凡五種의原因이有ᄒᆞ니(一)存續期間이經過ᄒᆞᆫ時오(二)消滅에關ᄒᆞ야附加의約欵이有ᄒᆞᆫ時에其事由가發生ᄒᆞᆫ時假令一個年間地代ᄅᆞᆯ不出ᄒᆞ면契約을解除ᄒᆞ리라約定ᄒᆞᆫ時에果然一個年間地代ᄅᆞᆯ不出ᄒᆞᄂᆞᆫ事實이發生ᄒᆞᄂᆞᆫ等時오(三)地上權者의抛棄오(四)消滅時効오(五)使用地의消滅이是라

右一二及四五의境遇ᄂᆞᆫ事實의當然ᄒᆞᆫ結果오說明의必要가別無ᄒᆞ나然이나第三의境遇ᄂᆞᆫ說明의必要가稍有ᄒᆞ니凡設定行爲에存續期間이有ᄒᆞᆯ진ᄃᆡ其期間의長短에不拘ᄒᆞ고皆有効ᄒᆞᆷ은定論이오設或設定行爲에所定이無ᄒᆞ야도一定

상권을 설정하여 그 목재의 일부로 이에 충당할 수 있다. 우리 현행 삼림법(森林法)에서는 분수림은 국가와 조림자의 공유로 하여 그 수익을 균등히 나누게 하였는데, 여기에는 지료의 문제가 없을 것이다. 또 삼림법 시행세칙에서는 국유의 삼림과 임야를 30년 이상 100년 이하의 기한으로 대부하고 대부료의 징수 규정은 있지만 수확물을 대부료에 갈음하여 충당하는 것과 같은 사항은 따로 없다.

제4절 지상권의 소멸

지상권의 소멸에는 일반적으로 다섯 가지 원인이 있다. ① 존속기간의 경과한 때, ② 소멸에 관하여 덧붙인 약정이 있는 경우에 그 사유가 발생한 때, 가령 1년간 지료를 내지 않으면 계약을 해지할 것을 약정한 때에 과연 1년간 지료를 내지 않은 사실이 발생하는 등의 경우, ③ 지상권자의 포기, ④ 소멸시효, ⑤ 사용하는 토지의 소멸이 그것이다.

위 첫째, 둘째 및 넷째, 다섯째의 경우에는 사실의 당연한 결과이고 설명할 필요가 따로 없으나 셋째 경우는 설명할 필요가 약간 있다. 설정행위에 존속기간이 있으면 그 기간의 길이와 관계없이 모두 유효함은 정설이고, 설령 설정행위에 약정이 없더라도 일정

ᄒᆞᆫ慣習이有ᄒᆞᆯ진ᄃᆡ此에從ᄒᆞᆷ이勿論이나若設定行爲與慣習에從ᄒᆞᆯ바ㅣ俱無ᄒᆞᆯ진ᄃᆡ地上權者ᄂᆞᆫ何時던지其權을拋棄ᄒᆞ기得ᄒᆞᆷ이라

凡權利ᄂᆞᆫ其享有者가何時던지拋棄ᄒᆞᆷ이原則이오但其拋棄로因ᄒᆞ야他人에게損害의不及을注意ᄒᆞᆯ뿐이라然而地上權에至ᄒᆞ야ᄂᆞᆫ此注意의必要가一層多有ᄒᆞ니即地上權은地代ᄅᆞᆯ支撥ᄒᆞᆷ이普通이거ᄂᆞᆯ地上權者가其權利ᄅᆞᆯ拋棄ᄒᆞᆷ과同時에地代支撥의義務ᄅᆞᆯ免ᄒᆞᆯ진ᄃᆡ此ᄂᆞᆫ土地所有者의權利ᄅᆞᆯ侵害ᄒᆞᄂᆞᆫ慮가有ᄒᆞᆫ지라故로日本民法에ᄂᆞᆫ此에關ᄒᆞ야地上權者에게制限을加ᄒᆞ되若地上權을拋棄코져ᄒᆞ거던一年前에此ᄅᆞᆯ豫告ᄒᆞ거나不然ᄒᆞᆫ則一年分의地代ᄅᆞᆯ豫出ᄒᆞᆷ이아니면得爲치못ᄒᆞ게ᄒᆞ니라

以上理由ᄂᆞᆫ無他라地上權者가其權을拋棄ᄒᆞᆫ즉土地所有者ᄂᆞᆫ其土地ᄅᆞᆯ他人에게更貸ᄒᆞ야收益을得코져ᄒᆞᆯ지나然이나元來土地의貸與ᄂᆞᆫ容易ᄒᆞᆫ事件이아니라若干의日月을經ᄒᆞ야借主ᄅᆞᆯ求ᄒᆞᆯ지어ᄂᆞᆯ其間에地代의收益을不得ᄒᆞᆯ진ᄃᆡ地主에게ᄂᆞᆫ莫大ᄒᆞᆫ損失이라ᄒᆞᆯ지라故로法律上以上과如ᄒᆞᆫ制限을加ᄒᆞ야地上權者의自由行動을防止ᄒᆞᆷ이라但無償으로設定ᄒᆞᆫ境遇에ᄂᆞᆫ存續期間이設有ᄒᆞ야

한 관습이 있다면 이에 따름은 물론이다. 그러나 만약 설정행위와 관습 모두에서 따를 것이 없다면 지상권자는 언제든지 그 권리를 포기할 수 있다.

권리는 향유자가 언제든지 포기할 수 있음이 원칙이고 다만 포기로 인하여 타인에게 손해를 미치지 않도록 주의해야 할 뿐이다. 그런데 지상권에서는 이러한 주의를 할 필요가 한층 더 크다. 곧 지상권은 지료를 지급하는 것이 보통인데 지상권자가 그 권리를 포기함과 동시에 지료 지급의 의무를 면한다면 이는 토지소유자의 권리를 침해할 우려가 있다. 그러므로 일본 민법에서는 이에 관하여 지상권자에게 제한을 가하는데, 만약 지상권을 포기하고자 하면 1년 전에 이를 예고하거나 아니면 1년치 지료를 미리 내지 않으면 할 수 없게 한다.

이상의 이유는 다른 것이 아니다. 지상권자가 그 권리를 포기하면 토지소유자는 그 토지를 타인에게 다시 빌려주어 수익을 얻고자 할 것이다. 그러나 원래 토지의 대여는 쉬운 일이 아니어서 약간의 시간이 지나야 차주(借主)를 구할 수 있을 것이다. 그런데 그 사이에 지료의 수익을 얻을 수 없다면 토지소유자에게는 막대한 손실이 될 것이다. 그러므로 법률상 이상과 같은 제한을 가하여 지상권자의 자유로운 행동을 방지한다. 다만 무상으로 설정한 경우에는 존속기간이 설령 있더라

도抛棄가自由오有償의境遇에는期間이有ᄒᆞᆫ즉其期間內에는抛棄를一切不得ᄒᆞᆷ

若其設定行爲에存續期間이無ᄒᆞᆫ境遇에土地所有者가自己의利害關係上地上權의消滅을希望ᄒᆞ되地上權者가正當의理由가無ᄒᆞ고此를抛棄치아니ᄒᆞᆯ진ᄃᆡ所有者는裁判所에請求ᄒᆞ야相當ᄒᆞᆫ期間을定ᄒᆞ기得ᄒᆞᆷ이라

此境遇를當ᄒᆞ야裁判所는如何ᄒᆞᆫ標準으로其期間을定給ᄒᆞᆯ고ᄒᆞ노니此는其工作物이나竹木의種類와狀況及其他設定當時의事情을斟酌ᄒᆞ야定ᄒᆞᄂᆞ니라日本民法에는二十年以上五十年以下의範圍로ᄒᆞᆷ

學者或工作物이나竹木의消滅은地上權의消滅原因이라主張ᄒᆞ는者가不無ᄒᆞ나然이나此는決斷코不然ᄒᆞᆫ理由가有ᄒᆞ니蓋地上權이라ᄒᆞ는權利는其目的이工作物이나竹木을所有ᄒᆞ기爲ᄒᆞ야他人의土地를使用ᄒᆞᆷ에在ᄒᆞᆫ즉其土地上에現物의存否는必要條件이아니니라但當事者의特約으로此等境遇로도消滅의條件을作ᄒᆞᆷ은此限에不在ᄒᆞᆷ

地上權者는其權利가消滅ᄒᆞᆯ진ᄃᆡ土地를原狀에回復ᄒᆞ고其上에在ᄒᆞᆫ工作物이

도 포기가 자유이고 유상의 경우에는 기간이 있으면 그 기간 내에는 포기를 일절 할 수 없다.

만약 그 설정행위에 존속기간이 없는 경우에 토지소유자가 자기의 이해관계에 따라 지상권의 소멸을 희망하는데 지상권자가 정당한 이유 없이 이를 포기하지 않으면 소유자는 재판소에 청구하여 상당한 기간을 정할 수 있다. 이 경우에 재판소는 어떠한 기준으로 그 기간을 정하여 줄 것인가? 이는 그 공작물이나 수목의 종류와 상황 및 기타 설정 당시의 사정을 참작하여 정한다. 일본 민법에서는 20년 이상 50년 이하의 범위로 한다.

학자들은 더러 공작물이나 수목의 소멸은 지상권의 소멸원인이라고 주장하는 자가 없지 않다. 그러나 이는 결코 그렇지 않은 이유가 있다. 대개 지상권이라는 권리는 그 목적이 공작물이나 수목을 소유하기 위하여 타인의 토지를 사용하는 데 있다. 따라서 그 토지 위에 현물이 존재하는지 여부는 필요조건이 아니다. 다만 당사자의 특약으로 이들 경우도 소멸의 조건으로 삼은 경우에는 그렇지 않다.

지상권자는 그 권리가 소멸하면 토지를 원상으로 회복하고 그 위에 있던 공작물이나竹木을收去ᄒᆞ기得ᄒᆞᄂᆞ니蓋地上權者ᄂᆞᆫ工作物이나竹木의所有者ㅣ니此를收去홈은勿論이오但其收去ᄒᆞᆫ土地에毁損이有ᄒᆞᆯ진ᄃᆡ此를原狀에回復ᄒᆞᆯ뿐이라假令工作物의取去에當ᄒᆞ야土地에埋寘ᄒᆞᆫ物件이現出ᄒᆞ거나竹木의拔去에對ᄒᆞ야其跡에孔穴이生ᄒᆞ얏스면此를塡埋ᄒᆞ거나平坦케ᄒᆞᄂᆞᆫ類가是라以上은一般의原則이나此에도例外가不無ᄒᆞ니卽土地上에設備物을收去ᄒᆞᆯ진ᄃᆡ其物의價를損ᄒᆞᆯ뿐아니라土地의價도損홈이有ᄒᆞᄂᆞ니然則此ᄂᆞᆫ當事者兩便의不利뿐아니라國家經濟上에도有害ᄒᆞᆫ지라故로若其土地所有者가時價를提供ᄒᆞ야此를買收코져ᄒᆞᆯ진ᄃᆡ地上權者ᄂᆞᆫ正當ᄒᆞᆫ理由가無ᄒᆞ고拒絶ᄒᆞ기不得홈이라

第二章 永小作權

第一節 永小作權의定義

永小作權의定義를示ᄒᆞᆫ즉如左홈이라

永小作權은小作料를支出ᄒᆞ고他人의土地에耕作이나牧畜ᄒᆞᄂᆞᆫ權利를云홈이라

나 수목을 수거할 수 있다. 대개 지상권자는 공작물이나 수목의 소유자이므로 이를 수거하는 것은 물론이다. 다만 수거하는 토지 위에 훼손이 있을 것인데 이를 원상으로 회복할 뿐이다. 가령 공작물을 수거할 때 토지에 묻어 둔 물건이 나타나거나 수목을 뽑아갈 때 그 자리에 구멍이 생겼다면 이를 되메우거나 평탄하게 하는 부류가 그것이다.

이상은 일반적인 원칙이나 여기에도 예외가 없지 않다. 곧 토지 위에 설치한 물건을 수거하면 그 물건의 가치를 훼손시킬 뿐 아니라 토지의 가액에도 손실을 입힐 수 있다. 그렇다면 이는 당사자 양쪽에게 불이익될 뿐 아니라 국가경제적으로도 유해할 것이다. 그러므로 만약 그 토지소유자가 시가(時價)를 제공하여 이를 매수하고자 하면 지상권자는 정당한 이유 없이 거절할 수 없다.

제2장 영소작권

제1절 영소작권의 정의

영소작권의 정의를 보이면 다음과 같다.

영소작권은 소작료를 지급하고 타인의 토지에서 경작이나 목축을 할 권리를 말한다.

永小作權은他人의土地를使用ᄒᆞᄂᆞᆫ權利니此點에至ᄒᆞ야ᄂᆞᆫ地上權과無異ᄒᆞ니라彼地上權에關ᄒᆞ야ᄂᆞᆫ此를建物又竹木의所有權이라ᄒᆞ며或은土地의占有權이라ᄒᆞ야學者의論說과法律의規定이不一ᄒᆞ나永小作權은土地의使用權이라ᄒᆞᆷ에至ᄒᆞ야ᄂᆞᆫ異議가殆無ᄒᆞ니然則其使用의目的物은土地에限ᄒᆞᆷ이라彼歐洲에在ᄒᆞ야ᄂᆞᆫ此權의目的物을土地에不限ᄒᆞ고一般不動産에普及케ᄒᆞᆷ도有ᄒᆞ나此ᄂᆞᆫ其性質上正鵠을未得ᄒᆞᆷ

永小作權은耕作이나牧畜ᄒᆞᄂᆞᆫ權利니其以外事를目的ᄒᆞᄂᆞᆫ權利ᄂᆞᆫ此權이아니라此ᄂᆞᆫ彼地上權은工作物이나竹木을所有ᄒᆞ기爲ᄒᆞ야他人의土地를使用ᄒᆞᄂᆞᆫ權利니其以外의目的으로使用ᄒᆞᆯ진대其使用의方法如何를不問ᄒᆞ고地上權으로不作ᄒᆞᆷ과恰如ᄒᆞᆫ바ㅣ라

永小作權은有期의權利니此點이彼地上權과相異ᄒᆞᆫ바ㅣ라即地上權에ᄂᆞᆫ期間의有無를不問ᄒᆞ되此權에ᄂᆞᆫ期間을必要ᄒᆞᆷ이라但其理由ᄂᆞᆫ後節에更論ᄒᆞᆷ

永小作權은小作料를支出ᄒᆞ고他人의土地를使用ᄒᆞᄂᆞᆫ權利니彼地上權에ᄂᆞᆫ地代의支出이成立要素가아니로ᄃᆡ此權에ᄂᆞᆫ小作料의支出이一個의成立要素라

영소작권은 타인의 토지를 사용할 권리로 이 점에서는 지상권과 다른 것이 없다. 지상권에서는 이를 건물 또는 수목의 소유권이라고 하거나 토지의 점유권이라고 하여 학자의 학설과 법률의 규정이 하나같지 않다. 그러나 영소작권은 토지의 사용권이라는 데에는 이론이 거의 없다. 그래서 그 사용의 목적물은 토지에 한한다. 유럽에서는 이 권리의 목적물을 토지로 한정하지 않고 일반 부동산에 널리 미치게 하는 경우도 있으나, 이는 그 성질상 핵심을 파악하지 못한 것이다.

영소작권은 경작이나 목축을 할 권리로 그 이외의 일을 목적으로 하는 권리는 이 권리가 아니다. 이는 지상권은 공작물이나 수목을 소유하기 위하여 타인의 토지를 사용할 권리로 그 이외의 목적으로 사용하면 그 사용 방법 여하를 불문하고 지상권으로 삼지 않는 것과 비슷하다.

영소작권은 기간이 있는 권리로, 이 점이 지상권과 다르다. 곧 지상권에서는 기간의 유무를 불문하지만 이 권리는 반드시 기간이 있어야 한다. 다만 그 이유는 뒷 절에서 다시 논한다.

영소작권은 소작료를 지급하고 타인의 토지를 사용할 권리로, 지상권에서는 지료의 지급이 성립요소가 아니지만 이 권리에서는 소작료의 지급이 하나의 성립요소이다.

然則小作料가無ᄒᆞᆫ永小作權은法律上不許ᄒᆞᆷ이라

夫永小作權은羅馬古代로브터認定ᄒᆞᆫ바ㅣ니最初羅馬法에ᄂᆞᆫ此ᄅᆞᆯ羅馬市有及寺院有의未開土地에設定ᄒᆞ야每年一定의地代ᄅᆞᆯ支出ᄒᆞ고永久히其土地ᄅᆞᆯ耕作ᄒᆞ기爲ᄒᆞ야使用ᄒᆞᄂᆞᆫ權利로ᄒᆞ야認定ᄒᆞ고又此權에物上訴權을付與ᄒᆞ야物權으로作ᄒᆞ니라

此權의性質에關ᄒᆞ야ᄂᆞᆫ此時로브터學者間에論議가大生ᄒᆞ니即或은貰貸借의性質이有ᄒᆞ다ᄒᆞ며或은賣買의性質이有ᄒᆞ다ᄒᆞᆷ이라然而此論爭은權利行使上에對ᄒᆞ야不少의影響이及ᄒᆞ니何者오若貰貸借의一種이라ᄒᆞᆯ진대耕作者ᄂᆞᆫ不可抗力으로土地에損害가生ᄒᆞ야其結果로收益을損失ᄒᆞᆯ진대地代의免除나減額을可히請求ᄒᆞᆯ지오若又賣買의一種이라ᄒᆞᆯ진대耕作者ᄂᆞᆫ即買主니其物에關ᄒᆞ야生ᄒᆞᄂᆞᆫ危險은不可不一切負擔ᄒᆞᆯ지라因ᄒᆞ야不可抗力으로收益을損失ᄒᆞᆯ지라도地代의免除나減額을可히請求치못ᄒᆞᄂᆞᆫ結果가生ᄒᆞᆯ지라

希臘에在ᄒᆞ야도其古代로브터葡萄의播植上土地貰借의制가有ᄒᆞ더니此制가羅馬로轉入ᄒᆞ야各種의名稱을經ᄒᆞᆫ後私有權上에存在ᄅᆞᆯ廣認ᄒᆞᆷ에至ᄒᆞ다가再

그래서 소작료가 없는 영소작권은 법률상 허용되지 않는다.

영소작권은 로마 고대로부터 인정되던 것이다. 맨 처음 로마법에서는 이를 로마의 시 소유 및 사원 소유의 미개간 토지에 설정하여 매년 일정한 지료를 지급하고 영구히 그 토지를 경작하기 위하여 사용하는 권리로 인정하고, 또 이 권리에 대물적 소권을 부여하여 물권으로 삼았다.

이 권리의 성질에 관하여는 이때부터 학자들 간에 논의가 크게 일었다. 곧 더러는 임대차의 성질이 있다고 하고 더러는 매매의 성질이 있다고 한다. 그런데 이 논쟁은 권리 행사에서 적지 않은 영향을 미친다. 왜냐하면 만약 임대차의 일종이라고 하면 경작자는 불가항력으로 토지에 손해가 발생하여 그 결과로 수익에 손실을 입으면 지료의 면제나 감액을 청구할 수 있을 것이다. 또 만약 매매의 일종이라고 하면 경작자는 곧 매수인이므로 그 물건에 관하여 발생하는 위험 일체를 부담할 수밖에 없을 것이다. 따라서 불가항력으로 수익에 손실을 입을지라도 지료의 면제나 감액을 청구하지 못하는 결과를 낳을 것이다.

그리스에서도 고대로부터 포도를 심은 토지를 임차하는 제도가 있었다. 그런데 이 제도가 로마로 들어오면서 갖가지 명칭을 거친 뒤 사유권(私有權) 위에 존재하는 것을 광범위하게 인정하기에 이르다가, 다시

變ᄒᆞ야重要의一借地權이成ᄒᆞ니自來學者間에論爭ᄒᆞ던貰貸借와賣買說도決定ᄒᆞ야其性質이貰貸借도아니며賣買도아니오一種特別의永小作契約이라ᄒᆞ야地代의免減도皆耕作者의不利益으로決定홈에至ᄒᆞ니라(但其理由ᄂᆞᆫ地上權効果節에己示홈)

永小作權과地上權의差異ᄂᆞᆫ旣已屢示홀뿐아니라元來其使用의目的이各殊ᄒᆞᆫ즉疑問이別無ᄒᆞ나永小作權과貰貸借에至ᄒᆞ야ᄂᆞᆫ往往判然치못홈이有ᄒᆞ기玆에多少說明코져ᄒᆞ노라

蓋貰貸借ᄂᆞᆫ其目的이甚히廣汎ᄒᆞ야如何ᄒᆞᆫ目的으로如何ᄒᆞᆫ物을貰借ᄒᆞ던지皆貰借니此點에至ᄒᆞ야ᄂᆞᆫ永小作과其趣가大異ᄒᆞ나然이나耕作又牧畜을目的ᄒᆞᄂᆞᆫ土地의貰貸借와永小作의間에ᄂᆞᆫ果然如何의差異가有ᄒᆞᆫ지理論으로ᄂᆞᆫ其區別이甚히容易ᄒᆞ되實際로ᄂᆞᆫ極히困難ᄒᆞ니此ᄂᆞᆫ其法官되ᄂᆞᆫ者ᄂᆞᆫ實際의事情을探究ᄒᆞ고當事者의眞意를搜査ᄒᆞ야契約의性質을分明케ᄒᆞ야兩者를區別홀지니라

今에理論上兩者의差異를擧ᄒᆞ건ᄃᆡ(一)權利의客體가土地에限ᄒᆞ고否홈(二)其

바뀌어 중요한 하나의 차지권이 되었다. 종래 학자들 간에 논쟁하던 임대차와 매매의 학설도 결론적으로 그 성질이 임대차도 아니고 매매도 아니고 일종의 특별한 영소작계약이라고 하여 지료의 감면도 모두 경작자의 불이익으로 결정되기에 이르렀다(다만 그 이유는 지상권의 효과의 절에서 이미 보임).

영소작권과 지상권의 차이는 이미 여러 차례 보였을 뿐 아니라 원래 그 사용 목적이 각기 다르므로 달리 의문이 없다. 그러나 영소작권과 임차권의 차이는 왕왕 확연하지 못한 경우가 있어 여기서 약간 설명하고자 한다.

대개 임대차는 그 목적이 매우 광범위하여 어떠한 목적으로 어떠한 물건을 임차하든 모두 임대차이다. 이 점에서는 영소작권과 그 취지가 크게 다르다. 그러나 경작 또는 목축을 목적으로 하는 토지의 임대차와 영소작의 사이에는 과연 어떠한 차이가 있는지, 이론적으로는 구별이 매우 용이하지만 실제로는 극히 곤란하다. 이는 법관이 실제의 사정을 탐구하고 당사자의 진의를 조사하여 계약의 성질을 분명하게 하여 양자를 구별하여야 할 것이다.

이제 이론상 양자의 차이를 들면, ① 영소작권은 권리의 객체가 토지에 한정되고 임대차는 그렇지 않다. ② 그

目的이耕作牧畜에限ᄒᆞ고否ᄒᆞᄂᆞᆫ外에（三）永小作權은物權이오貰貸借ᄂᆞᆫ債權（四）永小作權의存續期間（日本則二十年以上五十年以下）은長ᄒᆞ고貰貸借의存續期間（日本則二十年以下）은短ᄒᆞᆷ（五）永小作權의設定은契約으로必以ᄒᆞᆷ을不要ᄒᆞ니假令遺言의設定도可ᄒᆞ되貰貸借의設定은契約으로必以ᄒᆞᆷ이是其兩者의理論上差異라

然이나物權과債權의差異ᄂᆞᆫ當事者의明示가稀少ᄒᆞᄂᆞ니法官은其契約의全體ᄅᆞᆯ觀察ᄒᆞ야性質을得定ᄒᆞᆯ뿐이라即契約의全體上地主가小作人을對ᄒᆞ야何等의義務도不負ᄒᆞᆯ진ᄃᆡ此ᄂᆞᆫ永小作됨이多ᄒᆞᆯ지오若小作人을對ᄒᆞ야土地의修繕과其他義務ᄅᆞᆯ負ᄒᆞᆯ진ᄃᆡ此ᄂᆞᆫ貰借權됨이多ᄒᆞᆯ지라

最終에本地定義中에示ᄒᆞᆫ文字에關ᄒᆞ야多少解釋의點을擧ᄒᆞ노니其小作料라ᄒᆞᆷ은年年이나其他定期로支出ᄒᆞᄂᆞᆫ土地의使用貰니彼地上權에間有ᄒᆞᆷ과ᄀᆞ치土地의使用料ᄅᆞᆯ一時에支撥ᄒᆞᆷ은永小作의本質이아니라但其小作料ᄂᆞᆫ金錢에必限ᄒᆞᆷ은아니니土地의收穫으로此에充ᄒᆞᆷ도多有ᄒᆞᆷ

又耕作이라ᄒᆞᆷ은植物을栽培ᄒᆞ기爲ᄒᆞ야土地에人工을施ᄒᆞᆷ이니假令田畓에米穀蔬菜花草綿桑茶等의種植이是라彼林業은理論上耕作이라可謂ᄒᆞᆯ지로ᄃᆡ此

목적이 영소작권은 경작과 목축에 한하고 임대차는 그렇지 않다. 그 외에 ③ 영소작권은 물권이고 임대차는 채권이다. ④ 영소작권의 존속기간(일본에서는 20년 이상 50년 이하)은 길고 임대차의 존속기간(일본에서는 20년 이하)은 짧다. ⑤ 영소작권의 설정은 반드시 계약으로 하여야 하는 것은 아닌데, 가령 유언으로 설정할 수도 있다. 그런데 임대차의 설정은 반드시 계약으로 하여야 한다. 이것이 양자의 이론상 차이이다.

그러나 물권과 채권의 차이는 당사자가 명시하는 경우가 드물다. 따라서 법관은 계약 전체를 관찰하여 성질을 정할 수 있을 뿐이다. 곧 계약 전체로 토지소유자가 소작인에 대하여 어떠한 의무도 지지 않는다면 이는 영소작이 되는 경우가 많을 것이고, 만약 소작인에 대하여 토지의 수선과 기타 의무를 진다면 이는 임차권이 되는 경우가 많을 것이다.

마지막으로 이 권리의 정의 가운데 보이는 문자에 관하여 다소간 해석할 점을 들면,

소작료란 해마다, 또는 기타 정기적으로 지급하는 토지의 사용 대가로, 지상권에서 간혹 있는 것과 같이 토지의 사용료를 일시에 지급하는 것은 영소작의 본질이 아니다. 다만 소작료는 반드시 금전에 한하지는 않고 토지의 수확물로 충당하는 경우도 많이 있다.

또 경작이란 식물을 재배하기 위하여 토지에 사람의 힘을 쓰는 것으로, 가령 논밭에 벼나 채소, 화초나 목화, 뽕나무, 차나무 등을 심는 것이 그것이다. 임업은 이론상 경작이라고 말할 수는 있지만 이

를耕作이라홈은極少ᄒᆞ니蓋培林의業이充分未開홀진대山林의所有者ᄂᆞᆫ但其天然의生木을伐採ᄒᆞ야自己의用에供ᄒᆞ거나放賣에止홈에基因홈인듯홈이라故山林의貰貸借ᄂᆞᆫ地上權의生홈은有ᄒᆞ야도永小作權의生홈은無ᄒᆞ니라

第二節 永小作權의取得

永小作權의取得에도創設에因ᄒᆞᄂᆞᆫ者와繼受에回ᄒᆞᄂᆞᆫ者의二種이有ᄒᆞ고其二種中에ᄂᆞᆫ各其三種의原因이更有ᄒᆞ나然이나此ᄂᆞᆫ地上權에關ᄒᆞ야說明ᄒᆞᆫ바와差異가少無홈으로玆에省略ᄒᆞ노라

但羅馬法에在ᄒᆞ야ᄂᆞᆫ永小作權은時効에因ᄒᆞ야取得홈을不許ᄒᆞ얏스니該法에彼所有權役權及其他財産權은皆取得時効를認定홈에不拘ᄒᆞ고唯獨水小作權에만不許홈은其理由의所基處를未解홀지라故로近世의法理에ᄂᆞᆫ永小作權에도時効를公認홈에至ᄒᆞ니라

第三節 永小作權의効果

永小作權者ᄂᆞᆫ其永小作의効果로多數의權利와義務를享有ᄒᆞ고負擔ᄒᆞᄂᆞ니今에其權義를略擧ᄒᆞ건ᄃᆡ

를 경작이라고 하는 경우는 극히 드물다. 이는 육림업이 충분히 성숙하지 않는다면 산림의 소유자는 자연에서 생목(生木)을 벌채하여 사기가 쓰거나 매가하는 데 그치는 데서 기인하는 듯하다. 그러므로 산림의 임대차는 지상권이 발생하는 경우는 있어도 영소작권은 발생하지 않는다.

제2절 영소작권의 취득

영소작권의 취득에도 창설로 인한 것과 승계로 인한 것의 두 가지가 있고 그 두 가지 안에는 다시 각기 세 가지 원인이 있다. 그러나 이는 지상권에 관하여 설명한 바와 차이가 거의 없으므로 여기서는 생략한다.

다만 로마법에서는 영소작권은 시효로 인하여 취득하는 것을 허용하지 않았다. 로마법에서 소유권, 역권(役權) 및 기타 재산권은 모두 취득시효를 인정하였음에도 불구하고 유독 영소작권에서만 허용하지 않은 것은 그 이유가 어디에 있는지 알 수 없다. 그러므로 근세의 법리에서는 영소작권에도 시효를 공인하기에 이르렀다.

제3절 영소작권의 효과

영소작권자는 영소작의 효과로 다수의 권리와 의무를 향유하고 부담한다. 이제 그 권리와 의무를 간략히 들면

第一、利權

(一)其使用地를占有ᄒᆞ는權利　此에關ᄒᆞᆫ理論은地上權에關홈과其趣가同一홈으로玆에省略홈

(二)其權利를讓與ᄒᆞ거나其上에物權的負擔을設定ᄒᆞ거나其土地를貰貸ᄒᆞ는權利　永小作人이果然以上의權利를得有與否는一個의問題나然이나原則上此權이有ᄒᆞ고例外로設定行爲에禁止ᄒᆞᆫ時에만無홈이라

蓋永小作人은以後義務에至ᄒᆞ야說明ᄒᆞᆯ바와ᄀᆞᆺ치其使用地에永久의損害가及ᄒᆞᆯ變更은得爲치못ᄒᆞ야도多少의變更을得爲ᄒᆞᆯ뿐아니라又其期間이長久ᄒᆞᆫ즉貸主는其土地를永小作人에게放任ᄒᆞ고永小作人은自己의所有地와恰似히利用ᄒᆞᄂᆞ니然則若其特別事情上其權을行使ᄒᆞ기難ᄒᆞᆯ진대此를他人에게讓與ᄒᆞ거나轉貸或貰貸ᄒᆞ거나擔保에供ᄒᆞ기得홈은他物權과無異ᄒᆞᆯ지니라

但其轉貸或貰貸의境遇라도自己의權利以外의事를他人에게許ᄒᆞ기不得홈은勿論이니元來自己權利가耕作이나牧畜에止ᄒᆞᆫ즉其轉貸或貰貸의境

I. 권 리

〈1〉 사용하는 토지를 점유할 권리: 이에 관한 이론은 지상권에 관한 것과 그 취지가 동일하므로 여기서는 생략한다.

〈2〉 그 권리를 양도하거나 그 위에 물권적 부담을 설정하거나 그 토지를 임대할 권리: 영소작인이 과연 이상의 권리를 행사할 수 있는지 여부는 하나의 문제이다. 그러나 원칙상 이러한 권리가 있고 예외로 설정행위에서 금지한 때에만 없다.

대개 영소작인은 이후 의무에서 설명할 것과 같이 그 사용하는 토지에 영구히 손해가 미칠 변경은 하지 못하여도 다소의 변경을 할 수 있을 뿐 아니라, 또 그 기간이 아주 길어 대주(貸主)는 그 토지를 영소작인에게 맡겨 놓고 영소작인은 자기 소유의 토지와 비슷하게 이용한다. 그렇다면 특별한 사정이 있어 그 권리를 행사하기 어렵다면 이를 타인에게 양도하거나 전대 또는 임대하거나 담보로 제공할 수 있음은 다른 물권과 다르지 않을 것이다.

다만 전대 또는 임대의 경우라도 자기의 권리 이외의 것을 타인에게 허용할 수 없음은 물론이다. 따라서 원래 자기의 권리가 경작이나 목축에 그친다면 전대 또는 임대하는 경

遇에도毋論此範圍에止홈이可ᄒᆞ고又其權利가耕作에만關ᄒᆞᆫ境遇면牧畜의目的으로貸與홈도不得ᄒᆞ며其期間에關ᄒᆞ야도本權의存續期間을超過ᄒᆞ기不得홈이라我現行驛屯土管理規程을見ᄒᆞᆯ진ᄃᆡ其第五條에云驛屯土의小作人은其小作을他人에게讓渡ᄒᆞ거나賣買典當又ᄂᆞᆫ轉貸홈을不得홈이라ᄒᆞ얏스니其賣買ᄅᆞᆯ禁止ᄒᆞᆫ理由ᄂᆞᆫ元來其使用의目的된土地가官有에屬홈인즉其上에設定ᄒᆞᆫ權利에關ᄒᆞ야도其自由處分을不許홈인듯ᄒᆞ나然이나我國由來의慣習을見ᄒᆞᆯ진ᄃᆡ驛屯土의小作에關ᄒᆞ야傳授或中賭租(即貰貸或賣買)의例가盛行ᄒᆞ얏슨즉理論은何如ᄒᆞ던지實際上此亦許與홈이無防ᄒᆞ며又其他利用도不許홈은其由ᄅᆞᆯ未解ᄒᆞᆯ지나盖其目的의土地가官有에屬ᄒᆞᆯ뿐아니라存續期間이甚히短促홈에因ᄒᆞᆫ듯ᄒᆞ니라

〔三〕耕作或牧畜의目的內에在ᄒᆞ야ᄂᆞᆫ其土地ᄅᆞᆯ自由使用ᄒᆞᄂᆞᆫ權利　元來永小作人은其權이耕作或牧畜에止ᄒᆞᆯ뿐이오他權이無ᄒᆞ다ᄒᆞᆯ지라도其權의目的을達홈에必要ᄒᆞᆯ以上은設定行爲에特約이無ᄒᆞᆫ境遇라도其必要의行爲ᄂᆞᆫ不可不施行ᄒᆞ고土地에永久損害가不及ᄒᆞ기要ᄒᆞᆯ뿐이라但其詳細ᄂᆞᆫ

우에도 물론 이 범위에 그치는 것이 마땅하다. 또 그 권리가 경작에만 관한 경우이면 목축의 목적으로 대여할 수도 없으며 그 기간에 관하여도 본래 권리의 존속기간을 초과할 수 없다. 우리 현행 역둔토관리규정(驛屯土管理規程)을 보면 제5조에서 "역둔토의 소작인은 그 소작을 타인에게 양도하거나 매매, 담보설정 또는 전대할 수 없다"고 하였다. 매매를 금지한 이유는 원래 그 사용의 목적인 토지가 관서의 소유에 속하므로 그 위에 설정된 권리에 관하여도 자유로운 처분을 허용할 수 없다는 것인 듯하다. 그러나 우리나라에서 내려온 관습을 보면 역둔토의 소작에 관하여 인도 또는 중도조(곧 임대 또는 매매)*를 한 예가 성행하였다. 따라서 이론이 어떻든 실제로 이 또한 허용해도 무방하며 또 기타의 이용도 허용하지 않는 것은 그 이유를 알 수 없다. 그러나 대개 그 목적 토지가 관서의 소유에 속할 뿐 아니라 존속기간이 매우 짧은 데 기인하는 듯하다.

〈3〉 경작 또는 목축의 목적 내에서는 그 토지를 자유로이 사용할 권리: 원래 영소작인은 그 권리가 경작 또는 목축에 그칠 뿐이고 다른 권리가 없다고 할지라도, 그 권리의 목적을 달성하는 데 필요한 이상 설정행위에 특약이 없는 경우라도 필요한 행위는 시행할 수밖에 없고, 토지에 영구히 손해가 미치지 않게 하여야 할 뿐이다. 다만 그 상세한 것은

* 역자주: 중도조(中賭租)란 중답주(中畓主)가 소작인에게 원래의 도조 외에 더 받는 도조.

義務를說明홀時에更示홈

(四)其使用의土地로브터生ᄒᆞᄂᆞᆫ果實을其分離와同時에所有ᄒᆞᄂᆞᆫ權利

(五)正當ᄒᆞᆫ理由가有홀時ᄂᆞᆫ其權을拋棄ᄒᆞ기得ᄒᆞᄂᆞᆫ權利　凡權利ᄂᆞᆫ其享有者가自由로拋棄홈이原則이오拋棄치못홈이變則이되此永小作權에至ᄒᆞ야ᄂᆞᆫ此原理가相反ᄒᆞ야拋棄치못홈이原則으로變ᄒᆞᄂᆞᆫ事實이有ᄒᆞ니即永小作人은如何ᄒᆞᆫ凶作에遭遇ᄒᆞ던지永小作料의減免을請求치못홈이是라然이나此原則은何如ᄒᆞᆫ時期에던지適用홈은其小作人을對ᄒᆞ야甚히苛酷에失ᄒᆞᄂᆞᆫ嫌이有ᄒᆞ니凡永小作權의原理上小作料ᄂᆞᆫ其年의收穫으로支出홈이常則인즉設或一二個年間의凶作으로毫末의收穫을不得ᄒᆞ야도其平年貯蓄의收益으로此에充홈이可ᄒᆞ나然이나長久의年限間을繼續ᄒᆞ야天災地異等不可抗力으로收益을全然不得ᄒᆞ거나小作料보다寡少의收益을得ᄒᆞ얏거ᄂᆞᆯ此에不拘ᄒᆞ고契約上小作料를强責홀진ᄃᆡ此ᄂᆞᆫ不能으로써人을責ᄒᆞᄂᆞᆫ바ㅣ라故로如斯ᄒᆞᆫ境遇에ᄂᆞᆫ小作人이其權을拋棄ᄒᆞ야小作料支撥의義務를免케ᄒᆞᄂᆞ니라日本法에ᄂᆞᆫ三年以上收益을全然不得ᄒᆞ거나五

의무를 설명할 때 다시 보인다.

〈4〉 사용하는 토지로부터 발생하는 과실을 그 분리와 동시에 소유할 권리

〈5〉 정당한 이유가 있을 때에는 그 권리를 포기할 수 있는 권리: 일반적으로 권리는 향유자가 자유로이 포기할 수 있음이 원칙이고 포기하지 못하는 것이 예외이다. 그렇지만 이 영소작권에서는 이 원리가 반대로 되어 포기하지 못함이 원칙으로 바뀐다. 곧 영소작인은 어떠한 흉작을 만나는지 영소작료의 감면을 청구하지 못하는 것이 그것이다. 그러나 이 원칙을 어떠한 시기에든 적용하면 소작인에게 매우 가혹하다는 의문이 있다. 일반적으로 영소작권의 원리상 소작료는 그 해의 수확물로 지급하는 것이 상례이다. 따라서 설령 한 두 해의 흉작으로 털끝만큼의 수확도 얻지 못했어도 평년에 모아둔 수익으로 충당하는 것이 마땅하다. 그러나 아주 오랜 햇수만큼 계속하여 천재지변 등 불가항력으로 전혀 수익을 얻지 못하거나 소작료보다 현저히 적은 수익을 얻었는데도 불구하고 계약상 소작료 지급 책임을 억지로 지운다면, 이는 불능의 것을 책임지우는 것이다. 그러므로 이러한 경우에는 소작인이 그 권리를 포기하여 소작료 지급의 의무를 면하게 한다. 일본법에서는 3년 이상 수익을 전혀 얻지 못하거나 5

年以上小作料보다寡少의收益을得ᄒᆞ얏스면其權의抛棄를許홈我驛屯土管理規程에ᄂᆞᆫ此主義를不認홈

第二、義務

(一)小作料支出의義務　此ᄂᆞᆫ彼地上權에對ᄒᆞᆫ地代와異ᄒᆞ야永小作權의性質上可히缺치못ᄒᆞᆯ要件이니年年이나其他定期로支出ᄒᆞ기要ᄒᆞᄂᆞᆫ바ㅣ라但其目的物은金錢에必限홈은아니니其地의收穫物로充홈도無妨홈我驛屯土管理規程을從ᄒᆞᆫ즉小作料의支出期限은一年一次로定ᄒᆞ얏스니即其第七條에云小作料의納期ᄂᆞᆫ每年十一月末日에限홈이라ᄒᆞ얏고又其目的物에關ᄒᆞ야ᄂᆞᆫ金錢에不限ᄒᆞᄂᆞᆫ旨를其第八條에規定ᄒᆞ니라

(二)不可抗力으로收益의損失을當ᄒᆞᆫ境遇라도小作料의免除나減額을請求ᄒᆞ기不得ᄒᆞᄂᆞᆫ義務　此에關ᄒᆞᆫ理論은地上權章에已示홈

(三)一定ᄒᆞᆫ年限間小作料의支出을懈怠케ᄒᆞ거나破産宣告를當ᄒᆞᆫ時ᄂᆞᆫ地主에게權利消滅의請求를受ᄒᆞᄂᆞᆫ義務　此에關ᄒᆞᆫ理論도地上權章에已示홈我驛屯土管理規程에ᄂᆞᆫ一定ᄒᆞᆫ年限主義를不取ᄒᆞ고一廣汎ᄒᆞᆫ主義를取ᄒᆞ야

년 이상 소작료보다 현저히 적은 수익을 얻었다면 그 권리의 포기를 허용한다. 우리 역둔토관리규정에서는 이런 태도를 인정하지 않는나.

II. 의 부

〈1〉 소작료 지급의 의무: 이는 지상권에서의 지료와 달리 영소작권의 성질상 불가결한 요건으로, 해마다 또는 기타 정기적으로 지급하여야 한다. 다만 그 목적물은 반드시 금전에 한하지는 않으며 기타의 수확물로 충당하는 것도 무방하다.

〈2〉 불가항력으로 수익의 손실을 당한 경우라도 소작료의 면제나 감액을 청구할 수 없는 의무: 이에 관한 이론은 지상권의 장에서 이미 보임.

〈3〉 일정한 연한 동안 소작료의 지급을 게을리하거나 파산선고를 받은 때에는 토지소유자에게 권리 소멸의 청구를 받는 의무: 이에 관한 이론도 지상권의 장에서 이미 보임. 우리 역둔토관리규정에는 일정한 연한의 태도를 취하지 않고 하나의 광범위한 태도를 취하야小作權의消滅原因으로凡四種을列記ᄒᆞ얏스니即(一)小作料를滯納ᄒᆞ야納入의所望이無ᄒᆞᆫ時(二)土地의形狀을擅自變更ᄒᆞ거나或은土地를荒廢에歸케ᄒᆞᆫ時(三)本規程에違背ᄒᆞᆫ時(四)其他不正當의所爲가有ᄒᆞᆷ으로認ᄒᆞᆫ時라ᄒᆞ니라但此中第二의境遇ᄂᆞᆫ其性質이次項에說明ᄒᆞᆯ바義務中에入ᄒᆞᆷ

(四)土地에永久의損害가可生ᄒᆞᆯ變更을加ᄒᆞ기不得ᄒᆞᄂᆞᆫ義務　此ᄂᆞᆫ即永小作權의範圍를規定ᄒᆞᆷ이니永小作權者ᄂᆞᆫ毋論他人의土地上에耕作이나牧畜의權이有ᄒᆞ다ᄒᆞᆯ지라도其權行使의範圍ᄂᆞᆫ法律의規定이無ᄒᆞᆯ진대分明치못ᄒᆞᆫ지라故로此를規定ᄒᆞ되小作人은其土地를原形되로保維ᄒᆞ야此에永久의損害가可生ᄒᆞᆯ變更을加치못ᄒᆞ고若此義務에違反ᄒᆞ고兼ᄒᆞ야其違反이故意나過失에出ᄒᆞᆯ진대永小作權이消滅케ᄒᆞᆷ이라

然이나永小作權의存續間은其小作人도土地에充分ᄒᆞᆫ改良을不施ᄒᆞᆯ진ᄃᆡ其目的을達ᄒᆞ기不能ᄒᆞᆫ境遇가不無ᄒᆞ리니假令荒蕪地를開墾ᄒᆞ야田畓을作ᄒᆞᄂᆞᆫ等事爲ᄂᆞᆫ所有者에게도有利無害ᄒᆞᆯ지며畓을變ᄒᆞ야田을作ᄒᆞᆷ도絕

여 소작권의 소멸 원인으로 모두 네 가지를 열거하였다. 곧 ① 소작료를 체납하여 납입할 가망이 없는 때, ② 토지의 형상을 함부로 변경하거나 또는 토지를 황폐하게 한 때, ③ 이 규정(規程)을 위반한 때, ④ 기타 정당하지 않은 행위가 있다고 인정한 때로 하였다. 다만 이 가운데 둘째 경우는 그 성질이 다음 항에서 설명할 것으로 의무 안에 넣었다.

〈4〉 토지에 영구적인 손해가 발생할 수 있는 변경을 가할 수 없는 의무: 이는 곧 영소작권의 범위를 규정한 것으로, 영소작권자는 물론 타인의 토지 위에 경작이나 목축을 할 권리가 있다고 할지라도 그 권리 행사의 범위는 법률의 규정이 없으면 분명치 못하게 될 것이다. 그러므로 이를 규정하되, 소작인은 그 토지를 원형대로 보호, 유지하여 토지에 영구적인 손해가 발생할 수 있는 변경을 가하지 못하고, 만약 이 의무를 위반하고 아울러 그 위반이 고의나 과실에서 나왔다면 영소작권이 소멸하게 한다.

그러나 영소작권이 존속하는 동안은 소작인도 토지에 충분한 개량을 하지 않으면 그 목적을 달성할 수 없는 경우가 없지 않을 것이다. 가령 황무지를 개간하여 논밭을 만드는 등의 행위는 소유자에게도 이익이 되고 손해가 없을 것이며, 논을 바꾸어 밭으로 삼아도 절

對의不利益은아니니禁止의必要가別無ᄒᆞ고又池를埋ᄒᆞ야畓을作ᄒᆞ야도此를原形에回復ᄒᆞᆷ은甚히容易ᄒᆞ니設或此等變更으로損害가少有ᄒᆞ야도其權利消滅의際에原狀에回復ᄒᆞᆯ뿐이며田畓中에池沼를穿ᄒᆞᆷ도其理가亦同ᄒᆞᆫ지라然則其行爲가永小作權行使上에可히缺치못ᄒᆞᆯ事項일진대些少의變更이設有ᄒᆞ야도禁止의必要가無ᄒᆞᆷ이라但所有者의承諾을得ᄒᆞᆫ즉如何의變更을加ᄒᆞ던지勿論이니即我驛屯土管理規程에도其第四條에開墾其他土地의現狀을變更코져ᄒᆞᆯ時는所轄財務監局長의認可를受ᄒᆞ라ᄒᆞ니라

第四節　永小作權의消滅

永小作權은一般物權에共通ᄒᆞᄂᆞᆫ消滅原因外에永小作權에만限ᄒᆞᄂᆞᆫ原因이有ᄒᆞ니卽(一)存續期間의到來오(二)消滅條件의發生이오(三)永小作權者의抛棄오(四)消滅時效오(五)土地所有者의消滅請求가是라

凡存續期間에關ᄒᆞ야ᄂᆞᆫ母論當事者의設定行爲로定ᄒᆞᆯ바ㅣ나然이나法律은此에干涉ᄒᆞ야制限을加ᄒᆞᆷ이有ᄒᆞ니即日本法으로論ᄒᆞᆫ즉此를二十年以上五十年

대적으로 불이익은 아니어서 달리 금지할 필요가 없다. 또 연못을 메워 논을 만들어도 이를 원형대로 회복하는 것은 매우 용이하다. 따라서 설령 이들 변경으로 손해가 다소 있더라도 영소작권이 소멸할 때 원상으로 회복할 뿐이며, 논밭 가운데 연못과 늪을 파는 것도 그 이치가 또한 같다. 그렇다면 그 행위가 영소작권 행사에 불가결한 사항이라면 설령 사소한 변경이 있더라도 금지할 필요가 없는 것이다. 다만 소유자의 승낙을 얻으면 어떠한 변경을 가하여도 됨은 물론이다. 곧 우리 역둔토관리규정도 제4조에서 개간 기타 토지의 현상을 변경하고자 할 때에는 관할 재무감 국장(財務監 局長)의 인가를 받으라고 한다.

제4절 영소작권의 소멸

영소작권은 일반 물권에 공통된 소멸원인 외에 영소작권에만 한하는 원인이 있다. 곧 ① 존속기간의 도래, ② 소멸조건의 발생, ③ 영소작권자의 포기, ④ 소멸시효, ⑤ 토지소유자의 소멸청구가 그것이다.

존속기간에 관하여는 물론 당사자의 설정행위로 정하여야 할 것이다. 그러나 법률은 이에 간섭하여 제한을 가하기도 한다. 곧 일본법으로 논하면 이를 20년 이상 50년

以下로定ᄒᆞ야若其當事者가此보다長遠ᄒᆞᆫ期間을契約ᄒᆞ얏스면五十年으로短縮케ᄒᆞ고設定行爲에期間이無ᄒᆞᆫ時ᄂᆞᆫ三十年으로定ᄒᆞ얏고我驛屯土管理規程에ᄂᆞᆫ五年以內로ᄒᆞ되其滿了後에ᄂᆞᆫ更新을許ᄒᆞ얏스니我法에小作權이라ᄒᆞᄂᆞᆫ權利ᄅᆞᆯ分明히認定ᄒᆞᆷ에不拘ᄒᆞ고其期間을如斯히短促케ᄒᆞᆷ은其理由의所基處ᄅᆞᆯ未解ᄒᆞ나然이나推想컨ᄃᆡ我國에ᄂᆞᆫ小作權의文字ᄂᆞᆫ採用ᄒᆞ야도彼賃借權等各種의區別이姑無ᄒᆞᆫ즉彼此ᄅᆞᆯ混合ᄒᆞ야一單行法으로作ᄒᆞᆷ에不過ᄒᆞᆷ인듯ᄒᆞ니라

夫其期間에法律이干涉ᄒᆞᄂᆞᆫ所以ᄂᆞᆫ其期間이甚히短少ᄒᆞᆯ진대此ᄂᆞᆫ効力의強大ᄒᆞᆫ特權으로作ᄒᆞ야保護ᄒᆞᆷ보다賃借權으로保護ᄒᆞᆷ이可ᄒᆞ며又甚히長遠ᄒᆞᆯ진ᄃᆡ此ᄂᆞᆫ其結果가所有權과混雜ᄒᆞᆷ에至ᄒᆞᄂᆞᆫ虞慮가有ᄒᆞ니土地制度上不便ᄒᆞᆯ뿐아니라地主ᄂᆞᆫ僅少의小作料ᄅᆞᆯ取ᄒᆞᄂᆞᆫ外에如何의利益도不取ᄒᆞᄂᆞ니其改良의念이少ᄒᆞ고小作人도其地가元來他人의物인즉自己의所有地와ᄀᆞᆺ치十分改良의望이無ᄒᆞ며又土地의價値와生産力은世의進步ᄅᆞᆯ從ᄒᆞ야次第增加ᄒᆞ거ᄂᆞᆯ其權設定의時로브터假令五十年以上을經過ᄒᆞᆯ진대其小作料ᄂᆞᆫ有名無實의小額으

이하로 정하여 만약 당사자가 이보다 긴 기간을 계약하였으면 50년으로 단축하게 하고, 설정행위에 기간이 없는 때에는 30년으로 정하였다. 그리고 우리 역둔토관리규정에서는 5년 이내로 하되 그 만료 후에는 갱신을 허용하였다. 우리 법에서 소작권이라는 권리를 분명히 인정하였음에도 불구하고 그 기간을 이렇게 짧게 한 것은 그 이유가 어디에 있는지 알 수 없다. 그러나 미루어 생각건대 우리나라에는 소작권이라는 문자는 채용하여도 임차권 등 갖가지 구별이 아직 없어 이것저것을 섞어 하나의 단행법으로 삼은 데 불과한 듯하다.

일반적으로 그 기간에 법률이 간섭하는 까닭은, 그 기간이 매우 짧으면 이는 효력이 아주 강한 물권으로 삼아 보호하기보다 임차권으로 보호하는 것이 옳다. 또 매우 길다면 그 결과 소유권과 뒤섞이게 될 우려가 있어 토지제도상 불편할 것이다. 뿐만 아니라 토지소유자는 아주 적은 소작료를 받는 것 외에 어떠한 이익도 받지 않아 개량할 생각이 적을 것이고, 소작인도 그 토지가 원래 타인의 물건이어서 자기 소유의 토지와 같이 충분히 개량할 마음이 없을 것이다. 또한 토지의 가치와 생산력은 세상의 진보에 따라 점차 증가하는데 그 권리를 설정한 때로부터 가령 50년 이상을 경과하면 그 소작료는 대개 유명무실할 정도로 소액으로概變ᄒᆞ야地主의損害가形言키難ᄒᆞᆯ지어던況六七十年或數百年에涉ᄒᆞᆷ이며又地主로言ᄒᆞ야도其期가長遠無際ᄒᆞᆯ진ᄃᆡ子子孫孫에至ᄒᆞ기ᄭᆞ지土地의使用이不能ᄒᆞ야所有의虛名을保有ᄒᆞᆷ에至ᄒᆞᆯ지라故로法律은此에干涉ᄒᆞ야年限을一定ᄒᆞ야其期間이經過ᄒᆞ거던當事者間에契約을更新ᄒᆞ야小作料를增加ᄒᆞ거나契約를解除ᄒᆞ기自由케ᄒᆞᆷ이라但此以外의條件은地上權에說明ᄒᆞᆫ바와無異ᄒᆞᆷ으로省畧ᄒᆞᆷ

永小作權消滅以後의小作人의權利義務에關ᄒᆞ야ᄂᆞᆫ地上權의消滅에關ᄒᆞᆫ規定의準用이니即地上權者가其地에設備ᄒᆞᆫ工作物이나竹木을收去ᄒᆞᆷ과又치小作人도其地에在ᄒᆞᆫ現品을收去ᄒᆞᆷ과同時에土地를原狀에回復ᄒᆞ기要ᄒᆞ고又其地主가時價를提供ᄒᆞ야現品을買收코져ᄒᆞᆯ진ᄃᆡ小作人은正當의理由가無ᄒᆞ고ᄂᆞᆫ拒絕ᄒᆞ기不得ᄒᆞᆷ과如ᄒᆞᆷ이라

第五編　地役權

第一章　地役權의意義

第一節　總說

로 변하여 토지소유자의 손해가 형언하기 어려울 것이다. 하물며 6, 70년 또는 수백 년에 미치는 경우일 것이며, 또 토지소유자로 말하여도 그 기간이 길고 끝이 없으면 대대손손 토지를 사용할 수 없어 소유라는 빈 이름만 가지게 될 것이다. 그러므로 법률은 여기에 간섭하여 연한을 하나로 정하고 그 기간이 경과하면 당사자 간에 계약을 갱신하여 소작료를 증가시키거나 계약을 해지하기를 자유로이 할 수 있게 한다. 다만 이 이외의 조건은 지상권에서 설명한 바와 다르지 않으므로 생략한다.

영소작권 소멸 이후의 소작인의 권리의무에 관하여는 지상권의 소멸에 관한 규정의 준용이다. 곧 지상권자가 그 토지에 설치한 공작물이나 수목을 수거하는 것과 같이 소작인도 그 토지에 있는 현물을 수거함과 동시에 토지를 원상으로 회복하여야 한다. 또 토지소유자가 시가를 제공하여 현물을 매수하고자 하면 소작인은 정당한 이유 없이는 거절할 수 없는 것과 같다.

제5편 지역권

제1장 지역권의 의의

제1절 총 설

地役은此를廣義로言ᄒᆞᆫ즉他人의土地를自己의用에供ᄒᆞᄂᆞᆫ物權이니其中에ᄂᆞᆫ人的地役或稱人役又屬人地役及地的地役或稱地役又屬地地役의二種이有ᄒᆞ니라

人的地役은人의利益을爲ᄒᆞ야他人의土地를使用ᄒᆞᄂᆞᆫ者ㅣ니羅馬法以來所謂用益權使用權及住居權이是라歐洲에在ᄒᆞ야ᄂᆞᆫ自來慣習上一朝에其廢止가難ᄒᆞ야中古以後에至ᄒᆞ기ᄭᆞ지各種으로此를認定ᄒᆞ얏스나然이나其經濟上弊害의多ᄒᆞᆫ點에至ᄒᆞ야ᄂᆞᆫ學者의爭議가槪無ᄒᆞᆫ바ㅣ니故로近世에ᄂᆞᆫ一切廢止ᄒᆞᆷ에至ᄒᆞ니라

人的地役은廣義로解釋ᄒᆞᆫ즉彼地上權及永小作權도毋論此中에入ᄒᆞᄂᆞ니羅馬法學者ᄂᆞᆫ此亦人的地役이라主張ᄒᆞᄂᆞᆫ者ㅣ多ᄒᆞ얏스나然이나近世에ᄂᆞᆫ此等權利ᄂᆞᆫ皆特別ᄒᆞᆫ權利로作ᄒᆞ야特別히保護ᄒᆞᆫ즉所謂地役이아니오此外에도物權과多少近似ᄒᆞᆫ權利를必要ᄒᆞᆷ이有ᄒᆞᆯ진ᄃᆡ此ᄂᆞᆫ契約의自由로債權關係가生케ᄒᆞ야도可ᄒᆞ고又債權關係ᄲᅮᆫ으로ᄂᆞᆫ擔保가不實ᄒᆞᆯ진ᄃᆡ質權抵當權等으로擔保ᄒᆞᆫ즉足ᄒᆞ니然則彼効力의强大ᄒᆞᆫ物權의名稱을多數設定ᄒᆞᆯ必要가無ᄒᆞᆫ지라故로今日法律에ᄂᆞᆫ所謂人的地役의認定이槪無ᄒᆞ니라(此에關ᄒᆞᆫ理論은本法第三

지역권은 광의로 말하면 타인의 토지를 자기의 이용에 제공하는 물권이다. 그 안에는 인적 지역권(인역(人役) 또는 속인지역이라고도 부름) 및 물적 지역권(지역(地役) 또는 속지지역이라고도 부름)*의 두 가지가 있다.

인적 지역권은 사람의 이익을 위하여 타인의 토지를 사용하는 것이다. 로마법 이래 이른바 용익권, 사용권 및 주거권이 그것이다. 유럽에서는 종래 관습상 하루아침에 이들을 폐지하기가 어려워 중세 이후에 이르기까지 갖가지로 이를 인정하였다. 그러나 경제적 폐해가 많다는 점에서는 학자 간에 다툼이 거의 없으므로 근세에는 모두 폐지되기에 이르렀다.

인적 지역권은 광의로 해석하면 지상권 및 영소작권도 물론 이 안에 들어간다. 로마법 학자들은 이 또한 인적 지역권이라고 주장하는 사람이 많았다. 그러나 근세에는 이들 권리는 모두 특별한 권리로 삼아 특별히 보호하기 때문에 이른바 지역권이 아니라고 한다. 그리고 이밖에도 물권과 다소 가까운 권리가 필요한 경우가 있으면 계약의 자유로 채권관계가 발생하게 하여도 되고 또 채권관계만으로는 담보가 부실하다면 질권, 저당권 등으로 담보하면 충분하다고 한다. 그렇다면 효력이 아주 강한 물권이라는 이름을 다수 설정할 필요가 없을 것이다. 그러므로 오늘날 법률에서는 이른바 인적 지역권을 거의 인정하지 않는다(이에 관한 이론은 이 법

* 역자주: 원문은 '地的地役'으로 되어 있음.

十六頁以下에既已詳示홈)
地的地役은土地의利益을爲ᄒᆞ야他人의土地를使用ᄒᆞᄂᆞᆫ者ㅣ니通行權汲水權及觀望權이是라然而近世法律上多數採用ᄒᆞᄂᆞᆫ바役權은此地的地役에限ᄒᆞ고其他ᄂᆞᆫ皆特別의權利로作ᄒᆞ야保護ᄒᆞ거나不然ᄒᆞᆫ즉債權으로編入ᄒᆞᄂᆞ니此所謂地役權이即地的地役이라但前編共有에關ᄒᆞ야說明홈과ᄀᆞᆺ치入會權은其性質이地役權과近似의點이多ᄒᆞᆫ故로法律上特別의弊害가無ᄒᆞᆫ以限은地役의規定을准用케홈이라
然則本編에說明ᄒᆞᄂᆞᆫ바ᄂᆞᆫ入會權에關ᄒᆞᆫ事項以外에ᄂᆞᆫ皆地的地役에關ᄒᆞᆫ바로知ᄒᆞᆯ지라然이나地的地役은其種類가千差萬別ᄒᆞ야限定이殆無ᄒᆞᄂᆞ니其種類ᄂᆞᆫ可히法律에豫定列擧ᄒᆞ기不能ᄒᆞ고其何如ᄒᆞᆫ種類이던지性質이地役에不外ᄒᆞᆫ진ᄃᆡ此에依據케홈이라但用水地役에關ᄒᆞ야ᄂᆞᆫ特別의規定이有ᄒᆞ나此ᄂᆞᆫ本編効果를論ᄒᆞᆯ時에更示홈

第二節　地役權의定義

地役權의定義를示ᄒᆞᆫ즉如左ᄒᆞᆷ이라

36쪽 이하에서 이미 상세히 보임).

물적 지역권은 토지의 이익을 위하여 타인의 토지를 사용하는 것이다. 통행권, 급수권(汲水權)* 및 관망권(觀望權)이 그것이다. 그러나 근세 법률에서 다수가 채용하는 역권(役權)은 이 물적 지역권에 한하고 기타의 것은 모두 특별한 권리로 삼아 보호하거나 아니면 채권으로 편입한다. 이 이른바 지역권이 곧 물적 지역권이다. 다만 앞 편에서 공유에 관하여 설명한 바와 같이 입회권은 그 성질이 지역권과 가까운 점이 많으므로 법률상 특별한 폐해가 없는 한 지역권의 규정을 준용하게 한다.

그래서 이 편에서 설명하는 바는 입회권에 관한 사항 이외에는 모두 물적 지역권에 관한 것으로 알면 된다. 그러나 물적 지역권은 그 종류가 천차만별이고 정해진 것이 거의 없다. 따라서 그 종류를 법률에 예정하여 열거할 수는 없고, 어떤 종류이든 성질이 지역권에서 벗어나지 않으면 이에 따르게 하는 것이다. 다만 용수지역권에 관하여는 특별한 규정이 있으나 이는 이 편에서 효과를 논할 때에 다시 보인다.

제2절 지역권의 정의

지역권의 정의를 보이면 다음과 같다.

---

* 역자주: 로마법상 aquae haustus이며, 우리나라에서도 물을 공급하여 일정한 지역에 판매할 수 있는 권리를 말함.

地役權은設定行爲에定ᄒᆞᆫ目的을從ᄒᆞ야他人의土地ᄅᆞᆯ自己의土地便益에供ᄒᆞᄂᆞᆫ權利라

玆에設定行爲에定ᄒᆞᆫ目的을從ᄒᆞᆷ이라ᄒᆞᆷ은元來其種類가千差萬別ᄒᆞ야可히法律에列擧ᄒᆞ기不能ᄒᆞᆫ즉其設定行爲에何如ᄒᆞᆫ目的을約定ᄒᆞ얏던지其目的ᄃᆡ로他人의土地ᄅᆞᆯ自己의土地便益에供ᄒᆞᄂᆞᆫ權利ᄅᆞᆯ地役權이라ᄒᆞᄂᆞᆫ外에他道가無ᄒᆞᆷ이라但其目的은不法되지아니ᄒᆞ기要ᄒᆞᄂᆞ니地役權이不法되ᄂᆞᆫ境遇ᄂᆞᆫ所有權限界에關ᄒᆞᆫ一般規定을變更ᄒᆞᆷ에多在ᄒᆞ니라

然이나所有權限界에關ᄒᆞᆫ規定은悉皆公共ᄒᆞᆫ秩序에關ᄒᆞᆫ바오又其變更은悉皆不法이라ᄒᆞᆷ은아니니假令袋地의所有者가圍繞地上에通行을不爲ᄒᆞᄂᆞᆫ地役과隣地로브터水의自然流來ᄅᆞᆯ妨害ᄒᆞᄂᆞᆫ地役과界標ᄅᆞᆯ不設ᄒᆞᄂᆞᆫ地役은皆公共의秩序ᄅᆞᆯ妨害ᄒᆞᄂᆞᆫ不法이되是와相反ᄒᆞ야彊界나其近傍에서墻壁이나建物의築造나修繕을爲ᄒᆞ야隣地에不入ᄒᆞᄂᆞᆫ地役과必要ᄒᆞᆫ範圍以外에서隣地ᄅᆞᆯ使用ᄒᆞᄂᆞᆫ地役과袋地가아니로ᄃᆡ他人의土地ᄅᆞᆯ通行ᄒᆞᄂᆞᆫ地役과袋地에必要ᄒᆞᆫ以外에通行ᄒᆞᄂᆞᆫ地役과人工으로水ᄅᆞᆯ鄰地에流下ᄒᆞᄂᆞᆫ地役과雨水ᄅᆞᆯ隣地에注瀉ᄒᆞᄂᆞᆫ

지역권은 설정행위에서 정한 목적에 따라 타인의 토지를 자기 토지의 편익에 제공할 권리이다.

여기서 설정행위에서 정한 목적을 따른다는 것은, 원래 그 종류가 천차만별이어서 법률에 열거할 수 없으므로 그 설정행위에 어떠한 목적을 약정하였든 그 목적대로 타인의 토지를 자기 토지의 편익에 제공할 권리를 지역권이라고 할 수밖에 다른 도리가 없다. 다만 그 목적이 불법이 아니어야 하는데, 지역권이 불법인 경우는 소유권의 한계에 관한 일반규정을 변경시키는 것이 많다.

그러나 소유권의 한계에 관한 규정은 모두 공공의 질서에 관한 것이고, 또 그 변경이 모두 불법이라는 것은 아니다. 가령 맹지의 소유자가 위요지의 통행을 금지하는 지역권과 이웃 토지로부터 물의 자연적인 흐름을 방해하는 지역권, 경계표를 설치하지 않는 지역권은 모두 공공의 질서를 방해하는 불법적인 것이다. 그렇지만 이와 반대로 경계나 그 근방에서 담이나 건물의 축조나 수선을 위하여 이웃 토지에 들어가지 못하게 하는 지역권과 필요한 범위 이외에서 이웃 토지를 사용하는 지역권, 그리고 맹지가 아니지만 타인의 토지를 통행하는 맹지에 필요한 것 이외의 범위를 통행하는 지역권과 인공적으로 이웃 토지로 물을 흘러내리게 하는 지역권과 빗물을 이웃 토지에 흘려보내는

地役과溝渠와其他水流地의水路나幅員을變更ᄒᆞᄂᆞᆫ地役과高地所有者가低地로水ᄅᆞᆯ通過케아니ᄒᆞᄂᆞᆫ地役과堰을對岸에附着지아니ᄒᆞᄂᆞᆫ地役과圍障을不設ᄒᆞᄂᆞᆫ地役과竹木의枝根이隣地에蔓延케ᄒᆞᄂᆞᆫ地役과建物의築造에相當의距離ᄅᆞᆯ不存ᄒᆞᄂᆞᆫ地役과窓退의搆造에目遮ᄅᆞᆯ不附ᄒᆞᄂᆞᆫ地役과井池溝渠의穿鑿에相當의距離ᄅᆞᆯ不存ᄒᆞᄂᆞᆫ地役은皆公共의秩序ᄅᆞᆯ妨害ᄒᆞᄂᆞᆫ地役이라速斷치못ᄒᆞᆷ과如ᄒᆞ니라

玆에說明ᄒᆞᄂᆞᆫ地役權은卽地的地役이니土地ᄅᆞᆯ爲ᄒᆞ야土地ᄅᆞᆯ使用ᄒᆞᄂᆞᆫ權利됨을要ᄒᆞᄂᆞᆫ바ㅣ라故로假令隣地에셔狩獵을作爲ᄒᆞᆷ은其權이或土地의利益을爲ᄒᆞᆷ이라ᄒᆞ기可得ᄒᆞ리니何者오狩獵嗜好者ᄅᆞᆯ爲ᄒᆞᆷ에ᄂᆞᆫ隣地에셔自由狩獵ᄒᆞᆷ은極히便利ᄒᆞᆫ바ㅣ니其者의眼으로見ᄒᆞᆫ즉其土地의價額도增加ᄒᆞᆯ感覺이不無ᄒᆞᆫ所以라然이나此ᄂᆞᆫ狩獵嗜好者의便으로만可히得言ᄒᆞᆯ바오一般世人의眼으로見ᄒᆞᆫ즉其土地ᄅᆞᆯ利益케ᄒᆞᆷ이少無ᄒᆞ니此ᄂᆞᆫ土地ᄅᆞᆯ爲ᄒᆞᆷ이아니오人을爲ᄒᆞᆷ이라卽此權을物權으로認定ᄒᆞᆷ은一個人的地段이니玆에不取ᄒᆞᄂᆞᆫ바ㅣ며又隣地所有者로ᄒᆞ야곰自己土地의草芥ᄅᆞᆯ刈取케ᄒᆞ거나其他掃除ᄅᆞᆯ作爲케ᄒᆞ거나用

지역권, 도랑과 기타 수류지의 수로나 폭을 변경시키는 지역권과 고지 소유자가 저지로 물을 통과시키지 못하게 하는 지역권, 둑을 대안에 닿지 않게 하는 지역권과 담을 설치하지 않는 지역권, 수목의 가지나 뿌리가 이웃 토지에 늘어질 수 있게 하는 지역권과 건물의 축조에 상당한 거리를 두지 않는 지역권, 창과 마루의 구조에 차면시설을 하지 않는 지역권과 우물, 연못, 도랑을 팔 때 상당한 거리를 두지 않는 지역권은 모두 공공의 질서를 방해하는 지역권이라고 속단할 수 없는 것과 같다.

여기서 설명하는 지역권은 곧 물석 지역권이다. 따라서 토지를 위하여 토지를 사용할 권리여야 하는 것이다. 그러므로 가령 이웃 토지에서 사냥을 하는 것은 그 권리가 더러 토지의 이익을 위한다고 할 수 있다. 왜냐하면 사냥을 좋아하는 사람에게는 이웃 토지에서 자유로이 사냥을 하면 극히 편리하므로 그 사람의 눈으로 보면 그 토지의 가액도 증가한다는 느낌이 없지 않기 때문이다. 그러나 이는 사냥을 좋아하는 사람에게만 그렇다고 할 수 있고, 세상 일반인의 눈으로 보면 그 토지가 거의 이익이 되지 않는다. 따라서 이는 토지를 위하는 것이 아니고 사람을 위하는 것이다. 곧 이 권리를 물권으로 인정하는 것은 하나의 인적 지역권이므로 이를 취할 수 없는 것이다. 또 이웃 토지 소유자로 하여금 자기 토지의 잡초를 베어내게 하거나 기타 청소를 하게 하거나 용

水를汲取케ᄒᆞᄂᆞᆫ等은其土地所有者에게極히便利ᄒᆞ니其土地의價額을增加ᄒᆞᆷ이不無ᄒᆞᆯ지나然이나此ᄂᆞᆫ決斷코地役이아니니何者오元來地役은不動産上物權이라不可不不動産으로써其目的物을作ᄒᆞᆯ지어ᄂᆞᆯ今에隣人으로ᄒᆞ야곰以上의權利를行케ᄒᆞᆷ은其目的物이不動産이아니오人의行爲니債權은生ᄒᆞᆯ지로ᄃᆡ物權은不生ᄒᆞᄂᆞᆫ所以니라

地役權은土地를爲ᄒᆞ야土地上에存ᄒᆞᄂᆞᆫ權利니土地以外의不動産卽家屋等上에나家屋ᄲᅮᆫ爲ᄒᆞ야存ᄒᆞ기不能ᄒᆞᆫ바ㅣ라假令鄰地에建築ᄒᆞᆫ建物의墻壁을自己土地에建築ᄒᆞᆫ建物을爲ᄒᆞ야利用ᄒᆞᆷ은決斷코地役이아니니何者오是ᄂᆞᆫ土地의利益을爲ᄒᆞ야土地를使用ᄒᆞᆷ이아닌所以니라(但此境遇에債權의關係ᄂᆞᆫ生ᄒᆞᆷ이有ᄒᆞᆷ)

以上과ᄀᆞᆺ치地役權은土地를爲ᄒᆞ야土地上에存ᄒᆞᆷ을必要ᄒᆞᆷ이라然而其前者를要役地라ᄒᆞ니卽他土地를使役ᄒᆞ기要ᄒᆞᄂᆞᆫ土地의意오後者를承役地라ᄒᆞ니卽他土地의使役을承ᄒᆞᄂᆞᆫ土地의義니라

地役權은他物上權의一種이니其權이他人의所有物上에存ᄒᆞᆷ은勿論이나其所

수를 길어내게 하는 등의 일은 그 토지소유자에게 극히 편리하므로 그 토지의 가액을 증가시키는 면이 없지 않을 것이다. 그러니 이는 결코 지역권이 아니다. 왜냐하면 원래 지역권은 부동산상의 물권이어서 부동산을 그 목적물로 삼을 수밖에 없는데, 이제 이웃 사람으로 하여금 이상의 권리를 행사하게 하는 것은 그 목적물이 부동산이 아니고 사람의 행위이다. 따라서 채권은 발생하겠지만 물권은 발생하지 않기 때문이다.

지역권은 토지를 위하여 토지 위에 존재하는 권리이다. 따라서 토지 이외의 부동산, 곧 가옥 등의 위에나 가옥만을 위하여 존재할 수는 없다. 가령 이웃 토지에 건축한 건물의 담이나 벽을 자기 토지에 건축한 건물을 위하여 이용하는 것은 결코 지역권이 아니다. 왜냐하면 이는 토지의 이익을 위하여 토지를 사용하는 것이 아니기 때문이다(다만 이 경우에 채권관계는 발생하기도 함).

이상과 같이 지역권은 반드시 토지를 위하여 토지 위에 존재하여야 한다. 그런데 여기서 전자를 요역지(要役地)라고 한다. 곧 다른 토지로 하여금 역할을 수행하게 하여야 하는 토지라는 뜻이다. 그리고 후자를 승역지(承役地)라고 하는데, 곧 다른 토지의 역할 수행을 받는 토지라는 뜻이다.

지역권은 타물권*의 일종으로 그 권리가 타인의 소유물 위에 존재함은 물론이다. 그러나 이른

---

* 역자주: 원문은 '他物上權'으로 표현함.

謂他人의所有物이라ᄒᆞᆷ은消極的意義니自己의所有物이아니면足ᄒᆞ고他人이現在에所有與否는必要條件이아니라即無主物上에도此權을設定ᄒᆞ기得ᄒᆞᆷ은羅馬法以來學者間에異議가無ᄒᆞᆫ바ㅣ라

地役權은要役地와分離ᄒᆞ야獨立ᄒᆞ기不得ᄒᆞᆷ과同時에其土地의從으로存在ᄒᆞᄂᆞ니其結果로要役地의所有權을移轉ᄒᆞ거나其上에地上權永小作權及質權等을設定ᄒᆞᆯ진ᄃᆡ地役權도其所有者에게移轉ᄒᆞ거나他權利의目的이됨이라但地役權은其性質이永久에涉ᄒᆞᆷ을不要ᄒᆞᄂᆞ니若其設定의當時에要役地所有者가所有權을享有ᄒᆞᄂᆞᆫ間에만限ᄒᆞ거나要役地上에存ᄒᆞᄂᆞᆫ他權利의目的됨은不許ᄒᆞ기特約ᄒᆞ얏스면毋論此에從ᄒᆞᄂᆞ니라

又地役權은要役地와分離ᄒᆞ야讓與ᄒᆞ거나他權利의目的을作ᄒᆞ기不得ᄒᆞᄂᆞ니假令甲의土地를爲ᄒᆞ야存ᄒᆞᆫ바를移ᄒᆞ야乙의土地를爲ᄒᆞ거나地役權만分離ᄒᆞ야抵當에供ᄒᆞᆷ과如ᄒᆞᆷ은此를不許ᄒᆞᆷ이라

地役權은不可分이니即土地의共有者中一人은其所持分에關ᄒᆞ야其土地를爲ᄒᆞ거나土地上에存ᄒᆞᆫ地役權을消滅케ᄒᆞ기不得ᄒᆞ고又土地의分割이나一部讓

바 타인의 소유물이란 소극적 의의로 자기의 소유물이 아니면 족하고 타인이 현재 소유하는지 여부는 필요조건이 아니다. 곧 무주물 위에도 지역권을 설정할 수 있음은 로마법 이래 학자 사이에서 이견이 없는 바이다.

지역권은 요역지와 분리하여 독립할 수 없음과 동시에 그 토지에 종속되어 존재한다. 그 결과 요역지의 소유권을 이전하거나 그 위에 지상권, 영소작권 및 질권 등을 설정한다면 지역권도 그 소유자에게 이전되거나 다른 권리의 목적이 된다. 다만 지역권은 그 성질이 영구적이어야 하는 것은 아니다. 따라서 만약 그 설정 당시에 요역지 소유자가 소유권을 향유하는 동안에 한하여만 인정하거나 요역지 위에 존재하는 다른 권리의 목적이 되는 것은 허용하지 않기로 특약하였다면 물론 이 특약에 따른다.

또 지역권은 요역지와 분리하여 양도하거나 다른 권리의 목적으로 삼을 수 없다. 가령 甲의 토지를 위하여 존재하던 것을 옮겨 乙의 토지를 위하거나, 지역권만 분리하여 저당물로 제공하는 것과 같은 것은 허용되지 않는다.

지역권은 불가분이다. 곧 토지의 공유자 중 1인은 그 지분에 관하여 그 토지를 위하거나 토지 위에 존재하는 지역권을 소멸하게 할 수 없고, 또 토지의 분할이나 일부양

與에는地役權은其各部를爲ᄒᆞ거나各部上에存ᄒᆞᆷ이라

蓋地役의性質은分割ᄒᆞ야行使ᄒᆞᆷ을不許ᄒᆞ니其一部分만消滅케ᄒᆞ거나二個나三個로分作ᄒᆞ기不得ᄒᆞᆷ은定論이라假令通行權은全部를通行ᄒᆞ거나通行을不爲ᄒᆞ거나二個手段이有ᄒᆞᆯ뿐이니其半을通行ᄒᆞ거나三分一을通行ᄒᆞᆷ은實際上不能의事實이며汲水權은水를汲ᄒᆞ거나不汲ᄒᆞᆷ에止ᄒᆞᆯ뿐이오其半을汲ᄒᆞ거나三分一을汲ᄒᆞ기不能ᄒᆞᆫ事實이라(但自來十尺幅員의道路를設ᄒᆞ야通行ᄒᆞ던바를五尺의幅으로減ᄒᆞ거나各五尺幅員의道路로變作ᄒᆞ야二個의通行權을設ᄒᆞᆷ은全然不能의事實이아니나然이나此亦法律上으로觀ᄒᆞᆫ즉甲은通行權의範圍를減縮ᄒᆞᆯ뿐이오乙은一通行權의範圍를減縮ᄒᆞ야一通行權을別設ᄒᆞᆷ에不過ᄒᆞᆷ)

右原則에는一個의例外가有ᄒᆞ니卽地役權이其性質上土地의一部에만關ᄒᆞᆫ時에若其土地를分割ᄒᆞ거나一部를讓與ᄒᆞᆯ진대其一部에關ᄒᆞ야만存ᄒᆞᆷ도有ᄒᆞᆷ이라假令甲의土地를爲ᄒᆞ야乙의土地某部分을通行ᄒᆞᄂᆞᆫ地役權의境遇에乙의土地를分割ᄒᆞ거나一部를讓與ᄒᆞᆷ에當ᄒᆞ야甲地所有者의通行部分이其一部에만全屬ᄒᆞᆯ진대其部分을未包ᄒᆞᆫ部分에는地役權이無ᄒᆞ며又甲地에存ᄒᆞᆫ某家屋을

도가 있는 경우에는 지역권은 각 부분을 위하거나 각 부분 위에 존재하는 것이다.

대개 지역권의 성질은 분할하여 행사하는 것은 허용되지 않고, 그 일부만을 소멸하게 하거나 두 개나 세 개로 나눌 수 없음은 정설이다. 가령 통행권은 전부를 통행하게 하거나 통행을 하지 못하게 하는 두 가지 수단이 있을 뿐으로, 절반만 통행하거나 3분의 1을 통행하도록 하는 것은 실제로 불가능한 사실이다. 또 급수권은 물을 긷거나 긷지 않는 데 그칠 뿐이고 절반만 긷거나 3분의 1을 길을 수는 없는 것이 사실이다(다만 종래 폭이 열 자인 도로를 개설하여 통행하던 것을 다섯 자로 줄이거나 폭이 각 다섯 자인 도로로 고쳐 지어 두 개의 통행권을 설정하는 것은 전혀 불가능한 사실은 아니다. 그러나 이 또한 법률상으로 보면 전자는 통행권의 범위를 감축시킬 뿐이고 후자는 하나의 통행권 범위를 감축시키면서 하나의 통행권을 별도로 설정하는 데 불과하다). 위 원칙에는 하나의 예외가 있다. 곧 지역권이 그 성질상 토지의 일부에만 관련된 때에 만약 그 토지를 분할하거나 일부를 양도하면 그 일부에 관하여만 존재하기도 한다. 가령 甲의 토지를 위하여 乙의 토지의 어떤 부분을 통행하는 지역권의 경우에 乙의 토지를 분할하거나 일부를 양도할 때 甲 토지 소유자가 통행하는 부분이 오로지 그 일부에만 속한다면, 그 부분을 포함하지 않는 부분에는 지역권이 없다. 또 甲 토지에 존재하는 어떤 가옥을

爲ᄒᆞ야乙地上에觀望權이有ᄒᆞᆫ境遇에甲地을分割ᄒᆞ거나一部를讓與ᄒᆞᆷ에當ᄒᆞ야家屋이其一部에만全屬ᄒᆞᆯ진ᄃᆡ觀望權은伊後其家屋의存ᄒᆞᆫ土地를爲ᄒᆞ야만存ᄒᆞ고他部分을爲ᄒᆞ야ᄂᆞᆫ無ᄒᆞᆷ과如ᄒᆞᆷ이라

第二章　地役權의取得

地役權의取得에도一般物權에關ᄒᆞᆫ原理에不外ᄒᆞᆷ은勿論이니說明의必要가無ᄒᆞ나有原因을槪擧ᄒᆞᆫ건ᄃᆡ凡二種이有ᄒᆞ니一法律行爲오二時效가是라

法律行爲에ᄂᆞᆫ雙面的行爲와片面的行爲의二種이有ᄒᆞ니前者의取得은契約이오後者의取得은遺言을指ᄒᆞᆷ이라然而此法律行爲에因ᄒᆞᄂᆞᆫ取得에ᄂᆞᆫ原始와繼受의區別이亦有ᄒᆞ니其原始의契約은承役地의所有者와要役地의所有者의合意를云ᄒᆞᆷ이오遺言은承役地의所有者가要役地의所有者에게對ᄒᆞᄂᆞᆫ最終의行爲며其繼受의契約은地役權者와要役地의所有權을取得ᄒᆞᆫ者間의合意를云ᄒᆞᆷ이오遺言은地役權者가要役地의所有權을取得코져ᄒᆞᄂᆞᆫ者에게對ᄒᆞᄂᆞᆫ最終의行爲를云ᄒᆞᆷ이라

凡地役權은人의意思로써設定ᄒᆞᆷ은地上權이나永小作權과無異ᄒᆞ고又其十의

위하여 乙 토지 위에 관망권이 있는 경우에 甲 토지를 분할하거나 일부를 양도할 때 가옥이 오로지 그 일부에만 속한다면 관망권은 이후 그 가옥이 존재하는 토지를 위하여만 존속하고 다른 부분을 위하여는 없는 것과 같다.

제2장 지역권의 취득

지역권의 취득도 일반 물권에 관한 원리와 다르지 않음은 물론으로 설명할 필요가 없으나, 설명이 필요한 원인을 대강 들면 일반적으로 두 가지가 있는데 하나는 법률행위이고 둘은 시효이다.

법률행위에는 쌍면적 행위와 편면적 행위의 두 가지가 있는데, 전자의 취득은 계약이고 후자의 취득은 유언을 가리킨다. 그런데 이 법률행위로 인한 취득에는 원시취득과 승계취득의 구별이 또한 있다. 원시취득인 계약은 승역지 소유자와 요역지 소유자의 합의를 말하고, 유언은 승역지 소유자가 요역지 소유자에 대하여 하는 최후의 행위이다. 승계취득인 계약은 지역권자와 요역지의 소유권을 취득한 자 사이의 합의를 말하고 유언은 지역권자가 요역지의 소유권을 취득하고자 하는 자에 대하여 하는 최후의 행위를 말하는 것이다.

일반적으로 지역권은 사람의 의사로 설정됨은 지상권이나 영소작권과 다르지 않고, 또 그 열의

八九는契約으로設定ᄒᆞᆷ도地上權이나永小作權과同一ᄒᆞ니라但日本의舊民法과外他諸國의多數立法例에는所有者의用法을由ᄒᆞ야地役權의設定이生케ᄒᆞᆷ도有ᄒᆞ니即同一所有者에게屬ᄒᆞᆫ二個의地가其間에地役權이有ᄒᆞᆷ과同一의狀況에在ᄒᆞᆫ境遇에其土地가二人의所有로分ᄒᆞᆯ진ᄃᆡ其間에地役權이契約을不要ᄒᆞ고設定됨으로看作ᄒᆞᆷ이라然이나此는當事者의意思解釋이니其當事者가此等의意思가有ᄒᆞᆫ바로可視ᄒᆞᆯ事實이有ᄒᆞᆯ진ᄃᆡ文明을不要ᄒᆞ고地役權이設定될지오若其當事者의意思에可視의事實이無ᄒᆞᆯ진ᄃᆡ設定이無ᄒᆞᆯ지라故로近世에는此를地役權設定의方法으로不認ᄒᆞᄂᆞ니라

時效에도一般物權에關ᄒᆞᆫ規定을適用ᄒᆞᆷ은無疑ᄒᆞ나然이나地役權은其如何ᄒᆞᆫ種類던지皆時效에因ᄒᆞ야取得ᄒᆞᆷ은아니니即時效의保護를得ᄒᆞᆷ에는繼續且表現됨을要ᄒᆞᆷ이라

繼續은晝夜間斷이無케行ᄒᆞᆷ이니假令引水地役權과如ᄒᆞᆷ이오表現은其行使가外見에現出ᄒᆞᆷ이니假令水樋을地上으로通ᄒᆞᆷ과如ᄒᆞᆷ이是라如斯히地役權이取得時效의適用을受ᄒᆞᆷ에는繼續且表現됨을要ᄒᆞ는原則上地上에表現ᄒᆞᆫ水樋에

여덟아홉은 계약으로 설정됨도 지상권이나 영소작권과 동일하다. 다만 일본의 구 민법과 그 외 다른 여러 나라의 다수 입법례에서는 소유자의 용법으로 말미암아 지역권의 설정이 발생하게 하는 경우가 있다. 곧 동일한 소유자에게 속한 두 개의 토지가 그 사이에 지역권이 있는 것과 동일한 상황에 있는 경우에 그 토지가 두 사람의 소유로 나뉜다면 그 사이의 지역권이 계약 없이도 설정되었다고 간주하는 것이다. 그러나 이는 당사자의 의사해석으로, 그 당사자가 이들 의사가 있다고 볼 수 있는 사실이 있다면 명문*의 필요 없이도 지역권이 설정될 것이고, 만약 당사자의 의사에 그러한 사실이 없다면 설정이 없을 것이다. 그러므로 근세에는 이를 지역권 설정의 방법으로 인정하지 않는다.

시효에도 일반 물권에 관한 규정을 적용하는 데에는 의문이 없으나, 지역권은 어떠한 종류든 모두 시효로 인하여 취득하는 것은 아니다. 곧 시효의 보호를 얻으려면 계속되고 표현되어야 한다.

계속은 밤낮으로 끊임없이 행하는 것으로 가령 인수지역권(引水地役權)과 같은 것이고, 표현은 그 행사가 외견상 나타나는 것으로 가령 수도관을 지상으로 통하게 함과 같은 것이다. 이렇게 지역권이 취득시효의 적용을 받으려면 계속되고 표현되어야 하는 원칙상 지상에 나타난 수도관으로

* 역자주: 원문은 '文明'으로 되어있는데 이는 '明文'의 오자로 보임.

因ᄒᆞᄂᆞᆫ引水地役은可ᄒᆞᄃᆡ水樋이地下ᄅᆞᆯ通ᄒᆞᆫ時에ᄂᆞᆫ其質은引水地役이라도時效에因ᄒᆞ야取得지못ᄒᆞ며又通行權은表現이라ᄒᆞᆯ지라도時效의利益을不得ᄒᆞᄂᆞ니라但通路ᄅᆞᆯ特設ᄒᆞᆫ境遇에ᄂᆞᆫ繼續地役權이成ᄒᆞᆷ

以上과ᄀᆞᆺ치繼續且表現地役에만限ᄒᆞ야時效ᄅᆞᆯ認定ᄒᆞᆷ은何오元來法律上時效의起源을按ᄒᆞᆫ건ᄃᆡ權利者가權利의行使ᄅᆞᆯ懈怠히ᄒᆞ야此ᄅᆞᆯ拋棄ᄒᆞ거나不然ᄒᆞᆫ즉保護치아니ᄒᆞᆷ에當ᄒᆞ야法律은其保護의必要가無ᄒᆞᆫ바로認ᄒᆞᆷ에主在ᄒᆞᆷ이라然而此地役權의不繼續境遇ᄂᆞᆫ他人이此ᄅᆞᆯ行使ᄒᆞᆷ이設有ᄒᆞᆯ지라도所有者ᄂᆞᆫ此로因ᄒᆞ야煩累ᄅᆞᆯ感ᄒᆞᆷ이甚少ᄒᆞᄂᆞ니善隣의道ᄅᆞᆯ完美케ᄒᆞ기爲ᄒᆞ야默許ᄒᆞ고도所有權의一部ᄅᆞᆯ拋棄ᄒᆞ야地役權의設定意思가無ᄒᆞᆷ이有ᄒᆞᆯ지오又地役權의不表現境遇ᄂᆞᆫ所有者가他人의權利行使ᄅᆞᆯ不知ᄒᆞᆷ이多有ᄒᆞ리니此ᄅᆞᆯ所有者의懈怠라ᄒᆞ기不得ᄒᆞᆯ지라故로此等境遇에ᄂᆞᆫ地役權의行使가事實上設有ᄒᆞ야도時效에不罹케ᄒᆞᆷ이라

盖繼續且表現의者ᄂᆞᆫ所有者에게煩累도極多ᄒᆞᆯ분아니라事實을不知ᄒᆞᆷ이아니어ᄂᆞᆯ十年乃至幾十年間時效의中斷을不爲ᄒᆞᆯ진ᄃᆡ此ᄂᆞᆫ自己의權利ᄅᆞᆯ拋棄ᄒᆞ야

인한 인수지역권은 가능하지만 수도관이 지하로 통하는 때에는 그 성질은 인수지역권이라도 시효로 인하여 취득하지 못한다. 또 통행권은 표현된다고 할지라도 시효의 이익을 얻지 못한다. 다만 통로를 특별히 개설한 경우에는 계속지역권(繼續地域權)이 성립한다.

이상과 같이 계속되고 표현된 지역권에 한하여만 시효를 인정하는 것은 왜인가? 원래 법률상 시효의 기원에 따르면 권리자가 권리의 행사를 게을리하여 이를 포기하거나 아니면 보호하지 않을 때 법률이 그 보호의 필요가 없다고 인정하는 데 주된 취지가 있다. 그런데 이 지역권이 계속되지 않는 경우는 타인이 설령 이를 행사하기는 할지라도 소유자는 이로 인하여 걱정을 아주 적게 느낄 것이다. 따라서 이웃과의 친선을 더욱 온전하게 하기 위하여 묵시적으로 허용하고도 소유권의 일부를 포기하여 지역권을 설정할 의사는 없을 수도 있을 것이다. 또 지역권이 표현되지 않는 경우는 소유자가 타인의 권리 행사를 알지 못하는 경우가 많이 있을 것이어서 이를 소유자가 게으르다고 할 수 없을 것이다. 그러므로 이들 경우에는 설령 지역권의 행사가 사실상 있더라도 시효에 걸리지 않게 하는 것이다.

대개 계속되고 표현된다는 것은 소유자에게 걱정도 극히 많이 끼칠 뿐 아니라 그 사실을 모르지는 않는데, 10년 내지 수십 년 동안 시효를 중단시키지 않는다면 이는 자기의 권리를 포기하고

法律의保護를不必要로ᄒᆞᄂᆞᆫ者ㅣ라故로此에ᄂᆞᆫ時効를認定ᄒᆞᄂᆞ니라

次에地役權不可分의性質을時効에도適用홈에關ᄒᆞ야一言코져ᄒᆞ노니即共有者의一人이時効에因ᄒᆞ야地役權을取得ᄒᆞᆯ진ᄃᆡ他共有者도取得홈이라元來地役權은其性質이不可分이니時効에因ᄒᆞ야도一部만取得ᄒᆞ기不能홈은勿論이라更論ᄒᆞᆫ즉取得ᄒᆞᆯ진ᄃᆡ全部를取得ᄒᆞᆯ지오不取ᄒᆞᆯ진ᄃᆡ一部도不取홈이니故로共有者의一人이取得時効의條件을具備ᄒᆞᆯ진ᄃᆡ共有者全員이其利益에均霑ᄒᆞ라ᄂᆞ니

以上原則의結果로共有者에對ᄒᆞᄂᆞᆫ時効의中斷은各共有者에게對ᄒᆞ야홈이아니면効力이不生ᄒᆞ고又其共有者中一人이行使를中止ᄒᆞᆫ時에도亦同ᄒᆞ며且共有者中一人에게對ᄒᆞ야時効停止의原因이生ᄒᆞᆯ지라도時効ᄂᆞᆫ其餘各共有者를爲ᄒᆞ야進行ᄒᆞᄂᆞ니라

第三章　地役權의効果

地役權의効果를論홈에ᄂᆞᆫ此를普通地役과用水地役으로區別홈이可ᄒᆞ니前者ᄂᆞᆫ本權의性質上件來ᄒᆞᄂᆞᆫ結果오後者ᄂᆞᆫ用水에關ᄒᆞᆫ特例라然而今에其前者로

법률의 보호를 필요로 하지 않는다는 것이다. 그러므로 여기에는 시효를 인정한다.

다음으로 지역권의 불가분적 성질을 시효에도 적용하는 데에 관하여 한 마디 하고자 한다. 곧 공유자의 1인이 시효로 인하여 지역권을 취득하면 다른 공유자도 취득한다. 원래 지역권은 그 성질이 불가분이다. 따라서 시효로 인하여도 일부만 취득할 수 없음은 물론이다. 다시 말하면 취득하면 전부를 취득하는 것이고 취득하지 못하면 일부도 취득하지 못하는 것이다. 그러므로 공유자의 1인이 취득시효의 조건을 구비한다면 공유자 전원이 그 이익을 고르게 받는다.

이상에서 설명한 원칙의 결과로 공유자에 대한 시효의 중단은 각 공유자에 대하여 하지 않으면 효력이 발생하지 않고, 또 그 공유자 중 1인이 행사를 중지한 때에도 또한 같다. 그리고 공유자 중 1인에 대하여 시효정지의 원인이 발생할지라도 시효는 그 나머지 공유자를 위하여 진행한다.

제3장 지역권의 효과

지역권의 효과를 논하려면 보통지역권과 용수지역권으로 구별하는 것이 마땅하다. 전자는 이 권리의 성질상 따라오는 결과이고 후자는 용수에 관한 특례이다. 그런데 이제 전자

始ᄒᆞ야說明호ᄃᆡ此에ᄂᆞᆫ承役地所有者의權利와義務（即要役地所有者의權利義務）로細分홈이簡明ᄒᆞ니라

其義務ᄅᆞᆯ言ᄒᆞ건ᄃᆡ承役地所有者가自己의費用으로써地役權의行使ᄅᆞᆯ爲ᄒᆞ야工作物을設施ᄒᆞ거나其修繕의義務ᄅᆞᆯ設定行爲나特別契約으로負擔ᄒᆞ얏스면其義務ᄂᆞᆫ承役地所有者의特定承繼人에게도波及홈이라

夫地役權의性質을依ᄒᆞ야其行使上承役地所有者로ᄒᆞ야곰某工作物을設施케ᄒᆞ거나其修繕을負擔케홈이便利홈도有ᄒᆞ니假令通行權의行使上通路ᄅᆞᆯ開設케ᄒᆞ거나要役地所有者가開設ᄒᆞᆫ通路ᄅᆞᆯ修繕케홈은彼歐洲에ᄂᆞᆫ其例가甚多ᄒᆞ니라元來此義務ᄂᆞᆫ設定行爲로定홈과設定後特別契約으로定홈을不問ᄒᆞ고一個債權이生홀ᄲᅮᆫ이오物權이不生ᄒᆞᄂᆞ니其契約의當事者된承役地所有者만義務ᄅᆞᆯ擔負홀지오其後에其地의所有權을得ᄒᆞᆫ者ㅣ니其他特定承繼人은此義務에無關ᄒᆞ다ᄒᆞ여야可ᄒᆞ니라

然이나右義務됨이地役權의從으로密接의關係가有ᄒᆞᄂᆞ니此ᄅᆞᆯ物權으로同視치아니홀진ᄃᆡ當事者의意思ᄅᆞᆯ充分히貫徹치못홀지라何者오要役地所有者가

부터 설명하되 여기서는 승역지 소유자의 권리와 의무(곧 요역지 소유자의 권리의무)로 세분하는 것이 간명하다.

그 의무를 말하면 승역지 소유자가 자기의 비용으로 지역권의 행사를 위하여 공작물을 시설하거나 수선할 의무를 설정행위나 특별한 계약으로 부담하였다면 그 의무는 승역지 소유자의 특정승계인에게도 미친다.

지역권의 성질에 따라 그 행사를 위하여 승역지 소유자로 하여금 어떤 공작물을 시설하게 하거나 그 수선을 부담하게 하는 것이 편리한 경우도 있다. 가령 통행권의 행사를 위하여 통로를 개설하게 하거나 요역지 소유자가 개설한 통로를 수선하게 하는 것은 유럽에서는 그 예가 매우 많다. 원래 이 의무는 설정행위로 정한 것과 설정 후에 특별한 계약으로 정한 것을 불문하고 하나의 채권이 발생할 뿐이고 물권이 발생하지는 않는다. 따라서 그 계약의 당사자인 승역지 소유자만 의무를 부담할 것이고 그 후에 그 토지의 소유권을 취득한 자나 그 특정승계인은 이 의무와 무관하다고 하여야 마땅하다.

그러나 위 의무가 지역권에 종된 의무로 밀접한 관계가 있는데 이를 물권과 동일시하지 않는다면 당사자의 의사를 충분하게 관철하지 못할 것이다. 왜냐하면 요역지 소유자가

地役權을取得ᄒᆞ거나特別契約을締結ᄒᆞᆷ에當ᄒᆞ야承役地所有者가右義務를不負擔ᄒᆞᆯ진ᄃᆡ設或地役權을取得ᄒᆞ야도秋毫의利益이無ᄒᆞᆫ境遇도實際上不無ᄒᆞᆯ지어ᄂᆞᆯ一時其義務를負擔ᄒᆞ얏다가土地를讓與ᄒᆞᆷ에當ᄒᆞ야其新取得者가不負ᄒᆞᆫ즉要役地所有者의失望은實로名言키難ᄒᆞᆯ지라毋論舊所有者를對ᄒᆞ야損害賠償은請求ᄒᆞᆯ지로ᄃᆡ新所有者를責ᄒᆞᄃᆡ以上의義務로ᄂᆞᆫ以치못ᄒᆞᆯ所以라故로法律은其性質이債權됨에不拘ᄒᆞ고承役地所有者의特定承繼人도此를負擔케ᄒᆞᆷ과同時에承繼人을保護ᄒᆞᄃᆡ其義務를登記ᄒᆞᆫ時에ᄂᆞᆫ毋論이되此를缺如ᄒᆞᆫ時ᄂᆞᆫ不受케ᄒᆞᄂᆞ니라

然이나承役地所有者ᄂᆞᆫ何時던지地役權에必要ᄒᆞᆫ部分의土地所有權을地役權者에게委棄ᄒᆞ야以上義務를免ᄒᆞ기得ᄒᆞᄂᆞ니本來承繼人은此를自擔ᄒᆞᆫ바ㅣ아닌즉其苦를感覺ᄒᆞᆷ도有ᄒᆞᆯ지오其自擔ᄒᆞᆫ者ㅣ라도其初에ᄂᆞᆫ容易히思量ᄒᆞᆫ바가後日에ᄂᆞᆫ重大히推悔ᄒᆞᆷ도有ᄒᆞ리니此境遇를當ᄒᆞ야도永久히負擔케ᄒᆞᆯ진ᄃᆡ土地의所有가利益이아니오煩累가反成ᄒᆞᆯ지라然而此負擔의所由來를推考ᄒᆞ건ᄃᆡ其源이承役地所有者됨에專在ᄒᆞ니然則其所有權을抛棄ᄒᆞ야義務를消滅케

지역권을 취득하거나 특별한 계약을 체결할 때 승역지 소유자가 위 의무를 부담하지 않는다면 설령 지역권을 취득하더라도 이익이 추호도 없는 경우도 실제로 없지 않을 것이다. 그런데 일시적으로 그 의무를 부담하였다가 토지를 양도할 때 새로운 취득자가 의무를 부담하지 않으면 요역지 소유자의 실망은 실로 말로 하기 어려울 것이다. 물론 구 소유자에 대하여 손해배상은 청구할 수 있겠지만, 이상과 같은 의무로 신 소유자에게 책임을 지울 수는 없기 때문이다. 그러므로 법률은 그 성질이 채권임에도 불구하고 승역지 소유자의 특정승계인도 이를 부담하게 함과 동시에 승계인을 보호하여, 그 의무를 등기한 때에는 물론 의무를 부담하지만 등기가 결여된 때에는 부담하지 않게 한다.

그러나 승역지 소유자는 언제든지 지역권에 필요한 부분의 토지소유권을 지역권자에게 위기(委棄)* 하여 이상의 의무를 면할 수 있다. 본래 승계인은 이를 스스로 부담한 것이 아니어서 고통을 느낄 수도 있고, 스스로 부담한 것이라도 처음에는 쉽게 생각했던 것이 뒷날에는 매우 크게 돌이켜 후회할 수도 있다. 따라서 이 경우에도 영구히 부담하게 한다면 토지의 소유가 이익이 아니고 도리어 걱정이 될 것이다. 그런데 이 부담의 유래가 어디인지를 미루어 생각하면 그 근원이 오로지 승역지 소유자에게 있다. 그렇다면 그 소유권을 포기하여 의무를 소멸하게

* 역자주: '委棄'는 현행 민법 제299조에도 등장함. 2015년 발의되었던 민법 개정안에서는 "토지소유권을 지역권자에게 양도한다는 의사표시를 하는" 것으로 풀어 표현함.

홈도可홀지니라但其拋棄는土地의全部를不要ᄒᆞ는地役權에必要ᄒᆞᆫ部分에止ᄒᆞ야可홈

本義務는依物義務라或稱ᄒᆞᄂᆞ니物을所有홈에因ᄒᆞ야만負擔홈을云홈이라

今에其權利를論ᄒᆞᆫ건ᄃᆡ承役地所有者는地役權의行使를妨害치아니ᄒᆞ는範圍內에서는其行使上承役地上에設備ᄒᆞᆫ工作物을使用ᄒᆞ기得홈이라

盖純理로言ᄒᆞᆫ즉地役權의行使上設備ᄒᆞᆫ工作物은其要役地所有者가設ᄒᆞ고承役地所有者가設홈을不問ᄒᆞ고承役地所有者는此를自己의用에供ᄒᆞ기不得홈이라然이나承役地所有者의使用을爲ᄒᆞ야同一의工作物을同一의土地에疊設홈은經濟上可許홀바ㅣ아니니故로法律은承役地所有者에게特許호ᄃᆡ地役權의行使를不害ᄒᆞ는範圍內에서는其行使上設備ᄒᆞᆫ工作物의使用權으로以홈이라假令通行權의行使上設爲ᄒᆞᆫ道路를通行ᄒᆞ거나引水權의行使上設備ᄒᆞᆫ水樋을利用ᄒᆞ는類가是니라但其使用에因ᄒᆞ는利益의比例로工作物의設備及保存의費用은分擔홈이可홈

次에用水地役에關ᄒᆞᆫ特例를論ᄒᆞᆫ건ᄃᆡ用水地役權을設定ᄒᆞᆫ承役地의水가承要

하여도 될 것이다. 다만 그 포기는 토지 전부가 필요하지 않은 지역권에서 필요한 부분에 그치는 것이 옳다.

이 의무는 더러 의물의무(依物義務)라고도 일컫는다. 물건을 소유함으로 인하여만 부담한다는 말이다.

이제 승역지 소유자의 권리를 논한다. 승역지 소유자는 지역권의 행사를 방해하지 않는 범위 내에서는 지역권 행사를 위하여 승역지 위에 설치한 공작물을 사용할 수 있다.

대개 순리로 말하면 지역권을 행사하기 위하여 설치한 공작물은 요역지 소유자가 설치하고 승역지 소유자가 설치하고를 불문하고 승역지 소유자는 자기의 이용에 제공할 수 없는 것이다. 그러나 승역지 소유자의 사용을 위하여 동일한 공작물을 동일한 토지에 거듭 설치하는 것은 경제적으로 허용될 만한 것이 아니다. 그러므로 법률은 지역권의 행사를 방해하지 않는 범위 내에서는 그 행사를 위하여 설치한 공작물의 사용권을 승역지 소유자에게 특별히 허용한다. 가령 통행권의 행사를 위하여 개설한 도로를 통행하거나 인수권의 행사를 위하여 설치한 수도관을 이용하는 부류가 그것이다. 다만 그 사용으로 인한 이익의 비율로 공작물의 설치 및 보존의 비용은 분담하는 것이 옳다.

다음으로 용수지역권에 관한 특례를 논하면, 용수지역권을 설정한 승역지의 물이 승역지와 요역지

兩地의需要에不足ᄒᆞᆯ진ᄃᆡ其各地의需要를應ᄒᆞ야爲先家用에供ᄒᆞ고其餘를他用에供ᄒᆞᆷ이라

元來水가人生生活에第一必要物이기飮用洗滌用農業用工業用等에可히缺치못ᄒᆞᆯ바ㅣ라然而其分量이需要에不足ᄒᆞᆯ진ᄃᆡ承要兩地의所有者는其如何의比例로此를分取ᄒᆞᆯ고是實緊要의問題라法律은此를決定ᄒᆞᆷ에當ᄒᆞ야爲先各人의必要程度를考察ᄒᆞ야普通飮用洗滌用(家用)을第一이라ᄒᆞ고農工業用을第二라ᄒᆞᄂᆞ니蓋飮用을缺ᄒᆞᆯ진ᄃᆡ生活이不能ᄒᆞ고洗滌用을缺ᄒᆞᆯ진ᄃᆡ衛生에貽害ᄒᆞᆯ지로ᄃᆡ農工業用은生命이有ᄒᆞᆫ以後의事라然則以上의順序는其宜을得ᄒᆞᆫ바ㅣ니라

然이나此는命令的規定은아니니時宜를因ᄒᆞ야以上의順序를當事者의合意로變更ᄒᆞ기不得ᄒᆞᆷ은아니라卽要役地나承役地의所有者가地役權의目的된水以外에飮用洗滌用에供ᄒᆞᆫ水源을別有ᄒᆞᆫ境遇에는設定行爲로以上의順序를變更ᄒᆞ기得ᄒᆞᄂᆞ니라但此行爲는第三者에게對抗條件으로登記를要ᄒᆞᆷ

承要兩地의所有者가用水를分取ᄒᆞᆷ에는其各地의需要를應ᄒᆞᄂᆞ니假令甲地住

양 토지의 수요에 미치지 못하면 각 토지의 수요에 따라 먼저 가정용에 공급하고 그 나머지를 다른 용도로 공급한다.

원래 물이 인간의 생활에 첫째로 필요한 물건이고 음용(飮用), 세척용, 농업용, 공업용 등으로 불가결한 것이다. 그러나 그 분량이 수요에 미치지 못한다면 승역지와 요역지 양 토지의 소유자는 어떠한 비율로 이를 나누어 가지는가? 이는 실로 긴요한 문제이다. 법률은 이를 결정할 때 먼저 각자가 필요한 정도를 고찰하여, 보통 음용과 세척용(가정용)을 첫째라고 하고 농공업용을 둘째라고 한다. 대개 음용수가 없으면 생활이 불가능하고 세척용수가 없으면 위생에 해를 끼치게 될 텐데, 농공업용수는 생명이 있은 뒤의 일이다. 그렇다면 이상의 순서는 적절한 것이다.

그러나 이는 명령적 규정은 아니다. 때로는 이상의 순서를 당사자의 합의로 변경할 수 없는 것은 아니다. 곧 요역지나 승역지의 소유자가 지역권의 목적인 물 이외에 음용, 세척용으로 공급할 수원(水源)을 따로 가진 경우에는 설정행위로 이상의 순서를 변경할 수 있다. 그러나 이 행위는 제3자에게 대항하기 위한 조건으로 등기가 필요하다.

승역지와 요역지 양 토지의 소유자가 용수를 나누어 가지는 것은 각 토지의 수요에 따라야 한다. 가령 甲 토지에 거

居의人口가六이오乙地住居의人口가四이면水의全量을十分ᄒᆞ야甲地所有者는其六이오乙地所有者는其四를取ᄒᆯ지오飮用洗滌用에供ᄒᆫ後에殘餘가尙有ᄒᆯ진ᄃᆡ各地의農業이나工業의需要에應ᄒᆞᄂᆞ니假令甲地는五日耕이오乙地는四日耕이면水의全量을九分ᄒᆞ야甲地所有者는其九分의五오乙地所有者는九分의四를灌漑用에供ᄒᆷ과如ᄒᆞ니라

以上은一個의承役地上에一個의地役權만設定ᄒᆷ을想像ᄒᆷ이나假令一個의承役地上에數個의地役權이設定되고兼ᄒᆞ야其設定이同時가될진ᄃᆡ毋論一個의地役權과同一의原則을從ᄒᆞᄂᆞ니라假令甲地上에乙丙兩地를爲ᄒᆞ야用水地役을設定ᄒᆞ고爲先家用을應ᄒᆷ에當ᄒᆞ야其人口가甲地에五오乙地에三이오丙地에四가될진ᄃᆡ水의全量을十二에分ᄒᆞ야甲地는其五오乙地는其三이오丙地는其四를取ᄒᆞ고其餘가尙有ᄒᆯ진ᄃᆡ他用에供ᄒᆞ리니假令甲地가一息耕이오乙地가三息耕이오丙地가五息耕이면水의全量을九分ᄒᆞ야甲地는其一이오乙地는其三이오丙地는其五를取用ᄒᆷ과如ᄒᆞ니라

然이나若其地役權이同時에設定됨이아니오時에先後가有ᄒᆯ진ᄃᆡ其結果에大

주하는 사람 수가 여섯이고 乙 토지에 거주하는 사람 수가 넷이면 전체 물의 양을 10으로 나누어 甲 토지 소유자는 그 중 여섯을, 乙 토지 소유자는 넷을 가질 것이다. 음용과 세척용으로 공급한 뒤에 여전히 나머지가 있으면 각 토지의 농업이나 공업의 수요에 따른다. 가령 甲 토지는 닷새갈이이고 乙 토지는 나흘갈이이면 전체 물의 양을 9로 나누어 甲 토지 소유자는 9분의 5를, 乙 토지 소유자는 9분의 4를 관개용수로 공급하는 것과 같다.

이상은 하나의 승역지 위에 하나의 지역권만 설정한 경우를 상상한 것이다. 그러나 가령 하나의 승역지 위에 여러 개의 지역권이 설정되고 아울러 그 설정이 동시에 이루어진다면 물론 하나의 지역권과 동일한 원칙을 따른다. 가령 甲 토지 위에 乙, 丙 양 토지를 위하여 용수지역권을 설정하고 먼저 가정용에 따라 공급할 때 사람 수가 甲 토지에 다섯이고 乙 토지에 셋이고 丙 토지에 넷이 된다면, 전체 물의 양을 12로 나누어 甲 토지는 그 중 다섯을, 乙 토지는 셋을, 丙 토지는 넷을 가지고 여전히 나머지가 있으면 다른 용도로 공급할 것이다. 가령 甲 토지가 한참갈이*이고 乙 토지가 세참갈이이고 丙 토지가 다섯참갈이이면 전체 물의 양을 9로 나누어 甲 토지는 그 중 하나를, 乙 토지는 셋을, 丙 토지는 다섯을 가지고 쓰는 것과 같다.

그러나 만약 그 지역권이 동시에 설정된 것이 아니고 시기에 앞뒤가 있다면 그 결과에서

* 역자주: 원문은 一息耕임. 한 참에 갈 만한 넓이로 하루갈이의 6분의 1.

差가生ᄒᆞᄂᆞ니何者오最初에一個人을爲ᄒᆞ야地役權을設定ᄒᆞᆯ진ᄃᆡ承要兩地所有者에게分水의權義가互生ᄒᆞ거ᄂᆞᆯ其後에承役地所有者가他人을更爲ᄒᆞ야用水地役을疊設ᄒᆞᆯ진ᄃᆡ此ᄂᆞᆫ承役地所有者가分取ᄒᆞ기可得ᄒᆞᄂᆞᆫ分量에만對ᄒᆞ야設ᄒᆞᆫ바로看作ᄒᆞᆯ지라若不然ᄒᆞᆯ진ᄃᆡ承役地所有者ᄂᆞᆫ地役權을一次設定後自己一個人의意思로地役權의効力을減殺ᄒᆞ야此ᄅᆞᆯ他人에게更與ᄒᆞ야不公平의結果가生ᄒᆞ리니此ᄂᆞᆫ自己未有의權利ᄂᆞᆫ他人에게讓與치아니ᄒᆞ리라確言ᄒᆞᆫ바에違反ᄒᆞᄂᆞᆫ行爲라故로法律은後得者ᄅᆞᆯ制限ᄒᆞ야先得者의用水權을妨害치못ᄒᆞ게ᄒᆞᄂᆞ니라

假令甲이乙을爲ᄒᆞ야自己의所有地上에用水地役을設定ᄒᆞᆫ後丙을更爲ᄒᆞ야同一地上에同一地役을設定ᄒᆞ고用水가不足ᄒᆞᆫ境遇에其人口가甲은四오乙은二오丙은三일진ᄃᆡ爲先家用을爲ᄒᆞ야水의全量을六에分ᄒᆞ야甲은其四ᄅᆞᆯ取ᄒᆞ고乙은其二ᄅᆞᆯ取ᄒᆞᆫ後에甲은其所取分을七에更分ᄒᆞ야其四ᄅᆞᆯ取ᄒᆞ고丙은其三을取ᄒᆞᆷ과如ᄒᆞ고其他餘分이更有ᄒᆞᆯ진ᄃᆡ此ᄅᆞᆯ農工業用으로更分호ᄃᆡ其比例ᄂᆞᆫ以上과無異ᄒᆞ니類推ᄒᆞᆯ지니라

큰 차이가 발생한다. 왜냐하면 맨 처음 한 사람을 위하여 지역권을 설정하였다면 승역지와 요역지 양 토지 소유자에게 물을 나눌 권리의무가 서로 발생한다. 그런데 그 뒤에 승역지 소유자가 다시 타인을 위하여 용수지역권을 거듭 설정한다면 이는 승역지 소유자가 나누어 가질 수 있는 분량에 대하여만 설정한 것으로 간주하여야 한다. 만약 그렇지 않다면 승역지 소유자는 지역권을 일단 설정한 후 자기 한 사람의 의사로 지역권의 효력을 감쇄시켜 이를 다시 타인에게 주는 불공평한 결과를 낳을 것이다. 이는 자기가 갖지 못한 권리는 타인에게 양도하지 않으리라고 확언한 것에도 위반되는 행위이다. 그러므로 법률은 제2취득자*를 제한하여 제1취득자의 용수권을 방해하지 못하게 한다.

가령 甲이 乙을 위하여 자기 소유의 토지 위에 용수지역권을 설정한 후 다시 丙을 위하여 동일한 토지 위에 동일한 지역권을 설정하고 용수가 부족한 경우에, 그 사람 수가 甲은 넷이고 乙은 둘이고 丙은 셋이라고 하자. 그렇다면 먼저 가정용을 위하여 전체 물의 양을 6으로 나누어 甲은 그 중 넷을 가지고 乙은 둘을 가진 뒤에, 甲은 그 가진 몫을 다시 7로 나누어 그 중 넷을 가지고 丙은 셋을 가지는 것과 같다. 그리고 다시 기타 여분이 있으면 이를 농공업용으로 다시 나누는데, 그 비율은 이상에서와 다르지 않으므로 유추하여야 한다.

---

* 역자주: 원문은 '後得者'로 표현함.

第四章　地役權의消滅

第一、混同

地役權를一個物權이라홀진ᄃᆡ其物權에共通ᄒᆞᄂᆞᆫ原則에因ᄒᆞ야承要兩地의所有權이同一의人에게歸홀진ᄃᆡ其所有權에附隨ᄒᆞ던權利가消滅에歸홈은勿論이라即地役權은其本質이一個土地의所有者가他土地上에實行ᄒᆞᄂᆞᆫ權利(即他物上權)니二人의所有權이一人의手로歸홀진ᄃᆡ其本質을失ᄒᆞ야消滅에歸ᄒᆞᄂᆞ니라

他日에其地를再分ᄒᆞ야所有者가各生홀지라도一次消滅ᄒᆞᆫ地役權은其新設에必要條件을具備홈이아니면再生치못ᄒᆞᄂᆞ니라但混同에因ᄒᆞᄂᆞᆫ消滅은承要兩地에關ᄒᆞ야同一의人이完全ᄒᆞᆫ所有權을取得홈이아니면不可ᄒᆞ니若其一個地의所有權이某條件附帶에因ᄒᆞ야消滅홀진ᄃᆡ地役權은其混同에對ᄒᆞ야ᄂᆞᆫ消滅치아니ᄒᆞ고一時停止ᄒᆞ다가其條件의發生과同時에再蘇ᄒᆞᄂᆞ니라

以上과同理로承要兩地의所有者가一便의土地를占有ᄒᆞᄂᆞᆫ境遇에도地役權은其占有의行使와同時에一時停止홀뿐이오消滅에不歸ᄒᆞᄂᆞ니假令要役地

제4장 지역권의 소멸

I. 혼 동

지역권을 하나의 물권이라고 하면, 물권에 공통되는 원칙에 따라 승역지와 요역지 양 토지의 소유권이 동일인에게 귀속하면 그 소유권에 부수하던 권리가 소멸하게 됨은 물론이다. 곧 지역권은 그 본질이 한 토지의 소유자가 다른 토지 위에 실행하는 권리(곧 타물권)로, 2인의 소유권이 1인의 손으로 돌아가면 그 본질을 잃어 소멸하게 된다.

다른 날에 그 토지를 다시 분할하여 소유자가 따로 생겨날지라도 일단 소멸한 지역권은 신설의 필요조건을 갖추지 않으면 다시 발생하지 못한다. 다만 혼동으로 인한 소멸은 승역지와 요역지 양 토지에 관하여 동일한 사람이 완전한 소유권을 취득하지 않으면 안 된다. 만약 한 토지의 소유권이 어떤 조건이 붙음에 따라 소멸한다면 지역권은 혼동으로는 소멸하지 않고 일시 정지하다가 그 조건의 발생과 동시에 다시 살아난다. 이상과 같은 법리로 승역지와 요역지 양 토지의 소유자가 한쪽의 토지를 점유하는 경우에도 지역권은 그 점유의 행사와 동시에 일시 정지할 뿐이고 소멸하지 않는다. 가령 요역지

所有者가承役地를借受ᄒᆞ야貰借人이될진ᄃᆡ其貰借人은承役地의占有者니其占有間은其上에設定ᄒᆞᆫ地役權도一時停止ᄒᆞ다가占有의期間이滿ᄒᆞᆷ과同時에蘇生ᄒᆞᆷ이라

彼英國慣習法을依ᄒᆞ야도其古代의判決例에ᄂᆞᆫ某必要의地役權은混同에因ᄒᆞ야消滅ᄒᆞᆷ이無ᄒᆞ다ᄒᆞᆷ이不少ᄒᆞ더니近來의判決例에ᄂᆞᆫ其種類의如何ᄅᆞᆯ不問ᄒᆞ고所有權의消滅에因ᄒᆞ야消滅케ᄒᆞ고但其必要의地役權은混同土地의再分ᄋᆞᆯ當ᄒᆞ야創設을更許ᄒᆞᄃᆡ其新生의地役權은分割에因ᄒᆞ야發生ᄒᆞᆷ이오混同以前의件이繼續ᄒᆞᆷ으로不作ᄒᆞ니라

第二、期間의滿了

設定行爲에存續期間을約定ᄒᆞᆫ境遇에其期間이滿了ᄒᆞᆫ즉地役權이消滅ᄒᆞᆷ은勿論이니此ᄂᆞᆫ說明을不要ᄒᆞᆯ바ㅣ니라

第三、時効

第三者가時効에因ᄒᆞ야承役地의所有權을完全히取得ᄒᆞ거나地役權의存在ᄅᆞᆯ不知ᄒᆞ고承役地所有者에게土地ᄅᆞᆯ讓受ᄒᆞ야間斷이無케取得時効에必要

期間을占有홀진디地役權은消滅에歸홈이라

地役權은元來所有權의支分權이니所有權의一部라ᄒᆞ야도可ᄒᆞᆫ바ㅣ라故로承役地의占有者가其土地에關ᄒᆞ야完全ᄒᆞᆫ所有權의占有를行홀진디其中에ᄂᆞᆫ地役權과其以外殘餘의權이幷包ᄒᆞᆫ바ㅣ라謂홀지니然則其占有者가完全ᄒᆞᆫ所有權에對ᄒᆞ야取得時效에必要條件을具備홀진디此에因ᄒᆞ야完全ᄒᆞᆫ所有權을取得ᄒᆞ리니其結果로他人이行使ᄒᆞ던地役權은不可不消滅에歸홀지니라假令甲이乙의所有地上에地役權을行使ᄒᆞᄂᆞᆫ境遇에乙이其地로丙에게讓與홈에當ᄒᆞ야登記官吏가登記謄本에地役權의設在를漏落ᄒᆞ야丙이其事實을不知ᄒᆞ고十年이나幾十年을完全ᄒᆞᆫ所有者로取得時效의必要條件을具備ᄒᆞ야占有홀진디丙은其地의完全ᄒᆞᆫ所有者가되고甲은地役權을喪失홈과如홈이라但其乙의眞所有者與否ᄂᆞᆫ不問홈

然이나以上說明의消滅은地役權者의權利行使를因ᄒᆞ야中斷ᄒᆞᄂᆞ니元來地役權은土地의便益을爲ᄒᆞ야設定ᄒᆞᄂᆞᆫ者이어ᄂᆞᆯ其權利者가長久의年月間을使用치아니ᄒᆞ고放任홀진디此ᄂᆞᆫ其便益의必要가無ᄒᆞᆫ바로推測홈에足홀지

소유자가 승역지를 임차하여 임차인이 된다면, 임차인은 승역지의 점유자이므로 그가 점유하는 동안에는 그 위에 설정한 지역권도 일시 정지하다가 점유의 기간이 만료됨과 동시에 되살아난다.

영국 관습법에 따라도 고대의 판례에서는 어떤 필요한 지역권은 혼동에 인하여 소멸하지 않는다는 것이 적지 않았다. 그런데 근래의 판례에서는 그 종류가 어떤 것인지를 불문하고 소유권의 소멸로 인하여 소멸하게 하고, 다만 필요한 지역권은 혼동된 토지를 다시 분할할 때 다시 창설하는 것을 허용하되 새로 발생한 지역권은 분할로 인하여 발생한 것이고 혼동 이전의 것이 계속된다고 하지 않는다.

II. 기간의 만료

설정행위에서 존속기간을 약정한 경우에 그 기간이 만료하면 지역권이 소멸함은 물론으로, 이는 설명이 필요 없는 것이다.

III. 시효

제3자가 시효로 인하여 승역지의 소유권을 완전히 취득하거나 지역권의 존재를 알지 못하고 승역지 소유자에게서 토지를 양수하여 끊임없이 취득시효에 필요한 기간을 점유한다면 지역권은 소멸하게 된다.

지역권은 원래 소유권의 한 권능, 즉 지분권(支分權)으로 소유권의 일부라고 해도 되는 것이다. 그러므로 승역지의 점유자가 그 토지에 관하여 완전한 소유권으로서의 점유를 행한다면 그 안에는 지역권과 그 이외의 나머지 권리가 모두 포함되어 있다고 말할 수 있다. 그렇다면 그 점유자가 완전한 소유권의 취득시효에 필요한 요건을 구비한다면 이로 인하여 완전한 소유권을 취득할 것이다. 따라서 그 결과 타인이 행사하던 지역권은 소멸할 수밖에 없을 것이다. 가령 甲이 乙 소유의 토지 위에 지역권을 행사하는 경우에 乙이 그 토지를 丙에게 양도할 때 등기관이 등기부등본에 지역권이 설정되어 있는 것을 누락하여, 丙이 그 사실을 알지 못하고 10년이나 수십 년을 완전한 소유자로 취득시효의 필요조건을 구비하여 점유한다면, 丙은 그 토지의 완전한 소유자가 되고 甲은 지역권을 상실하는 것과 같다. 다만 乙이 진정한 소유자인지 여부는 불문한다.

그러나 이상에서 설명한 소멸은 지역권자의 권리 행사로 인하여 중단된다. 원래 지역권은 토지의 편익을 위하여 설정하는 것인데, 그 권리자가 아주 오랜 세월 동안 사용하지 않고 놓아둔다면 이는 그 편익이 필요 없는 것으로 추측하기에 충분할 것라故로法律은此의保護를强要치아니ᄒᆞ고權利의實際行使者를反爲ᄒᆞᆷ이나然이나其結果로言ᄒᆞᆫ즉地役權者에게甚히不利益ᄒᆞ니何者오地役權은物權인즉其承役地의所有權이何人에게移轉ᄒᆞ던지此權의喪失이無ᄒᆞᆯ지오又其權利者로言ᄒᆞ야도承役地의新所有者에게對ᄒᆞ야時效中斷의方法을不要ᄒᆞᆯ지어ᄂᆞᆯ其一時錯誤에因ᄒᆞ야權利를永失케ᄒᆞᆷ은甚히苛酷ᄒᆞᆫ바ㅣ라故로地役權者가其權을一時行使치아니ᄒᆞᆷ이設有ᄒᆞ야도消滅時效에至ᄒᆞ기以前에此를再行ᄒᆞᆯ진ᄃᆡ時效ᄂᆞᆫ中斷에至케ᄒᆞᄂᆞ니라

以上消滅時效의起筭點은其不繼續地役에ᄂᆞᆫ最後의行使時오繼續地役에ᄂᆞᆫ其行使의妨害ᄒᆞᆯ事實의生ᄒᆞᆫ時브터起算ᄒᆞᄂᆞ니라

不繼續地役에關ᄒᆞ야最後의行使時로브터期間을起筭ᄒᆞᆷ은異議가無ᄒᆞᆫ바ㅣ니繼續地役에至ᄒᆞ야ᄂᆞᆫ其何時로始ᄒᆞ야起筭ᄒᆞᆯ고ᄒᆞᆷ이疑問이라故로法律은此를定ᄒᆞ되權利의行使를妨害ᄒᆞᆯ事實의生ᄒᆞᆫ時로브터起算케ᄒᆞᄂᆞ니假令通行權에關ᄒᆞ야地役權者가最後에通行ᄒᆞᆫ時로브터一定의年限間을再行치아니ᄒᆞᆯ진ᄃᆡ其地役權은時効에因ᄒᆞ야消滅（但通路를特設ᄒᆞᆫ時ᄂᆞᆫ繼續地役權

이다. 그러므로 법률은 이 보호를 강요하지 않고 도리어 권리의 실제 행사자를 위한다. 그러나 그 결과로 말하면 지역권자에게 매우 불이익하다. 왜냐하면 지역권은 물권으로 승역지의 소유권이 누구에게 이전하든지 이 권리가 상실하는 일이 없을 것이다. 또 그 권리자로 말하여도 승역지의 신소유자에 대하여 시효중단의 방법이 필요하지 않을 것이다. 그런데 일시적인 착오로 인하여 권리를 영구히 상실하게 하는 것은 매우 가혹하다. 그러므로 설령 지역권자가 그 권리를 일시적으로 행사하지 않는 경우가 있어도 소멸시효에 이르기 이전에 이를 다시 행한다면 시효는 중단되게 한다.

이상의 소멸시효의 기산점은 불계속지역권의 경우 최후의 행사시이고, 계속지역권의 경우에는 행사를 방해할 사실이 발생한 때로부터 기산한다.

불계속지역권에 관하여 최후의 행사시로부터 기간을 기산함은 이의가 없는 바이지만 계속지역권은 언제로부터 기산(起算)할지가 의문이다. 그러므로 법률은 권리의 행사를 방해할 사실이 발생한 때로부터 기산하게 하는 것으로 정한다. 가령 통행권에 대하여 지역권자가 최후에 통행한 때로부터 일정한 연한 동안 다시 통행하지 않는다면 그 지역권은 시효로 인하여 소멸(다만 통로를 특별히 개설한 때에는 계속지역권이됨은已示ᄒᆞᆷ)ᄒᆞᆯ지로ᄃᆡ引水權에關ᄒᆞ야ᄂᆞᆫ事實上地役權者가水의引用與否에不關ᄒᆞ고其引水에必要ᄒᆞᆫ工作物을存置ᄒᆞᆯ以間即水樋이存ᄒᆞᄂᆞᆫ間은아즉時效期間을起算치못ᄒᆞᆯ지오必其承役地所有者의所爲에因(要役地所有者의所爲에因ᄒᆞᆷ도事實上無ᄒᆞᆷ은아니로ᄃᆡ多數의境遇ᄂᆞᆫ地役權의拋棄로看ᄒᆞᆷ)ᄒᆞ거나天災에因ᄒᆞ야水桶을除却ᄒᆞ야設或地役權者가引水코져ᄒᆞ야도工作을更施ᄒᆞᆷ이아니면不能ᄒᆞᆷ에至ᄒᆞᆯ진ᄃᆡ時效의起算을始計ᄒᆞᆷ이라

但地役權이數人의共有에屬ᄒᆞᄂᆞᆫ境遇에其一人을爲ᄒᆞ야時效의中斷이나停止가有ᄒᆞᆯ진ᄃᆡ其中斷이나停止ᄂᆞᆫ他共有者ᄅᆞᆯ爲ᄒᆞ야도效力이生ᄒᆞᄂᆞ니旣已本權取得에關ᄒᆞ야論示ᄒᆞᆷ과ᄀᆞᆺ치地役權은不可分이니其結果로時效에關ᄒᆞ야도一人에게完成ᄒᆞᆯ진ᄃᆡ他人에게完成치아니ᄒᆞᆯ理由가無ᄒᆞ니卽完成ᄒᆞᆯ진ᄃᆡ共有者全員에게完成ᄒᆞᆯ지오完成치아니ᄒᆞᆯ진ᄃᆡ共有者全員에게完成치아니ᄒᆞᆯ지라

夫一人의權利行使ᄂᆞᆫ全員의權利行使와均同ᄒᆞ니其時效의進行中一人이權利ᄅᆞᆯ行使(中斷)ᄒᆞ거나行使치아니ᄒᆞ야도法律上行使不能이라ᄒᆞ야怠慢으

이 됨은 이미 보임)할 것이다. 그런데 인수권에 관하여는 사실상 지역권자가 물을 인수(引水)하였는지와 무관하게 그 인수에 필요한 공작물을 존치시킨 동안, 곧 수도관이 존재하는 동안은 아직 시효기간을 기산하지 못할 것이다. 이 경우에는 반드시 승역지 소유자의 행위로 인(요역지 소유자의 행위로 인한 경우도 사실상 없지는 않지만 다수의 경우에는 지역권의 포기로 봄)하거나 천재지변으로 인하여 수도관을 제거하여, 설령 지역권자가 인수를 하고자 하여도 공작물을 다시 시설하지 않으면 인수를 할 수 없게 될 때 비로소 시효의 기산을 따지는 것이다.

다만 지역권이 수인의 공유에 속하는 경우에 그 1인을 위하여 시효의 중단이나 정지가 있으면 그 중단이나 정지는 다른 공유자를 위하여도 효력이 발생한다. 이미 지역권의 취득에 관하여 논해 보인 것과 같이 지역권은 불가분이므로 그 결과 시효에 관하여도 1인에게 완성하면 타인에게 완성하지 않을 이유가 없다. 곧 완성하면 공유자 전원에게 완성하는 것이고 완성하지 않는다면 공유자 전원에게 완성하지 않을 것이다.

일반적으로 1인의 권리행사는 전원의 권리행사와 같아서 시효의 진행 중에 1인이 권리를 행사(중단)하거나 행사하지 않아도 법률상 행사불능이라고 하여 태만하다로看作지아니홀境過(停止)에는其人에게時効가完成치아니홀뿐外라共有者全員을對ᄒᆞ야도完成치아니ᄒᆞᄂᆞ니是乃一見ᄒᆞᆫ즉取得者의境遇와前後矛盾ᄒᆞᄂᆞᆫ듯ᄒᆞ니라何者오取得時効에ᄂᆞᆫ一人에게時効가完成홀진ᄃᆡ共有者全員에게完成홈으로看作ᄒᆞ노니消滅時効에ᄂᆞᆫ時効가一人에게完成치아니홀진ᄃᆡ他全員에게完成치아니홈으로看作ᄒᆞᄂᆞᆫ所以라然이나此乃皮相의感觀뿐이니卽地役權은其性質上不可分의結果로一人의權利行使ᄂᆞᆫ全員의權利行使로看作ᄒᆞ야取得時効에도一人의權利行使에因ᄒᆞ야全員이地役權을取得ᄒᆞ고消滅時効에도一人의權利行使를因ᄒᆞ야全員이地役權의消滅을得免ᄒᆞᄂᆞ니라

次에一言홀바ᄂᆞᆫ地役權者가其權利의一部만行使ᄒᆞ고一部ᄂᆞᆫ行使치아니홀진ᄃᆡ其行使치아니ᄒᆞᆫ部分은時効에因ᄒᆞ야消滅홈이是라此ᄂᆞᆫ卽消滅時効가權利全體에對ᄒᆞ야完成치아니홈을限定홈에不外ᄒᆞ니假令通行權에關ᄒᆞ야地役權者가承役地의何部分이던지通行ᄒᆞᄂᆞᆫ權利가有홈에不拘ᄒᆞ고一定ᄒᆞᆫ年限間을其部分만通行ᄒᆞ고他部分을通行치아니홀진ᄃᆡ其後에至ᄒᆞ야他部

고 간주하지 않을 경우(정지)에는 그 사람에게 시효가 완성되지 않을 뿐 아니라 공유자 전원에 대하여도 완성하지 않는다. 이는 일견 취득자의 경우와 전후 모순되는 듯하다. 왜냐하면 취득시효에서는 1인에게 시효가 완성하면 공유자 전원에게 완성하는 것으로 간주하는데 소멸시효에서는 시효가 1인에게 완성하지 않으면 다른 자 전원에게 완성하지 않는 것으로 간주하기 때문이다. 그러나 이는 피상적인 감각일 뿐이다. 곧 지역권은 그 성질상 불가분인 결과 1인의 권리행사는 전원의 권리행사로 간주하여 취득시효에서도 1인의 권리행사로 인하여 전원이 지역권을 취득하고 소멸시효에서도 1인의 권리행사로 인하여 전원이 지역권의 소멸을 면할 수 있는 것이다.

다음으로 한 마디 할 것은, 바로 지역권자가 그 권리의 일부만 행사하고 일부는 행사하지 않는다면 그 행사하지 않은 부분은 시효로 인하여 소멸한다는 점이다. 이는 곧 소멸시효가 권리 전체에 대하여 완성하지 않는다는 한도를 정한 것뿐이다. 가령 통행권에 관하여 지역권자가 승역지의 어느 부분이든 통행할 권리가 있음에도 불구하고 일정한 연한 동안을 그 부분만 통행하고 다른 부분은 통행하지 않는다면 그 뒤에 이르러 다른 부

分을通行코져ᄒᆞ야도得지못ᄒᆞᄂᆞ니卽其他部分上에存ᄒᆞ던地役權은時效에因ᄒᆞ야消滅홈이오又汲水權에關ᄒᆞ야地役權者가隔日만汲水홈에幾十年에至ᄒᆞᆯ진ᄃᆡ其後에至ᄒᆞ야每日에汲水코져ᄒᆞ야도得지못ᄒᆞᄂᆞ니卽其十年間不汲ᄒᆞᆫ隔日의權利ᄂᆞᆫ時效에因ᄒᆞ야消滅에歸ᄒᆞᆫ所以니라

或此에對ᄒᆞ야反對의說을主張ᄒᆞᄂᆞᆫ者가有ᄒᆞ니云元來地役權은不可分이라ᄒᆞ야其全體에對ᄒᆞ야存ᄒᆞ거나消滅ᄒᆞᆫ다ᄒᆞ거ᄂᆞᆯ今에一部의消滅을說明홈은前後矛盾이아니뇨ᄒᆞ나然이나此ᄂᆞᆫ不然ᄒᆞ니地役權의不可分이라홈은其權의性質을不變ᄒᆞ고此를二分三分或四分ᄒᆞ기不得이라홈이오性質을變更ᄒᆞ야承役地全部에關ᄒᆞᆫ地役權을變ᄒᆞ야某一部에關ᄒᆞᆫ바로ᄒᆞ거나每日行使ᄒᆞ기得ᄒᆞᄂᆞᆫ地役權을變ᄒᆞ야隔日이아니면行使ᄒᆞ기不得홈으로홈이아니니라

物權法第一部（終）

분을 통행하고자 하여도 하지 못한다. 곧 그 다른 부분 위에 존재하던 지역권은 시효로 인하여 소멸하는 것이다. 또 급수권에 관하여 지역권자가 수십 년 동안 격일로만 물을 긷는다면 그 뒤에 이르러 매일 물을 긷고자 하여도 하지 못한다. 곧 수십 년* 동안 긷지 않은 나머지** 격일의 권리는 시효로 인하여 소멸하게 되기 때문이다.

더러는 이에 대하여 반대의 견해를 주장하는 사람들이 있다. 그들은 원래 지역권은 불가분이라고 하여 그 전체에 대하여 존속하거나 소멸한다고 하는데 이제 일부의 소멸을 설명하는 것은 전후 모순이 아니냐고 말한다. 그러나 이는 그렇지 않은데, 지역권이 불가분이라는 것은 그 권리의 성질을 변경시키지 않고 이를 둘, 셋 또는 넷으로 나눌 수 없다는 것이다. 성질을 변경시켜 승역지 전부에 관한 지역권을 어느 일부에 관한 것으로 바꾸거나 매일 행사할 수 있는 지역권을 격일이 아니면 행사할 수 없는 것으로 하는 것이 아니다.

물권법 제1부 (끝)

* 역자주: 원문은 '其十年'으로 표현함.
** 역자주: 원문에는 이 부분이 없음.

물권법 제1부

초판발행 1쇄 2018년 10월 31일
지은이 유치형
옮긴이 명순구
펴낸곳 고려대학교출판문화원
www.kupress.com
kupress@korea.ac.kr
02841 서울특별시 성북구 안암로 145
02-3290-4230, 4232
Fax 923-6311
찍은곳 (주)동화인쇄

ISBN 978-89-7641-966-8 93360

값 32,000원

* 잘못 만들어진 책은 바꿔드립니다.